O DIABO E SHERLOCK HOLMES

DAVID GRANN

O Diabo e Sherlock Holmes

Histórias reais de assassinato, loucura e obsessão

Tradução
Álvaro Hattnher

COMPANHIA DAS LETRAS

Copyright © 2010 by David Grann

Grafia atualizada segundo o Acordo Ortográfico da Língua
Portuguesa de 1990, que entrou em vigor no Brasil em 2009.

Título original
The Devil and Sherlock Holmes: Tales of Murder, Madness, and Obsession

Capa
Retina_78

Preparação
Leny Cordeiro

Revisão
Isabel Jorge Cury
Marise Leal

Dados Internacionais de Catalogação na Publicação (CIP)
(Câmara Brasileira do Livro, SP, Brasil)

Grann, David
O Diabo e Sherlock Holmes : histórias reais de assassinato,
loucura e obsessão / David Grann ; tradução Álvaro Hattnher.
— 1ª ed. — São Paulo : Companhia das Letras, 2012.

Título original: The Devil and Sherlock Holmes : Tales of
Murder, Madness, and Obsession.
ISBN 978-85-359-2076-5

1. Artigos jornalísticos — Coletâneas 2. Assassinatos 3. Crimes
4. Jornalismo 5. Mistério 6. Reportagens investigativas I. Título.

12-02410   CDD-070.442

Índice para catálogo sistemático:
1. Histórias reais de assassinato, loucura e obsessão : Artigos jornalísticos : Coletâneas 070.442

[2012]
Todos os direitos desta edição reservados à
EDITORA SCHWARCZ S.A.
Rua Bandeira Paulista, 702, cj. 32
04532-002 — São Paulo — SP
Telefone (11) 3707-3500
Fax (11) 3707-3501
www.companhiadasletras.com.br
www.blogdacompanhia.com.br

Para Zachary e Ella

Sumário

Apresentação.. 9

PARTE UM.. 11

Circunstâncias misteriosas
A estranha morte de um fanático por Sherlock Holmes........ 13

Julgamento pelo fogo
O estado do Texas executou um homem inocente?.............. 56

O camaleão
As muitas vidas de Frédéric Bourdin........................... 113

Para onde ele foi?
O bombeiro que esqueceu o Onze de Setembro...................154

PARTE DOIS.. 173

O caçador de lulas
Perseguindo a criatura mais ardilosa do mar....................175

Cidade de água
Pode um antiquado labirinto de túneis
continuar a abastecer Nova York?.................... 213

O velho e a arma
Os segredos de um lendário assaltante.................... 253

Roubando o tempo
Por que Rickey Henderson não quer parar.................... 281

PARTE TRÊS.................... 303

A Irmandade
A ascensão da mais perigosa gangue
de prisão dos Estados Unidos.................... 305

Crimetown, Estados Unidos
A cidade que se apaixonou pela Máfia.................... 348

Um crime verdadeiro
O mistério de um assassinato pós-moderno.................... 375

Dando ao "diabo" o que lhe é devido
O corretor de imóveis que era do esquadrão da morte.................... 414

Nota do autor.................... 461
Agradecimentos.................... 462

Apresentação

Uma reportagem, assim como o trabalho de detetive, é um processo de eliminação. É preciso reunir e examinar inúmeras versões de uma história até que, tomando emprestada uma frase de Sherlock Holmes, "aquela que sobrar deve ser a verdade". Embora Holmes seja o assunto de apenas uma das histórias desta coletânea, sobre a curiosa morte do mais notável especialista em Holmes, todas as doze contêm elementos de mistério. Muitos dos protagonistas são investigadores: um detetive polonês tentando determinar se um autor introduziu pistas de um assassinato real em seu romance pós-moderno; cientistas que estão espreitando um monstro marinho; um trapaceiro que, de repente, desconfia que ele é quem está sendo trapaceado. Mesmo as histórias que parecem estar fora desse universo tratam de algum tipo de mistério: o mundo secreto dos *sandhogs*, os trabalhadores que cavam túneis de água sob a cidade de Nova York ou o enigma de uma estrela do beisebol que envelhece mas continua eterno.

Ao contrário das aventuras de Sherlock Holmes, todas essas histórias são verdadeiras. Os protagonistas são mortais: assim como o dr. Watson, eles podem ver, mas não necessariamente observam. As peças de seus quebra-cabeças com frequência se mantêm indefiníveis. Suas histórias nem sempre têm um final feliz. Algumas das personagens são levadas ao engodo e ao assassinato. Outras enlouquecem. Parte do encanto de Holmes é que ele restaura a ordem de um universo envolto em confusão. Mas é a desordem da vida, e a luta humana para compreendê-la, que me atraiu para os temas desta coletânea. Como Holmes certa vez admitiu ao dr. Watson, "se pudéssemos voar por aquela janela de mãos dadas, pairando sobre esta grande cidade, e se delicadamente retirássemos os telhados e espiássemos os estranhos fatos que estão acontecendo, as coincidências, as tramas, os mal-entendidos, as maravilhosas cadeias de acontecimentos, que se interligam há gerações e levam aos mais estranhos resultados, tudo isso tornaria toda a ficção, com suas convenções e conclusões previsíveis, algo insosso e inútil" ("Um caso de identidade").

Quando comecei a investigar essas histórias, eu pouco sabia sobre elas. Muitas se originaram em nada mais do que uma sugestão perturbadora: uma dica de um amigo, uma menção enterrada no resumo de uma notícia. Enquanto tentava descobrir os fatos e revelar a narrativa oculta, eu às vezes me via confuso por causa de uma pista ou alguma evidência que estivesse faltando. Ainda assim, no final das contas, essas histórias pareciam apresentar, no mínimo, alguns vislumbres da condição humana e o porquê de algumas pessoas se dedicarem ao bem e outras ao mal. Nas palavras de Holmes, "a vida é infinitamente mais estranha do que qualquer coisa que a mente humana possa inventar".

PARTE UM

Qualquer verdade é melhor do que a dúvida infinita.

Sherlock Holmes, em "O rosto amarelo"

Circunstâncias misteriosas

A estranha morte de um fanático
por Sherlock Holmes

Richard Lancelyn Green, o mais famoso especialista em Sherlock Holmes, acreditava que finalmente tinha resolvido o caso dos papéis desaparecidos. Durante duas décadas, ele procurou um tesouro em cartas, anotações em diários e manuscritos escritos por Sir Arthur Conan Doyle, o criador de Holmes. O arquivo estava avaliado em quase 4 milhões de dólares, e alguns diziam que tinha uma maldição fatal, como aquela na mais famosa história de Holmes, "O cão dos Baskervilles".

Os papéis tinham desaparecido depois da morte de Conan Doyle em 1930, e sem eles ninguém poderia escrever uma biografia definitiva — uma empreitada que Green estava decidido a completar. Muitos estudiosos temiam que o arquivo tivesse sido jogado fora ou destruído. Como observou o *London Times*, seu paradeiro se tornou "um mistério tão perturbador quanto qualquer um desvendado no número 221B da Baker Street", o reduto ficcional de Holmes e de seu colega detetive, dr. Watson.

Pouco depois de ter iniciado sua investigação, Green descobriu que um dos cinco filhos de Conan Doyle, Adrian, tinha, com a anuência dos outros herdeiros, guardado os papéis em um quarto trancado em uma mansão que ele possuía na Suíça. Green então descobriu que Adrian tinha sumido com alguns dos papéis, tirando-os da mansão sem o conhecimento dos irmãos, na esperança de vendê-los para colecionadores. No meio desse plano, ele morreu de ataque cardíaco — o que deu origem à lenda da maldição. Depois da morte de Adrian, os papéis aparentemente desapareceram. E sempre que Green tentou investigar mais a fundo, viu-se enredado em uma teia impenetrável de herdeiros — incluindo uma pretensa princesa russa — que pareciam ter ludibriado e traído uns aos outros em suas tentativas para controlar o arquivo.

Durante anos Green continuou a classificar indícios e entrevistar parentes, até que um dia a confusa trilha levou a Londres — e à porta de Jean Conan Doyle, a filha caçula do autor. Alta e elegante, com cabelos grisalhos, era uma mulher imponente que ainda não chegara aos setenta anos. ("Alguma coisa muito forte e enérgica parece estar por trás daquele corpo pequenino", o pai tinha escrito sobre Jean quando ela estava com cinco anos. "A determinação dela é tremenda.") Enquanto o irmão, Adrian, tinha sido expulso da Marinha britânica por insubordinação, e o irmão mais velho, Denis, foi um playboy que passou toda a Segunda Guerra Mundial nos Estados Unidos, ela havia se tornado oficial da RAF, a Força Aérea Real, e foi agraciada em 1963 com o título de comandante da Ordem do Império Britânico.

Ela convidou Green para ir a seu apartamento, onde havia um retrato do pai, com seu bigode de leão-marinho, sobre a lareira. Green se interessava pelo pai dela quase tanto quanto Jean, e ela começou a partilhar suas lembranças e também fotografias familiares. Ela lhe pediu que voltasse outras vezes, e certo dia, conforme Green contou mais tarde a amigos, ela lhe mostrou algumas caixas que tinham sido guardadas no escritório de um advogado em Londres. Ao examiná-las, disse ele, percebeu que lá estava uma parte do arquivo. Ela o informou que, devido a uma disputa familiar em andamento, ainda não poderia deixar que ele lesse os papéis, mas disse que pretendia doar quase tudo para a British Library, para que os estudiosos pudessem finalmente examiná-los. Depois que ela morreu, em 1997, Green aguardou ansiosamente a transferência do material — mas nada aconteceu.

Então, em março de 2004, Green abriu o *London Sunday Times* e ficou chocado ao ler que o arquivo perdido havia "aparecido" na casa de leilões Christie's e que seria vendido, em maio, ao preço de milhões de dólares por três parentes distantes de Conan Doyle; em vez de ir para a British Library, o material se dispersaria nas mãos de colecionadores particulares por todo o mundo, que talvez tornassem os documentos inacessíveis para os pesquisadores. Green estava certo de que tinha havido algum erro, e correu até a Christie's para verificar os papéis.

Ao retornar, contou a amigos que tinha certeza de que muitos papéis eram os mesmos que ele descobrira. Além disso, alegou, eles haviam sido roubados — e ele tinha provas disso.

Nos dias que se seguiram, ele entrou em contato com membros da Sherlock Holmes Society de Londres, um entre centenas de fãs-clubes dedicados ao detetive, do qual Green já fora diretor. Ele alertou outros chamados "sherlockianos", incluindo diversos integrantes norte-americanos dos Baker Street Irregulars, um grupo exclusivo fundado em 1934 e cujo nome fazia referência aos moleques de rua que Holmes usava regularmente para desentocar informações. Green também contatou "doylianos", os estudiosos de Conan Doyle mais ortodoxos, a respeito da venda. (À diferença de Green, que transitava entre os dois campos, muitos doylianos se distanciavam dos sherlockianos, que com frequência tratavam Holmes como se ele fosse um detetive real e recusavam-se a mencionar o nome de Conan Doyle.)

Green contou a esses estudiosos o que sabia sobre a procedência do arquivo, revelando o que considerava ser a prova mais condenatória de todas: uma cópia do testamento de Jean Conan Doyle, na qual havia a declaração: "Entrego em doação à British Library todos [...] os papéis originais de meu falecido pai, manuscritos pessoais, diários, agendas e outros escritos". Determinados a impedir a realização do leilão, o grupo de detetives temporários apresentou o caso para deputados. Perto do final do mês, à medida que a campanha do grupo se intensificava e suas objeções começavam a aparecer na imprensa, Green deu a entender a sua irmã, Priscilla West, que alguém o estava ameaçando. Mais tarde, ele enviou a ela um bilhete misterioso contendo três números de telefone e a mensagem "POR FAVOR MANTENHAM ESTES NÚMEROS EM SEGURANÇA". Também ligou para um repórter do *London Times* avisando que "alguma coisa poderia lhe acontecer". Na noite do dia 26 de março, uma sexta-feira, ele jantou com um amigo de longa data, Lawrence Keen, que mais tarde contou que Green lhe havia segredado que "um americano estava tentando acabar com ele". Depois que os dois saíram do restaurante, Green disse a Keen que eles estavam sendo seguidos e apontou para um carro atrás deles.

Naquela mesma noite, Priscilla West telefonou para o irmão, mas tudo o que conseguiu foi a secretária eletrônica. Ela ligou diversas vezes na manhã seguinte, mas ele não atendeu. Assustada, foi até a casa dele e bateu na porta: não houve resposta. Depois de muitas outras tentativas, ela ligou para a polícia, e, assim que chegaram, os policiais arrombaram a porta. No andar de baixo, encontraram o corpo de Green, deitado em sua cama, cercado por livros e pôsteres de Sherlock Holmes, com um cordão ao redor do pescoço. Ele fora estrangulado.

"Vou lhe expor o caso todo", disse-me John Gibson, um dos amigos mais íntimos de Green, quando lhe telefonei pouco depois de ficar sabendo da morte de Green. Gibson havia escrito diversos livros com Green, inclusive "My evening with Sherlock Holmes", uma coletânea de paródias e pastiches de histórias de detetives publicada em 1981. Com uma leve gagueira, Gibson comentou sobre a morte do amigo: "É um mistério absoluto".

Pouco tempo depois, fui até Great Bookham, uma vila a 45 quilômetros de Londres, onde Gibson mora. Ele estava à minha espera quando desci do trem. Era alto e bastante magro, e tudo nele — os ombros estreitos, o rosto comprido, o cabelo grisalho e desalinhado — parecia estar curvado para a frente, como se estivesse apoiado em uma bengala invisível. "Eu tenho uma pasta para você ver", disse quando saímos da estação no carro dele. "Como você vai ver, há muitas pistas e muito poucas respostas."

Ele acelerou através da cidade, passando por uma igreja do século XII e uma fileira de chalés, até parar na frente de uma casa de tijolos vermelhos rodeada de cercas vivas. "Espero que você não se importe com os cachorros", disse ele. "Tenho dois cocker spaniels. Eu só queria um, mas a pessoa de quem os comprei disse que eles eram inseparáveis, então acabei ficando com os dois, e eles não pararam de brigar desde que vieram para cá."

Quando abriu a porta da frente, os dois spaniels pularam sobre nós, e depois um sobre o outro. Eles nos seguiram até a sala de estar, que estava lotada com pilhas de livros antigos, algumas chegando até o teto. No meio destas havia uma coleção quase completa da *The Strand Magazine*, na qual as histórias de Holmes foram publicadas em série na virada do século XX. Um único exemplar, que costumava ser vendido por poucos centavos, agora chega a valer quinhentos dólares. "No total, deve haver uns sessenta mil livros aqui", disse Gibson.

Nós nos sentamos em um sofá e ele abriu sua pasta, espalhando cuidadosamente as páginas à sua volta. "Muito bem, cachorrada. Agora não quero que perturbem a gente." Ele olhou para mim. "Agora vou lhe contar toda a história."

Gibson disse que havia comparecido à autópsia e fizera anotações minuciosas, e enquanto falava pegou uma lente de aumento que estava a seu lado e examinou diversos pedaços de papel amassado. "Eu escrevo tudo em papeizinhos", disse ele. A polícia, ele contou, tinha encontrado poucas coisas incomuns na cena do crime. Havia o cordão ao redor do pescoço de Green — um cordão preto de sapato. Havia uma colher de madeira perto da mão dele, e diversos animais empalhados sobre a cama. E havia uma garrafa de gim pela metade.

A polícia não encontrou sinais de arrombamento e supôs que Green tivesse cometido suicídio. No entanto, não encontraram nenhum bilhete, e Sir Colin Berry, o presidente da Academia Britânica de Criminalística, afirmou que, em seus trinta anos de carreira, ele só vira um suicídio por estrangulamento. "Um", repetiu Gibson. Ele explicou que o autoestrangulamento é muito difícil de executar; as pessoas que tentam fazê-lo desmaiam antes de ficar asfixiadas. Além do mais, nesse caso não foi usada uma corda grossa, mas um cordão de sapato, o que torna a façanha ainda mais improvável.

Gibson tirou da pasta uma folha de papel com números e a passou para mim. "Dê uma olhada", disse ele. "Minha conta telefônica." A lista de ligações mostrava que ele e Green tinham conversado várias vezes durante a semana anterior à sua morte. Se a polícia tivesse se dado ao trabalho de olhar a conta de Green, continuou Gibson, eles sem dúvida veriam que Green tinha ligado para ele poucas horas antes de morrer. "Eu provavelmente fui a última pessoa com quem ele falou", disse ele. No entanto, a polícia nunca o interrogou.

Durante uma de suas últimas conversas sobre o leilão, Gibson lembrou-se, Green havia dito que estava com medo de alguma coisa.

"Você não tem com o que se preocupar", disse-lhe Gibson.

"Não, eu *estou* preocupado", disse Green.

"Por quê? Você teme pela sua vida?"

"Sim."

Gibson disse que, naquele momento, ele não levou a ameaça a sério, mas aconselhou Green a não atender à porta a menos que soubesse ao certo quem era.

Gibson olhou de relance para suas anotações. Havia mais uma coisa, disse ele, algo crucial. Na véspera de sua morte, Green tinha falado ao amigo Keen sobre um "americano" que estava tentando acabar com ele. No dia seguinte, disse Gibson, ele ligou para a casa de Green e ouviu uma estranha mensagem na secretária eletrônica. "Em vez de ouvir a voz de Richard com seu sotaque de Oxford, que estava na secretária havia uma década", lembrou-se Gibson, "eu escutei uma voz americana que disse: 'Desculpe, não posso atender'. Eu disse: 'O que diabos está acontecendo aqui?'. Pensei que tivesse discado o número errado. Então disquei de novo, bem devagar dessa vez. Ouvi a voz americana. Eu disse: 'Jesus Cristo!'."

Gibson falou que a irmã de Green tinha ouvido a mesma mensagem gravada, o que foi uma das razões de ela ter ido correndo até a casa dele. Gibson me passou muitos outros documentos que tirou da pasta. "Mantenha-os em ordem cronológica", disse ele. Havia uma cópia do testamento de Jean Conan Doyle, vários recortes de notícias de jornal sobre o leilão, um obituário e um catálogo da Christie's.

Isso era basicamente o que ele tinha. A polícia, disse Gibson, não havia realizado nenhum exame de criminalística nem tinha procurado impressões digitais. E o legista — que certa vez compareceara a uma reunião da Sherlock Holmes Society para realizar a simulação da autópsia do assassinato de uma história de Conan Doyle na qual um cadáver é descoberto em um quarto trancado — se viu impedido de fazer qualquer coisa. Gibson disse que o legista tinha notado que não existiam indícios suficientes para ter certeza sobre o que havia acontecido e, em consequência disso, o veredicto oficial a respeito do suicídio ou assassinato de Green foi deixado em aberto.

Poucas horas depois da morte de Green, os sherlockianos tomaram conta do mistério, como se fosse mais um caso do cânone do detetive. Em uma sala de bate-papo na internet, uma pessoa, que se autodenominava "o inspetor", escreveu: "No que diz respeito à questão de autoestrangulamento, é como tentar se sufocar até a morte com as próprias mãos". Outros evocaram a "maldição", como se apenas o sobrenatural pudesse fornecer uma explicação. Gibson me passou um artigo de um tabloide britânico cuja manchete principal era: "MALDIÇÃO DE CONAN DOYLE ATINGE ESPECIALISTA EM SHERLOCK HOLMES".

"Então, o que você acha?", perguntou Gibson.

"Não sei", respondi.

Mais tarde voltamos a analisar os indícios. Perguntei a Gibson se ele sabia de quem eram os números de telefone que Green tinha mandado à irmã.

Gibson fez que não com a cabeça. "Não apareceu nada sobre isso na investigação", disse ele.

"E quanto à voz americana na secretária eletrônica?", perguntei. "Nós sabemos de quem é?"

"Infelizmente não. Para mim, esse é o indício mais estranho e mais revelador. Foi Richard quem gravou aquilo na secretária? O que ele estava tentando nos dizer? Foi o assassino quem gravou? E, se foi, por que faria isso?"

Perguntei-lhe se Green alguma vez tinha demonstrado qualquer tipo de comportamento irracional.

"Não, nunca", respondeu ele. "Era a pessoa mais equilibrada que conheci."

Notou que Priscilla West tinha testemunhado na investigação que o irmão nunca teve um histórico de depressão. De fato, o médico de Green escreveu para o tribunal para dizer que não tratava nenhuma doença de Green havia uma década.

"Uma última pergunta", eu disse. "Alguma coisa foi tirada do apartamento?"

"Não que saibamos. Richard tinha uma valiosa coleção de livros de Sherlock Holmes e de Conan Doyle, e não parece estar faltando nada."

Enquanto me levava de volta para a estação, Gibson disse: "Por favor, você precisa continuar no caso. A polícia parece ter abandonado o pobre Richard". Então ele aconselhou: "Como diz Sherlock Holmes: 'Depois que se eliminou o impossível, o que sobrar, por mais improvável que seja, deve ser a verdade'".

Alguns fatos sobre Richard Green são fáceis de discernir — aqueles que esclarecem as circunstâncias de sua vida, mais do que as circunstâncias de sua morte. Ele nasceu no dia 10 de julho de 1953; era o caçula de três filhos; seu pai foi Roger Lancelyn Green, um bem-sucedido autor de livros infantis que popularizou os mitos homéricos e a lenda do rei Artur e que era amigo pessoal de C. S. Lewis e de J. R. R. Tolkien, e Richard foi criado perto de Liverpool, em terras que foram dadas a seus ancestrais em 1093 e onde sua família residia desde então. Nathaniel Hawthorne, que era o cônsul americano em Liverpool na segunda metade do século XIX, visitou a casa em um certo verão e descreveu-a mais tarde em sua obra *English notebooks*:

Passamos por uma estrada particular de extensão considerável, e finalmente entramos em um gramado, sombreado por árvores e bem cuidado, e chegamos à porta de Poulton Hall. Parte da mansão tem trezentos ou quatrocentos anos de idade. [...] Há uma escadaria antiga, interessante, imponente, com um corrimão retorcido, muito semelhante ao da velha Province House em Boston. O aspecto da sala de visitas é o de uma bela sala moderna, muito bem pintada, com detalhes dourados e papel de parede, com uma lareira de mármore branco e móveis requintados, de forma que a impressão que se tem é de frescor, e não de velhice.

No entanto, na época em que Richard nasceu, a família Green era, como me contou um parente, "muito inglesa — com uma casa enorme e sem dinheiro". As cortinas eram finas, os tapetes estavam gastos, e uma corrente de ar gelado sempre atravessava os corredores.

Green, que tinha um rosto rechonchudo e pálido, era cego de um olho devido a um acidente na infância, e usava óculos com lentes escurecidas. (Um amigo me contou que, mesmo já adulto, Green se parecia com "o deus Pã", com "traços de querubim, uma boca que se curvava em um sorriso que era receptivo, irônico e sempre sugeria uma coisinha que ele não estava te contando".) De uma timidez profunda, com uma mente intensamente lógica e memória precisa, ele passava horas perambulando pela enorme biblioteca do pai, lendo empoeiradas primeiras edições de livros infantis. E aos onze anos foi enfeitiçado por Sherlock Holmes.

Holmes não foi o primeiro grande detetive da literatura — essa honra pertence ao inspetor Auguste Dupin, criado por Edgar Allan Poe —, mas o herói de Conan Doyle era o exemplar mais forte do gênero que dava seus primeiros passos, e que Poe chamava de "contos de raciocínio". Holmes é uma fria máquina de calcular, um homem que, como afirmou um crítico, "é um rastreador, um caçador, uma combinação de sabujo, perdigueiro e buldogue". O magro Holmes não tem mulher nem filhos; como ele explica: "Eu sou um cérebro, Watson. O restante de mim é mero apêndice". Rigorosamente científico, ele não apresenta banalidades espirituais a seus desolados clientes. Conan Doyle não nos revela quase nada sobre a vida interior de sua personagem: ela é definida exclusivamente por seu método. Em suma, é o detetive perfeito, o super-herói da era vitoriana, da qual saiu com seu chapéu de feltro e capa de tecido xadrez.

Richard leu todas as histórias de uma vez, e depois as leu de novo. Sua mente rigorosa tinha encontrado um igual em Holmes, com sua "ciência da dedução", que arrancava uma solução surpreendente de uma só pista, aparentemente sem importância. "A vida é uma grande corrente, cuja natureza nos é revelada sempre que nos mostra um único de seus elos", é o que Holmes explica na primeira história, "Um estudo em vermelho", que estabelece uma fórmula narrativa quase sempre seguida nas histórias subsequentes. Um novo cliente chega à sala de Holmes na Baker Street. O detetive surpreende o visitante com a dedução de algum elemento da vida dele por meio de mera observação de seu comportamento ou vestimenta. (Em "Um caso de identidade", ele adivinha que sua cliente é uma datilógrafa míope pela simples observação das marcas nos punhos da roupa de veludo e "da marca de um pincenê em ambos os lados do nariz".) Depois que o cliente apresenta os fatos inexplicáveis do caso, "o jogo começa", como Holmes gosta de dizer. Reunindo pistas que invariavelmente deixam Watson — o narrador mais objetivo das histórias — perplexo, Holmes acaba por chegar a uma conclusão brilhante que, para ele e apenas para ele, parece "elementar". Em "A liga dos cabeças-vermelhas", Holmes revela a Watson como desconfiou de que um assistente de penhorista estava tentando roubar um banco cavando um túnel sob ele. "Pensei no gosto do assistente por fotografia, e seu truque de desaparecer no porão", diz Holmes, explicando que então foi visitar o assistente.

Eu mal olhei seu rosto. Eram os joelhos dele que eu queria ver. Você mesmo deve ter observado como eles estavam manchados, puídos e amassados. Eles apontavam para as horas que o assistente passava escavando. A única questão que faltava era o motivo da escavação. Fui até a esquina, vi o City and Suburban Bank ao lado do estabelecimento de nosso amigo e senti que meu problema estava resolvido.

Seguindo o conselho que Holmes costumava dar a Watson, Green praticava métodos de "ver" aquilo que os outros apenas "observavam". Ele memorizou as regras de Holmes, como se elas fossem um catecismo: "É um erro primário teorizar antes de ter os dados"; "nunca confie nas impressões gerais, meu rapaz, mas concentre-se nos detalhes"; "não há nada mais enganador do que um fato óbvio".

Pouco depois de ter feito treze anos, Green levou uma coleção de objetos sem valor para o mal iluminado sótão de Poulton Hall. Uma parte do sótão era conhecida como a Câmara da Mártir e acreditava-se que fosse mal-assombrada, por ter sido certa vez "habitada por uma mulher que foi aprisionada ali e perseguida até a morte por sua religião", segundo Hawthorne. Apesar disso, no sótão, Green dispôs seus objetos de forma a criar um estranho cenário. Havia uma prateleira com cachimbos e um chinelo persa cheio de tabaco. Havia uma pilha de contas não pagas, que ele prendeu na cornija da lareira espetando uma faca sobre ela para que não saísse do lugar. Havia uma caixa de pílulas com o rótulo "Veneno"; cartuchos vazios de munição e falsas marcas de tiros pintadas nas paredes ("Eu não achava que o sótão aguentasse tiros de verdade", observou ele mais tarde); uma cobra conservada em formol; um microscópio de metal e um convite para o Baile dos Gasistas. Por fim, do lado de fora da porta, Green prendeu uma placa: "Baker Street".

Baseando-se nos detalhes espalhados pelas histórias de Conan Doyle, Green havia montado uma réplica do apartamento de Holmes e Watson — tão precisa que de vez em quando atraía aficionados de outras partes da Inglaterra. Um jornalista local descreveu a estranha sensação de subir os dezessete degraus — o mesmo número especificado nas histórias —, enquanto um gravador tocava no fundo os sons da Londres vitoriana: o ruído das rodas dos carros de aluguel, o barulho dos cascos dos cavalos sobre os paralelepípedos. Àquela altura, Green se tornara a pessoa mais jovem a ser admitida na Sherlock Holmes Society de Londres, na qual os membros às vezes se vestiam com roupas da época — com calça de cintura alta e cartola.

Embora Holmes tivesse sido publicado pela primeira vez quase um século antes, havia gerado um culto literário sem comparação com o de qualquer outra personagem de ficção. Quase desde o início, os leitores se prenderam a ele com um zelo que beirava o "místico", como notou um biógrafo de Conan Doyle. Quando Holmes fez sua estreia, em 1887, na *Beeton's Christmas Annual*, uma revista que publicava ficção um tanto lúgubre, foi considerado não só uma personagem, mas um modelo da fé vitoriana em tudo o que era científico. Entrou para a consciência pública mais ou menos na mesma época que o desenvolvimento da força policial moderna, em um momento no qual a medicina estava perto de erradicar doenças comuns e a industrialização se propunha a diminuir a pobreza das massas. Ele era a prova de que, de fato, as forças da razão podiam triunfar sobre as forças da loucura.

No entanto, na época em que Green nasceu, a veneração ao pensamento científico fora destroçada por outras crenças, pelo nazismo, pelo comunismo e pelo fascismo, que muitas vezes tinham se aproveitado do poder da tecnologia para fins demoníacos. Ainda assim, de maneira paradoxal, quanto mais ilógico parecia ser o mundo, mais intenso se tornava o culto a Holmes. Esse símbolo de um novo credo se tornara uma imagem de nostalgia — uma pessoa em "um conto de fadas", como disse Green certa vez. A popularidade da personagem ultrapassava até mesmo o nível de fama que ele tinha obtido na época de Conan Doyle, com as histórias sendo reencenadas em uns 260 filmes, 25 programas de televisão, um musical, um balé, uma paródia e seiscentos programas de rádio. Holmes inspirou a criação de periódicos, lojas de suvenir, pequenas excursões guiadas, selos postais, hotéis e cruzeiros oceânicos temáticos.

Edgar W. Smith, ex-vice-presidente da General Motors e primeiro editor do *Baker Street Journal*, que publica estudos acadêmicos sobre as histórias de Conan Doyle, escreveu em um ensaio de 1946, "What is it that we love in Sherlock Holmes?":

> Nós o vemos como a melhor expressão de nosso anseio de derrotar o mal e de consertar as injustiças que infestam este mundo. Ele é Galahad e Sócrates, trazendo grandes aventuras a nossa existência monótona e lógica imparcial e serena a nossa mente tendenciosa. Ele é o sucesso de todos os nossos fracassos; a fuga ousada de nosso aprisionamento.

Mas o que tornou essa fuga literária diferente de qualquer outra é o fato de tantas pessoas pensarem em Holmes como alguém de carne e osso. T.S. Eliot certa vez observou: "Talvez o maior dos mistérios de Sherlock Holmes seja este: quando falamos sobre ele, invariavelmente caímos na suposição de sua existência". O próprio Green escreveu, "Sherlock Holmes é uma personagem real [...] que vive além do ciclo normal da vida e que rejuvenesce constantemente".

Na Sherlock Holmes Society de Londres, Green foi apresentado ao "grande jogo", ao qual os sherlockianos têm se dedicado há décadas. Ele foi elaborado em torno do conceito de que o verdadeiro autor das histórias não foi Conan Doyle, mas Watson, que havia recontado fielmente os feitos de Holmes. Certa ocasião, em uma reunião do grupo de elite Baker Street Irregulars (do qual Green também participava), um convidado se referiu a Conan Doyle como o criador de Holmes, o que levou um dos membros, que se sentiu ultrajado, a exclamar: "Holmes é um homem! Holmes é um grande homem!". Disseram a Green que, se tivesse que evocar o nome de Conan Doyle, deveria se referir a ele apenas como o "agente literário" de Watson. O desafio do jogo era que Conan Doyle tinha escrito as quatro novelas e os 56 contos de Holmes — "as Escrituras Sagradas", como eram chamadas pelos sherlockianos, com pressa, e elas estavam infestadas de incoerências que dificultavam que fossem vistas como não ficção. Como, por exemplo, é possível que em uma história esteja descrito que Watson foi ferido no Afeganistão pela bala de uma espingarda Jezail que lhe acertou o ombro, enquanto em outra história ele se queixa de que o ferimento foi na perna? Assim, o objetivo era resolver esses paradoxos, usando a mesma lógica incontestável demonstrada por Holmes. Investigações textuais semelhantes já haviam gerado um campo correlato, conhecido como "Sherlockiana" — uma falsa erudição na qual os fãs tentavam deduzir tudo, de quantas esposas Watson tem (uma a cinco) até qual universidade Holmes cursou (certamente Cambridge ou Oxford). Como Green admitiu certa vez, citando o fundador dos Baker Street Irregulars: "Nunca tanto tinha sido escrito por tantos para tão poucos".

Depois de terminar a pós-graduação em Oxford, em 1975, ele voltou sua atenção para estudos acadêmicos mais sérios. De todos os enigmas que cercam as Escrituras Sagradas, o maior deles, percebeu Green, centrava-se no homem cujas histórias fazia muito haviam eclipsado — o próprio Conan Doyle. Green começou a compilar a primeira bibliografia abrangente, saindo à caça de todo e qualquer material escrito por Conan Doyle: livretos, peças, poemas, obituários, canções, manuscritos não publicados, cartas ao editor. Carregando um saco plástico no lugar de uma pasta, Green desenterrou documentos escondidos havia muito por trás do véu da história.

No meio dessa pesquisa, Green descobriu que John Gibson estava trabalhando em um projeto semelhante e os dois concordaram em ser colaboradores. O volume resultante, publicado em 1983 pela Oxford University Press, com prefácio de Graham Greene, tem 712 páginas e contém comentários e anotações sobre praticamente todos os escritos que Conan Doyle produziu, chegando à minúcia de mencionar o tipo de encadernação dos manuscritos ("encadernado em pano", "encadernação em marroquim azul-claro"). Quando a bibliografia estava pronta, Gibson continuou seu trabalho como avaliador de propriedades para o governo. Mas Green tinha herdado uma soma considerável de dinheiro de sua família, que vendera parte de sua propriedade, e usou a bibliografia como plataforma de lançamento de uma biografia de Conan Doyle.

Escrever uma biografia guarda semelhanças com o processo de investigação, e Green começou a retraçar cada etapa da vida de Conan Doyle como se fosse uma cena de crime complexa. Na década de 1980, seguiu os movimentos de Conan Doyle a partir do momento em que ele nasceu, no dia 22 de maio de 1859, em uma área miserável de Edimburgo. Green visitou o bairro onde Conan Doyle foi criado, por uma devota mãe cristã e um pai sonhador. (Ele fez uma das primeiras ilustrações de Sherlock Holmes — um esboço do detetive descobrindo um cadáver, que acompanhava uma edição em brochura de "Um estudo em vermelho".) Green também reuniu um intrincado arquivo de papéis que mostravam a evolução intelectual do biografado. Descobriu, por exemplo, que depois que Conan Doyle estudou medicina, na Universidade de Edimburgo, e passou a ser influenciado por pensadores racionalistas como Oliver Wendell Holmes — que, sem dúvida, inspirou o sobrenome do detetive de Conan Doyle —, rejeitou o catolicismo jurando: "Nunca aceitarei nada que não me possa ser provado".

No começo dos anos 1980, Green publicou a primeira de uma série de introduções às edições da Penguin Classics das obras de Conan Doyle não reunidas anteriormente — muitas das quais ele mesmo tinha ajudado a revelar. Os ensaios, escritos em estilo despojado, começaram a chamar a atenção fora da subcultura isolada dos sherlockianos. Um dos ensaios tinha mais de cem páginas e era, em si, uma pequena biografia de Conan Doyle; em outro, Green lança novas luzes sobre o conto "O caso do homem procurado", encontrado em um baú mais de uma década depois da morte de Conan Doyle e considerado pela viúva e pelos filhos a última história de Holmes que ainda não tinha sido publicada. Alguns especialistas tinham se perguntado se a história não era falsa e até mesmo se os dois filhos de Conan Doyle, em busca de dinheiro para sustentar seu estilo de vida perdulário, haviam falsificado o texto. Mas Green mostrou de maneira definitiva que a história não era nem de Conan Doyle nem uma falsificação. Em vez disso, fora escrita por um arquiteto chamado Arthur Whitaker, que a mandara para Conan Doyle na esperança de ser um colaborador. Os estudiosos descreveram os ensaios de Green de diversas maneiras: "brilhantes", "incomparáveis" e — o elogio máximo — "holmesianos".

Ainda assim, Green estava decidido a cavar ainda mais fundo para elaborar a biografia, agora ansiosamente aguardada. Como observou o autor de livros policiais Iain Pears, o herói de Conan

Doyle atua quase da mesma maneira que um analista freudiano, juntando os pedaços das narrativas ocultas de seus clientes, que só ele consegue perceber. Em uma resenha de 1987 sobre a autobiografia de Conan Doyle, *Memories and adventures*, publicada em 1924, Green notou: "É como se Conan Doyle — cuja natureza sugeria bondade e confiança — tivesse medo da intimidade. Quando descreve sua vida, ele omite seu lado interior".

Para revelar esse "lado interior", Green examinou fatos sobre os quais Conan Doyle raramente falava a respeito, se é que o fez em alguma ocasião — o mais notável foi o de que o pai, epiléptico e alcoólatra incorrigível, acabou sendo internado em um hospício. Ainda assim, quanto mais Green tentava sondar seu biografado, mais consciente se tornava das lacunas em seu conhecimento sobre Conan Doyle. Ele não queria apenas esboçar a história de Conan Doyle com uma série de detalhes biográficos: queria saber tudo sobre ele. No rascunho de uma das primeiras histórias de mistério, "The surgeon of Gaster Fall" [O cirurgião de Gaster Fall], Conan Doyle escreve sobre um filho que trancou o pai desvairado em uma jaula — mas esse incidente foi cortado da versão publicada. Será que foi Conan Doyle quem pôs o pai no hospício? Será que a obsessão de Holmes por lógica era uma reação à verdadeira obsessão de seu pai? E o que Conan Doyle quis dizer quando escreveu, em seu poema, bastante pessoal, "The inner room" [A sala íntima], que ele "tinha pensamentos que não ousava dizer"?

Green quis criar uma biografia impecável, na qual cada fato levasse inexoravelmente ao outro. Queria ser Watson e Holmes para Conan Doyle, queria ser seu narrador e seu detetive. Mas ele conhecia as palavras de Holmes: "Dados! Dados! Dados! Não consigo fazer tijolos sem argila". E a única maneira de ser bem-sucedido nisso, percebeu, era procurar o arquivo perdido.

"Assassinato", disse Owen Dudley Edwards, um estudioso de Conan Doyle bastante respeitado. "Receio que seja para isso que aponta a preponderância dos indícios." Eu havia ligado para ele na Escócia, depois que Gibson me informou que Edwards estava conduzindo uma investigação informal sobre a morte de Green. Edwards tinha atuado com Green para impedir o leilão, que acabou acontecendo, apesar de todo o alvoroço, quase dois meses depois de o corpo de Green ter sido encontrado. Edwards disse sobre o amigo: "Acho que ele sabia demais sobre o arquivo".

Alguns dias depois, fui de avião para Edimburgo, onde Edwards prometia partilhar suas descobertas. Tínhamos combinado de nos encontrar em um hotel nos limites da cidade velha. Ficava em uma colina coberta por uma leve névoa, onde havia diversos castelos medievais, não longe de onde Conan Doyle havia estudado medicina com o dr. Joseph Bell, um dos modelos para Sherlock Holmes. (Certa vez, durante uma aula, Bell ergueu um frasco de vidro. "Isto, cavalheiros, contém uma droga muito forte", disse ele. "Ela é extremamente amarga." Para a surpresa da classe, ele tocou o líquido cor de âmbar, levou o dedo à boca e o lambeu. Em seguida declarou: "Nenhum de vocês desenvolveu a capacidade de percepção [...] embora eu tenha posto meu dedo indicador neste líquido horrível, foi meu dedo médio — sim — que eu coloquei na boca".)

Edwards me recebeu no saguão do hotel. É um homem baixo, o corpo em formato de pera, com suíças grisalhas desgrenhadas e uma barba grisalha mais desgrenhada ainda. Professor de história na Universidade de Edimburgo, usava um casaco amarrotado de tweed sobre um suéter com decote em V e levava uma mochila em um dos ombros.

Sentamos em um restaurante, e eu aguardei enquanto ele revirava os livros que estavam em sua mochila. Edwards, que escreveu diversos livros, inclusive *The quest for Sherlock Holmes*, um relato muito elogiado sobre o começo da vida de Conan Doyle, começou a tirar exemplares das coletâneas que Green organizou. Green, disse ele, era "o maior especialista em Conan Doyle do mundo. Eu tenho autoridade suficiente no assunto para afirmar isso. Richard acabou se tornando o maior de nós todos. Essa é uma opinião segura e definitiva de quem sabe o que está falando". Enquanto falava, ele tendia a colocar o queixo contra o peito, o que fazia sua barba se espalhar. Contou-me que havia conhecido Green em 1981, enquanto realizava pesquisas para seu livro sobre Conan Doyle. Naquela ocasião, Green ainda estava trabalhando na bibliografia com Gibson. Mesmo assim, ele partilhou todos os dados de que dispunha com Edwards. "Ele era esse tipo de pesquisador", comentou.

Para Edwards, a morte de Green foi ainda mais desconcertante do que os crimes em uma história de Holmes. Ele pegou uma das coletâneas de Conan Doyle e leu em voz alta um trecho de "Um caso de identidade", com a voz serena e irônica de Holmes:

> A vida é infinitamente mais estranha do que qualquer coisa que a mente humana possa imaginar. Nós não ousaríamos conceber as coisas que, na verdade, são os lugares-comuns da existência. Se pudéssemos voar por aquela janela de mãos dadas, pairando sobre esta grande cidade, e se delicadamente retirássemos os telhados e espiássemos os estranhos fatos que estão acontecendo, as coincidências, as tramas, os mal-entendidos, as maravilhosas cadeias de acontecimentos, que se interligam há gerações e levam aos mais estranhos resultados, tudo isso tornaria toda a ficção, com suas convenções e conclusões previsíveis, algo insosso e inútil.

Depois de fechar o livro, Edwards explicou que tinha falado diversas vezes com Green sobre o leilão da Christie's. "Nossa vida havia sido dominada pelo fato de que Conan Doyle teve cinco filhos, três dos quais eram seus herdeiros literários", disse Edwards. "Os dois rapazes eram playboys. Um deles, Denis, era completamente egoísta, suponho. O outro, Adrian, era um escroque repulsivo. E havia uma filha que era em tudo maravilhosa."

Green, disse ele, tinha se tornado tão íntimo da filha, Jean, que passou a ser conhecido como o filho que ela nunca teve, apesar de, no passado, os filhos de Conan Doyle terem tido relacionamentos pouco tranquilos com os biógrafos do pai. No começo dos anos 1940, por exemplo, Adrian e Denis haviam colaborado com Hesketh Pearson em *Conan Doyle: His life and art*, mas quando o livro foi lançado e retratava Conan Doyle como "um homem comum", uma expressão que o próprio Conan Doyle tinha usado, Adrian correu a publicar sua própria biografia, *The true Conan Doyle*, e Denis teria desafiado Pearson para um duelo. Mais tarde, Jane Conan Doyle assumira a tarefa de guardar o legado do pai contra estudiosos que pudessem apresentá-lo de maneira excessivamente inflexível. Mas ela confiava em Green, que havia tentado um equilíbrio entre sua veneração pelo biografado e o comprometimento com a verdade.

Edwards disse que Jean não só deixou que Green desse uma olhada no valioso arquivo, mas também lhe pediu ajuda para transferir vários papéis para o escritório de seu advogado. "Richard me contou que ele mesmo os levou para lá", disse Edwards. "Portanto, as informações que ele tinha eram de fato muito perigosas."

Ele afirmou que Green era "a pessoa mais importante que se opunha" ao leilão da Christie's, uma vez que tinha visto alguns dos papéis e poderia testemunhar que a intenção de Jean era doá-los para a British Library. Logo depois que o leilão foi anunciado, disse Edwards, ele e Green ficaram sabendo que Charles Foley, o sobrinho-neto de Sir Arthur, e dois primos de Foley estavam por trás da venda. Mas nem ele nem Green conseguiram entender como aqueles herdeiros distantes tinham obtido controle legal do arquivo. "A única coisa que estava clara para nós é que havia alguma trapaça ali e que alguém, sem dúvida, estava roubando coisas que deveriam ir para a British Library", disse Edwards. E acrescentou: "Isso não era uma hipótese — era uma certeza para nós".

Edwards também não tinha muitas dúvidas de que alguém havia assassinado seu amigo. Ele reparou nos detalhes circunstanciais — a menção que Green fizera sobre ameaças à sua vida, sua referência ao americano que estava "tentando acabar com ele". Alguns observadores, disse ele, tinham especulado que a morte de Green poderia ser o resultado de asfixia autoerótica, mas ele me contou que não havia indícios de que Green estivesse envolvido em atividades sexuais naquele momento. Ele acrescentou que o garrote é um método tipicamente brutal de execução — "Um método de assassinato que um assassino profissional usaria". Além disso, Green não tinha histórico de depressão. Edwards chamou a atenção para o fato de que Green, um dia antes de morrer, havia feito planos com outro amigo para uma viagem à Itália na semana seguinte. E além disso, disse ele, se Green tivesse se matado, certamente deixaria um bilhete; era inconcebível que um homem que mantinha anotações sobre tudo não tivesse deixado um.

"Há outras coisas", continuou Edwards. "Ele foi garroteado com um cordão de bota, mas sempre usou mocassins." E Edwards encontrava sentido em detalhes aparentemente insignificantes, o tipo de coisa que Holmes poderia notar — em especial a garrafa de gim pela metade ao lado da cama. Para Edwards, isso era um sinal claro da presença de um estranho, uma vez que Green, um enófilo, tinha tomado vinho no jantar naquela noite e nunca tomaria gim depois de vinho.

"Seja lá quem fez isso, ainda está à solta", disse Edwards. Ele colocou uma das mãos em meu ombro. "Por favor, tenha cuidado. Não quero vê-lo ser garroteado como meu pobre amigo Richard."

Antes de nos despedirmos, ele me contou mais uma coisa — quem era o americano.

O americano, que pediu que eu não usasse o nome dele, mora em Washington. Depois que descobri seu paradeiro, ele concordou em me encontrar no Timberlake's, perto de Dupont Circle. Encontrei-o sentado junto ao bar, tomando vinho tinto. Embora estivesse curvado, parecia surpreendentemente alto, com um nariz aquilino e o cabelo começando a ficar grisalho. Parecia estar na casa dos cinquenta anos e usava jeans e uma camisa branca, com uma caneta-tinteiro presa no bolso, como um professor.

Depois de um minuto para deduzir quem eu era, ele se levantou e me levou para uma mesa na parte dos fundos, que estava cheia de fumaça e dos sons de uma vitrola automática. Pedimos o jantar, e ele passou a me contar o que Edwards já havia mais ou menos esboçado: que ele era um membro antigo dos Baker Street Irregulars e tinha, durante muitos anos, ajudado a representar o espólio literário de Conan Doyle nos Estados Unidos. No entanto, é a atividade principal dele que lhe deu um ar ligeiramente ameaçador — pelo menos na opinião dos amigos de Green. Ele trabalha para o Pentágono em um cargo elevado que lida com operações clandestinas. ("Um dos amigos de Donald Rumsfeld", foi como Edwards o descreveu.)

O americano disse que, depois de ter terminado um doutorado em relações internaionais em 1970, tornando-se especialista em Guerra Fria e na doutrina nuclear, foi atraído para os jogos sherlockianos e sua busca pela lógica pura. "Eu sempre mantive os dois mundos separados", ele me disse em certo momento. "Não acho que muitas pessoas no Pentágono iriam entender o meu fascínio por uma personagem literária." Conheceu Green por meio da comunidade sherlockiana, disse ele. Como membros dos Baker

Street Irregulars, ambos haviam recebido títulos oficiais tirados das histórias de Holmes. O americano era "Rodger Prescott de infeliz memória", falsificador americano de "A aventura dos três Garridebs". Green era conhecido como "As Três Empenas", que é o nome do vilarejo em "A aventura das Três Empenas", que é saqueada por assaltantes em busca do manuscrito de uma biografia difamadora.

Em meados dos anos 1980, contou o americano, ele e Green tinham sido colaboradores em diversos projetos. Como editor de uma coletânea de ensaios sobre Conan Doyle, ele pedira a Green, a quem considerava "a pessoa com o maior conhecimento sobre Conan Doyle que existia", para escrever o capítulo crucial sobre a autobiografia do autor, de 1924. "Meu relacionamento com Richard foi sempre produtivo", recordou. Então, no começo dos anos 1990, disse, eles tiveram um desentendimento — em consequência, acrescentou ele, de um surpreendente rompimento no relacionamento de Green com Jean Conan Doyle.

"Richard tinha se tornado bastante íntimo de Dame Jean, e estava conseguindo todos os tipos de fotografias familiares, tendo se mostrado grande admirador de Conan Doyle", disse. "E então ela viu alguma coisa impressa escrita por ele e de repente percebeu que ele andara apresentando suas opiniões de uma maneira bastante diferente, e isso foi meio que o fim de tudo."

O americano insistiu que não conseguia se lembrar o que Green havia escrito que a aborrecera. Mas Edwards, assim como outros nos círculos holmesianos, disse que o motivo pelo qual ninguém conseguia se lembrar de alguma ofensa específica era que os ensaios de Green nunca foram especialmente provocadores. Segundo R. Dixon Smith, amigo de Green e livreiro especializado em Conan Doyle, o americano jogou com as sensibilidades de Dame Jean a respeito da reputação do pai e apoderou-se de algumas palavras sinceras de Green, que nunca a haviam incomodado antes, e então "torceu-as" como se fossem "um parafuso". Edwards disse sobre o americano: "Acho que ele fez tudo o que podia para atingir Richard. Ele criou um muro entre Richard e Dame Jean Conan Doyle". Depois que Dame Jean expulsou Green, Edwards e outros notaram, o americano foi ficando cada vez mais próximo dela. Edwards contou-me que Green nunca superou a desavença com Dame Jean. "Ele costumava olhar para mim como se seu coração estivesse partido", disse ele.

Quando pressionei o americano para falar mais sobre o incidente, ele apenas disse: "Pelo fato de eu ser representante de Jean, fiquei no meio da situação". Logo depois, disse ele: "A boa disposição de Green em relação a mim e também sua cooperação acabaram". Nos eventos sherlockianos, disse ele, continuavam a se encontrar, mas Green, sempre reservado, costumava evitá-lo.

Smith contou-me que nos últimos meses de Green, ele várias vezes pareceu estar "preocupado" com o americano. "Ele ficava se perguntando o que é que o americano faria em seguida." Em sua última semana de vida, Green contou a diversos amigos que o americano estava trabalhando para derrotar sua cruzada contra o leilão, e expressou temor de que o rival pudesse querer tentar atingir sua reputação acadêmica. No dia 24 de março, dois dias antes de morrer, Green descobriu que o americano estava em Londres e planejava comparecer a uma reunião da Sherlock Holmes Society naquela noite. Um amigo comentou que Green telefonou para ele, dizendo: "Eu não quero vê-lo! Eu não vou!". Green desistiu de ir à reunião no último minuto. O amigo disse sobre o americano: "Acho que ele assustava Richard".

Quando mencionei algumas das alegações dos amigos de Green, o americano desdobrou seu guardanapo e tocou os cantos da boca. Ele explicou que, durante sua visita a Londres, tinha se oferecido para assessorar Charles Foley — a quem agora servia como representante literário, como fizera para Dame Jean — e

37

discutiu a venda do arquivo na Christie's. Mas o americano enfatizou que não via nem falava com Green havia mais de um ano.

Na noite em que Green morreu, revelou com algum constrangimento, ele estava fazendo um passeio em Londres com a esposa, percorrendo em grupo um trajeto que incluía as cenas de crime de Jack, o Estripador. Disse que fazia pouco tempo descobrira que Green tinha se tornado obcecado por ele antes de sua morte, e notou que, para alguns sherlockianos, a linha entre ser fã e ser fanático era muito obscura. "Isso se deve à maneira como as pessoas se sentiam em relação à personagem", disse ele. Holmes era uma espécie de "criatura vampiresca", comentou; ele consumia as pessoas.

O garçom tinha trazido nossos pratos, e o americano fez uma pausa para uma garfada de filé acebolado. Ele então explicou que Conan Doyle se sentira oprimido por sua criação. Embora as histórias o tivessem tornado o autor mais bem pago de sua época, Conan Doyle se cansou de constantemente "inventar problemas e elaborar cadeias de argumentação intuitiva", como ele disse certa vez em tom amargo. Nas histórias, o próprio Holmes parece subjugado por seu dever, passando dias sem dormir, e, depois de resolver um caso, com frequência consumindo cocaína ("uma solução de sete por cento") a fim de espantar o esgotamento e o tédio que se seguiam. Mas, para Conan Doyle, não parecia haver via de escape semelhante, e ele confidenciou a um amigo que "Holmes está se tornando um fardo tão pesado para mim que está tornando minha vida insuportável".

As próprias qualidades que haviam tornado Holmes invencível — "seu caráter não admite luz nem sombra", como afirma Conan Doyle — acabaram por torná-lo intolerável. Além do mais, Conan Doyle temia que as histórias de detetives ofuscassem sua "obra literária mais séria". Ele havia passado anos pesquisando diversos romances históricos, e estava convencido de que esse gênero iria lhe conquistar um lugar no panteão dos escritores. Em 1891, depois de terminar "The White Company", que se passava no Oriente Médio e era baseado em histórias de "cavaleiros galantes e piedosos", ele declarou: "Ora, nunca vou superar isso". O livro foi popular em sua época, mas logo foi obscurecido pela sombra de Holmes, assim como aconteceu com seus outros romances, com sua prosa igualmente empolada e sem vida. Depois que Conan Doyle completou o romance doméstico *A duet with an occasional chorus*, em 1899, Andrew Lang, um crítico bastante conhecido que havia ajudado a publicar um de seus livros anteriores, resumiu o sentimento da maioria dos leitores: "Pode ser um gosto vulgar, mas decididamente preferimos as aventuras do dr. Watson com Sherlock Holmes".

Conan Doyle estava cada vez mais consternado pelo grande paradoxo de seu sucesso: quanto mais real Holmes se tornava na mente dos leitores, menos o autor parecia existir. Por fim, Conan Doyle sentiu que não tinha escolha. Como afirmou o americano, "Ele teve que matar Sherlock Holmes". Conan Doyle sabia que a morte teria que ser espetacular. "Um homem como aquele não poderia morrer de gripe ou qualquer pequeno aborrecimento", disse ele a um amigo íntimo. "O fim dele precisa ser violento e intensamente dramático." Durante meses, ele tentou imaginar o assassinato perfeito. Então, em dezembro de 1893, seis anos depois de ter criado Holmes, Conan Doyle publicou "O problema final". A história rompe com a fórmula original: não há um enigma a ser desvendado, nem uma demonstração brilhante de gênio dedutivo. E dessa vez o perseguido é Holmes. Ele está sendo caçado pelo professor Moriarty, "o Napoleão do crime", que é "o organizador de metade das maldades e de quase tudo que ainda não foi desvendado nesta grande cidade" de Londres. Moriarty é o primeiro equivalente genuíno de Holmes, um matemático que é, segundo Holmes informa a Watson, "um gênio, um filósofo, um pensador abstrato". Alto e de aparência ascética, ele até fisicamente se parece com Holmes.

No entanto, o mais surpreendente na história é que os dois grandes especialistas em lógica acabam por descer ao domínio da falta de lógica — estão paranoicos e consumidos um pelo outro. Em determinado momento, Moriarty diz a Holmes: "Isto não é perigo [...] é a destruição inevitável". Por fim, os dois convergem para um despenhadeiro sobre as cataratas de Reichenbach, na Suíça. Como Watson deduz mais tarde, Holmes e Moriarty lutaram à beira do precipício antes de mergulhar para a morte. Depois de terminar a história, Conan Doyle escreveu em seu diário, com evidente prazer: "Matei Holmes".

Enquanto o americano falava sobre esses detalhes, ele parecia muito surpreso com o fato de Conan Doyle ter levado até o fim aquela atitude extraordinária. Ainda assim, enfatizou, Conan Doyle não conseguiu fugir de sua criação. Na Inglaterra, segundo dizem, os homens usaram braçadeiras pretas em sinal de luto. Nos Estados Unidos, foram criados clubes dedicados à causa "Vamos manter Holmes vivo". Embora Conan Doyle insistisse que a morte de Holmes era um "homicídio justificável", os leitores o acusaram de cruel e exigiram que ele ressuscitasse o herói deles; afinal de contas, ninguém o tinha visto cair do penhasco. Como escreveu Green em um ensaio de 1983: "Se alguma vez houve um assassino assombrado pelo homem que matou e forçado a expiar seu delito, essa pessoa foi o criador, transformado em destruidor, de Sherlock Holmes". Em 1901, sob uma pressão crescente, Conan Doyle lançou *O cão dos Baskervilles*, sobre uma antiga maldição familiar, mas os eventos na história eram anteriores à morte de Holmes. Então, dois anos mais tarde, Conan Doyle cedeu completamente e começou a escrever novas histórias de Holmes, explicando, de maneira pouco convincente, em "A aventura da casa vazia", que Holmes não tinha mergulhado em direção à morte, mas planejara tudo para parecer que havia morrido e, assim, escapar da gangue de Moriarty.

O americano me contou que, mesmo depois da morte de Conan Doyle, Holmes continuou a assombrar seus descendentes. "Dame Jean achava que Sherlock Holmes era a maldição da família", disse ele. Contou que, como o pai, ela havia tentado atrair atenção para as outras obras dele, mas era constantemente forçada a se dirigir aos milhares de fãs do detetive — muitos dos quais enviavam cartas endereçadas a Holmes, pedindo sua ajuda para resolver crimes reais. Em um ensaio de 1935 intitulado "Sherlock Holmes the God", G. K. Chesterton fez a seguinte observação a respeito dos sherlockianos: "Está indo além de uma brincadeira. O passatempo está se tornando uma ilusão".

Diversos atores que representaram Holmes também foram assombrados por ele, disse o americano. Em uma autobiografia de 1956, *In and out of character*, Basil Rathbone, que fez o papel do detetive em mais de uma dúzia de filmes, reclamou que, por sua representação de Holmes, sua fama relacionada a outros papéis, incluindo algumas indicações ao Oscar, estava "afundando no esquecimento". O público o confundia com sua personagem mais famosa, que o estúdio e as plateias exigiam que ele representasse repetidas vezes, até que, no final, ele também lamentou que "não pudesse matar o senhor Holmes". Outro ator, Jeremy Brett, teve um colapso enquanto fazia o papel do detetive e acabou sendo internado na ala psiquiátrica de um hospital, onde, segundo consta, ele gritava: "Holmes, seu desgraçado!".

Em determinado momento, o americano me mostrou um livro grosso que havia trazido ao pub. Era parte de uma história em vários volumes que ele estava escrevendo a respeito dos Baker Street Irregulars e os estudos sherlockianos. Ele havia começado o projeto em 1988. "Achei que, se fizesse uma pesquisa minuciosa, encontraria material suficiente para encher um volume com umas cento e cinquenta páginas", disse. "Até agora já fiz cinco volumes de mais de mil e quinhentas páginas, e só cheguei até 1950." E acrescentou: "Tem sido uma ladeira escorregadia em direção à loucura e à obsessão".

Enquanto falava sobre seu fascínio por Holmes, ele se lembrou de uma das últimas vezes em que vira Green, três anos antes, em um simpósio na Universidade de Minnesota. Green apresentara uma conferência sobre *O cão dos Baskervilles*. "Foi uma apresentação multimídia sobre as origens do romance, e foi simplesmente brilhante", disse o americano. Ele repetiu a palavra "brilhante" diversas vezes. ("É a única palavra que pode descrever o que aconteceu"), e ali, sentado em sua cadeira e com os olhos brilhando, percebi que não estava conversando com o Moriarty de Green, mas com sua alma gêmea. Então, recompondo-se, ele me lembrou que tinha um emprego em tempo integral e uma família. "O perigo é quando não se tem mais nada na vida a não ser Sherlock Holmes", comentou.

Em 1988, Richard Green fez uma peregrinação até as cataratas de Reichenbach para ver onde o herói de sua infância quase encontrou seu fim. O próprio Conan Doyle havia visitado o lugar em 1893, e Green quis repetir a viagem do autor. Parado na beira das cachoeiras, Green olhou para o precipício abaixo, onde, como notou Watson depois de gritar: "Minha única resposta foi minha própria voz reverberando em um eco vindo dos penhascos a meu redor".

Em meados da década de 1990, Green soube que só teria acesso ao arquivo de Conan Doyle depois que Dame Jean morresse — supondo que ela legasse os papéis para a British Library. Nesse ínterim, continuou pesquisando a biografia dele, que, segundo concluiu, necessitaria nada menos que três volumes: o primeiro cobriria a infância de Conan Doyle; o segundo, a curva de sua carreira literária; o terceiro, sua queda em direção a uma espécie de loucura.

Baseando-se em documentos públicos, Green esboçou essa última etapa, que começou quando Conan Doyle passou a usar seus poderes de observação para resolver mistérios do mundo real. Em 1906, Doyle assumiu o caso de George Edalji, um indiano que morava perto de Birmingham e enfrentou sete anos de trabalhos forçados porque teria mutilado o gado dos vizinhos durante a noite. Conan Doyle desconfiou que Edalji tivesse sido considerado criminoso simplesmente por sua etnia, e assumiu o papel de detetive. Ao encontrar seu cliente, ele reparou que o rapaz segurava um jornal a poucos centímetros do rosto.

"Você não tem astigmatismo?", perguntou Conan Doyle.

"Sim", admitiu Edalji.

Conan Doyle consultou um oftalmologista, que confirmou que a doença de Edalji era tão grave que ele não conseguia enxergar bem nem mesmo com óculos. Conan Doyle, então, foi até a cena do crime, atravessando um labirinto de trilhos de trem e de cercas. "Eu, um homem forte e ativo, à luz do dia, achei bastante difícil chegar até lá", escreveu mais tarde. Na verdade, argumentou ele, teria sido impossível para uma pessoa quase cega percorrer o trajeto e em seguida trucidar um animal em meio ao breu da noite. Um tribunal logo concordou, e o *The New York Times* declarou: "CONAN DOYLE RESOLVE UM NOVO CASO DREYFUS".

Conan Doyle ainda ajudou a resolver o caso de um assassino serial, depois de ter visto reportagens nos jornais nas quais duas mulheres tinham morrido da mesma maneira esquisita: as vítimas eram recém-casadas que haviam se afogado "acidentalmente" na banheira. Conan Doyle informou à Scotland Yard sobre sua teoria, dizendo ao inspetor, em uma espécie de eco de Holmes: "Não há tempo a perder". O assassino, apelidado de "o Barba-Azul do

Banheiro" acabou sendo preso e condenado em um julgamento sensacional.

Por volta de 1914, Conan Doyle tentou aplicar sua capacidade de raciocínio à questão mais importante de sua época — a lógica do início da Primeira Guerra Mundial. Estava convencido de que a guerra não dizia respeito apenas a alianças intrincadas e um arquiduque morto: era uma maneira sensível de restaurar os códigos de honra e propósito moral que ele havia celebrado em seus romances históricos. Naquele ano ele liberou uma torrente de textos de propaganda declarando: "Não temam, pois nossa espada não se quebrará, nem jamais cairá de nossas mãos". Na história de Holmes intitulada "Seu último adeus", que se passa em 1914, o detetive diz a Watson que, depois que "a tempestade passar", "uma terra mais limpa, melhor e mais forte há de restar sob o Sol".

Embora Conan Doyle fosse velho demais para lutar, muitos de seus parentes atenderam seu chamado "às armas", incluindo seu filho Kingsley. Mas a gloriosa batalha prevista por Conan Doyle tornou-se um cataclismo. Os produtos do raciocínio científico — máquinas, engenharia e eletrônica — foram transformados em agentes de destruição. Conan Doyle visitou o campo de batalha perto do Somme, onde dezenas de milhares de soldados britânicos morreram, e onde mais tarde relatou ter visto um soldado "encharcado de vermelho da cabeça aos pés, com dois grandes olhos vidrados que olhavam para cima através de uma máscara de sangue". Em 1918, um Conan Doyle moderado percebeu que o conflito "evidentemente poderia ter sido evitado". Àquela altura, 10 milhões de pessoas tinham morrido, incluindo Kingsley, que pereceu devido a ferimentos em batalha e gripe.

Depois da guerra, Conan Doyle escreveu um punhado de histórias de Holmes, mas o domínio da ficção de detetives estava mudando. O detetive onisciente gradualmente cedeu espaço ao investigador durão, que agia motivado mais por instinto e gim do que pela razão. Em "A simples arte de matar", Raymond Chandler, embora fosse admirador de Conan Doyle, repudiou a tradição do "lógico inflexível" e sua "exaustiva concatenação de pistas insignificantes", que agora pareciam um absurdo. Enquanto isso, em sua própria vida, Conan Doyle pareceu abandonar completamente a razão. Segundo relata um dos colegas de Green dos Baker Street Irregulars, Daniel Stashower, em um livro de 1999, *Teller of tales: The life of Arthur Conan Doyle*, o criador de Holmes começou a acreditar em fantasmas. Ele frequentava sessões espíritas e recebia mensagens dos mortos por meio do "poder de escrita automática", um método semelhante ao do tabuleiro Ouija para comunicação com espíritos. Durante uma sessão, Conan Doyle, que antes considerava a crença na vida após a morte "uma ilusão", afirmou que seu irmão mais novo, morto, disse: "É tão magnífico estar em contato dessa maneira".

Certo dia, Conan Doyle ouviu uma voz na sala da sessão espírita. Mais tarde ele descreveria a cena em carta a um amigo:

Eu disse: "É você, garoto?".

Ele respondeu em um sussurro muito intenso e um tom muito peculiar dele: "Pai!", e depois de uma pausa: "Perdoe-me!".

Eu disse: "Nunca houve nada a perdoar. Você foi o melhor filho que um homem poderia ter". Uma mão forte desceu sobre minha cabeça, que estava ligeiramente inclinada para a frente, e eu senti um beijo pouco acima da minha sobrancelha.

"Você está feliz?", perguntei eu, chorando.

Houve uma pausa e então, suavemente: "Estou muito feliz".

O criador de Sherlock Holmes tinha se tornado o são Paulo dos sensitivos. Conan Doyle afirmava ver não só seus parentes mortos, mas fadas também. Ele defendeu publicamente fotografias tiradas em 1917 por duas garotas que pretendiam mostrar essas criaturas fantásticas, muito embora, como uma das garotas confessou mais tarde: "Eu podia ver os alfinetes que prendiam as figuras no ar. Sempre fiquei encantada com o fato de as pessoas levarem aquilo a sério". Mas Conan Doyle estava convencido, e até mesmo publicou um livro chamado *The coming of fairies*. Ele abriu a Psychic Bookshop, em Londres, e dizia aos amigos que tinha recebido mensagens de que o mundo iria acabar. "Se alguém é Sherlock Holmes, suponho que esse alguém seja eu, e eu digo que a questão do espiritismo sem dúvida está provada", declarou. Em 1918, uma manchete no *Sunday Express* perguntava: "CONAN DOYLE ESTÁ LOUCO?".

Pela primeira vez, Green teve que se esforçar para racionalizar a vida de seu tema de estudos. Em um ensaio, ele escreveu: "É difícil entender como um homem que havia se guiado pelo absoluto bom senso e por atitudes saudáveis pudesse sentar em salas escuras esperando para ver ectoplasma". Às vezes, Green reagia como se seu herói o tivesse traído. Em uma passagem, ele escreveu, furioso: "Conan Doyle estava se iludindo".

"Uma coisa que Richard não podia tolerar era o envolvimento de Conan Doyle com o espiritismo", disse Edwards. "Ele achava que aquilo era loucura." De acordo com Dixon Smith, amigo dele: "Tudo era Conan Doyle. Richard se dedicava a ele de corpo e alma". A casa de Green estava ficando cada vez mais cheia de objetos da vida de Conan Doyle: panfletos de propaganda havia muito esquecidos e palestras sobre espiritismo; um misterioso estudo sobre a Guerra dos Bôeres; ensaios inéditos sobre fotografia. "Eu me lembro de que, certa vez, descobri um exemplar de *A duet with an occasional chorus*, disse Gibson. "Tinha uma capa vermelha ótima. Eu o mostrei a Richard, e ele ficou realmente entusiasmado: 'Deus, este deve ter sido o exemplar do vendedor'." Quando Green encontrou um dos poucos exemplares existentes da *Beeton's Christmas Annual* de 1887, com "Um estudo em vermelho", que valia uns 130 mil dólares, ele enviou um cartão a um amigo com apenas uma palavra: "Enfim!".

Green também queria segurar os objetos que o próprio Conan Doyle havia segurado: abridores de cartas, canetas e óculos. "Ele procurava itens para a coleção o tempo todo, o tempo todo mesmo", contou-me o irmão dele, Scirard. Green cobriu muitas de suas paredes com fotografias de família de Conan Doyle. Ele tinha até mesmo um pedaço de papel de parede de uma das casas de Doyle. "'Obsessão' de maneira alguma é uma palavra forte demais para descrever o que Richard tinha", disse um de seus amigos, Nicholas Utechin, editor do *The Sherlock Holmes Journal*.

"É algo que não tem fim, e não sei como parar", confessou Green a uma revista de antiguidades em 1999.

Em 2000, a casa dele parecia o sótão de Poulton Hall, só que agora ele parecia estar morando em um museu dedicado a Conan Doyle, e não a Holmes. "Tenho mais ou menos quarenta mil livros", Green contou à revista. "Além disso, é claro, há os quadros, as fotografias, os papéis e todos os outros objetos. Sei que parece muito, mas, entenda, quanto mais você tem, mais sente que precisa."

E aquilo que ele mais desejava continuava fora de seu alcance: o arquivo. Depois que Dame Jean morreu, em 1997, e os papéis não apareceram na British Library, ele foi ficando cada vez mais frustrado. Se antes fora criterioso ao elaborar suas conjecturas sobre a vida de Conan Doyle, agora parecia precipitado. Em 2002, para desgosto dos doylianos em todo o mundo, Green escreveu um trabalho afirmando ter provas de que Conan Doyle teve um encontro amoroso com Jean Leckie, sua linda e delicada segunda esposa, antes que a primeira esposa, Louisa, morresse de tuberculose em 1906. Embora fosse sabido que Conan Doyle tinha criado um laço com Leckie durante a longa enfermidade de sua mulher, ele sempre insistira: "Eu combato o diabo e venço". E, para manter o ar de probidade vitoriana, ele com frequência trazia consigo algum acompanhante quando ele e Leckie estavam juntos. Green baseou sua alegação no censo de 1901, que, no dia de coleta de dados, registrou que Conan Doyle estava hospedado no Ashdown Forest Hotel, em East Sussex. E que Leckie também estava. "Conan Doyle não poderia ter escolhido um fim de semana pior para ter um encontro amoroso", escreveu Green. Mas Green deixou de notar um fato crucial também contido no relatório do recenseamento — a mãe de Conan Doyle estava hospedada com ele, aparentemente como acompanhante. Mais tarde, Green foi forçado a se retratar, em carta ao *The Sherlock Holmes Journal*, dizendo: "Sou culpado pelo erro primário de teorizar sem dados".

Ainda assim, ele continuou a atacar Conan Doyle, como Conan Doyle tinha feito com Sherlock Holmes. Edwards lembrou-se de que, em uma conversa, Green depreciou Conan Doyle, considerando-o "sem originalidade" e "um plagiador". Ele confessou a outro amigo: "Desperdicei toda a minha vida com um escritor de segunda categoria".

"Acho que ele se sentia frustrado porque a família não estava chegando a um acordo", disse Smith. "O arquivo não foi disponibilizado, e ele ficou com raiva, não dos herdeiros, mas de Conan Doyle."

Em março de 2004, quando foi correndo até a Christie's depois que o leilão dos papéis foi anunciado, Green descobriu que o arquivo era tão rico e abundante quanto havia imaginado. Entre os milhares de itens, havia fragmentos da primeira história que Conan Doyle escreveu, aos seis anos de idade; diários de bordo ilustrados da época em que Conan Doyle foi médico em um baleeiro escocês, na década de 1880; cartas do pai de Conan Doyle (cujos desenhos no hospício lembravam as fadas que o filho mais tarde viria a considerar reais); um envelope marrom com uma cruz e o nome do filho morto escrito sobre ele; o manuscrito do primeiro romance de Conan Doyle, que nunca foi publicado; um bilhete de Conan Doyle para o irmão, que parecia confirmar que a intuição de Green estaria certa, e que Conan Doyle, de fato, começou a ter um caso com Leckie. Jane Flower, que ajudou a organizar os documentos para a Christie's, contou aos repórteres: "O paradeiro desse material era desconhecido antes, e é por esse motivo que não existe nenhuma biografia atual do autor".

Enquanto isso, de novo em casa, Green tentava entender os motivos pelos quais o arquivo estava prestes a voltar mais uma vez para as mãos de particulares. Segundo a família de Green, ele digitou anotações em seu computador, reexaminando a trilha de indícios, que poderiam provar que os papéis pertenciam à British Library. Ele trabalhava até tarde da noite, às vezes sem dormir. No entanto, nada parecia contribuir. Em determinado momento, ele escreveu, em letras maiúsculas: "ATENHA-SE AOS FATOS". Depois de mais uma noite em claro, ele disse à irmã que o mundo parecia "kafkiano".

Horas antes de morrer, Green havia telefonado para a casa de seu amigo Utechin. Green lhe pedira para encontrar a fita de uma velha entrevista na BBC que, segundo Green se lembrava, citava um dos herdeiros de Conan Doyle dizendo que o arquivo deveria ser doado para a British Library. Utechin disse ter encontrado a fita, mas não havia essa declaração na gravação. Green ficou apoplético, e acusou o amigo de conspirar contra ele, como se fosse um novo Moriarty. Por fim, Utechin disse: "Richard, você pirou!".

Certa tarde, quando eu estava em meu hotel em Londres, o telefone tocou. "Preciso falar com você de novo", disse John Gibson. "Vou pegar o próximo trem até aí." Antes de desligar, ele acrescentou: "Tenho uma teoria".

Eu o recebi em meu quarto do hotel. Ele trazia diversos pedaços de papel nos quais fizera anotações. Sentou-se ao lado da janela, o desenho de sua silhueta magra contra a luz fraca, e anunciou: "Acho que foi suicídio". Ele tinha examinado os dados cuidadosamente, incluindo os detalhes que eu havia comentado com ele com base em minha própria investigação. Havia um número crescente de indícios, disse ele, de que seu amigo racional estava apresentando traços de irracionalidade na última semana de vida. Havia o fato de que inexistia sinal de arrombamento no apartamento de Green. E havia o fato, talvez o mais crítico deles, da colher de madeira perto da mão de Green.

"Ele deve ter usado a colher para apertar a corda" como um torniquete, disse Gibson. "Se foi outra pessoa quem o garroteou, por que precisaria de uma colher? O assassino poderia simplesmente usar as mãos." E continuou: "Acho que as coisas na vida dele não saíram como ele queria. Esse leilão na Christie's foi a gota d'água".

Ele olhou com certo nervosismo para as anotações que se esforçava para ler sem a lente de aumento. "Isso não é tudo", disse. "Acho que ele queria que parecesse um assassinato."

Ele esperou para avaliar minha reação, e então continuou: "Foi por isso que não deixou um bilhete. Foi por isso que tirou a própria voz da secretária eletrônica. Foi por isso que enviou aquela mensagem para a irmã com os três números de telefone. Foi por isso que falou sobre o americano que estava atrás dele. Ele deve ter planejado tudo durante dias, criando os motivos fundamentais, deixando pistas falsas".

Eu sabia que, no romance policial, o cenário inverso costuma ser o verdadeiro — descobre-se que um suicídio foi, na verdade, um assassinato. Como Holmes declara em "O paciente internado": "Isto não é suicídio [...] É um assassinato a sangue-frio muito bem planejado". Mas existe uma exceção notável. Ela se encontra, de uma forma que é, em si, bastante misteriosa, em um dos últimos mistérios de Holmes, "O problema da ponte Thor", uma história que Green certa vez citou em um ensaio. Uma mulher casada é encontrada morta em uma ponte, com um tiro na cabeça dado à queima-roupa. Todas os indícios apontam para um suspeito: a governanta, com quem o marido andava flertando. Mas Holmes mostra que a esposa não fora assassinada por ninguém; em vez disso, enfurecida de ciúme pelas propostas ilícitas do marido à governanta, ela havia se matado e incriminado a mulher a quem culpava por sua tristeza. De todas as histórias de Conan Doyle, essa é a que mergulha mais fundo na psique humana e em suas motivações criminais. Como a governanta conta a Holmes: "Quando cheguei à ponte, ela estava esperando por mim. Até aquele momento eu nunca tinha percebido o quanto ela me odiava. Ela estava enlouquecida — na verdade, acho que ela era louca, sutilmente louca com o profundo poder de enganar que as pessoas insanas podem ter".

Eu me perguntei se Green estaria tão furioso com a perda do arquivo a ponto de ter feito algo semelhante, e até mesmo tentado incriminar o americano, a quem culpava por ter arruinado seu relacionamento com Dame Jean e pela venda do arquivo. Pensei também se ele poderia ter tentado, em um último empreendimento desesperado, criar ordem a partir do caos que havia a seu redor. Eu me perguntei se essa teoria, apesar de improvável, era, de fato, a menos "impossível".

Partilhei com Gibson algumas outras pistas que eu havia descoberto: o telefonema que Green dera para o repórter dias antes de sua morte, dizendo que "alguma coisa" poderia acontecer a ele; a referência, em uma das histórias de Holmes, a um dos principais capangas de Moriarty como "um estrangulador profissional"; e uma declaração dada ao legista pela irmã de Green, que dizia que o bilhete com os três números de telefone a fizeram lembrar do "começo de uma história de suspense". Depois de algum tempo, olhou para mim, o rosto assustadoramente pálido. "Você está vendo?", exclamou ele. "Richard encenou tudo. Ele criou o mistério perfeito."

Antes de voltar para os Estados Unidos, fui visitar a irmã de Green, Priscilla West. Ela mora perto de Oxford, em uma casa de tijolos de três andares do século XVIII com um jardim murado. Tinha longos cabelos castanhos e ondulados, um rosto redondo e atraente e pequenos óculos ovais. Convidou-me a entrar com um tom reticente na voz, dizendo: "Você é uma pessoa de sala de visitas ou uma pessoa de cozinha?".

Dei de ombros, inseguro, e ela me levou para a sala de visitas, que tinha uma mobília e os livros infantis do pai nas prateleiras. Assim que nos sentamos, expliquei-lhe que vinha me esforçando para escrever a história do irmão dela. O americano me havia dito: "Não existe biografia definitiva", e Green parecia especialmente resistente a explicações.

"Richard compartimentava sua vida", disse a irmã. "Há muitas coisas que só viemos a descobrir depois que ele morreu." Durante a investigação, sua família e a maioria de seus amigos ficaram surpresos quando Lawrence Keen, que tinha quase a metade da idade de Green, anunciou que tinha sido amante dele anos antes. "Ninguém na família sabia" que Green era gay, explicou a irmã. "Ele nunca falou sobre isso."

À medida que West lembrava de outros fragmentos surpreendentes da biografia de Green (viagens ao Tibete, uma breve tentativa de escrever um romance), tentei formar uma imagem dele da melhor maneira possível, com seus óculos, saco plástico na mão e sorriso irônico. West tinha visto o corpo do irmão na cama, e diversas vezes ela me disse "Eu só queria que", antes de ficar em silêncio novamente. Ela me deu cópias dos tributos que os amigos de Green tinham apresentado durante o enterro, que foi realizado no dia 22 de maio, o dia em que Conan Doyle nasceu. Na parte de trás do programa havia várias citações tiradas das histórias de Sherlock Holmes:

> Vi, ainda que de relance, um grande coração além de um grande cérebro.
> Ele parece ter uma paixão pelo conhecimento definido e exato.
> Sua carreira foi extraordinária.

Depois de algum tempo, ela se levantou para se servir de chá. Quando voltou a sentar, disse que o irmão tinha desejado que sua coleção fosse para uma biblioteca em Portsmouth, perto do local onde Conan Doyle escreveu as duas primeiras histórias de Holmes, para que outros estudiosos tivessem acesso a ela. A coleção era tão grande que precisaram de duas semanas e doze cargas de caminhão para transportar tudo. Estima-se que valha muitos milhões de dólares — provavelmente muito mais do que o precioso e desejado arquivo. "Ele não gostava mesmo da ideia de pôr o conhecimento abaixo da ganância", disse West. "Ele viveu e morreu por essa regra."

Ela então me contou algo sobre o arquivo que apenas recentemente tinha vindo à luz, e que seu irmão nunca ficou sabendo: Dame Jean Conan Doyle, que estava morrendo de câncer, havia feito um formal de partilha de última hora, dividindo o arquivo entre ela e os três herdeiros da ex-cunhada, Anna Conan Doyle. O que estava sendo leiloado, portanto, pertencia aos três herdeiros, e não a Dame Jean, e, embora algumas pessoas ainda questionassem a moral da venda, a British Library chegou à conclusão de que a venda era legal.

Green também não pôde saber que depois do leilão, no dia 19 de maio, os papéis mais importantes acabaram ficando na British Library. Dame Jean não havia designado esses documentos aos outros herdeiros, e tinha destinado muitos deles à biblioteca em seu testamento; ao mesmo tempo, a British Library havia comprado a maior parte do material restante no leilão. Como me disse Gibson mais tarde: "A tragédia é que Richard ainda poderia ter escrito sua biografia. Ele teria tudo de que precisava".

No entanto, duas questões não parecem explicadas. Como, perguntei a West, uma voz americana foi parar na secretária eletrônica de seu irmão?

"Acho que isso não é complicado", disse ela. A máquina fora feita nos Estados Unidos e tinha uma mensagem pré-gravada; quando o irmão tirou sua mensagem pessoal, a voz americana pré-gravada apareceu.

Eu então perguntei sobre os números de telefone no bilhete. Ela balançou a cabeça, triste. Nada acrescentavam em termos de informação, disse ela. Eram apenas os números dos repórteres com quem o irmão tinha falado, e o número de alguém na Christie's.

Por fim, perguntei o que ela achava que havia acontecido ao irmão. Em uma ocasião, Scirard Lancelyn Green dissera ao *Observer* de Londres que achava que assassinato era "inteiramente possível"; e, apesar de todas as minhas tentativas de elaborar um relato que transcendesse as dúvidas, ainda havia perguntas. A polícia não tinha dito ao legista que um intruso poderia ter trancado a porta do apartamento de Green ao fugir, criando assim a ilusão de que sua vítima tinha morrido sozinha? Não era possível que Green conhecesse o assassino e simplesmente o tivesse deixado entrar? E como alguém, mesmo em um ataque de loucura, poderia se garrotear usando apenas um cordão de sapato e uma colher?

A irmã dele desviou o olhar, como se tentasse, pela última vez, encaixar todas as peças. Então disse: "Eu acho que jamais saberemos com certeza o que aconteceu. Ao contrário das histórias policiais, temos que viver sem respostas".

dezembro de 2004

Julgamento pelo fogo

O estado do Texas executou um homem inocente?

O fogo se movia rapidamente através da casa, uma estrutura de madeira térrea em um bairro operário em Corsicana, no nordeste do Texas. As chamas se espalhavam pelas paredes, atravessando os vãos das portas, derretendo a tinta e queimando os azulejos e a mobília. A fumaça se comprimiu contra o teto e depois desceu, infiltrando-se em cada cômodo e através das fendas das janelas, manchando o céu daquela manhã.

Buffie Barbee, que tinha onze anos e morava duas casas para baixo, estava brincando em seu quintal quando sentiu o cheiro da fumaça. Ela entrou e contou para a mãe, Diane, e as duas correram até a rua. Foi então que viram a casa em chamas e Cameron Todd Willingham em pé na varanda da frente, vestindo apenas um jeans, o peito escurecido por fuligem, o cabelo e as sobrancelhas chamuscados. Ele estava gritando: "Minhas meninas estão queimando!". Suas filhas — Karmon e Kameron, que eram gêmeas de um ano, e Amber, de dois anos — estavam presas dentro da casa.

Willingham pediu às Barbee que chamassem o Corpo de Bombeiros, e, enquanto Diane corria pela rua para conseguir ajuda, ele achou um pedaço de pau e quebrou a janela do quarto das crianças. O fogo saiu com força pela abertura. Ele quebrou outra janela; as chamas a atravessaram também, e ele se afastou, ajoelhando-se na frente da casa. Um vizinho mais tarde contou à polícia que Willingham gritava "Minhas meninas!" sem parar, até que ficou em silêncio, como se tivesse "tirado o incêndio da mente".

De volta à cena, Diane Barbee podia sentir o calor intenso que era irradiado da casa. Instantes depois, as cinco janelas do quarto das crianças explodiram e as chamas "voaram para fora", nas palavras de Barbee. Em minutos, os primeiros bombeiros chegaram, e Willingham os abordou, gritando que suas filhas estavam no quarto delas, onde as chamas estavam mais densas. Um bombeiro enviou uma mensagem pelo rádio para que as equipes de salvamento "entrassem em ação".

Mais homens apareceram, desenrolando mangueiras e jogando água sobre as labaredas. Um dos bombeiros, que tinha um tanque de ar preso às costas e uma máscara lhe cobrindo o rosto, começou a entrar por uma das janelas, mas foi atingido pelo jato de água de uma mangueira e teve que recuar. Ele então investiu contra a porta da frente, em um turbilhão de fumaça e fogo. Seguindo pelo corredor principal, ele chegou à cozinha, onde viu uma geladeira bloqueando a porta dos fundos.

Todd Willingham, assistindo a tudo, pareceu ficar mais histérico, e um capelão da polícia chamado George Monaghan o levou para a parte de trás de um carro dos bombeiros e tentou acalmá-lo. Willingham explicou que sua mulher, Stacy, tinha saído bem cedo naquela manhã, e que ele fora acordado por Amber, que o sacudiu, gritando: "Papai! Papai!".

"Minha garotinha estava tentando me acordar e me avisar sobre o fogo", disse ele, acrescentando, "eu não consegui tirar minhas filhinhas."

Enquanto ele falava, um bombeiro saiu da casa, com Amber

nos braços. Quando ela recebia os procedimentos de reanimação cardiopulmonar, Willingham, que tinha 23 anos e era bastante forte, foi vê-la, e então, de repente, correu na direção do quarto das crianças. Monaghan e outro homem o seguraram. "Tivemos que lutar com ele e algemá-lo, para proteção dele e nossa", contou Monaghan mais tarde à polícia. "Eu ganhei um olho roxo." Um dos primeiros bombeiros a chegar ao local contou aos investigadores que, em um momento anterior, também teve que segurar Willingham. "Pelo que eu vi sobre como o fogo estava se espalhando, teria sido loucura para qualquer um tentar entrar naquela casa", disse ele.

Willingham foi levado para um hospital, onde ficou sabendo que Amber — que na verdade fora encontrada no quarto do casal — tinha morrido devido à inalação de fumaça. Kameron e Karmon estavam caídas no chão do quarto das crianças, os corpos bastante queimados. Segundo o legista, elas também morreram por inalação de fumaça.

A notícia sobre a tragédia, que aconteceu no dia 23 de dezembro de 1991, espalhou-se por Corsicana. Cidadezinha a noventa quilômetros de Waco, Corsicana já havia sido o centro da primeira explosão de descoberta de petróleo no Texas, mas muitos dos poços secaram, e mais de um quarto dos 20 mil habitantes da cidade se viram reduzidos à pobreza. Várias lojas na rua principal fecharam suas portas, dando ao lugar a impressão de uma cidade abandonada.

Willingham e sua esposa, de 22 anos, não tinham dinheiro algum. Stacy trabalhava no bar do irmão, chamado Some Other Place, e Willingham, mecânico de automóveis desempregado, tomava conta das crianças. A comunidade fez uma coleta para ajudar os Willingham a pagar o enterro.

Enquanto isso, os investigadores de incêndios tentavam determinar a causa do fogo. (Willingham deu às autoridades permissão para examinar a casa detalhadamente: "Sei que talvez nunca tenhamos todas as respostas, mas eu gostaria de saber por que minhas filhinhas foram tiradas de mim".) Douglas Fogg, que na época era o segundo no comando dos bombeiros de Corsicana, conduziu a inspeção inicial. Ele era alto, o cabelo cortado rente, e a voz soava áspera devido a anos inalando a fumaça de incêndios e cigarros. Ele fora criado em Corsicana e, depois de terminar o ensino médio em 1963, tinha se alistado na Marinha, servindo como paramédico no Vietnã, onde foi ferido em quatro ocasiões. Em cada uma delas recebeu uma medalha Purple Heart. Depois de voltar do Vietnã, ele se tornou bombeiro, e na época do incêndio na casa de Willingham já combatia o fogo — ou o que chama de "a besta" — havia mais de vinte anos, e tinha se tornado um investigador credenciado de incêndios criminosos. "Você aprende que o fogo fala com a gente", ele me disse.

Logo ele foi acompanhado no caso por um dos principais investigadores de incêndios criminosos do estado, um chefe de bombeiros chamado Manuel Vasquez, que já morreu. Baixinho, barriga protuberante, Vasquez tinha investigado mais de 1200 incêndios. Os investigadores de incêndios criminosos sempre foram considerados um tipo especial de detetive. No filme de 1991 *Cortina de fogo*, um heroico investigador de incêndios criminosos diz o seguinte sobre o fogo: "Ele respira, ele se alimenta e ele odeia. A única maneira de derrotá-lo é pensar como ele. Saber que essa chama vai se espalhar atravessando a porta e chegando até o teto". Vasquez, que antes tinha trabalhado no serviço secreto do Exército, tinha várias máximas de sua lavra. Uma delas era: "O fogo não destrói a prova — ele a cria". Outra era: "O fogo conta a história. Eu sou apenas o intérprete". Ele cultivava uma aura de invencibilidade semelhante à de Sherlock Holmes. Certa vez precisou responder sob juramento se alguma vez havia se enganado. "Se aconteceu, senhor, eu não sei", respondeu ele. "Nunca disseram nada."

Vasquez e Fogg visitaram a casa dos Willingham quatro dias depois do incêndio. Seguindo o protocolo, eles foram das áreas menos queimadas para as que estavam mais danificadas. "É um método sistemático", declarou Vasquez mais tarde, "estou apenas coletando informações [...] Não tenho nada definido. Não tenho nenhuma ideia preconcebida."

Os homens percorreram lentamente o perímetro da casa, fazendo anotações e tirando fotos, como arqueólogos mapeando ruínas. Ao abrir a porta dos fundos, Vasquez percebeu que só havia espaço para passar espremido pela geladeira que bloqueava a saída. O ar cheirava a borracha queimada e fios derretidos; cinzas úmidas cobriam o chão, grudando na sola de suas botas. Na cozinha, Vasquez e Fogg só perceberam danos causados pela fumaça e pelo calor — sinal de que o fogo não tinha se originado ali — e então entraram ainda mais na construção de noventa metros quadrados. Um corredor central passava por uma despensa, pelo quarto do casal e depois por uma pequena sala de visitas à esquerda e pelo quarto das crianças à direita, terminando na porta de entrada, que se abria para a varanda. Vasquez tentou absorver tudo, um processo que comparou a entrar na casa da sogra pela primeira vez. "Eu tenho a mesma curiosidade."

Na despensa, ele reparou em imagens de caveiras nas paredes e o que mais tarde descreveu como uma imagem da Morte em um manto e com uma foice nas mãos esqueléticas. Então voltou a atenção para o quarto do casal, onde o corpo de Amber havia sido encontrado. Os danos, na maioria, também foram resultantes da fumaça e do calor, sugerindo que o fogo tinha começado mais para a frente no corredor, e ele foi nessa direção, transpondo os destroços e abaixando-se para passar sob pedaços das placas de isolamento térmico e pedaços de fiação pendurados no teto arruinado e exposto.

Enquanto ele e Fogg retiravam alguns obstáculos, notaram que a base das paredes estava profundamente queimada e enegrecida pelo fogo. Pelo fato de os gases se tornarem flutuantes quando aquecidos, as chamas em geral queimam para cima. Mas Vasquez e Fogg observaram que o fogo tinha se alastrado bem embaixo, e que havia padrões de áreas queimadas no chão que eram peculiares, parecidos com poças.

O estado de espírito de Vasquez se tornou sombrio. Ele seguiu o "rastro de queima" — a trajetória marcada pelo fogo — que levava do corredor ao quarto das crianças. A luz do sol, filtrada através das janelas quebradas, iluminou mais alguns dos padrões de queima de formato irregular. Um líquido inflamável ou combustível, quando derramado no chão, pode fazer com que o fogo se concentre nesse tipo de bolsões, que é o motivo pelo qual os investigadores se referem a eles como "padrões de derramamento" ou "configurações em forma de poças".

O fogo tinha atravessado camadas de carpete e placas de compensado do assoalho. Além disso, as molas de metal sob as camas das crianças tinham se tornado brancas — sinal de que um calor intenso havia se irradiado sob elas. Ao ver que o piso tinha alguns dos pontos queimados mais profundos, Vasquez deduziu que ele tinha ficado mais quente do que o teto, o que, tendo em vista o movimento ascendente do calor, não era, em suas palavras, "algo normal".

Fogg examinou um pedaço de vidro de uma das janelas quebradas. Ele continha um padrão semelhante a uma teia de aranha — que os investigadores de incêndio chamam de "vidro enlouquecido". Os manuais de perícia havia muito tinham descrito o efeito como um dos principais indicadores de que um fogo se alastrara de maneira "rápida e quente", o que significa que havia sido alimentado por um catalisador líquido, que fez o vidro quebrar.

Os homens olharam de novo para o que parecia ser um rastro de fogo bastante nítido através da casa: saía do quarto das crianças e entrava no corredor, então virava bruscamente para a direita e continuava em direção à porta da frente. Para surpresa dos investigadores, até mesmo a madeira sob a soleira de alumínio da porta estava queimada. No piso de concreto da varanda, logo depois da porta da frente, Vasquez e Fogg perceberam outra coisa incomum: manchas marrons, que, segundo relataram, eram compatíveis com a presença de um catalisador.

Os homens examinaram as paredes à procura de marcas de fuligem que se assemelhassem a um V. Quando um objeto pega fogo, ele cria um padrão assim, à medida que o calor e a fumaça irradiam para fora; a parte de baixo do V pode, portanto, indicar o local onde o fogo começou. Na casa de Willingham, havia um V nítido no corredor principal. Examinando essa e outras marcas de queima, Vasquez identificou três lugares onde o fogo tinha se originado: no corredor, no quarto das crianças e na porta da frente. Vasquez mais tarde testemunhou que múltiplas origens apontavam para uma conclusão: o incêndio fora "criado intencionalmente por mãos humanas".

Àquela altura, os dois investigadores tinham uma visão clara do que havia acontecido. Alguém derramara o líquido catalisador por todo o quarto das crianças, até mesmo sob suas camas, depois mais um pouco pelo corredor contíguo e do lado de fora da porta da frente, criando uma "barreira de fogo" que impedia qualquer um de escapar; de maneira semelhante, um promotor sugeriu mais tarde, a geladeira na cozinha tinha sido posicionada de forma a bloquear a saída pelos fundos. Em suma, a casa tinha sido propositalmente transformada em uma armadilha mortal.

Os investigadores coletaram amostras de materiais queimados da casa e as enviaram para um laboratório que poderia identificar a presença do líquido catalisador. O técnico do laboratório relatou que uma das amostras continha resquícios de "álcool mineral", uma substância frequentemente encontrada em fluido para acender churrasqueiras a carvão. A amostra fora recolhida perto da soleira da porta da frente.

O incêndio agora estava sendo considerado homicídio triplo, e Todd Willingham — a única pessoa, além das vítimas, que se sabia estar na casa no momento do incidente — se tornou o principal suspeito.

Os investigadores de incêndios e os da polícia passaram um pente-fino pela vizinhança, entrevistando testemunhas. Várias delas, como o padre Monaghan, inicialmente retrataram Willingham como alguém arrasado pelo incêndio. Mas, com o tempo, um número cada vez maior de testemunhas apresentou declarações condenatórias. Diane Barbee disse que não tinha visto Willingham tentar entrar na casa até depois que as autoridades chegaram, como se estivesse fazendo uma encenação. E quando o quarto das crianças explodiu em chamas, ela acrescentou, ele parecia mais preocupado com o carro, que afastou da casa. Outro vizinho relatou que, quando Willingham gritou pelas filhas, ele "não parecia estar aflito ou preocupado". Até mesmo o padre Monaghan escreveu em uma declaração que, depois de refletir um pouco mais, "as coisas não eram o que pareciam. Tive a impressão de que [Willingham] estava completamente controlado".

A polícia começou a compor um perfil perturbador de Willingham. Nascido em Ardmore, Oklahoma, em 1968, ele havia sido abandonado pela mãe quando bebê. Seu pai, Gene, que se divorciara da mãe, acabou criando-o com a madrasta, Eugenia. Gene, um ex-fuzileiro naval dos Estados Unidos, trabalhava em um ferro-velho, e a família morava em uma casa apertada; à noite eles podiam ouvir os trens de carga que passavam barulhentos em trilhos que ficavam bem perto. Willingham, que era dotado do que a família chamava de "a aparência clássica Willingham" — um rosto bonito, cabelo preto abundante e olhos escuros — tinha muita dificuldade na escola e, adolescente, começou a cheirar tinta. Aos dezessete anos, o Departamento de Serviço Social de Oklahoma apresentou a seguinte avaliação: "Ele gosta de 'garotas', carros velozes, caminhonetes incrementadas, natação e caça, nessa ordem". Willingham abandonou o ensino médio, e com o tempo acabou sendo preso, entre outras coisas, por dirigir alcoolizado, roubar uma bicicleta e furtar em lojas.

Em 1988, ele conheceu Stacy, aluna do último ano do ensino médio, que também vinha de um passado conturbado: aos quatro anos, o padrasto havia estrangulado sua mãe até a morte durante uma briga. Stacy e Willingham tinham um relacionamento turbulento. Willingham, que era infiel, bebia Jack Daniel's demais e às vezes batia em Stacy — mesmo quando ela estava grávida. Um vizinho disse que, certa vez, ele ouviu Willingham gritar para ela: "Levanta, sua vaca, que eu te acerto de novo".

No dia 31 de dezembro, as autoridades detiveram Willingham para interrogatório. Fogg e Vasquez estavam presentes, junto com Jimmie Hensley, um policial que trabalhava em seu primeiro caso de incêndio criminoso. Willingham disse que Stacy tinha saído por volta das nove da manhã para comprar um presente de Natal para as meninas na loja do Exército de Salvação. "Depois que ela saiu, eu ouvi as gêmeas chorarem, então levantei e dei mamadeira para elas", disse ele. O quarto das crianças tinha uma grade de segurança na porta, que Amber conseguia pular, mas não as gêmeas, e ele e Stacy costumavam deixar que as gêmeas tirassem uma soneca no chão depois de tomarem a mamadeira. Amber ainda estava dormindo, disse Willingham, então ele voltou para seu quarto para dormir. "A próxima coisa de que me lembro é de ouvir 'Papai, papai'", contou. "A casa já estava cheia de fumaça." Ele disse que se levantou, tateou pelo chão à procura da calça e a vestiu. Não conseguia mais ouvir a voz da filha. ("Eu ouvi aquele último 'Papai, papai', e nunca mais ouvi a voz dela"), e ele gritou: "Ah, Deus — Amber, sai da casa! Sai da casa!". Segundo Willingham, ele não percebeu que Amber estava em seu quarto. Talvez ela já tivesse desmaiado quando ele se levantou, ou talvez tenha entrado depois que ele saiu, através de uma segunda porta, que vinha da sala de visitas. Ele disse que entrou no corredor e tentou chegar até o quarto das crianças. No corredor, disse ele, "não dava para enxergar nada, estava tudo escuro". O cheiro no ar era o mesmo do dia em que o micro-ondas tinha explodido, três semanas antes — cheiro "de fios queimados e coisas assim". Ele conseguia ouvir soquetes e interruptores de luz estourando, e se agachou, quase rastejando. Quando conseguiu chegar ao quarto das crianças, disse, ficou em pé e seu cabelo pegou fogo. "Ah, Deus, eu nunca senti nada tão quente antes", alegou sobre o calor que se irradiava pelo quarto.

Depois que conseguiu apagar o fogo do cabelo com as mãos, contou, ele se abaixou no chão e saiu tateando no escuro. "Uma hora pensei que tinha encontrado uma delas", disse, "mas era uma boneca." Ele não conseguia mais suportar o calor. "Eu senti que ia desmaiar", disse. Por fim, seguiu cambaleando até o fim do corredor e saiu pela porta da frente, tentando recuperar o fôlego. Viu Diane Barbee e gritou para que ela chamasse o Corpo de Bombeiros. Depois que ela saiu, insistiu ele, tentou sem sucesso entrar novamente.

Os investigadores lhe perguntaram se ele tinha alguma ideia de como o fogo havia começado. Ele respondeu que não tinha certeza, embora deva ter se originado no quarto das crianças, pois foi ali que viu chamas pela primeira vez: elas brilhavam como "luzes fortes". Ele e Stacy usavam três aquecedores portáteis para manter a casa aquecida, e um deles estava no quarto das crianças. "Ensinei Amber a não brincar com o aparelho", disse ele, acrescentando que ela "levava umas palmadas de vez em quando por mexer no aquecedor". Ele disse que não sabia se o aquecedor, que tinha uma chama interna, estava ligado. (Vasquez mais tarde testemunhou que, quando verificou o aquecedor, quatro dias depois do incêndio, o botão estava na posição "Desligado".) Willingham conjecturou que o incêndio poderia ter começado devido a alguma coisa elétrica: ele tinha ouvido todos aqueles ruídos e estalos.

Quando indagado se alguém poderia ter um motivo para atingir sua família, ele respondeu que não conseguia pensar em ninguém "com tanto sangue-frio". Sobre as crianças, disse: "Eu simplesmente não entendo por que alguém iria querer pegá-las, sabe? Nós tínhamos as meninas mais lindas que alguém poderia querer ter". E continuou: "Eu e Stacy estamos juntos há quatro anos, mas de vez em quando a gente briga e se separa por um tempo, e eu acho que essas meninas é que fizeram a gente ficar junto [...] nenhum de nós [...] poderia viver sem elas". Pensando em Amber, ele disse: "Para ser honesto, eu queria que ela não tivesse me acordado".

Durante o interrogatório, Vasquez deixou Fogg assumir a dianteira. Por fim, Vasquez virou-se para Willingham e lhe fez uma pergunta aparentemente casual: ele tinha calçado sapatos antes de sair correndo da casa?

"Não, senhor", respondeu Willingham.

Havia um mapa da casa sobre a mesa entre os dois homens. Vasquez apontou para ele. "Você saiu por aqui?", perguntou ele.

Willingham respondeu que sim.

Vasquez agora estava convencido de que Willingham tinha matado as filhas. Se o assoalho estivesse encharcado de líquido catalisador e o fogo tivesse se alastrado bem embaixo, como indicavam as evidências, Willingham não poderia ter saído da casa correndo da maneira como descreveu sem queimar gravemente os pés. Um relatório médico indicou que os pés dele estavam ilesos. Willingham insistiu que, quando saiu da casa, o fogo ainda estava na parte de cima das paredes e não no chão. "Eu não tive que pular para atravessar chamas", disse ele. Vasquez acreditava que isso era impossível, e que Willingham ia acendendo o fogo à medida que saía — primeiro incendiando o quarto das crianças, depois o corredor, e depois, da varanda, a porta da frente. Vasquez mais tarde diria o seguinte sobre Willingham: "Ele me contou uma história que era pura tapeação [...] Ele falava e falava, e tudo o que dizia era mentira".

Ainda assim, não havia motivo claro. As crianças tinham apólices de seguro, mas o prêmio era de apenas 1500 dólares, e o avô de Stacy, que pagou por elas, estava listado como o primeiro beneficiário. Stacy contou aos investigadores que, embora Willingham batesse nela, ele nunca tinha maltratado as crianças — "nossas filhas eram muito mimadas", disse — e ela não acreditava que Willingham pudesse tê-las matado.

Por fim, as autoridades concluíram que Willingham era um homem sem consciência cuja série de crimes culminara, quase inexoravelmente, com o assassinato. John Jackson, que na ocasião era o promotor assistente em Corsicana, foi indicado para instaurar o processo contra Willingham. Mais tarde ele contou ao jornal *Dallas Morning News* que considerava Willingham "um indivíduo totalmente sociopata", que achava que as filhas eram "um empecilho para seu estilo de vida". Ou, nas palavras do promotor Pat Batchelor, "as crianças estavam atrapalhando seu costume de beber cerveja e jogar dardos".

Na noite de 8 de janeiro de 1992, duas semanas depois do incêndio, Willingham estava em um carro com Stacy quando foram cercados por equipes da SWAT, que os forçaram a encostar o carro. "Eles tinham tantas armas, como se nós tivéssemos assaltado dez bancos", contou Stacy mais tarde. "Tudo o que a gente ouvia era 'clique, clique' [...] então eles o prenderam."

Willingham foi acusado de assassinato. Pelo fato de ter havido múltiplas vítimas, ele fazia jus à pena de morte pelas leis do Texas. Diferente de muitos promotores no estado, Jackson, que tinha ambições de se tornar juiz, era pessoalmente contra a pena capital. "Não creio que seja eficiente no sentido de dissuadir os criminosos", ele me disse. "Eu simplesmente acho que não funciona." Ele também a considerava um desperdício: devido aos gastos de todo o processo, o custo, em média, para executar um prisioneiro no Texas é de 2,3 milhões de dólares — cerca de três vezes mais que o custo de manter alguém preso durante quarenta anos. Além disso, disse Jackson: "Qual é o recurso se cometermos um erro?". Ainda assim, seu chefe, Batchelor, acreditava que, segundo afirmou certa vez, "algumas pessoas que cometem crimes bastante ruins desistem do direito de viver", e Jackson veio a concordar que a natureza hedionda do crime no caso de Willingham —"um dos piores em termos de números de vítimas" com os quais ele já havia lidado — exigia a pena de morte.

Willingham não tinha meios para contratar advogados, e o estado lhe designou dois: David Martin, um ex-policial estadual, e Robert Dunn, um advogado de defesa local que representava todo mundo, de supostos assassinos até esposas em casos de divórcio — um "pau para toda obra", como ele se denominava. ("Em uma cidade pequena, você não pode dizer que é advogado só disto ou daquilo, senão vai morrer de fome", ele me contou.)

Pouco depois da prisão de Willingham, as autoridades receberam uma mensagem de um dos presos, de nome Johnny Webb, que estava na mesma cela que Willingham. Webb afirmou que Willingham tinha confessado a ele que pegou "um tipo de fluido de isqueiro, espalhou pelas paredes e pelo chão e tacou fogo". O caso contra Willingham foi considerado incontestável.

Mesmo assim, diversos parentes de Stacy — que, ao contrário dela, acreditavam que Willingham era culpado — disseram a Jackson que preferiam evitar a angústia de um julgamento. E assim, pouco antes da escolha do júri, Jackson fez uma oferta extraordinária para os advogados de Willingham: se o cliente dele alegasse culpa, o estado lhe daria prisão perpétua. "Eu fiquei bastante contente quando pensei que poderíamos fazer um acordo que evitasse a pena de morte", recorda Jackson.

Os advogados de Willingham estavam igualmente satisfeitos. Eles tinham poucas dúvidas de que ele tinha cometido os assassinatos e que, se o caso fosse a júri, ele seria considerado culpado e, depois, executado. "Todo mundo acha que os advogados de defesa precisam acreditar que seus clientes são inocentes, mas isso raramente é verdade", Martin me contou. "Na maioria das vezes, eles são totalmente culpados." Sobre Willingham, ele acrescentou: "Todos os indícios mostravam que ele era cem por cento culpado. Ele derramou o catalisador por toda a casa e colocou fluido de isqueiro sob as camas das crianças". Foi "um caso clássico de incêndio criminoso", disse ele: "havia padrões de derramamento por toda parte — não há como contestar isso".

Martin e Dunn aconselharam Willingham a aceitar a oferta, mas ele recusou. Os advogados pediram à mãe e ao pai dele que conversassem com o filho. Segundo Eugenia, Martin lhes mostrou fotografias das crianças queimadas e disse: "Vejam o que seu filho fez. Vocês têm que convencê-lo a admitir culpa, senão ele vai ser executado".

Os pais foram visitar o filho na prisão. Embora o pai fosse contra que ele alegasse culpa se era inocente, a madrasta implorou que ele aceitasse o acordo. "Tudo o que eu queria é que meu garoto ficasse vivo", ela me contou.

Willingham foi inflexível. "Eu não ia alegar que fiz uma coisa que não fiz, especialmente matar minhas próprias filhas", disse ele. Era sua decisão final. Martin diz: "Eu achei que era loucura na ocasião — e ainda acho que foi loucura".

A recusa de Willingham em aceitar o acordo confirmou a opinião da promotoria, e mesmo a dos advogados de defesa, de que ele era um assassino sem remorsos.

Em agosto de 1992, o julgamento começou no velho prédio de pedras do fórum, no centro de Corsicana. Jackson e uma equipe de promotores convocaram um verdadeiro cortejo de testemunhas, incluindo Johnny Webb e as Barbee. No entanto, o ponto crucial da acusação continuava sendo as evidências científicas coletadas por Vasquez e Fogg. Ao depor, Vasquez detalhou aquilo que chamou de mais de "vinte indicadores" de incêndio criminoso.

"O senhor tem uma opinião sobre quem iniciou o incêndio?", perguntou um dos promotores.

"Sim, senhor", respondeu Vasquez. "O senhor Willingham."

O promotor perguntou a Vasquez o que ele achava que seria a intenção de Willingham ao acender o fogo. "Matar as garotinhas", disse ele.

A defesa tinha tentado encontrar um especialista em incêndios que contestasse os testemunhos de Vasquez e Fogg, mas a pessoa que contataram concordou com a promotoria. No final das contas, a defesa apresentou apenas uma testemunha ao júri: a babá dos Willingham, que disse não poder acreditar que Willingham pudesse ter matado suas filhas. (Dunn me contou que Willingham quis testemunhar, mas Martin e Dunn acharam que ele não seria uma boa testemunha.) O julgamento terminou depois de dois dias.

Durante as declarações finais, Jackson disse que as configurações em forma de poças e os padrões de derramamento eram a "confissão" inadvertida de Willingham, marcada a fogo sobre o assoalho. Mostrando uma Bíblia que tinha sido salva do incêndio, Jackson parafraseou as palavras de Jesus do evangelho de Mateus: "Se alguém fizer mal a algum de meus filhos, melhor seria que uma pedra de moinho lhe fosse amarrada no pescoço e que ele fosse jogado nas profundezas do mar". O júri ficou fora por menos de uma hora e voltou com um veredicto unânime de culpado. Como disse Vasquez: "O fogo não mente".

Quando Elizabeth Gilbert se aproximou do guarda da prisão, num dia de primavera em 1999, e disse o nome de Cameron Todd Willingham, não tinha muita convicção do que estava fazendo. Professora de francês e dramaturga de Houston, de 47 anos, Gilbert era divorciada com dois filhos. Ela nunca havia visitado uma prisão. Semanas antes, uma amiga, que trabalhava em uma organização que se opunha à pena de morte, a incentivara a se oferecer para trocar correspondência com um prisioneiro que estivesse no corredor da morte, e Gilbert tinha dado seu nome e endereço. Não muito tempo depois, uma carta curta, escrita com uma caligrafia pouco firme, chegou. Era de Willingham. "Se desejar escrever para mim, ficarei honrado de me corresponder com você", disse. Ele também perguntava se ela poderia ir visitá-lo. Talvez pela curiosidade de escritora, ou talvez porque não estivesse muito bem (estava aborrecida com a notícia de que o ex-marido estava morrendo de câncer), ela concordou. Agora se encontrava na entrada da decrépita penitenciária em Huntsville, Texas — um lugar que os presos chamavam de "o poço da morte".

Ela passou por uma cerca de arame farpado, por uma série de holofotes e um ponto de inspeção, onde foi revistada, até que entrou em um pequeno gabinete. Apenas alguns metros à sua frente estava um homem condenado por infanticídio múltiplo.

Ele usava um macacão branco com grandes letras "DR" impressas em preto nas costas — "*death row*", o corredor da morte. Ele tinha uma serpente e uma caveira tatuadas no bíceps esquerdo. Tinha quase 1,80 metro de altura e era musculoso, embora suas pernas tivessem atrofiado depois de anos de confinamento. Uma janela de acrílico a separava de Willingham; mesmo assim, Gilbert, que tinha cabelo castanho curto e um estilo formal, olhou para ele com certa inquietação. Willingham havia brigado com outro prisioneiro que o chamou de "assassino de bebês", e desde que fora preso, sete anos antes, já havia cometido uma série de infrações disciplinares que de vez em quando o levavam para a unidade de segregação, que era conhecida como "a masmorra". Willingham a cumprimentou educadamente. Ele pareceu grato por ela ter ido até lá. Depois de sua condenação, Stacy tinha feito uma campanha para que ele fosse solto. Ela escreveu para Ann Richards, governadora do Texas na época, dizendo: "Eu o conheço de formas que ninguém mais conhece quando se trata de nossas filhas. Portanto, acredito que de maneira alguma ele cometeria esse crime". Mas em um ano Stacy tinha pedido o divórcio, e Willingham recebia poucas visitas, a não ser seus pais, que vinham de carro de Oklahoma para vê-lo uma vez por mês. "Eu realmente não tenho ninguém, além dos meus pais, para me lembrar que sou um ser humano, e não o animal que o estado diz que eu sou", contou ele a Gilbert a certa altura.

Ele não queria falar sobre o corredor da morte. "Diacho, eu moro aqui", mais tarde escreveu. "Quando tenho uma visita, quero escapar daqui." Ele fez perguntas sobre a profissão dela e sua arte. Expressou o temor de que, como dramaturga, ela pudesse achá-lo "uma personagem unidimensional", e desculpou-se por não ter traquejo social; ele agora tinha dificuldade em separar os costumes da prisão daqueles do mundo lá fora.

Quando Gilbert lhe perguntou se queria alguma coisa para

comer ou beber das máquinas automáticas, ele recusou. "Espero não ter ofendido você quando não aceitei o lanche", ele escreveu mais tarde para ela. "Eu não queria que você achasse que eu estava lá apenas para algo assim."

Ela fora prevenida de que os prisioneiros com frequência tentam enganar os visitantes. Ele pareceu perceber isso, dizendo-lhe mais tarde: "Eu sou um sujeito simples. Nada mais. E, para a maioria das outras pessoas, um assassino condenado procurando alguém para manipular".

A visita durou duas horas, e depois disso eles continuaram a se corresponder. Ela ficava perplexa com as cartas dele, que pareciam introspectivas, e não eram, de maneira alguma, o que ela havia esperado. "Sou uma pessoa muito honesta com meus sentimentos", ele escreveu para ela. "Eu não vou encher você com conversa mole sobre como me sinto ou sobre o que penso." Ele disse que costumava ser estoico, como o pai. Mas acrescentou: "depois de perder minhas três filhas [...] meu lar, minha esposa e minha vida, a gente tende a acordar um pouco. Eu aprendi a ser mais aberto".

Ela concordou em visitá-lo de novo, e quando voltou, semanas depois, ele ficou visivelmente comovido. "Eu sou uma pessoa que ninguém do lado de fora jamais vai pensar como alguém humano, como alguém que perdeu tanto, mas ainda está tentando aguentar as pontas", ele escreveu a ela mais tarde. "Mas você voltou! Acho que você nunca vai saber o quanto aquela visita foi importante na minha existência!"

Eles continuaram trocando cartas, e ela começou a lhe perguntar sobre o incêndio. Ele insistiu que era inocente e que, se alguém havia derramado o catalisador pela casa e acendido o fogo, então o assassino continuava livre. Gilbert não era ingênua — ela achava que ele era culpado. Ela não se importava de lhe dar consolo, mas não estava lá para absolvê-lo.

Ainda assim, ela ficara curiosa em relação ao caso, e certo dia naquele outono ela foi de carro até o fórum de Corsicana para rever os documentos do julgamento. Muita gente da comunidade se lembrava da tragédia, e um funcionário expressou extrema surpresa de que alguém estivesse interessado em um homem que havia queimado vivas as próprias filhas.

Gilbert pegou as pastas e sentou atrás de uma pequena mesa. À medida que examinou os relatos de testemunhas, ela percebeu diversas contradições. Diane Barbee havia relatado que, antes da chegada das autoridades ao local do incêndio, Willingham em nenhum momento tinha tentado entrar de novo na casa — no entanto, ela estivera ausente durante algum tempo enquanto ligava para os bombeiros. Entretanto, a filha dela, Buffie, relatara ter visto Willingham na varanda quebrando uma janela, em uma evidente tentativa de chegar até as filhas. E os bombeiros e policiais na cena mencionaram ter visto Willingham tentando freneticamente entrar na casa.

O depoimento das testemunhas também se tornou mais condenatório depois que as autoridades concluíram, no começo de janeiro de 1992, que Willingham provavelmente era culpado de assassinato. No depoimento inicial de Diane Barbee às autoridades, ela havia retratado Willingham como "histérico", e descreveu a frente da casa explodindo. Mas no dia 4 de janeiro, depois que os investigadores especialistas em incêndios criminosos começaram a suspeitar de Willingham como assassino, Barbee sugeriu que ele poderia ter voltado para dentro para salvar as filhas, porque no começo ela vira apenas "fumaça saindo da frente da casa" — fumaça que não era "nada espessa".

Uma mudança ainda mais séria ocorreu no testemunho do padre Monaghan. Em seu primeiro depoimento, ele havia descrito Willingham como um pai devastado que teve que ser repetidas vezes impedido de arriscar a própria vida. Mas, quando os investigadores se preparavam para prender Willingham, ele concluiu que Willingham estava emotivo demais ("Ele parecia ter o mesmo tipo de aflição que uma mulher que deu à luz teria ao ver seus filhos morrerem"); e ele expressou uma "intuição" de que Willingham "teve alguma coisa a ver com o início do incêndio". Dezenas de estudos já demonstraram que as lembranças que as testemunhas têm sobre os acontecimentos mudam quando elas recebem novas informações contextuais. Itiel Dror, um psicólogo cognitivo que fez muitas pesquisas sobre testemunhas oculares e especialistas em investigações criminais, me disse que "a mente não é uma máquina passiva. Uma vez que você acredita em alguma coisa — uma vez que tem determinada expectativa —, isso muda a maneira como você percebe as informações e como sua memória as recupera".

Depois de sua visita ao fórum, Gilbert continuou intrigada em relação ao possível motivo de Willingham, e ela lhe perguntou sobre isso. Ele respondeu em uma carta, sobre a morte das filhas: "Eu não falo mais sobre isso, e ainda é uma dor emocional muito grande dentro de mim". Ele reconheceu ter sido "um marido babaca", que havia batido em Stacy — algo que lamentava muito. Mas disse que amava suas filhas e nunca as teria machucado. A paternidade, disse ele, o transformara; ele parou de ser um valentão e "sossegou", e "tornou-se um homem". Quase três meses antes do incêndio, ele e Stacy, que nunca tinham se casado, se casaram em uma pequena cerimônia em Ardmore, a cidade natal dele. Ele disse que a promotoria havia se apegado a incidentes de seu passado e do dia do incêndio para criar o retrato de um "demônio", que foi como Jackson, o promotor, se referiu a ele. Por exemplo, Willingham disse, ele tinha movido o carro durante o incêndio simplesmente porque não queria que ele explodisse ao lado da casa, ameaçando ainda mais as crianças.

Gilbert estava insegura sobre como entender a história dele, e começou a abordar pessoas que estiveram envolvidas no caso, fazendo-lhes perguntas. "Meus amigos achavam que eu estava louca", lembra-se Gilbert. "Eu nunca tinha feito nada assim na vida."

Certa manhã, quando os pais de Willingham foram visitá-lo, Gilbert conseguiu falar com eles antes, em um café perto da prisão. Gene, que estava com setenta e poucos anos, tinha a aparência de Willingham, embora seu cabelo preto tivesse faixas grisalhas e seus olhos escuros usassem óculos. Eugenia, que tinha mais de cinquenta anos, o cabelo prateado, era tão doce e tagarela quanto o marido era sério e reservado. O trajeto de Oklahoma até o Texas levava seis horas, e eles tinham acordado às três da manhã. Pelo fato de não terem dinheiro para pagar um motel, eles iriam voltar para casa mais tarde naquele mesmo dia. "Eu me sinto como um verdadeiro fardo para eles", Willingham havia escrito para Gilbert.

Enquanto tomavam café, Gene e Eugenia disseram a Gilbert como estavam gratos pelo fato de finalmente alguém ter se interessado pelo caso de Todd. Gene disse que o filho, embora tivesse seus defeitos, não era assassino.

Na noite anterior ao incêndio, disse Eugenia, ela conversou pelo telefone com Todd. Ela e Gene estavam planejando visitá-los dois dias depois, na véspera de Natal, e Todd contou-lhe que ele, Stacy e as crianças tinham acabado de escolher algumas fotografias de família. Ele disse: "Já separamos as fotos do Natal", ela se lembrou. "Ele colocou Amber no telefone, e ela estava fazendo fofocas de criança sobre uma das gêmeas. Todd não parecia estar aborrecido. Se alguma coisa o estivesse incomodando, eu saberia."

Gene e Eugenia se levantaram para ir embora: não queriam perder nem um segundo das quatro horas permitidas de visita ao filho. Antes de sair, Gene disse: "Você vai nos contar se descobrir alguma coisa, não vai?".

Nas semanas seguintes, Gilbert continuou a localizar as fontes. Muitas delas, incluindo as Barbee, continuavam convencidas de que Willingham era culpado, mas diversos amigos e parentes dele tinham dúvidas. E o mesmo acontecia com pessoas ligadas à lei. A ex-agente de condicional de Willingham em Oklahoma, Polly Goodin, me contou recentemente que ele nunca apresentou um comportamento bizarro ou sociopata. "Ele provavelmente era um dos meus garotos favoritos", disse ela. Até mesmo uma juíza chamada Bebe Bridges — que, segundo disse, costumava ficar "do lado oposto" de Willingham no sistema legal, e que o mandou para a cadeia por roubo — me contou que não conseguia imaginá--lo matando as filhas. "Ele era educado, e parecia se importar", disse ela. "Suas prisões foram por atitudes de moleque idiota. Mesmo o que foi roubado não era muito importante." Meses antes do incêndio, Willingham foi até o escritório de Goodin e orgulhosamente lhe mostrou fotografias de Stacy e das meninas. "Ele queria que Bebe e eu soubéssemos que ele estava fazendo tudo certo", lembrou-se Goodin.

Gilbert acabou voltando a Corsicana para entrevistar Stacy, que concordara em se encontrar com ela no hotel em que Gilbert estava hospedada. Stacy estava um pouquinho gorda, com o rosto redondo e pálido, cabelo loiro escuro repicado; a franja era mantida no lugar com gel, e o rosto estava bastante maquiado. Segundo uma gravação da conversa, Stacy disse que nada incomum tinha acontecido nos dias anteriores ao incêndio. Ela e Willingham não haviam brigado e se preparavam para o Natal. Embora Vasquez, o especialista em incêndios criminosos, afirmasse ter encontrado o aquecedor desligado, Stacy tinha certeza de que, pelo menos no dia do incidente — uma manhã fria de inverno —, ele estava ligado. "Eu me lembro de ter diminuído a intensidade", lembrou ela. "Eu sempre pensava, puxa, será que a Amber colocou alguma coisa aqui dentro?" Stacy acrescentou que, mais de uma vez, pegou Amber "colocando coisas perto demais do aparelho".

Willingham com frequência a tratava mal, lembrou, e depois que ele foi preso, ela o trocou por um homem que a tratava bem. Mas não achava que o ex-marido devesse estar no corredor da morte. "Eu não acho que foi ele", disse ela, chorando.

Embora apenas a babá tivesse aparecido como testemunha para a defesa durante o julgamento principal, vários familiares, incluindo Stacy, depuseram durante a fase de definição da pena, pedindo ao júri que poupasse a vida de Willingham. Quando Stacy estava depondo, Jackson a interrogou severamente sobre "o significado" da "enorme tatuagem de uma caveira rodeada por um tipo de serpente" de Willingham.

"É só uma tatuagem", respondeu Stacy.

"Ele gosta de caveiras e de cobras, nada além disso. É o que você está dizendo?"

"Não. Ele só... ele fez uma tatuagem."

A promotoria citou essa evidência ao afirmar que Willingham se encaixava no perfil de um sociopata, e apresentou dois especialistas criminais para confirmar a teoria. Nenhum dos dois chegou a ver Willingham. Um deles era Tim Gregory, psicólogo com mestrado em questões familiares e conjugais, que antes havia caçado gansos com Jackson, e não tinha publicado nenhuma pesquisa na área de comportamento sociopata. Sua prática era dedicada a aconselhamento familiar.

Em determinado momento, Jackson mostrou a Gregory o item número 60 — a fotografia de um pôster do Iron Maiden que estava pendurado na casa de Willingham — e pediu ao psicólogo que o interpretasse. "Essa é a imagem de uma caveira, com um punho atravessado no crânio", disse Gregory; a imagem mostrava "violência" e "morte". Gregory viu fotografias de outros pôsteres de música de Willingham. "Há uma caveira encapuzada, com asas e um machado", continuou ele. "E todas estão em meio a chamas, exibindo — elas me fazem pensar em algo como o Inferno. E há uma imagem — uma imagem de um anjo caído, da banda Led Zeppelin. [...] Vejo que existe muitas vezes uma associação com atividades relacionadas a cultos. Um foco em morte, em morrer. Muitas vezes indivíduos que têm muito desse tipo de arte se interessam por atividades associadas a satanismo." O outro especialista médico era James P. Grigson, um psiquiatra forense. Ele testemunhava para a promotoria com tanta frequência em casos de pena capital que se tornou conhecido como "Doutor Morte". (Um juiz de apelação do Texas certa vez escreveu que, quando Grigson aparecia para testemunhar, o réu podia sem dúvida "começar a redigir seu testamento".) Grigson sugeriu que Willingham era um "sociopata extremamente violento" e que "nenhum comprimido" ou tratamento poderiam ajudá--lo. Grigson antes tinha usado quase as mesmas palavras para ajudar a garantir uma condenação à morte contra Randall Dale Adams, que fora declarado culpado do assassinato de um policial em 1977. Depois que Adams, que não tinha passagens anteriores pela polícia, passou muitos anos na prisão — e em uma ocasião esteve a 72 horas de ser executado —, novas evidências surgiram que acabaram por absolvê-lo, e ele foi solto. Em 1995, três anos depois do julgamento de Willingham, Grigson foi expulso da Associação Psiquiátrica Americana por violação de ética. A associação afirmou que Grigson havia chegado, repetidamente, a "um diagnóstico psiquiátrico sem ter primeiro examinado os indivíduos em questão, e por indicar, enquanto testemunhava no tribunal na condição de testemunha especialista, que poderia prever, com cem por cento de certeza, que os indivíduos iriam se envolver em futuros atos violentos".

Depois de conversar com Stacy, havia mais uma pessoa que Gilbert queria entrevistar: o informante da prisão, Johnny Webb, que estava preso em Iowa Park, Texas. Ela escreveu para Webb, que disse que ela poderia vê-lo, e eles se encontraram na ala de visitas da prisão. Com pouco menos de trinta anos, ele tinha a pele pálida e a cabeça raspada; os olhos eram nervosos e seu corpo todo parecia tremer. Um jornalista que o conheceu descreveu-o para mim como "tão nervoso quanto um gato perto de cadeiras de balanço". Webb tinha começado a consumir drogas com nove anos e fora condenado, entre outras coisas, por roubo de carro, venda de maconha, falsificação e assalto.

Enquanto conversavam, Gilbert achou que ele parecia paranoico. Durante o julgamento de Willingham, Webb revelou que havia recebido um diagnóstico de "transtorno de estresse pós--traumático" depois de ter sido atacado sexualmente na prisão, em 1988, e que costuma sofrer de "perturbação mental". Sob interrogatório cruzado, Webb testemunhou que não tinha lembrança de um roubo para o qual alegara culpa poucos meses antes.

Webb repetiu para ela o que dissera no tribunal: ele tinha passado pela cela de Willingham e, quando falavam através da abertura para passagem das refeições, Willingham desabou e contou-lhe que havia incendiado a casa intencionalmente. Gilbert duvidou. Era difícil acreditar que Willingham, que tanto insistia em sua inocência, tivesse de repente confessado para um prisioneiro que mal conhecia. A conversa teria acontecido ao lado de um intercomunicador que permitia que qualquer um dos guardas ouvisse — um lugar improvável para um prisioneiro revelar um segredo. Além disso, Webb alegou que Willingham havia lhe contado que Stacy machucara uma das meninas, e que o incêndio tinha acontecido para acobertar o crime. No entanto, as autópsias não tinham revelado nenhum machucado ou sinais de trauma nos corpos das crianças.

Informantes de prisão, muitos dos quais estão interessados em redução de pena ou privilégios especiais, são sabidamente indignos de confiança. Segundo estudo de 2004 realizado pelo Centro de Investigação de Condenações Injustas, na faculdade de direito da Universidade Northwestern, policiais e informantes de prisão mentirosos são a principal causa de condenações injustas nos casos de pena capital nos Estados Unidos. Na época em que depôs contra Willingham, Webb estava enfrentando acusações de roubo e falsificação. Durante o julgamento de Willingham, outro preso planejava testemunhar que ouvira por acaso Webb dizendo para outro prisioneiro que ele tinha esperança de "ter a pena reduzida", mas o testemunho foi considerado inadmissível, pelo fato de ser intriga. Webb, que se declarou culpado diante das acusações de roubo e falsificação, recebeu pena de quinze anos. Jackson, o promotor, contou-me que, de maneira geral, considerava Webb "o tipo de sujeito em quem não se pode confiar", mas, acrescentou, "não vi um motivo real para ele fazer aquela declaração se não fosse verdade. Nós não demos moleza para ele". Em 1997, cinco anos depois do julgamento de Willingham, Jackson insistiu que a Comissão de Indultos e Condicionais do Texas desse liberdade condicional a Webb. "Eu pedi que eles o soltassem mais cedo", contou-me Jackson. O motivo, disse Jackson, era que Webb tinha se tornado alvo da Irmandade Ariana. A comissão concedeu a condicional para Webb, mas poucos meses depois de ser solto ele foi pego com cocaína e voltou para a prisão.

Em março de 2000, meses depois da visita de Gilbert, Webb inesperadamente enviou a Jackson um Requerimento de Retratação de Testemunho declarando: "O senhor Willingham é inocente de todas as acusações". Mas o advogado de Willingham não foi informado sobre esse fato novo, e pouco depois Webb, sem nenhuma explicação, se retratou em relação ao pedido de retratação. Quando perguntei recentemente a Webb, que foi solto em 2007, sobre a mudança de opinião e por que Willingham teria confessado a um completo estranho, ele respondeu que sabia apenas "o que o cara me contou". Depois de eu insistir, ele disse: "É muito possível que eu tenha entendido errado o que ele disse". Desde o julgamento, Webb recebeu um diagnóstico adicional, transtorno bipolar. "Ficar trancado naquelas celas apertadas deixa a gente meio louco", disse ele. "Minha memória está em frangalhos. Eu tomava muita medicação naquela época. Todo mundo sabia disso." Ele fez uma pausa, e então disse: "O negócio do perjúrio já prescreveu, né?".

Além da evidência científica de incêndio criminoso, o caso contra Willingham não resiste a uma análise. Jackson, o promotor público, disse sobre o testemunho de Webb: "Pode-se aceitá-lo ou não". Até mesmo o posicionamento da geladeira na porta dos fundos da casa se revelou inócuo: havia duas geladeiras na cozinha apertada, e uma delas estava ao lado da porta dos fundos. Jimmie Hensley, o investigador da polícia, e Douglas Fogg, o assistente do chefe dos bombeiros, me contaram recentemente que nunca acreditaram que a geladeira fizesse parte da trama do incêndio criminoso. "Aquilo não teve nada a ver com o incêndio", disse Fogg.

Depois de meses investigando o caso, Gilbert descobriu que sua crença na promotoria estava abalada. Como ela me disse: "E se Todd fosse realmente inocente?".

No verão de 1660, um inglês chamado William Harrison desapareceu em um passeio, perto da vila de Charingworth, em Gloucestershire. Seu chapéu, manchado de sangue, logo foi descoberto ao lado de uma das estradas locais. A polícia interrogou o servo de Harrison, John Perry, e Perry acabou declarando que sua mãe e seu irmão tinham matado Harrison por dinheiro. Perry, sua mãe e seu irmão foram enforcados.

Dois anos depois, Harrison reapareceu. Ele insistia, de maneira singular, ter sido raptado por um bando de criminosos e vendido como escravo. Seja lá o que tenha acontecido, uma coisa era incontestável: ele não fora assassinado pelos Perry.

O temor de que uma pessoa inocente possa ser executada há muito tempo apavora jurados, advogados e juízes. No período colonial norte-americano, dezenas de crimes eram punidos com a morte, incluindo roubo de cavalos, blasfêmias, "roubo de pessoas para vender como escravos" e assalto em estradas. Depois da independência, o número de crimes passíveis de pena de morte reduziu gradualmente, mas persistiram as dúvidas quanto aos procedimentos legais serem ou não suficientes para evitar que uma pessoa inocente fosse executada. Em 1868, John Stuart Mill fez uma das mais eloquentes defesas da pena capital, argumentando que a execução de um assassino não era uma mostra de absoluto desprezo pela vida, mas, sim, prova de seu valor. "Pelo contrário, nós mostramos, de maneira mais enfática, nossa consideração por ela por meio da adoção de uma regra: aquele que viola o direito à vida no outro perde ele próprio o direito de tê-lo", disse ele. Para Mill, havia um contra-argumento de peso — "aquele que diz que, se por um erro da justiça, uma pessoa inocente é levada à morte, o erro nunca poderá ser corrigido".

Muitos supunham que o sistema legal moderno, com seu prolongado processo de apelações e comitês de clemência, protegesse o "erro de justiça" que Mill temia. Em 2000, quando era governador do Texas, George W. Bush disse: "Eu sei que há algumas pessoas no país que não se importam com a pena de morte, mas [...] nós temos tratado de maneira adequada tanto a inocência quanto a culpa". Seu principal assessor para assuntos de justiça criminal enfatizava que há "um processo absolutamente justo para garantir que nenhum acusado inocente seja executado".

No entanto, em anos recentes, acumularam-se perguntas sobre o sistema ser ou não à prova de falhas. Desde 1976, mais de 130 pessoas no corredor da morte foram absolvidas. O teste de

DNA, que foi desenvolvido nos anos 1980, salvou dezessete delas, mas a técnica só pode ser usada em raras ocasiões. Barry Scheck, cofundador do Innocence Project, que tem usado testes de DNA para absolver prisioneiros, avalia que cerca de 80% dos delitos graves não envolvem evidências biológicas.

Em 2000, depois que treze pessoas no corredor da morte em Illinois foram absolvidas, George Ryan, que era governador do estado na época, suspendeu a pena de morte. Embora defendesse havia muito tempo a pena capital, ele declarou que não podia mais apoiar um sistema que "chegou tão perto do pior dos pesadelos — o de o estado tirar a vida de um inocente". A ex-juíza da Suprema Corte Sandra Day O'Connor disse que "a execução de uma pessoa factual e legalmente inocente deveria ser um acontecimento intolerável em termos constitucionais".

Esse tipo de ocorrência se tornou uma espécie de Santo Graal horrendo para os oponentes da pena capital. Em seu livro de 2002, *The death penalty*, Stuart Banner observa:

> A perspectiva de matar uma pessoa inocente parecia ser a única coisa que faria com que as pessoas repensassem seu apoio à pena de morte. Alguns daqueles que não se perturbavam com argumentos estatísticos contra a pena de morte — alegações sobre intimidação ou disparidades raciais — ficavam profundamente perturbados com a possibilidade de ocorrer uma injustiça extrema em um caso individual.

Os opositores da pena de morte apontaram para diversos casos questionáveis. Em 1993, Ruben Cantu foi executado no Texas por matar a tiros um homem durante um assalto. Anos depois, uma segunda vítima, que sobreviveu ao tiroteio, contou ao jornal *Houston Chronicle* que fora pressionada pela polícia para identificar Cantu como autor dos disparos, embora ela acreditasse que ele fosse inocente. Sam Millsap, o promotor do caso, que já havia apoiado a pena de morte ("Não sou nenhum liberal generoso"), disse que ficou perturbado com a ideia de ter cometido um erro.

Em 1995, Larry Griffin foi executado no estado de Missouri por um tiroteio que resultou na morte de um traficante. O caso se baseava em grande parte na testemunha ocular de um criminoso profissional chamado Robert Fitzgerald, que já havia servido como informante para promotores e estava no programa de proteção a testemunhas. Fitzgerald afirmou que estava na cena por acaso, porque seu carro havia quebrado. Depois da execução de Griffin, uma investigação patrocinada pelo Fundo Educativo e de Defesa Legal da NAACP [Associação Nacional para o Avanço das Pessoas Negras] revelou que um homem que fora ferido durante o incidente insistia que Griffin não fora o assassino. Além do mais, o primeiro policial que apareceu na cena contestou que Fitzgerald tivesse de fato testemunhado o crime.

No entanto, esses casos não chegavam a apresentar uma prova irrefutável de que "uma pessoa factual e legalmente inocente" tivesse sido executada. Em 2005, uma promotora de St. Louis, Jennifer Joyce, iniciou uma investigação sobre o caso Griffin, depois de ter recebido o que chamou de uma "atraente" evidência da potencial inocência de Griffin. Após dois anos de revisão de evidências, e depois de entrevistar uma nova testemunha, Joyce disse que ela e sua equipe estavam convencidas de que "a pessoa certa tinha sido condenada".

O juiz da Suprema Corte Antonin Scalia, em 2006, votou com a maioria para manter a pena de morte em um caso no estado de Kansas. Em seu parecer, Scalia declarou que, no sistema judicial moderno, não ocorreu "um único caso — nem um — no qual uma pessoa tenha sido executada por um crime que não cometeu. Se tal coisa tivesse ocorrido nos últimos anos, nós não teríamos que sair por aí buscando os acontecimentos: o nome do inocente seria gritado em todos os lugares".

"Meus problemas são simples", Willingham escreveu para Gilbert em setembro de 1999. "Tentar impedi-los de me matar a todo custo. Ponto final."

Em seus primeiros anos no corredor da morte, Willingham havia pedido a seu advogado, David Martin, para salvá-lo de lá. "Você não pode imaginar como é estar aqui, com pessoas de quem eu nem deveria estar perto", escreveu ele.

Durante algum tempo, Willingham dividiu uma cela com Ricky Lee Green, um assassino serial que castrava e matava à faca suas vítimas, incluindo um garoto de dezesseis anos. (Green foi executado em 1997.) Outro dos companheiros de cela de Willingham, que tinha um QI abaixo de setenta e o desenvolvimento emocional de uma criança de oito anos, foi estuprado por um dos presos. "Vocês se lembram de que eu tinha um novo colega de cela?", escreveu Willingham em uma carta aos pais. "O rapazinho retardado [...] Tem um cara aqui na nossa ala que é um covarde desgraçado (que é o mesmo com quem eu briguei há pouco mais de um mês). Bom, ele estuprou [meu colega de cela] na área dos chuveiros há duas semanas." Willingham disse que não conseguia acreditar que alguém pudesse "estuprar um moleque que não consegue nem se defender. Precisa ser uma pessoa muito baixa".

Pelo fato de Willingham ser conhecido como "assassino de crianças", ele era alvo de ataques. "A prisão é um lugar brutal, e com um caso como o meu, eles nunca te dão o benefício da dúvida", escreveu ele aos pais. Depois de tentar brigar com um prisioneiro que o ameaçou, Willingham contou a um amigo que, se não tivesse se defendido, vários presos "teriam me batido, ou me estuprado, ou" — seu fluxo de pensamento se interrompeu.

Com o passar dos anos, as cartas de Willingham para casa foram se tornando cada vez mais desesperadas. "Este é um lugar duro, e faz a pessoa ficar dura por dentro", escreveu ele. "Eu dizia a mim mesmo que isso era uma das coisas que eu não queria e que não ia deixar este lugar me tornar amargo, mas é difícil." Ele continuou: "Eles [executaram] pelo menos uma pessoa por mês desde que cheguei aqui. É absurdo e brutal [...] Veja, nós não estamos vivendo aqui, estamos apenas existindo". Em 1996, ele escreveu: "Ando tentando entender por quê, depois de ter tido uma esposa e três filhas lindas que eu adorava, minha vida tem que acabar desse jeito. E às vezes parece que não vale a pena de jeito nenhum [...] Nos três anos e meio em que estou aqui, eu nunca senti que minha vida era tão inútil e infeliz quanto agora". Desde o incêndio, escreveu ele, tinha a sensação de que sua vida estava sendo apagada lentamente. Ele olhava obsessivamente para fotografias de Stacy e das meninas, que tinha guardadas na cela. "Tanto tempo atrás, lá longe", escreveu ele em um poema. "Será que tudo estava realmente lá?"

Os presos no corredor da morte ficam alojados em uma prisão dentro de uma prisão, onde não há tentativas de reabilitação e nenhum programa educacional ou de treinamento profissional. Em 1999, depois que sete prisioneiros tentaram escapar de Huntsville, Willingham e 459 presos do corredor da morte foram transferidos para uma instalação mais segura, em Livingston, no Texas. Willingham era mantido isolado em uma cela de pouco mais de cinco metros quadrados, 23 horas por dia. Tentava se distrair desenhando — "coisas de amador", como ele descreveu — e escrevendo poemas. Em um poema sobre as filhas, ele escreveu: "Não há nada mais lindo nesta terra do que vocês". Quando Gilbert certa vez sugeriu fazer algumas revisões de seus poemas, ele explicou que os escrevia simplesmente como expressões, ainda que imperfeitas, de seus sentimentos. "Então, para mim, fazer cortes neles e tentar melhorar a escrita criativa significaria destruir o que eu estava fazendo em primeiro lugar", disse ele.

Apesar de seus esforços em ocupar seus pensamentos, ele escreveu em seu diário que sua mente "se deteriora a cada dia que passa". Ele parou de se exercitar e engordou. Questionava sua fé: "Nenhum deus que se preocupa com sua criação iria abandonar os inocentes". Ele parecia não se importar se outro preso o atacasse. "Uma pessoa que já está morta por dentro não teme" a morte, escreveu ele.

Uma a uma, as pessoas que ele conhecia na prisão eram levadas para a câmara de execução. Havia Clifton Russell Jr., que, com dezoito anos de idade, matou um homem a facadas, e cujas últimas palavras foram: "Eu agradeço ao meu Deus Pai no Céu, pela graça que ele me concedeu — estou pronto". Havia Jeffery Dean Motley, que raptou e matou a tiros uma mulher e que declarou antes de morrer: "Eu te amo, mãe. Adeus". E havia John Fearance, que assassinou o vizinho e se voltou para Deus em seus últimos momentos e disse: "Espero que Ele me perdoe pelo que fiz".

Willingham havia se aproximado de alguns dos colegas de prisão, muito embora soubesse que eles eram culpados de crimes brutais. Em março de 2000, um amigo de Willingham, Ponchai Wilkerson — um homem de 28 anos que tinha matado um balconista a tiros durante um assalto a uma joalheria — foi executado. Mais tarde, Willingham escreveu em seu diário que sentia "um vazio que não tinha mais sentido desde que minhas filhas foram tiradas de mim". Um ano depois, outro amigo que estava para ser executado — "uma das poucas pessoas verdadeiras que conheci aqui que não se envolviam nas bravatas da prisão" — pediu a Willingham que lhe fizesse um último desenho. "Cara, nunca pensei que desenhar uma simples rosa pudesse ser tão emocionalmente difícil", escreveu Willingham. "A parte difícil é saber que esta pode ser a última coisa que posso fazer por ele."

Outro preso, Ernest Ray Willis, tinha um processo que era singularmente semelhante ao de Willingham. Em 1987, Willis fora condenado por iniciar um incêndio, em West Texas, que matou duas mulheres. Willis contou aos investigadores que estava dormindo no sofá da sala de visitas de uma amiga e que acordou com a casa cheia de fumaça. Ele disse que tentou acordar uma das mulheres, que estava dormindo em outro quarto, mas foi impedido pelo fogo e pela fumaça, e saiu correndo pela porta da frente antes que a casa explodisse em chamas. Testemunhas afirmaram que Willis tinha agido de maneira suspeita; ele afastou seu carro da frente da casa e não demonstrou "nenhuma emoção", segundo a afirmação de um bombeiro voluntário. As autoridades também se perguntaram como Willis podia ter escapado da casa sem queimar os pés descalços. Os investigadores de incêndio encontraram padrões de derramamento, configurações em forma de poças e outros sinais de incêndio criminoso. As autoridades não conseguiram perceber um motivo para o crime, mas concluíram que Willis, que não tinha histórico anterior de violência, era um sociopata — um "demônio", conforme disse o promotor. Willis foi acusado de homicídio doloso e sentenciado à morte.

Willis acabou conseguindo o que Willingham chamou, com alguma inveja, de "um advogado fodão". James Blank, um famoso advogado de patentes em Nova York, foi designado para cuidar do caso de Willis como parte das atividades beneficentes de sua firma. Convencido de que Willis era inocente, Blank dedicou mais de uma dúzia de anos para o caso, e sua firma gastou milhões, peritos em incêndios, investigadores particulares, especialistas forenses e profissionais semelhantes. Willingham, enquanto isso, contava com David Martin, o advogado que lhe fora designado pelo tribunal, e um dos colegas de Martin, para lidar com seus recursos. Willingham com frequência contava aos pais: "Vocês não sabem como é ter advogados que jamais acreditam na sua inocência". Assim como muitos presos no corredor da morte, Willingham acabou apresentando um requerimento de representação legal inadequada. (Quando recentemente perguntei a Martin sobre sua representação de Willingham, ele disse: "Não havia base nenhuma para reversão de pena, e o veredicto foi sem a menor dúvida correto". E disse o seguinte sobre o caso: "Que merda, é incrível que alguém ainda esteja pensando nesse assunto".)

Willingham tentou estudar direito por si próprio, lendo livros como *Tact in court, or How lawyers win: Containing sketches of cases won by skill, wit, art, tact, courage and eloquence* [Discernimento no tribunal, ou como vencem os advogados: incluindo esboços de processos vencidos com habilidade, esperteza, arte, tato, coragem e eloquência]. Apesar disso, ele confessou a um amigo: "As leis são tão complicadas que é difícil para mim entender". Em 1996, conseguiu que o tribunal nomeasse um novo advogado, Walter Reaves, que me contou ter ficado assustado com a qualidade da defesa de Willingham no tribunal e na fase de apelações. Reaves preparou para ele um mandado de habeas corpus, conhecido como o "Grande Recurso". No bizantino processo de apelações dos casos de pena de morte, que costuma levar mais de dez anos, o recurso é a etapa mais crítica: um prisioneiro pode apresentar novas evidências detalhando elementos como perjúrios, especialistas médicos que não são dignos de confiança e falsas descobertas científicas. No entanto, os presos mais pobres, como Willingham, que constituem a maioria dos que se encontram no corredor da morte, não possuem os recursos para procurar novas testemunhas ou para encontrar novas evidências. Eles precisam depender de advogados designados pelo tribunal, muitos dos quais são "desqualificados, irresponsáveis ou sobrecarregados de trabalho", segundo um estudo do Texas Defender Service, uma organização sem fins lucrativos. Em 2000, uma investigação do jornal *Dallas Morning News* revelou que aproximadamente um quarto dos prisioneiros condenados à morte no Texas era representado por advogados designados pelo tribunal que, em algum momento da carreira, haviam sido "repreendidos, postos em regime probatório, suspensos ou proibidos de exercer a profissão pela Ordem dos Advogados". Embora Reaves fosse mais competente, tinha poucos recursos para reinvestigar o caso, e seu recurso não apresentou nenhuma nova evidência que fosse justificável: nada a mais sobre Webb, ou sobre a confiabilidade do testemunho ocular, ou sobre a credibilidade dos especialistas médicos. Ele enfocava primordialmente questões processuais, tais como a possibilidade de o juiz ter se enganado em suas instruções ao júri.

O Tribunal Criminal de Apelações do Texas era conhecido por manter as condenações mesmo quando evidências justificáveis surpreendentes vinham à tona. Em 1997, um teste de DNA provou que o esperma coletado em uma vítima de estupro não era de Roy Criner, que fora condenado a 99 anos pelo crime. Duas cortes menores recomendaram que o veredicto fosse anulado, mas o Tribunal Criminal de Apelações o manteve, argumentando que Criner poderia ter usado um preservativo ou talvez nem tivesse ejaculado. Sharon Keller, que atualmente é a juíza presidente do tribunal, declarou, seguindo a opinião de uma maioria: "A nova evidência não estabelece inocência". Em 2000, George W. Bush concedeu o perdão a Criner. (Keller recentemente foi acusada de má conduta judicial, por se recusar a manter aberto depois das cinco horas o protocolo do tribunal a fim de permitir a apresentação de uma petição de última hora de um homem que foi executado mais tarde naquela noite.)

No dia 31 de outubro de 1997, o Tribunal Criminal de Apelações negou o recurso de Willingham. Depois de Willingham apresentar outro pedido de habeas corpus, dessa vez em um tribunal federal, ele recebeu uma suspensão temporária da execução da pena. Em um poema, Willingham escreveu: "Mais uma chance, mais um sucesso/ mais uma bala que não acertou o alvo, mais um dia para viver". Willingham estava entrando na etapa final de apelações. À medida que sua ansiedade aumentava, ele dependia cada vez mais de Gilbert para investigar seu caso e para apoio emocional. "Talvez ela nunca saiba a mudança que trouxe para a minha vida", escreveu ele em seu diário. "Pela primeira vez em muitos anos, ela me deu um propósito, alguma direção para onde olhar."

Quando a amizade deles se tornou mais forte, ele pediu que ela lhe prometesse que nunca desapareceria sem explicação. "Eu já tive isso na minha vida", ele disse a ela.

Juntos, eles se debruçaram sobre indícios e testemunhos. Gilbert conta que enviava a Reaves pistas para seguir, mas, embora ele fosse receptivo, parecia não adiantar nada. Em 2002, um tribunal federal de recursos negou o recurso de Willingham sem sequer haver uma audiência. "Agora eu começo a última etapa da minha jornada", Willingham escreveu a Gilbert. "Preciso deixar as coisas em ordem."

Ele recorreu à Suprema Corte dos Estados Unidos, mas, em dezembro de 2003, foi notificado de que esta se recusara a ouvir seu caso. Logo ele recebeu um despacho do tribunal anunciando que

> o diretor do Departamento de Justiça Criminal de Huntsville, Texas, por meio do executor designado pelo referido diretor [...] tem ORDENS de, em alguma hora depois das 18 horas do 17º dia de fevereiro de 2004, no Departamento de Justiça Criminal em Huntsville, Texas, realizar esta sentença de morte por meio de injeção intravenosa de uma substância ou substâncias em uma quantidade letal o suficiente para causar a morte do citado Cameron Todd Willingham.

Willingham escreveu uma carta para os pais. "Vocês estão sentados?", perguntou ele, antes de dar a notícia. "Eu amo vocês dois demais", disse ele.

O único recurso que lhe restava era implorar clemência para o governador do Texas, Rick Perry, um republicano. O processo, considerado a última cancela antes do executor, tem sido chamado pela Suprema Corte dos Estados Unidos de "a salvaguarda em nosso sistema de justiça criminal."

Certo dia de janeiro de 2004, o dr. Gerald Hurst, um famoso cientista e investigador de incêndios, recebeu uma pasta com todas as evidências de incêndio criminoso reunidas no caso Willingham. Gilbert tinha descoberto o nome de Hurst e, junto com um dos parentes de Willingham, havia entrado em contato com ele, em busca de ajuda. Depois de insistentes pedidos, Hurst concordara em olhar o caso sem cobrar nada, e Reaves, o advogado de Willingham, havia lhe mandado todos os documentos relevantes na esperança de que houvesse base legal para a solicitação de clemência.

Hurst abriu a pasta no porão de sua casa em Austin, que servia como laboratório e escritório, e estava atulhado de microscópios e diagramas de experimentos não finalizados. Hurst tinha quase 1,90 metro de altura, embora seus ombros curvados o fizessem parecer consideravelmente mais baixo, com um rosto magro e de olhos fundos parcialmente encoberto pelo cabelo grisalho comprido. Usava as roupas de sempre: sapatos pretos, meias pretas, uma camiseta preta e calças pretas de corte folgado presas a suspensórios pretos. Na boca, um naco de fumo de mascar.

Criança prodígio criada por um meeiro durante a Grande Depressão, Hurst costumava rondar os ferros-velhos à cata de ímãs e fios de cobre para construir rádios e outras geringonças.

No começo dos anos 1960, ele concluiu um doutorado em química na Universidade de Cambridge, onde começou a fazer experimentos com flúor e outras substâncias químicas explosivas, e uma vez explodiu seu laboratório. Mais tarde, trabalhou como cientista-chefe em programas de armas secretas para diversas companhias norte-americanas, projetando foguetes e bombas incendiárias letais — ou o que ele chama de "coisas horríveis". Ele ajudou a patentear o que foi descrito, não sem um leve exagero, de "o explosivo não nuclear mais poderoso do mundo": uma bomba de astrolite. Fazia experimentos com toxinas tão letais que a fração de uma única gota causaria a decomposição da carne humana, e com frequência em seu laboratório ele tinha que usar um traje de proteção pressurizado; apesar de tais precauções, a exposição a substâncias químicas provavelmente lhe causara um colapso no fígado, e em 1994 ele precisou de um transplante. Trabalhando no que chama de "o lado sombrio do incêndio criminoso", ele aperfeiçoou bombas de napalm com astrolite e desenvolveu métodos para agentes secretos no Vietnã criarem bomba usando ingredientes comuns, como esterco de galinha e açúcar. Também aperfeiçoou um método para criar uma camiseta explosiva tratando as fibras com ácido nítrico.

Por fim, sua consciência começou a incomodá-lo. "Chega um dia em que você se pergunta: 'Que diabos eu estou fazendo?'", recorda. Ele saiu da indústria de defesa para inventar o balão de Mylar, uma versão aperfeiçoada de Liquid Paper, e o Kinepak, um tipo de explosivo que reduz o risco de detonação acidental. Devido a seu extraordinário conhecimento sobre fogo e explosivos, as empresas envolvidas em litígios civis com frequência buscavam sua ajuda para determinar a causa de um incêndio. Nos primeiros anos da década de 1990, Hurst tinha começado a dedicar um tempo significativo a casos de incêndio criminoso, e, ao ser exposto aos métodos dos investigadores de incêndio locais e estaduais, ficou chocado com o que viu.

Acontece que muitos investigadores de incêndios criminosos tinham apenas ensino médio. Na maioria dos estados, a fim de serem empossados, os investigadores tinham que assistir a um curso de quarenta horas sobre investigação de incêndios e passar em um exame escrito. Com frequência, a maior parte do treinamento de investigador acontecia no próprio trabalho, aprendendo com os "veteranos" na área, que passavam para a frente um conjunto de conhecimentos sobre os indícios de incêndio criminoso, muito embora um estudo de 1977 advertisse para o fato de não haver nada "na literatura científica que comprovasse sua validade".

Em 1992, a National Fire Protection Association, que desenvolve e dissemina conhecimento sobre segurança e prevenção contra incêndios, publicou suas primeiras diretrizes de base científica para investigação de incêndios. Ainda assim, muitos investigadores acreditavam que o que faziam era mais uma arte do que uma ciência — um misto de experiência e intuição. Em 1997, a International Association of Arson Investigators apresentou uma peça processual argumentando que os investigadores não deveriam estar sujeitos a uma decisão da Suprema Corte de 1993 que exigia dos especialistas que testemunhassem em julgamentos que se atinham ao método científico. O que os investigadores de incêndio faziam, afirmava o documento, era "menos científico". Em 2000, depois de os tribunais terem rejeitado afirmações dessa natureza, os investigadores de incêndios passaram a reconhecer cada vez mais o método científico, mas uma grande variação continuou existindo na área, com muitos profissionais ainda se baseando nas técnicas não comprovadas que vinham sendo usadas havia muitas gerações. "As pessoas investigavam incêndios com métodos ultrapassados", disse-me Hurst. "Parece um incêndio criminoso — portanto, é um incêndio criminoso." Ele continuou: "Minha opinião é que é preciso ter uma base científica. Caso contrário, vira uma caça às bruxas".

Em 1998, Hurst investigou o caso de uma mulher da Carolina do Norte chamada Terri Hinson, acusada de iniciar um incêndio que matou seu filho de dezessete anos, que fora condenada à pena de morte. Hurst realizou uma série de experimentos recriando as condições do incêndio, que sugeriam que não tinha sido criminoso, mas que começara acidentalmente, devido a um fio elétrico defeituoso no sótão. Por causa dessa pesquisa, Hinson foi libertada. John Lentini, especialista em incêndios e autor de um importante manual científico sobre incêndios criminosos, descreve Hurst como "brilhante". Um promotor do Texas certa vez disse ao jornal *Tribune* de Chicago, a respeito de Hurst: "Se ele diz que o incêndio foi criminoso, então foi. Se ele diz que não foi, então não foi".

As patentes de Hurst geraram *royalties* consideráveis, e ele poderia se dar ao luxo de trabalhar de graça em casos de investigação de incêndio durante meses, até mesmo anos. Mas ele recebeu os documentos sobre o caso de Willingham apenas algumas semanas antes da data marcada para a execução da pena. À medida que Hurst analisava as informações do caso, uma declaração de Manuel Vasquez, o chefe dos bombeiros, lhe saltou aos olhos. Vasquez tinha testemunhado que, dos aproximadamente 1200 a 1500 incêndios que ele havia investigado, "a maioria deles" era criminosa. Aquela era uma avaliação estranhamente alta: o Centro de Comando do Corpo de Bombeiros do Texas revelou a ocorrência de incêndios criminosos em apenas 50% dos casos.

Hurst também ficou surpreso com a afirmação de Vasquez de que o incêndio de Willingham tinha "se espalhado rápido e com força" devido à presença de um líquido catalisador. A ideia de que um líquido inflamável ou combustível fazia com que as chamas atingissem temperaturas mais altas era repetida em juízo por investigadores de incêndios fazia décadas. No entanto, essa teoria era um absurdo: experimentos provaram que incêndios alimentados por madeira ou por gasolina ardem fundamentalmente nas mesmas temperaturas.

Vasquez e Fogg tinham citado, como prova de ato criminoso, o fato de que o alumínio da soleira da porta da frente tinha derretido. "A única coisa que pode causar isso é a reação a um catalisador", disse Vasquez. Hurst não acreditou naquilo. Um incêndio envolvendo madeira natural pode atingir temperaturas de até 1100 °C — muito mais quente do que o ponto de fusão das ligas de alumínio, que vai de 537 °C a 648 °C. E como muitos outros investigadores, Vasquez e Fogg erroneamente supunham que a madeira chamuscada embaixo da soleira de alumínio era evidência de que, nas palavras de Vasquez, "um catalisador líquido escorreu por baixo e queimou". Hurst havia realizado incontáveis experimentos demonstrando que o chamuscamento era causado simplesmente pelo calor excessivo conduzido pelo alumínio. Na verdade, quando um líquido catalisador é derramado sob uma soleira, o fogo se apaga por falta de oxigênio. (Outros cientistas tinham chegado à mesma conclusão.) "Catalisadores líquidos não queimam mais sob uma soleira de alumínio do que gordura em uma frigideira, mesmo destampada", declarou Hurst em seu relatório sobre o caso de Willingham.

Hurst então examinou a declaração de Fogg e Vasquez de que as "manchas marrons" na varanda da frente da casa de Willingham eram evidência de "um líquido catalisador" que não teve tempo de encharcar o concreto. Hurst antes realizara um teste em sua garagem, onde derramou fluido líquido para churrasqueiras sobre o piso de concreto e o acendeu. Quando o fogo apagou, não havia manchas marrons, apenas marcas de fuligem. Hurst tinha realizado esse experimento muitas vezes, com diferentes tipos de catalisadores líquidos, e o resultado era sempre o mesmo. As manchas marrons eram comuns em incêndios; eram geralmente compostas de ferrugem ou sujeira das ruínas chamuscadas que se misturava com a água das mangueiras de incêndio.

Outra evidência crucial que implicava Willingham era o "vidro enlouquecido" que Vasquez tinha atribuído ao rápido aquecimento de um incêndio alimentado com líquido catalisador. No entanto, em novembro de 1991, uma equipe de investigadores de incêndio havia inspecionado cinquenta casas nas colinas de Oakland, Califórnia, que tinham sido destruídas por incêndios florestais. Em uma dúzia dessas casas, os investigadores descobriram vidro enlouquecido, muito embora um líquido catalisador não tivesse sido usado. A maioria dessas casas estava nos limites do incêndio, onde os bombeiros tinham lançado jatos de água. Como mais tarde escreveram em um estudo publicado, os investigadores teorizaram que a fragmentação do vidro fora induzida pelo resfriamento rápido, e não pelo aquecimento repentino — o choque térmico tinha feito o vidro se contrair tão rapidamente que ele se reacomodou desconjuntado. Os investigadores, então, testaram essa hipótese em laboratório. Quando aqueceram o vidro, nada aconteceu. Mas, toda vez que aplicavam água ao vidro aquecido, os padrões intricados apareciam. Hurst tinha visto o mesmo fenômeno durante sua pesquisa em Cambridge, quando aplicou a chama de um maçarico a um vidro, resfriando-o em seguida. Em seu relatório, Hurst escreveu que a ideia que Vasquez e Fogg tinham sobre o vidro enlouquecido não passava de invencionice.

Hurst então comparou algumas das evidências de incêndio criminoso mais devastadoras contra Willingham: o rastro de fogo, os padrões de derramamento e as configurações em forma de poça, o formato em V e outras marcas de queima indicando que o incêndio teve diversos pontos de origem, a área queimada sob as camas das crianças. Havia também o teste positivo de álcool mineral perto da porta da frente, e a história aparentemente implausível de Willingham de que saíra correndo da casa sem queimar os pés nus.

Durante a leitura dos outros documentos, Hurst reparou que Willingham e seus vizinhos tinham descrito as janelas na frente da casa explodindo de repente e as chamas crepitando intensamente. Foi então que Hurst pensou no famoso incêndio da Lime Street, um dos mais importantes na história de investigação de incêndios criminosos.

Na noite de 15 de outubro de 1990, um homem de 35 anos chamado Gerald Wayne Lewis foi encontrado em pé na frente de sua casa na Lime Street em Jacksonville, Flórida, segurando o filho de três anos. Sua casa, um sobrado de madeira, estava sendo engolida pelas chamas. Quando o fogo foi apagado, seis pessoas estavam mortas, incluindo a esposa de Lewis. Lewis disse que tinha salvado o filho mas não conseguiu chegar até os outros, que estavam no andar de cima.

Quando os investigadores examinaram a cena, encontraram os sinais clássicos de incêndio criminoso: queimaduras baixas ao longo das paredes e assoalhos, padrões de derramamento e configurações em forma de poça, e um rastro de fogo que ia da sala de visitas ao corredor. Lewis afirmava que o incêndio tinha começado acidentalmente, em um sofá na sala de visitas — quando o filho brincava com fósforos. Mas um padrão em forma de V perto de uma das portas sugeria que o incêndio começara em outro lugar. Algumas testemunhas contaram às autoridades que Lewis parecia calmo demais durante o incêndio e que não tinha tentado conseguir ajuda. Segundo o jornal *Los Angeles Times*, Lewis já havia sido preso por agressão à esposa, que obtivera uma ação cautelar de afastamento contra ele. Depois que um químico disse ter detectado a presença de gasolina nas roupas e sapatos de Lewis, um relatório do escritório do xerife concluiu que "o incêndio começou como resultado do derramamento de um derivado de petróleo na varanda da frente, vestíbulo, sala de visitas, poço de escada e quarto do segundo andar". Lewis foi preso e acusado por seis assassinatos. E foi condenado à pena de morte.

No entanto, testes subsequentes revelaram que a identificação laboratorial de gasolina estava errada. Além disso, uma câmera de televisão do noticiário local havia captado imagens de Lewis claramente agitado na cena do incêndio, e os investigadores descobriram que, em determinado momento, ele havia pulado na frente de um carro em movimento, pedindo ao motorista que chamasse o Corpo de Bombeiros.

Na tentativa de respaldar sua teoria sobre o crime, os promotores se voltaram para John Lentini, o especialista em incêndios, e John DeHaan, outro investigador importante e autor de manuais sobre o assunto. Lentini me contou que, apesar de alguns pontos falhos no caso, tendo em vista as configurações clássicas de áreas queimadas e as configurações em forma de poça na casa, ele tinha certeza de que Lewis tinha iniciado o incêndio: "Eu estava preparado para testemunhar e para mandar aquele sujeito direto para os braços da Faiscante" — a cadeira elétrica.

Para descobrir a verdade, os investigadores, com o apoio da promotoria, decidiram conduzir um elaborado experimento e recriar a cena do incêndio. As autoridades locais deram aos investigadores permissão para usar uma casa condenada ao lado da casa de Lewis, que estava prestes a ser demolida. As duas casas eram idênticas, e os investigadores remobiliaram a casa condenada com o mesmo tipo de carpetes, cortinas e móveis da casa de Lewis. Os cientistas também instalaram sensores de calor e gás que pudessem resistir ao fogo. O custo do experimento chegou a 20 mil dólares. Sem usar catalisador líquido, Lentini e DeHaan puseram fogo no sofá na sala de visitas, esperando que o experimento demonstrasse que a versão dos acontecimentos contada por Lewis não era plausível.

Os investigadores observaram enquanto o fogo rapidamente consumiu o sofá, mandando para o alto uma coluna de fumaça que atingiu o teto e se espalhou para fora, criando uma espessa camada de gases suspensos aquecidos — um eficiente irradiador de calor. Em três minutos, essa nuvem, absorvendo mais gases do fogo rasteiro, estava se acumulando ao longo das paredes e enchendo a sala de visitas. Quando a nuvem se aproximou do piso, sua temperatura aumentou, em algumas áreas, para mais de 600 °C. De repente, toda a sala explodiu em chamas, pois o calor irradiado fez incendiar cada um dos móveis, todas as cortinas, todas as possíveis fontes de combustível, até mesmo o carpete. As janelas estilhaçaram.

O fogo tinha atingido o que se chama de *flashover*, ou "ignição generalizada" — o ponto no qual o calor irradiado faz com que um incêndio em determinado ponto de um ambiente incendeie todo o resto do ambiente. Investigadores de incêndios criminosos conheciam o conceito de *flashover*, mas acreditava-se que ele demorava muito mais tempo para ocorrer, especialmente sem um líquido catalisador. Com uma única fonte de combustível — um sofá —, a sala tinha atingido *flashover* em quatro minutos e meio.

Pelo fato de toda a mobília na sala de visitas ter entrado em ignição, o fogo passou de um incêndio controlado por combustível para um incêndio controlado por ventilação — ou o que os cientistas chamam de "pós-*flashover*". Durante o pós-*flashover*, o caminho do fogo depende de novas fontes de oxigênio, vindas de uma porta ou janela abertas. Um dos investigadores de incêndios, que estava em pé ao lado de uma porta aberta na sala de visitas, escapou momentos antes de o fogo privado de oxigênio explodir para dentro do hall — uma bola de fogo que fez o corredor também entrar rapidamente em *flashover*, impulsionando o fogo para fora pela porta da frente, sobre a varanda. Depois que o incêndio foi apagado, os investigadores inspecionaram o corredor e a sala de visitas. No piso havia padrões de queimado de forma irregular que se assemelhavam perfeitamente a padrões de derramamento e configurações em forma de poça. Acontece que esses sinais clássicos de incêndio criminoso também podem aparecer sozinhos, depois de um *flashover*. A olho nu, é impossível distinguir entre padrões de derramamento e configurações em forma de poça causados por um catalisador e aqueles causados naturalmente por um pós-*flashover*. A única maneira confiável de afirmar a diferença é tirar amostras dos padrões de queimado e testá-las em um laboratório para detectar ou não a presença de líquidos combustíveis ou inflamáveis.

Durante o experimento de Lime Street, aconteceram outros fatos que só deveriam ocorrer em um incêndio alimentado por um líquido catalisador: chamuscado ao longo da base de paredes e vãos de portas e queima sob móveis. Também havia um padrão em formato de V ao lado do vão da porta da sala de visitas, longe do sofá onde o incêndio tinha começado. Em um incêndio pequeno, uma marca de queimadura em formato de V pode indicar o local onde o fogo começou, mas durante um pós-*flashover* esses padrões podem ocorrer repetidamente, quando diversos objetos atingem seu ponto de ignição.

Um dos investigadores murmurou que eles tinham acabado de provar os argumentos da defesa. Tendo em vista a dúvida razoável gerada pelo experimento, as acusações contra Lewis logo foram retiradas. O experimento de Lime Street tinha demolido as noções prevalentes sobre o comportamento do fogo. Testes subsequentes feitos por cientistas demonstraram que, durante o pós-*flashover*, queimas sob camas e mobília eram comuns, portas inteiras eram consumidas e soleiras de alumínio derretiam.

John Lentini disse o seguinte sobre o incêndio de Lime Street: "Aquilo foi a minha epifania. Eu quase mandei um homem para a morte com base em teorias que eram um monte de baboseiras".

Em seguida, Hurst examinou uma planta da casa de Willingham que Vasquez tinha desenhado, que delineava todos os supostos padrões de derramamento e configurações em forma de poça. Pelo fato de as janelas do quarto das crianças terem explodido para fora, Hurst sabia que o fogo atingira o ponto de *flashover*. Com o dedo, Hurst percorreu a trilha de queima no diagrama de Vasquez, que saía do quarto das crianças, virava à direita no corredor e se dirigia para a porta da frente. John Jackson, o promotor, havia me dito que a trilha era tão "esquisita" que deveria ter sido causada por um líquido catalisador. Mas Hurst concluiu que ela era um resultado natural da dinâmica do fogo durante o pós-*flashover*. Willingham tinha saído correndo pela porta da frente, e o fogo simplesmente seguiu o caminho da ventilação em direção à abertura. De maneira semelhante, quando Willingham quebrou as janelas no quarto das crianças, as chamas se lançaram naquela direção.

Hurst lembrou que Vasquez e Fogg tinham considerado impossível que Willingham tivesse passado correndo pelo hall em chamas sem queimar os pés nus. Mas se os padrões de derramamento e configurações em forma de poça foram resultado de um *flashover*, argumentou Hurst, então eram compatíveis com a explicação dos eventos apresentada por Willingham. Quando Willingham saiu de seu quarto, o corredor ainda não estava pegando fogo; as chamas estavam contidas no quarto das crianças, onde, pelo teto, ele viu "luzes brilhantes". Da mesma forma que o investigador se posicionou em segurança ao lado da porta no experimento da Lime Street segundos antes do *flashover*, Willingham poderia ter ficado perto do quarto das crianças sem ser atingido. (Antes do caso da Lime Street, os investigadores de incêndio supunham, de maneira geral, que o monóxido de carbono se difundia rapidamente através de uma casa durante um incêndio. Na verdade, até o *flashover*, os níveis de monóxido de carbono podem ser extraordinariamente baixos ao lado e embaixo da nuvem térmica.) No momento em que o incêndio de Corsicana atingiu o ponto de *flashover*, Willingham já tinha saído correndo e estava na parte da frente da casa.

Vasquez tinha filmado a cena do incêndio, e Hurst examinou as imagens da trilha de fogo. Mesmo depois de assistir repetidas vezes, ele não conseguiu identificar três pontos de origem, como fizera Vasquez. (Fogg me contou recentemente que também viu um rastro contínuo e que discordou de Vasquez, mas acrescentou que ninguém da promotoria ou da defesa jamais lhe perguntou, durante depoimento, sua opinião sobre o assunto.)

Depois de revisar a lista de mais de vinte indicadores de incêndio criminoso preparada por Fogg e Vasquez, Hurst percebeu que apenas um tinha solidez potencial: o teste positivo para líquidos minerais na soleira da porta da frente. Mas por que os investigadores de incêndio tinham conseguido uma localização positiva apenas naquele lugar? Segundo a teoria de Fogg e Vasquez sobre o crime, Willingham tinha derramado catalisador por todo o quarto das crianças e também pelo corredor. As autoridades haviam testado exaustivamente aqueles locais — incluindo os pontos onde existiam configurações de padrões de derramamento e configurações em forma de poça — e não conseguiram descobrir nada. Jackson me disse que nunca conseguiu "entender por que eles não conseguiram obter" testes positivos naquelas partes.

Hurst considerou difícil imaginar Willingham derramando catalisador na varanda da frente, onde os vizinhos poderiam tê-lo visto. Examinando os arquivos à procura de pistas, Hurst reparou em uma fotografia da varanda tirada antes do incêndio, que fazia parte das evidências. Encostada na pequena varanda havia uma grelha a carvão. A varanda era o lugar onde a família fazia churrasco. Depoimentos de testemunhas confirmaram que havia uma grelha, junto com um recipiente de acendedor líquido, e que ambos haviam se incendiado quando o fogo se lançou violentamente sobre a varanda durante o pós-*flashover*. Quando Vasquez inspecionou a casa, a grelha tinha sido removida da varanda, durante a etapa de resfriamento e limpeza. Embora tivesse citado o recipiente de acendedor líquido em seu relatório, ele não fez nenhuma menção à grelha. Durante o julgamento, insistiu em dizer que nunca ficou sabendo sobre a posição anterior da grelha. Outras autoridades estavam cientes da grelha, mas não perceberam sua relevância. Hurst, no entanto, estava convencido de que tinha resolvido o mistério: quando os bombeiros atingiram a varanda com jatos d'água, provavelmente espalharam o fluido que estava no recipiente.

Sem ter visitado o local, diz Hurst, era impossível apontar a causa do incêndio. Mas, com base nas evidências, ele não tinha muitas dúvidas de que fora um incêndio acidental — muito provavelmente causado pelo aquecedor ou por fiação elétrica defeituosa. Isso explicava por que nunca foi encontrado um motivo para o crime. Hurst concluiu que não havia evidências de incêndio criminoso, e que um homem que já tinha perdido suas três filhas e passado doze anos na prisão estava prestes a ser executado com base em "ciência ruim". Hurst redigiu seu relatório com tanta pressa que não parou para corrigir os erros de digitação.

"Eu sou realista e não vou viver uma fantasia", disse Willingham certa vez a Gilbert, em relação à possibilidade de provar sua inocência. Mas, em fevereiro de 2004, ele começou a ter esperança. As descobertas de Hurst haviam ajudado a libertar mais de dez pessoas. Hurst até mesmo reviu as evidências científicas contra um amigo de Willingham, Ernest Willis, que estava no corredor da morte por uma acusação surpreendentemente semelhante de incêndio criminoso. Hurst disse: "Era como se eu estivesse analisando o mesmo caso. Só os nomes eram diferentes". Em seu relatório sobre o caso de Willis, Hurst concluiu que "não há um único item de evidência física [...] a corroborar a alegação de incêndio criminoso". Um segundo especialista em incêndios contratado por Ori White, o novo promotor do distrito de Willis, concordou. Depois de dezessete anos no corredor da morte, Willis foi libertado. "Eu não liberto assassinos", disse White na ocasião. "Se Willis fosse culpado, eu o estaria julgando neste exato momento. E usaria Hurst como minha testemunha. Ele é um cientista brilhante." White notou como o sistema tinha chegado perto demais de assassinar um homem inocente. "Ele não foi executado, e agradeço a Deus por isso", disse ele.

No dia 13 de fevereiro, quatro dias antes da data marcada para a execução de Willingham, ele recebeu um telefonema de Reaves, seu advogado. Reaves lhe disse que os quinze membros do Comitê de Indultos e Condicionais, que revê as petições de clemência e que recebera o relatório de Hurst, haviam chegado a uma decisão.

"E qual é?", perguntou Willingham.

"Lamento", disse Reaves. "Eles negaram seu pedido."

A votação foi unânime. Reaves não conseguiu explicar: o comitê faz sua deliberação em segredo, e seus membros não se pautam por nenhum critério específico. Os membros do comitê nem mesmo tiveram que rever os materiais relacionados ao caso de Willingham, e em geral não debatem o caso pessoalmente: eles enviam o voto por fax — um processo que se tornou conhecido como "morte por fax". Entre 1976 e 2004, quando Willingham protocolou sua petição, o estado do Texas tinha aprovado apenas o pedido de clemência de um prisioneiro no corredor da morte. Um juiz de apelações do Texas chamou o sistema de clemência de "uma ficção jurídica". Reaves disse o seguinte sobre os membros do comitê: "Eles não me convocaram para uma audiência nem perguntaram nada".

O Innocence Project obteve, por meio da Lei de Liberdade de Informação, todos os registros do gabinete do governador e do comitê relacionados com o relatório de Hurst. "Os documentos mostram que eles receberam o relatório, mas nem o gabinete nem o comitê têm registro de que alguém o tenha lido, relatando sua relevância, respondendo-lhe ou chamando a atenção para ele dentro do governo", disse Barry Scheck. "A única conclusão razoável é que o gabinete do governador e o Comitê de Indultos e Condicionais ignoraram evidências científicas."

LaFayette Collins, que era membro do comitê naquela época, me contou o seguinte sobre o processo: "Você não vota inocente ou culpado. Você não julga novamente. Você apenas se certifica de que está tudo em ordem e de que não há erros patentes". Ele notou que, embora as regras permitissem a realização de uma audiência para avaliar novas evidências relevantes, "na minha época nenhuma foi convocada". Quando lhe perguntei por que o relatório de Hurst não constituiu uma evidência de "erros patentes", ele disse: "Nós recebemos todos os tipos de relatórios, mas não temos os mecanismos para avaliá-los". Alvin Shaw, outro membro do comitê na ocasião, disse: "Tenho uma vaga lembrança", acrescentando, furioso, "por que eu iria querer falar a respeito disso?" Hurst diz que as ações do comitê são "irresponsáveis".

Embora Reaves dissesse a Willingham que ainda havia uma chance de o governador Perry conceder uma suspensão por trinta dias, Willingham começou a preparar seu testamento. Ele já havia escrito uma carta a Stacy se desculpando por não ter sido um marido melhor e agradecendo-lhe por tudo o que ela lhe dera, especialmente as três filhas. "Eu ainda me lembro da voz de Amber, o sorriso dela, seu jeito gostoso de falar e como ela dizia 'quero abraçar você!'. Ainda sinto o toque das mãozinhas de Karmon e Kameron em meu rosto." Ele disse que esperava que "algum dia, de alguma maneira, a verdade seja conhecida e meu nome seja limpo".

Ele perguntou a Stacy se sua lápide poderia ser colocada ao lado dos túmulos das crianças. Stacy, que durante tanto tempo expressara sua crença na inocência de Willingham, tinha recentemente olhado pela primeira vez os registros originais do tribunal e as descobertas relacionadas a incêndio criminoso. Desconhecendo o relatório de Hurst, ela havia concluído que Willingham era culpado. Ela lhe negou o desejo, dizendo mais tarde a um repórter: "Ele tirou minhas filhas de mim".

O sentimento de Gilbert era o de ter falhado com Willingham. Mesmo antes de seus pedidos de clemência terem sido negados, ela lhe disse que tudo o que poderia lhe dar era sua amizade. Ele disse a ela que era suficiente "ser parte de sua vida, mesmo que só um pouco, de forma que quando eu me for eu possa saber que fui capaz de sentir o coração de outra pessoa que poderá se lembrar de mim quando eu tiver partido". E acrescentou: "Não há o que perdoar". Ele lhe disse que precisaria que ela estivesse presente na execução, para ajudá-lo a lidar com seus "medos, pensamentos e sentimentos".

No dia 17 de fevereiro, o dia marcado para ele morrer, os pais de Willingham e vários parentes se encontravam na sala de visitas da prisão. Uma divisória de acrílico ainda os separava de Willingham. "Eu queria poder tocar e abraçar vocês dois", Willingham lhes tinha escrito anteriormente. "Eu sempre abracei a mamãe, mas nunca abracei muito o papai."

Enquanto olhava para o grupo, Willingham insistia em perguntar onde estava Gilbert. Havia pouco tempo, ela voltava para casa de carro quando outro veículo atravessou um semáforo vermelho e se chocou contra ela. Willingham costumava lhe dizer para ficar dentro da própria cozinha durante um dia inteiro, sem sair, para entender o que era ficar confinado em uma prisão, mas ela sempre encontrava alguma desculpa para não fazer isso. Agora ela estava paralisada do pescoço para baixo. Enquanto estava na unidade de terapia intensiva, ela tentou enviar uma mensagem para Willingham, mas não conseguiu. A filha de Gilbert mais tarde leu para ela uma carta que Willingham havia enviado, dizendo o quanto ele passara a amá-la. Ele tinha escrito um poema: "Você quer ver a beleza — como nunca viu?/ Então feche os olhos, abra a mente e venha comigo".

Gilbert, que passou anos em reabilitação física, reconquistando gradualmente o movimento nos braços e na parte superior do corpo, diz: "Durante todo aquele tempo, eu pensei que estava salvando Willingham, e então percebi que era ele que estava me salvando, me dando forças para suportar essa situação. Eu sei que um dia vou voltar a andar, e sei que isso é porque Willingham me mostrou o tipo de coragem necessário para sobreviver".

Willingham tinha pedido uma última refeição, e às quatro da tarde ela foi servida: três costeletas de porco assadas na grelha, duas porções de anéis de cebola, quiabo frito, três *enchiladas* de carne de vaca com queijo e duas fatias de torta cremosa de limão. Ele ficou sabendo que o governador Perry recusara seu pedido de suspensão. (Um porta-voz de Perry disse: "O governador tomou sua decisão baseado nos fatos do caso".) A mãe e o pai de Willingham começaram a chorar. "Não fica triste, mãezinha", disse Willingham. "Daqui a cinquenta e cinco minutos, eu vou ser um homem livre. Vou para casa ver minhas crianças." Mais cedo naquele dia, ele confessara aos pais que havia uma coisa sobre o dia do incêndio em relação à qual ele havia mentido. Ele disse que, na verdade, não entrou rastejando no quarto das crianças. "Eu não queria que as pessoas pensassem que eu era um covarde", disse ele. Hurst me contou que "quem nunca esteve em um incêndio não entende por que os que sobrevivem quase nunca conseguem salvar as vítimas. Não tem a menor ideia do que é um incêndio".

O guarda disse a Willingham que tinha chegado a hora. Willingham, sem intenção de colaborar, deitou-se; ele foi carregado para uma câmera de 2,5 metros de largura por três de comprimento. As paredes eram pintadas de verde, e no centro, no lugar onde costumava ficar a cadeira elétrica, havia uma maca coberta por um lençol. Vários guardas prenderam Willingham com correias de couro, fechando fivelas de metal em seus braços, pernas e peito. Uma equipe médica então lhe inseriu tubos intravenosos nos braços. Cada funcionário tinha um papel separado no processo, de forma que nenhuma daquelas pessoas se sentisse responsável por tirar a vida de alguém.

Willingham havia pedido que seus pais e família não estivessem presentes na galeria durante o processo, mas olhou para fora e pôde ver que Stacy estava lá. Naquele momento, toda a calma que havia conseguido se perdeu, e com suas últimas forças ele a xingou. O guarda ativou um controle remoto, e uma solução de sódio tiopental, um barbitúrico, foi injetado no corpo de Willingham. Em seguida foi a vez de uma segunda substância, brometo de pancurônio, que paralisa o diafragma, tornando a respiração impossível. Por fim, um terceiro composto químico, cloreto de potássio, preencheu as veias dele até que o coração parou às 18h20. Em seu atestado de óbito, a causa foi registrada como "homicídio".

Depois de sua morte, permitiram que seus pais lhe tocassem o rosto pela primeira vez em mais de uma década. Mais tarde, a pedido de Willingham, eles cremaram o corpo e espalharam secretamente algumas de suas cinzas sobre os túmulos das filhas.

Ele havia dito aos pais: "Por favor, nunca parem de lutar para me inocentar".

Em dezembro de 2004, começaram a aparecer questionamentos sobre as evidências científicas no caso Willingham. Maurice Possley e Steve Mills, do jornal *Chicago Tribune*, tinham publicado uma série de artigos investigativos sobre as falhas na ciência forense; ao tomarem conhecimento do relatório de Hurst, Possley e Mills pediram a três especialistas em incêndios, incluindo John Lentini, que examinassem a investigação original. Os especialistas concordaram com o relatório de Hurst. Quase dois anos mais tarde, o Innocence Project contratou Lentini e três outros renomados investigadores de incêndios para conduzir uma revisão independente das evidências de incêndio criminoso no caso Willingham. A equipe concluiu que, em relação aos indicadores de incêndio criminoso, se provou cientificamente que "todos, sem exceção, eram inválidos".

Em 2005, o estado do Texas estabeleceu uma comissão governamental para investigar as alegações de erro e má conduta por parte dos cientistas forenses. Os primeiros casos que estão sendo revisados pela comissão são o de Willingham e o de Willis. Em agosto de 2009, o notável cientista e pesquisador de incêndios Craig Beyler, que foi contratado pela comissão, completou sua investigação. Em um relatório severo, ele concluiu que os investigadores no caso Willingham não tiveram bases científicas para afirmar que o incêndio foi criminoso, ignoraram evidências que contrariavam suas teorias, não tinham compreensão da dinâmica de um incêndio e de um *flashover*, apoiaram-se em crenças completamente duvidosas, e deixaram de eliminar potenciais causas acidentais ou alternativas para o incêndio. Ele disse que a abordagem de Vasquez parecia negar "qualquer argumentação racional" e que era mais "característica de místicos ou médiuns". Além disso, Beyler constatou que a investigação violou, segundo ele me disse, "não só os padrões atuais, mas também os da época de sua realização". A comissão está revendo as conclusões dele, e planeja produzir seu próprio relatório. A comissão provavelmente vai avaliar de forma minuciosa a confiabilidade das evidências científicas. Mas alguns estudiosos de direito acreditam que suas descobertas poderão acabar levando o Texas a se tornar o primeiro estado a reconhecer que, desde o advento do sistema jurídico moderno, realizou a "execução de uma pessoa factual e legalmente inocente".

Pouco antes de receber a injeção letal, perguntaram a Willingham se ele queria dizer suas últimas palavras. Ele disse: "A única declaração que quero fazer é que sou um homem inocente condenado por um crime que não cometi. Fui perseguido durante doze anos por algo que não fiz. Do pó de Deus eu vim e ao pó voltarei, e a terra se tornará o meu trono".

setembro de 2009

Dias antes da data marcada pela comissão governamental sobre ciência forense para ouvir o depoimento do dr. Craig Beyler sobre suas descobertas, o governador Rick Perry afastou o presidente, que estava à frente da comissão havia muito tempo, e dois de seus membros. Perry insistiu que os mandatos dos três membros havia expirado e que a mudança era "de praxe". Mas o presidente, Sam Bassett, que tinha sido renomeado anteriormente e pedira para permanecer na comissão, contou ao Houston Chronicle *que ouvira funcionários de Perry dizendo que estavam "preocupados com as investigações que estávamos conduzindo". Outro membro da comissão afastado contou à Associated Press que o gabinete de Perry lhe informou que o governador estava "tomando outro rumo".*

O camaleão

As muitas vidas de Frédéric Bourdin

No dia 3 de maio de 2005, na França, um homem ligou para um número de emergência especial para casos de crianças exploradas e desaparecidas. Ele explicou freneticamente que era um turista de passagem por Orthez, perto do lado oriental dos Pireneus, e que na estação de trem havia encontrado um garoto de quinze anos que estava sozinho e aterrorizado. Outro telefone de emergência recebeu uma ligação semelhante, e o garoto acabou chegando, sozinho, ao escritório federal de assistência a menores. Magro e baixo, a pele clara e mãos trêmulas, ele usava um cachecol enrolado em boa parte do rosto e tinha um boné de beisebol com a aba puxada sobre os olhos. Não tinha dinheiro e trazia consigo pouca coisa além de um celular e um documento de identidade, que dizia que seu nome era Francisco Hernández Fernández e que havia nascido no dia 13 de dezembro de 1989, em Cáceres, Espanha. No início, ele mal falava, mas depois de um pouco de estímulo, revelou que os pais e o irmão menor tinham morrido em um acidente de carro. O acidente o deixou em coma durante várias semanas e, depois de sua recuperação, ele foi mandado para morar com um tio, que o maltratava. Por fim, fugiu para a França, onde a mãe fora criada.

As autoridades francesas puseram Francisco no abrigo São Vicente de Paula na cidade mais próxima, Pau. Instituição administrada pelo estado que abrigava cerca de 35 meninos e meninas — a maioria abandonada ou retirada de famílias disfuncionais —, o abrigo ficava em um velho prédio de pedra com janelas de madeira onde a tinta branca estava descascando; no telhado havia a estátua de são Vicente protegendo uma criança nas dobras de seu manto. Francisco ganhou um quarto só para ele, e pareceu aliviado por poder se lavar e trocar de roupa com privacidade: sua cabeça e corpo, explicou ele, estavam cobertos de queimaduras e cicatrizes causadas pelo acidente de carro. Ele foi matriculado no Collège Jean Monnet, uma escola de ensino médio local que tinha mais ou menos quatrocentos alunos, a maioria vinda de bairros problemáticos, com fama de violentos. Embora os alunos fossem proibidos de usar chapéu, a diretora na época, Claire Chadourne, fez uma exceção para Francisco, que disse temer que caçoassem dele por causa de suas cicatrizes. Como muitos dos assistentes sociais e professores que lidaram com Francisco, Chadourne, que era educadora havia mais de trinta anos, sentia-se protetora em relação a ele. Com suas calças largas e o celular pendurado em um cordão ao redor do pescoço, ele tinha a aparência de um adolescente típico, mas parecia profundamente traumatizado. Nunca trocava de roupa na frente de outros alunos na aula de educação física, e resistia a fazer um exame médico. Falava em voz baixa, com a cabeça inclinada para a frente, e se retraía se alguém tentava tocar nele.

Aos poucos, Francisco começou a se relacionar com outros garotos durante o recreio e a participar das aulas. Pelo fato de ter sido matriculado tão tarde no ano escolar, seu professor de literatura pediu a outro aluno, Rafael Pessoa de Almeida, que o ajudasse com suas tarefas. Em pouco tempo, Francisco estava ajudando Rafael. "Esse cara aprende rápido como um raio", Rafael se lembra de ter pensado.

Um dia, depois das aulas, Rafael perguntou a Francisco se ele queria ir patinar no gelo, e os dois se tornaram amigos, jogando video game e compartilhando fofocas da escola. Rafael às vezes implicava com seu irmão menor, e Francisco, lembrando-se de que costumava maltratar o próprio irmão, aconselhou: "Ame o seu irmão e fique por perto".

Em determinado momento, Rafael pegou emprestado o celular de Francisco; para sua surpresa, a agenda e a relação de chamadas estavam protegidas por senhas. Quando Rafael devolveu o telefone, Francisco mostrou na tela a fotografia de um gároto que se parecia muito com ele mesmo. "Esse é o meu irmão", disse ele.

Francisco logo se tornou um dos garotos mais populares na escola, surpreendendo os colegas de classe com seu conhecimento sobre música e gírias enigmáticas — ele sabia até mesmo expressões idiomáticas americanas — e circulando sem esforço em panelinhas rivais. "Os alunos o adoravam", lembra um professor. "Ele tinha uma espécie de aura a seu redor, um carisma."

Durante os testes para um show de talentos, a professora de música perguntou a Francisco se ele estaria interessado em fazer uma apresentação. Ele deu a ela um CD, pediu que o tocasse, então caminhou até o fim da sala e deu um toque no chapéu de maneira charmosa, esperando a música começar. Quando "Unbreakable", de Michael Jackson, encheu o ambiente, Francisco começou a dançar como se fosse o pop star, retorcendo o corpo e movendo os lábios em sincronia com a letra da canção. *"You can't believe it, you can't conceive it/ And you can't touch me, 'cause I'm untouchable"* [Você não consegue acreditar, você não consegue imaginar/ E você não pode me tocar, porque eu sou intocável]. Todos na sala olharam espantados. "Ele não só parecia com Michael

Jackson", contou a professora de música mais tarde. "Era o *próprio* Michael Jackson."

Em outra ocasião, na aula de informática, Francisco mostrou a Rafael uma imagem na internet de um pequeno réptil com uma língua ondulante.

"Que bicho é esse?", perguntou Rafael.

"Um camaleão", respondeu Francisco.

No dia 8 de junho, uma funcionária administrativa entrou correndo na sala da diretora. Ela disse que estava assistindo a um programa de televisão na noite anterior sobre um dos mais perigosos impostores do mundo. Frédéric Bourdin, um francês de trinta anos que personificava crianças em série. "Juro por Deus, Bourdin se parece exatamente com Francisco Hernández Fernández", disse a funcionária.

Chadourne não acreditou: com trinta anos, Francisco seria mais velho do que alguns de seus professores. Ela fez uma rápida busca na internet para "Frédéric Bourdin". Centenas de itens apareceram sobre o "rei dos impostores" e o "mestre de novas identidades", que, como Peter Pan, "não queria crescer". Em uma fotografia, Bourdin era muito parecido com Francisco — havia o mesmo queixo formidável, o mesmo espaço entre os dentes da frente. Chadourne chamou a polícia.

"A senhora tem certeza de que é ele?", perguntou um policial.

"Não, mas estou com uma impressão estranha."

Quando a polícia chegou, Chadourne mandou um assistente da diretoria chamar Francisco na aula. Quando Francisco entrou na sala de Chadourne, a polícia o agarrou e jogou-o contra a parede, fazendo-o entrar em pânico: e se ele fosse de fato um órfão que havia sofrido maus-tratos? Então, enquanto algemavam Bourdin, os policiais retiraram seu boné de beisebol. Não havia cicatrizes em sua cabeça: na verdade, ele estava ficando careca.

"Eu quero um advogado", disse ele, a voz de repente se tornando grossa como a de um homem.

No quartel-general da polícia, ele confessou que era Frédéric Bourdin, e que na última década e meia havia inventado dezenas de identidades, em mais de quinze países e em cinco línguas. Seus nomes falsos incluíam Benjamin Kent, Jimmy Morins, Alex Dole, Sladjan Raskovic, Arnaud Orions, Giovanni Petrullo e Michelangelo Martini. Os relatos nos jornais afirmavam que ele até mesmo tinha se passado por um domador de tigres e um sacerdote, mas na verdade quase sempre representava uma personagem semelhante: um órfão que fora maltratado ou abandonado. Tinha uma capacidade incomum para transformar sua aparência — os pelos do rosto, o peso, a maneira de andar, seu modo especial de agir. "Posso me transformar em quem eu quiser", gostava de dizer. Em 2004, quando fingiu ser um garoto francês de catorze anos na cidade de Grenoble, um médico que o examinou a pedido das autoridades concluiu que ele, de fato, era um adolescente. Um capitão de polícia em Pau comentou: "Quando ele falava em espanhol, se tornava um espanhol. Quando falava em inglês, era um inglês". Chadourne disse o seguinte a respeito dele: "É claro que ele mentiu, mas que excelente ator!".

Durante anos, Bourdin tinha se infiltrado em abrigos de jovens, orfanatos, casas de adoção, escolas de ensino médio e hospitais infantis. Sua trilha de trapaças se estendia a diversos lugares, entre os quais Espanha, Alemanha, Bélgica, Inglaterra, Irlanda, Itália, Luxemburgo, Suíça, Bósnia, Portugal, Áustria, Eslováquia, França, Suécia, Dinamarca e Estados Unidos. O Departamento de Estado norte-americano advertiu que ele era um homem "excepcionalmente inteligente" que se fazia passar por criança desesperada a fim de "conquistar compaixão", e um promotor francês o chamou de "um ilusionista incrível, cuja perversidade só se iguala a sua inteligência". O próprio Bourdin disse: "Eu sou um manipulador... Meu trabalho é manipular".

Em Pau, as autoridades iniciaram uma investigação para apurar por que um homem de trinta anos se fazia passar por um órfão adolescente. Não encontraram nenhuma evidência de desvio sexual ou pedofilia; também não descobriram motivação econômica. "Em meus vinte e dois anos de serviço, eu nunca vi um caso como esse", foi o que me disse Eric Maurel, o promotor. "Em geral as pessoas dão golpes atrás de dinheiro. O lucro dele parecia ser puramente emocional."

Em seu antebraço direito, a polícia descobriu uma tatuagem. Nela estava escrito *caméléon nantais* — "Camaleão de Nantes".

"Senhor Grann", disse Bourdin, estendendo educadamente a mão para mim. Estávamos em uma rua no centro de Pau, onde ele havia concordado em me encontrar no outono de 2007. A princípio, parecia inequivocamente um adulto, com uma barba rala no queixo. Estava vestido com certa ostentação, calças brancas, camisa branca, colete xadrez, sapatos brancos, uma gravata-borboleta de cetim azul e um chapéu elegante. Apenas o espaço entre os dentes evocava a lembrança de Francisco Hernández Fernández.

Depois que seu ardil em Pau foi revelado, Bourdin mudou-se para uma vila nos Pireneus, a quarenta quilômetros daquela cidade. "Eu queria escapar dos olhares furiosos", disse ele. Como sempre acontecera com as fraudes de Bourdin, as autoridades não sabiam muito bem como puni-lo. Os psiquiatras determinaram que ele era são. ("Se ele é um psicopata?", um médico testemunhou. "De jeito nenhum.") Nenhuma lei parecia se adequar ao crime dele. Por fim, ele foi acusado de obter e usar identidade falsa e recebeu uma sentença de seis meses, que foi suspensa.

Um repórter local, Xavier Sota, me contou que, desde essa

época, Bourdin aparecia de vez em quando em Pau, sempre com um disfarce diferente. Às vezes tinha bigode ou barba. Outras vezes o cabelo estava cortado rente; havia ocasiões em que estava desgrenhado. Podia se vestir como um rapper; ou como um executivo. "Era como se ele estivesse procurando uma nova personagem para habitar", disse Sota.

Bourdin e eu nos sentamos em um banco perto da estação ferroviária, quando uma chuva leve começou a cair. Um carro parou junto ao meio-fio na nossa frente, com um casal dentro. Eles abriram a janela, olharam para fora e disseram um para o outro: "*Le Caméléon*".

"Eu sou bastante famoso na França hoje em dia", disse Bourdin. "Famoso demais."

Enquanto conversávamos, seus grandes olhos castanhos passeavam sobre mim, aparentemente me avaliando. Um de seus interrogadores na polícia o chamou de "gravador humano". Para minha surpresa, Bourdin sabia onde eu tinha trabalhado, onde tinha nascido, o nome de minha esposa e até mesmo as áreas em que meu irmão e irmã trabalhavam. "Gosto de saber com quem estou me encontrando", disse ele.

Consciente de como é fácil enganar os outros, ele tinha paranoia em relação à possibilidade de ser um alvo. "Eu não confio em ninguém", comentou. Para uma pessoa que se descrevia como um "mentiroso profissional", ele parecia estranhamente sensível a respeito dos fatos de sua própria vida. "Não quero que você me transforme em uma pessoa que não sou", disse. "A história é boa o suficiente sem nenhum floreio."

Eu sabia que Bourdin fora criado em Nantes e nos arredores, e perguntei-lhe sobre a tatuagem. Por que alguém que tentava apagar a própria identidade deixaria uma marca que apontava para ela? Ele esfregou o braço no lugar onde as palavras estavam escritas sobre a pele. Então disse: "Vou lhe contar a verdade por trás de todas as minhas mentiras".

Antes de ser Benjamin Kent ou Michelangelo Martini — antes de ser o filho de um juiz inglês ou de um dipolomata italiano —, ele era Frédéric Pierre Bourdin, o filho ilegítimo de Ghislaine Bourdin, que tinha dezoito anos e era pobre quando ele nasceu, em um subúrbio de Paris, no dia 13 de junho de 1974. Nos documentos oficiais, o nome do pai de Frédéric está marcado com um "X", o que significa identidade desconhecida. Mas Ghislaine, durante uma entrevista em sua casinha em uma área rural no oeste da França, me contou que "X" era um imigrante argelino de 25 anos, chamado Kaci, que ela conhecera em uma fábrica de margarina onde os dois trabalhavam. (Ela diz que não consegue mais se lembrar do sobrenome dele.) Depois de engravidar, ela descobriu que Kaci era casado, então saiu do emprego e não lhe contou que estava grávida de um filho dele.

Ghislaine criou Frédéric até ele ter dois anos e meio — "Ele era como qualquer outra criança, totalmente normal", diz ela —, quando os serviços de proteção aos menores intervieram a pedido dos pais dela. Um parente disse o seguinte sobre Ghislaine: "Ela gostava de beber e dançar e de ficar a noite toda na farra. Ela não queria nada com aquele filho". Ghislaine insistiu que tinha conseguido outro emprego em uma fábrica e que era perfeitamente competente, mas o juiz pôs Frédéric sob custódia dos pais dela. Anos depois, Ghislaine escreveu uma carta para Frédéric, dizendo-lhe: "Você é meu filho e eles roubaram você de mim com dois anos de idade. Eles fizeram de tudo para nos separar um do outro e nós nos tornamos dois estranhos".

Frédéric diz que sua mãe tinha uma enorme necessidade de atenção e, nas raras ocasiões em que a viu, ela fingia que estava mortalmente doente e o fazia sair correndo em busca de ajuda. "Ela sentia prazer em me ver assustado", disse ele. Embora Ghislaine negue isso, ela reconhece que tentou se suicidar uma vez e que o filho teve que correr para encontrar ajuda.

Quando Frédéric tinha cinco anos, mudou-se com os avós para Mouchamps, um vilarejo a sudeste de Nantes. Frédéric — meio argelino e sem pai, e vestido com roupas usadas que vinham das instituições de caridade católicas — era um pária no vilarejo, e na escola ele começou a contar histórias fabulosas sobre si mesmo. Dizia que seu pai nunca estava por perto porque era "um agente secreto britânico". Um de seus professores no ensino fundamental, Yvon Bourgueil, descreve Bourdin como uma criança precoce e cativante, que tinha imaginação e percepção visual extraordinárias, e desenhava tiras de quadrinhos fantásticas. "Ele tinha um jeito todo especial de fazer com que a gente se ligasse a ele", lembra Bourgueil. Ele também notou sinais de angústia mental. Em determinado momento, Frédéric contou aos avós que ele fora molestado por um vizinho, embora ninguém no vilarejo, onde todos se conheciam, tivesse investigado a alegação. Em uma de suas histórias em quadrinhos, Frédéric desenhou a si mesmo se afogando em um rio. Ele passou a se comportar cada vez pior, respondendo rispidamente na sala de aula e roubando os colegas. Com doze anos, foi mandado para Les Grézillières, uma instituição particular para adolescentes, em Nantes.

Lá, suas "pequenas peças de teatro", como as chamou um de seus professores, se tornaram mais fantasiosas. Bourdin com frequência fingia ter amnésia, perdendo-se intencionalmente nas ruas. Em 1990, depois de fazer dezesseis anos, Frédéric foi forçado a se mudar para outro lar de jovens, e logo fugiu. Ele foi de carona para Paris, onde, assustado e faminto, inventou sua primeira personagem falsa: abordou um policial e lhe contou que era um adolescente inglês perdido chamado Jimmy Sale. "Sonhei que eles iriam me mandar para a Inglaterra, onde sempre imaginei que a vida era mais bonita", lembra ele. Quando a polícia descobriu que ele quase não falava inglês, ele confessou a fraude e foi enviado de volta para a instituição de jovens. Mas ele havia planejado o que chama de sua "técnica", e assim começou a perambular pela Europa, entrando e saindo de orfanatos e lares para crianças adotivas, buscando o "abrigo perfeito". Em 1991, foi encontrado em uma estação ferroviária em Langres, França, fingindo estar doente, e foi internado em um hospital infantil em Saint-Dizier. Segundo sua ficha médica, ninguém sabia "quem ele era ou de onde tinha vindo". Respondendo a perguntas apenas por escrito, ele mostrava que seu nome era Frédéric Cassis — uma brincadeira com o primeiro nome de seu pai verdadeiro, Kaci. O médico de Frédéric, Jean-Paul Milanese, escreveu, em carta a um juiz de menores: "Nós nos vemos diante de um adolescente fugitivo, que não fala, totalmente rompido com sua antiga vida".

Em um pedaço de papel, Bourdin rabiscou o que mais queria na vida: "Um lar e uma escola. Só isso".

Quando os médicos começaram a descobrir os elementos do passado dele, alguns meses mais tarde, Bourdin confessou sua verdadeira identidade e seguiu em frente. "Eu preferi sair por conta própria do que ser tirado de lá", ele me contou. Ao longo de sua carreira de impostor, Bourdin muitas vezes revelou a verdade, como se a atenção que viesse da exposição fosse tão emocionante quanto a fraude em si.

No dia 13 de junho de 1992, depois de ter se passado por mais de uma dúzia de crianças fictícias, Bourdin completou dezoito anos, tornando-se legalmente um adulto. "Eu estive em orfanatos e lares de adoção durante a maior parte da minha vida, e de repente eles me disseram: 'É isso aí. Você está livre, pode ir embora'", lembra ele. "Como poderia me tornar algo que não conseguisse imaginar?" Em novembro de 1993, fazendo-se passar por uma criança muda, ele se deitou no meio de uma rua na cidade francesa de Auch e foi levado pelos bombeiros para um hospital. O *La Dépêche du Midi*, um jornal local, fez uma matéria sobre ele, perguntando: "De onde esse adolescente mudo... veio?". No dia seguinte, o jornal publicou outro artigo, com a manchete: "O ADOLESCENTE MUDO QUE APARECEU DO NADA AINDA NÃO REVELOU SEU SEGREDO". Depois de fugir, ele foi pego tentando aplicar um ardil semelhante e confessou que era Frédéric Bourdin: "O MUDO DE AUCH FALA QUATRO LÍNGUAS", proclamou o *La Dépêche du Midi*.

À medida que Bourdin assumia mais e mais identidades, ele tentava eliminar sua própria identidade. Certo dia, o prefeito de Mouchamps recebeu um telefonema da "polícia alemã" informando-o de que o corpo de Bourdin fora encontrado em Munique. A mãe de Bourdin lembra o que sentiu ao receber a notícia: "Meu coração parou". Parentes de Bourdin esperaram o caixão chegar, mas isso nunca aconteceu. "Era Frédéric fazendo uma de suas brincadeiras cruéis", diz a mãe.

Lá pela metade dos anos 1990, Bourdin tinha uma considerável ficha criminal por ter mentido para a polícia e juízes, e a Interpol e outras autoridades estavam cada vez mais atentas a ele. Suas atividades também estavam atraindo atenção da mídia. Em 1995, os produtores de um popular programa francês chamado *Tudo É Possível* lhe fizeram um convite para ir ao programa. Quando Bourdin apareceu no palco, com o rosto pálido e uma aparência pré-pubescente, o anfitrião provocou o público, perguntando: "Qual é o nome deste garoto? Michael, Jurgen, Kevin ou Pedro? Qual é a sua verdadeira idade — treze, catorze, quinze?". Ao ser indagado sobre suas motivações, Bourdin mais uma vez insistiu que tudo o que queria era amor e uma família. Era o motivo racional que ele sempre dava e, como resultado, ele era o raro impostor que gerava compaixão e também raiva nas pessoas que havia enganado. (A mãe dele tem uma interpretação menos indulgente sobre o motivo declarado do filho: "Ele quer justificar aquilo que se tornou".)

Os produtores de *Tudo É Possível* ficaram tão impressionados com a história que lhe ofereceram um emprego na sala de redação da emissora, mas ele logo escapou para criar mais "ficções interiores", como disse mais tarde um dos produtores. Às vezes as fraudes de Bourdin eram vistas em termos existenciais. Um de seus fãs na França criou um site que celebrava suas transformações de identidade, saudando-o como um "ator da vida e apóstolo de uma nova filosofia de identidade humana".

Certo dia, quando eu estava conversando com Bourdin, ele descreveu como se transformava em criança. Da mesma forma que os impostores que ele tinha visto em filmes como *Prenda-me se for capaz*, ele tentou elevar sua criminalidade à condição de "arte". Primeiro, pensou em uma criança que queria representar. Então aos poucos mapeou a biografia dessa personagem, passando por suas origens, sua família e até mesmo seus tiques nervosos. "A chave, na verdade, é não mentir sobre tudo", disse Bourdin. "Caso contrário, você acaba confundindo as coisas." Ele disse que empregava máximas como "Mantenha as coisas simples" e "Um bom mentiroso usa a verdade". Ao escolher um nome, preferia algum que apresentasse alguma associação profunda em sua memória, como Cassis. "A única coisa de que você não pode esquecer é o seu nome", disse ele.

Ele comparou o que fazia à atividade de um espião: a gente muda detalhes superficiais mas mantém seu núcleo intacto. Esse sistema não só tornava mais fácil convencer as pessoas, mas lhe permitia proteger uma parte de si mesmo, permitia que ele se apegasse a algum centro moral. "Eu sei que posso ser cruel, mas não quero me tornar um monstro", disse Bourdin.

Assim que imaginava uma personagem, ele criava uma aparência adequada — barbeando-se com todo o cuidado, tirando as sobrancelhas, usando cremes para remoção de pelos. Com frequência vestia calças largas e uma camisa com mangas compridas que engoliam seus pulsos, destacando sua baixa estatura. Olhando-se no espelho, ele se perguntava se os outros iriam ver o que ele queria que vissem. "A pior coisa que você pode fazer é enganar a si mesmo", comentou.

Quando ele lapidava uma identidade, era crucial encontrar algum elemento que compartilhasse com a personagem — uma técnica empregada por muitos atores. "As pessoas sempre me perguntam: 'Por que você não se torna ator?'", ele me contou. "Acho que eu seria um ator muito bom, como Arnold Schwarzenegger ou Sylvester Stallone. Mas eu não quero representar uma pessoa. Eu quero *ser* uma pessoa."

A fim de ajudar sua personagem a entrar no mundo real, ele fomentou entre as autoridades locais a ilusão de que sua personagem de fato existia. Assim como fizera em Orthez, ele ligaria para um telefone de emergências e diria ter visto a personagem em uma situação perigosa. As autoridades estariam menos propensas a ser severas com uma criança que parecesse em perigo. No entanto, se alguém reparava que Bourdin parecia estranhamente maduro, ele não se opunha. "Um adolescente sempre quer parecer mais velho", disse ele. "Eu considero um elogio."

Embora desse ênfase à própria astúcia, ele reconhecia aquilo que qualquer trapaceiro sabe mas mal reconhece: não é tão difícil enganar as pessoas. As pessoas têm expectativas básicas em relação ao comportamento das outras e raramente estão alertas para a possibilidade de alguém vir a subverter essas expectativas. Ao tocar em algumas carências primordiais — vaidade, ganância, solidão —, homens como Bourdin fazem com que seus alvos suspendam a incredulidade. Como resultado, a maior parte dos golpes é cheia de incoerências lógicas, até mesmo absurdos, que parecem humilhantemente óbvios depois de transcorrido o fato. Bourdin, que geralmente se aproveitava muito mais do senso de bondade de um alvo que de algum impulso sombrio, diz: "Ninguém espera que uma criança com aspecto vulnerável esteja mentindo".

Em outubro de 1997, Bourdin me contou, ele estava em um abrigo para jovens em Linares, Espanha. Uma juíza de menores que estava cuidando do caso dele havia lhe dado 24 horas para provar que era um adolescente; caso contrário, ela iria tirar as impressões digitais dele, que estavam nos arquivos da Interpol. Bourdin sabia que, como adulto com uma ficha criminal, ele provavelmente seria preso. Já havia tentado fugir uma vez e fora pego, e os funcionários o vigiavam aonde quer que fosse. Foi então que ele fez algo que tanto estendia os limites da credulidade quanto ameaçava transformá-lo no tipo de "monstro" que ele insistira em nunca querer se transformar. Em vez de inventar uma identidade, ele roubou uma. Assumiu a *persona* de um garoto de dezesseis anos que tinha desaparecido no Texas. Bourdin, que estava com 23, não só teve que convencer as autoridades de que ele era uma criança americana, como também convencer a família do garoto desaparecido.

Segundo Bourdin, o plano lhe ocorreu no meio da noite: se ele conseguisse enganar a juíza fazendo-a pensar que era americano, talvez o deixassem sair livre. Ele pediu permissão para usar o telefone no escritório do abrigo e ligou para o National Center for Missing and Exploited Children, em Alexandria, estado da Virgínia, tentando conseguir uma identidade verdadeira. Falando em inglês, que aprendera durante suas viagens, declarou que seu nome era Jonathan Durean e que era diretor do abrigo de Linares. Disse que tinha aparecido uma criança assustada que não revelava sua identidade, mas que falava inglês com sotaque americano. Bourdin apresentou uma descrição do garoto que combinava consigo mesmo — baixo, magro, queixo proeminente, cabelo castanho, espaço entre os dentes — e perguntou se o centro tinha alguém semelhante em seu banco de dados. Depois da busca, lembra Bourdin, uma mulher no centro disse que o garoto poderia ser Nicholas Barclay, dado como desaparecido na cidade de San Antonio no dia 13 de junho de 1994, com treze anos de idade. Segundo as informações de sua ficha, Barclay fora visto pela última vez usando "uma camiseta branca, calça roxa, tênis preto e carregando uma mochila cor-de-rosa".

Adotando um tom de ceticismo, diz Bourdin, ele perguntou se o centro poderia lhe enviar outras informações relacionadas a Barclay. A mulher disse que mandaria por correio o folheto da pessoa desaparecida de Barclay e também enviaria uma cópia por fax imediatamente. Depois de lhe dar o número do fax no escritório em que estava, conta Bourdin, ele desligou e esperou. Espiando por uma fresta na porta, ficou atento para ver se alguém estava vindo. O corredor estava escuro e silencioso, mas ele conseguiu ouvir passos. Por fim, uma cópia do folheto saiu do aparelho de fax. A impressão era tão fraca que a maior parte estava ilegível. Ainda assim, a semelhança da imagem na foto com ele não parecia tão distante. "Vai dar certo", Bourdin se lembra de ter pensado. Ele rapidamente ligou de volta para o centro e disse à mulher: "Tenho boas notícias. Nicholas Barclay está aqui ao meu lado".

Cheia de alegria, ela lhe deu o número do policial no Departamento de Polícia de San Antonio que estava encarregado da investigação. Dessa vez, fingindo ser um policial espanhol, diz Bourdin, ele ligou para o investigador e, mencionando detalhes sobre Nicholas que tinha descoberto com a mulher no centro —

como a mochila cor-de-rosa —, declarou que a criança desaparecida fora encontrada. O policial disse que entraria em contato com o FBI e a embaixada norte-americana em Madri. Bourdin não tinha imaginado a extensão do que estava prestes a desencadear.

No dia seguinte, no abrigo de Linares, Bourdin interceptou um pacote vindo do National Center for Missing and Exploited Children destinado a Jonathan Durean. Ele abriu o envelope. Dentro havia uma cópia nítida do folheto de pessoa desaparecida de Nicholas Barclay. Mostrava a fotografia colorida de um garoto pequeno e de pele clara, com olhos azuis e cabelos castanhos tão claros que quase pareciam loiros. O folheto listava diversos traços de identificação, incluindo uma cruz tatuada entre o indicador e o polegar de Barclay. Bourdin olhou fixamente para a imagem e disse para si mesmo: "Estou morto". Não só Bourdin não tinha a mesma tatuagem, mas seus olhos e cabelos eram castanho-escuros. Apressado, ele queimou o folheto no quintal do abrigo, foi para o banheiro e clareou o cabelo. Por fim, pediu a um amigo que, usando uma agulha e tinta de caneta, lhe fizesse uma tatuagem provisória que se parecesse com a de Barclay.

Ainda assim, havia a questão dos olhos de Bourdin. Ele tentou conceber uma história que explicasse sua aparência. E se ele tivesse sido raptado por traficantes de crianças e levado para a Europa, onde fora torturado e maltratado, e até mesmo experiências teriam sido feitas nele? Sim, isso poderia explicar os olhos. Seus raptores tinham injetado substâncias químicas em seus olhos. Ele tinha perdido seu sotaque do Texas porque, durante mais de três anos de cativeiro, fora proibido de falar inglês. Ele tinha escapado de um quarto trancado na Espanha quando um guarda descuidadamente deixou a porta aberta. Era uma história absurda, que contrariava sua máxima de "manter as coisas simples", mas teria que servir.

Logo depois, o telefone no escritório tocou. Bourdin atendeu.

Era Carey Gibson, a meia-irmã de 31 anos de Nicholas Barclay. "Meu Deus, Nicky, é você?", perguntou ela. Bourdin não sabia como responder. Ele usou um tom de voz abafado e respondeu: "Sim, sou eu".

A mãe de Nicholas, Beverly, pegou o telefone. Mulher grandalhona e áspera, ela trabalhava no turno da madrugada em uma loja da Dunkin' Donuts em San Antonio sete noites por semana. Ela nunca se casou com o pai de Nicholas e havia criado o garoto com outros dois filhos mais velhos, Carey e Jason. (Ela era divorciada do pai de Carey e Jason, embora ainda usasse seu nome de casada, Dollarhide.) Viciada em heroína, havia lutado durante a infância de Nicholas para se livrar das drogas. Depois que ele desapareceu, ela começou a usar heroína novamente e agora estava viciada em metadona. Apesar dessas dificuldades, diz Carey, Beverly não era uma mãe ruim. "Ela talvez fosse a viciada em drogas mais ativa que eu conheço. Nós tínhamos boas coisas, um lugar legal para morar, nunca ficamos sem comida." Talvez para compensar a instabilidade em sua vida, Beverly seguia fanaticamente uma rotina, trabalhando na loja de *doughnuts* das dez da noite às cinco da manhã, dando depois uma passada no Make My Day Lounge para jogar bilhar e tomar algumas cervejas, antes de ir para casa dormir. Tinha uma aparência de durona, com a voz enrouquecida pelo cigarro, mas os que a conhecem também me falaram sobre sua bondade. Depois de um turno de trabalho, ela entregava todas as sobras de *doughnuts* em um abrigo de sem-teto.

Beverly colocou o aparelho bem próximo do ouvido. Depois que a voz infantil do outro lado disse que queria ir para casa, ela me contou: "Eu fiquei confusa e completamente sem ação".

Carey, que era casada e tinha dois filhos, com frequência mantivera a família unida durante as batalhas de Beverly contra o vício. Desde o desaparecimento de Nicholas, sua mãe e seu irmão nunca mais foram os mesmos, e tudo o que Carey queria era unir a família de novo. Ela se ofereceu para ir à Espanha e trazer Nicholas para casa, e a empresa de despachos em que ela trabalhava na área de vendas se dispôs a lhe pagar a passagem.

Quando ela chegou ao abrigo, alguns dias depois, acompanhada de um funcionário da embaixada dos Estados Unidos, Bourdin tinha se isolado em um quarto. O que tinha feito, ele reconhece, era uma maldade. Mas, se ele tinha algum tipo de restrição moral, isso não o impediu de seguir em frente, e depois de enrolar um cachecol no rosto e pôr um boné e óculos escuros, saiu do quarto. Bourdin tinha certeza de que Carey iria perceber instantaneamente que ele não era o irmão dela. Em vez disso, ela correu para ele e o abraçou.

Carey era, em diversos aspectos, um alvo ideal. "Minha filha tem o maior coração do mundo e é muito fácil de ser manipulada", disse Beverly. Carey nunca tinha viajado para fora dos Estados Unidos, a não ser para algumas festas em Tijuana, e não estava familiarizada com os sotaques europeus e com a Espanha. Depois que Nicholas desapareceu, ela passou a ser espectadora assídua de programas de televisão com notícias sensacionalistas sobre sequestro de crianças. Além do peso de ter recebido dinheiro de sua empresa para fazer a viagem, era dela o encargo de decidir, como representante de sua família, se aquele era o irmão havia muito desaparecido.

Embora Bourdin se referisse a ela como "Carey", e não como "mana", como Nicholas sempre havia feito, e embora ele tivesse um traço de sotaque francês, Carey diz que quase não teve dúvidas sobre ser Nicholas. Não quando ele podia atribuir alguma incoerência à sua inominável provação. Não quando seu nariz agora se parecia tanto com o do tio Pat. Não quando ele tinha a mesma tatuagem de Nicholas e parecia saber tantos detalhes sobre a família, referindo-se a parentes e perguntando por eles pelo nome. "O coração toma conta de tudo e a gente quer acreditar", diz Carey.

Ela mostrou fotografias da família para Bourdin e ele estudou cada uma delas: esta é minha mãe, este é o meu meio-irmão, este é o meu avô.

Nem as autoridades americanas nem as espanholas fizeram perguntas depois que Carey se responsabilizou por ele. Nicholas tinha desaparecido havia apenas três anos, e o FBI não dispunha de orientações relacionadas a desconfiar de alguém que afirma ser uma criança desaparecida. (A agência me contou que, pelo que sabem, eles nunca trabalharam em um caso como o de Bourdin antes.) Segundo as autoridades em Madri, Carey prestou juramento afirmando que Bourdin era seu irmão e cidadão americano. Ele recebeu um passaporte americano e, no dia seguinte, estava em um voo em direção a San Antonio.

Por um momento, Bourdin fantasiou que estava prestes a fazer parte de uma verdadeira família, mas a meio caminho dos Estados Unidos começou a "surtar", segundo disse Carey, tremendo e suando. Enquanto ela tentava consolá-lo, ele dizia que achava que o avião ia cair, o que, contou mais tarde, é o que ele queria que acontecesse: de que outra maneira poderia escapar do que havia feito?

Quando o avião pousou, no dia 18 de outubro de 1997, parentes de Nicholas esperavam por ele no aeroporto. Bourdin os reconheceu pelas fotografias de Carey: Beverly, a mãe de Nicholas; o marido de Carey na época, Bryan Gibson; o filho de catorze anos de Bryan e Carey, Codey; e a filha deles de dez anos, Chantel. Apenas o irmão de Nicholas, Jason, que era um viciado em drogas em processo de reabilitação e morava em San Antonio, estava ausente. Um amigo da família filmou a reunião, e Bourdin pode ser visto todo agasalhado, o boné puxado sobre o rosto, os olhos castanhos protegidos por óculos escuros, a tatuagem, que já estava desbotando, coberta por uma luva. Embora Bourdin tivesse pensado que os parentes de Nicholas fossem colocá-lo na "forca", eles correram para abraçá-lo, dizendo o quanto tinham sentido a falta dele. "Nós estávamos todos desequilibrados emocionalmente", lembra Codey. A mãe de Nicholas, entretanto, se conteve. "Ela simplesmente não parecia entusiasmada" da maneira que se esperaria de alguém que "estivesse vendo o filho", contou-me Chantel.

Bourdin se perguntou se Beverly duvidava que ele fosse Nicholas, mas ela também acabou por recebê-lo. Todos eles entraram no Lincoln Town Car de Carey e pararam no McDonald's para comer sanduíches e batatas fritas. Segundo recorda Carey, "ele estava sentado ao lado da minha mãe, conversando com o meu filho", dizendo o quanto ele "sentia falta da escola e perguntando quando iria ver Jason".

Bourdin foi morar com Carey e Bryan em vez de ficar com Beverly. "Eu trabalho todas as noites, e não achei que fosse bom deixá-lo sozinho", disse Beverly. Carey e Bryan moravam em um trailer em uma área desolada e coberta de mato em Spring Branch, a quase sessenta quilômetros de San Antonio, e o olhar surpreso de Bourdin atravessou a janela enquanto o carro entrava em curvas em uma estrada de terra, passando por caminhões enferrujados apoiados em blocos de concreto e cachorros latindo diante do barulho do motor. Como diz Codey: "Nós não tínhamos internet nem nada assim. A gente pode andar todo o trajeto até San Antonio e não vai encontrar nenhum tipo de meio de comunicação".

O trailer apertado deles não era exatamente a imagem dos Estados Unidos que Bourdin tinha criado com base nos filmes. Ele dividia o quarto com Codey, e dormia em um colchão de espuma no chão. Bourdin sabia que, se ia se transformar em Nicholas e continuar a enganar até mesmo sua família, tinha que aprender tudo sobre ele, e começou a extrair informações, remexendo em gavetas e álbuns de fotografia, assistindo a vídeos caseiros. Quando Bourdin descobria um detalhe sobre o passado de Nicholas com um dos parentes, ele o repetia para outro. Ele comentou, por exemplo, que Bryan, certa vez, ficou muito bravo com Nicholas por ter derrubado Codey de uma árvore. "Ele sabia essa história", lembra Codey, ainda surpreso com a quantidade de informações que Bourdin tinha adquirido sobre a família. Beverly reparou que Bourdin ajoelhava diante da televisão, exatamente como Nicholas fazia. Vários familiares me contaram que, nas ocasiões em que Bourdin parecia mais retraído do que Nicholas ou em que falava com sotaque estranho, eles supunham que aquilo se devia ao terrível tratamento que ele disse ter sofrido.

À medida que Bourdin passou a habitar a vida de Nicholas, ele ficou surpreso com o que considerou fantásticas semelhanças entre os dois. Nicholas fora dado como perdido no dia do aniversário de Bourdin. Ambos vinham de famílias pobres, desestruturadas; Nicholas quase não tinha relacionamento com o pai, que durante muito tempo não soube que Nicholas era seu filho. Nicholas era um garoto encantador, solitário e irascível que desejava muita atenção e que com frequência tinha problemas na escola. Ele foi pego roubando um par de tênis, e a mãe planejava interná-lo em uma instituição para adolescentes. ("Eu não conseguia lidar com ele", recorda Beverly. "Eu não conseguia controlá-lo.") Quando Nicholas era mais jovem, ele era um fã ardoroso de Michael Jackson, tinha todos os discos do cantor e até mesmo uma jaqueta vermelha de couro igual à que Jackson usa em seu vídeo *Thriller*.

Segundo Beverly, Bourdin "se integrou" rapidamente. Ele foi matriculado no ensino médio e fazia suas tarefas de casa todas as noites, criticando Codey quando ele deixava de estudar. Jogava Nintendo com Codey e assistia a filmes com a família na tevê por satélite. Quando via Beverly, ele a abraçava e dizia: "Oi, mãe". De vez em quando, aos domingos, ia à igreja com o resto da família. "Ele era muito legal", recorda Chantel. "Muito amigável." Em uma ocasião, quando Carey estava fazendo um vídeo caseiro com Bourdin, ela perguntou o que ele estava pensando. "É mesmo muito bom ter minha família e estar em casa de novo", respondeu ele.

No dia 1º de novembro, pouco depois de Bourdin ter se instalado em seu novo lar, Charlie Parker, um detetive particular, estava sentado em seu escritório em San Antonio. A sala estava repleta de câmeras ocultas que ele usava em trabalhos de campo: uma estava presa a um par de óculos, outra estava alojada dentro de uma caneta-tinteiro, e uma terceira escondida no guidão de uma bicicleta de dez marchas. Em uma das paredes havia uma fotografia que Parker tinha tirado durante uma investigação: a imagem mostrava uma mulher casada e o amante, olhando através da janela de um apartamento. Parker, que fora contratado pelo marido dessa mulher, a chamava de "imagem da grana".

O telefone de Parker tocou. Era um produtor de televisão de um programa sensacionalista chamado *Hard Copy*, que tinha ouvido falar no extraordinário reaparecimento de Nicholas Barclay, dezesseis anos, e queria contratar Parker para ajudar a investigar o sequestro. Ele concordou em assumir a tarefa.

Com cabelo grisalho e voz estridente, Parker, que tinha pouco menos de sessenta anos, parecia saído de um romance barato. Quando comprou um Toyota vermelho conversível, ele disse para os amigos: "Nada mau para um velhote, hein?". Embora Parker sempre tivesse sonhado em ser investigador particular, só nos últimos tempos conseguira se dedicar a isso, depois de trinta anos vendendo madeira e material de construção. Em 1994, Parker conheceu um casal de San Antonio cuja filha de 29 anos tinha sido estuprada e esfaqueada até a morte. O caso não fora resolvido, e ele começou a investigar o crime todas as noites, depois do trabalho. Quando descobriu que um assassino que fora recentemente posto em condicional tinha sido vizinho da vítima, Parker vigiou a casa do homem, espiando de dentro de uma van branca com visores de infravermelho. O suspeito logo foi preso e acabou condenado por assassinato. Fascinado com a experiência, Parker formou um "clube de assassinatos", dedicado a resolver casos ainda não resolvidos. (Seus membros incluíam um professor universitário de psicologia, um advogado e um cozinheiro especializado em frituras.) Em alguns meses, o clube conseguiu descobrir evidências que ajudaram a condenar um membro da Força Aérea que tinha estrangulado uma garota de catorze anos. Em 1995, Parker recebeu licença para atuar como detetive particular, e deixou para trás sua vida no ramo de material de construção e madeira.

Depois de ter falado com o produtor de *Hard Copy*, não foi difícil para Parker descobrir a ligação entre Nicholas Barclay e o trailer de Carey e Bryan. No dia 6 de novembro, Parker chegou lá com um produtor e uma equipe de cinegrafistas. A família não queria que Bourdin falasse com os repórteres. "Eu sou uma pessoa muito reservada", diz Carey. Mas Bourdin, que já estava no país havia quase três semanas, concordou em falar. "Eu queria atenção naquela época", diz ele. "Era uma necessidade psicológica. Hoje, eu não teria feito aquilo."

Parker ficou de lado, ouvindo atentamente enquanto o jovem narrava sua angustiante história. "Ele era frio como uma pedra de gelo", contou-me Parker. "Não abaixava os olhos, não tinha linguagem corporal. Nada." Mas Parker ficou intrigado com o sotaque dele.

Parker deu uma espiada em uma fotografia sobre uma prateleira que mostrava Nicholas Barclay quando menino, e ficou olhando para ela e para a pessoa à sua frente, pensando que alguma coisa estava errada. Certa vez ele tinha lido que as orelhas são características de uma pessoa, como impressões digitais, e, aproximando-se de um dos câmeras, sussurrou: "Dê um zoom nas orelhas dele. Chegue o mais perto que puder".

Parker colocou discretamente a fotografia de Nicholas Barclay no bolso, e depois da entrevista voltou correndo para o escritório e usou um scanner para transferir a foto para seu computador; em seguida, examinou o vídeo da entrevista para o *Hard Copy*. Parker pôs em foco as orelhas nas duas imagens. "As orelhas eram parecidas, mas não eram as mesmas", diz ele.

Parker ligou para diversos oftalmologistas e perguntou se olhos podiam mudar de azuis para castanhos por meio de injeção de produtos químicos. Os médicos disseram que não. Parker também ligou para um especialista em dialetos da Trinity University, em San Antonio, que lhe disse que, mesmo presa durante três anos, uma pessoa rapidamente recuperaria seu sotaque original.

Parker transmitiu suas desconfianças para as autoridades, muito embora a polícia de San Antonio tivesse declarado que "o garoto que reapareceu afirmando ser Nicholas Barclay é Nicholas Barclay". Temendo que um estranho perigoso estivesse morando com a família de Nicholas, Parker telefonou para Beverly e lhe contou o que havia descoberto. Pelo que se lembra da conversa, ele disse a ela: "Não é ele, senhora. Não é ele".

"Como assim não é ele?", perguntou ela.

Parker explicou tudo sobre as orelhas, os olhos e o sotaque. Em seus arquivos, ele registrou: "A família está aborrecida, mas continua a acreditar que seja o filho deles".

Parker diz que alguns dias depois ele recebeu um telefonema zangado de Bourdin. Embora Bourdin negue ter feito a chamada, na ocasião Parker anotou em seus registros que Bourdin disse: "Quem você pensa que é?". Quando Parker respondeu que não acreditava que ele fosse Nicholas, Bourdin replicou: "A imigração acha que sou eu. A família acha que sou eu".

Parker ficou em dúvida se devia deixar aquilo de lado. Ele já havia passado as informações de que dispunha para as autoridades, e seu contrato para investigar o assunto tinha terminado. Ele tinha uma pilha de outros casos para resolver. E imaginou que uma mãe iria conhecer o próprio filho. Ainda assim, o sotaque do garoto parecia francês, talvez francês marroquino. Se fosse isso mesmo, o que um estrangeiro estaria fazendo infiltrado em um trailer no meio do mato no Texas? "Juro por Deus, pensei que ele fosse um terrorista", diz Parker.

Beverly alugou um quartinho em um complexo de apartamentos decadente em San Antonio, e Parker começou a seguir Bourdin quando ele a visitava. "Eu me instalava ali perto e ficava observando quando ele saía de lá", conta Parker. "Ele andava até o ponto de ônibus, com seu walkman, movimentando-se como se fosse o Michael Jackson."

Bourdin fazia o maior esforço para se manter na personagem. Ele achava "claustrofóbico" morar com Carey e Beverly, e se sentia mais contente quando estava fora, andando sem paradeiro pelas ruas. "Eu não estava acostumado a estar na família de outra pessoa, a morar com eles como se pertencesse a essa família", disse ele. "Não estava preparado para isso." Certo dia, Carey e a família lhe deram uma caixa de papelão. Lá dentro estavam os cartões de beisebol de Nicholas, seus discos e lembranças diversas. Ele pegou cada um dos objetos com muito cuidado. Havia uma carta de uma das namoradas de Nicholas. Lendo-a, ele disse para si mesmo: "Eu não sou esse garoto".

Depois de dois meses nos Estados Unidos, Bourdin começou a desmoronar. Estava mal-humorado e arredio — "pirando", como disse Codey. Parou de ir à escola (um dos alunos, em tom de provocação, disse que ele falava "como se fosse norueguês") e, consequentemente, foi suspenso. Em dezembro, pegou o carro de Bryan e Carey e dirigiu até o estado de Oklahoma, com as janelas abertas, ouvindo a música "Scream" de Michael Jackson: *Tired of the schemes/ The lies are disgusting ... / Somebody please have mercy/ 'Cause I just can't take it"* [Cansado dessas maquinações/ As mentiras são horríveis [...]/ Alguém, por favor, tenha piedade/ Porque eu não aguento mais]. A polícia o parou por excesso de velocidade, e ele foi preso. Beverly, Carey e Bryan foram buscá-lo na central de polícia e o levaram para casa.

Segundo sua verdadeira mãe, Ghislaine, Bourdin ligou para ela na Europa. Apesar de todos os desentendimentos com a mãe, Bourdin ainda parecia sentir saudade dela. (Certa vez ele lhe escreveu uma carta dizendo: "Eu não quero perder você... Se você desaparecer então eu vou desaparecer".) Ghislaine diz que Bourdin confidenciou que estava morando com uma mulher no Texas que acreditava que ele era seu filho. Ela ficou tão aborrecida que desligou.

Pouco antes do Natal, Bourdin entrou em um banheiro e olhou-se no espelho — os olhos castanhos, o cabelo tingido. Pegou uma navalha e começou a mutilar o rosto. Ele foi internado na ala psiquiátrica de um hospital local durante vários dias para observação. Mais tarde, parafraseando Nietzsche, Bourdin escreveu em um caderno: "Quando você luta contra monstros, tome cuidado para não se tornar um deles". Ele também rascunhou um poema: "Meus dias são dias de fantasma, cada um deles a sombra de uma esperança;/ Minha vida verdadeira nunca começou,/ Nem o que eu tinha que fazer".

Os médicos julgaram que Bourdin estava estável o bastante para voltar ao trailer de Carey. Mas ele continuou inquieto, e cada vez mais se perguntava o que teria acontecido com o verdadeiro Nicholas Barclay. E o mesmo aconteceu com Parker, que, ao mesmo tempo que tentava identificar Bourdin, tinha começado a reunir informações e a entrevistar os vizinhos de Nicholas. Na época em que Nicholas desapareceu, ele estava morando com Beverly em um pequeno sobrado em San Antonio. O meio-irmão de Nicholas, Jason, então com 24 anos, tinha acabado de se mudar para lá depois de morar um tempo com um primo em Utah. Jason era magro e forte, com cabelo castanho comprido e ondulado e um pente sempre enfiado no bolso de trás dos jeans. Tinha marcas de queimadura no corpo e no rosto: aos treze anos, ele acendera um cigarro depois de colocar gasolina em um cortador de grama e acidentalmente ateou fogo a si mesmo. Devido a suas cicatrizes, conta Carey, "Jason achava que nunca iria encontrar alguém e que sempre estaria sozinho". Ele dedilhava canções da banda Lynyrd Skynyrd em seu violão e era um artista competente, capaz de fazer retratos de seus amigos. Embora só tivesse completado o ensino médio, era inteligente e articulado. Também tinha uma personalidade propensa a vícios, como a mãe, bebendo muito com frequência e usando cocaína. Nas palavras de Carey, ele tinha seus "demônios".

No dia 13 de junho de 1994, Beverly e Jason contaram à polícia que, três dias antes, Nicholas estava jogando basquete e ligou para casa de um telefone público, esperando que alguém fosse buscá-lo. Beverly estava dormindo, então Jason atendeu o telefone. Ele disse para Nicholas ir para casa a pé. Nicholas nunca chegou. Pelo fato de Nicholas ter brigado pouco antes com a mãe por causa do roubo do tênis, e por existir a possibilidade de ser mandado para uma instituição de jovens, a polícia inicialmente pensou que ele tivesse fugido — muito embora ele não tivesse dinheiro ou nenhum objeto pessoal.

Parker ficou surpreso com os relatórios policiais, que mostravam que, depois do desaparecimento de Nicholas, houve várias confusões na casa de Beverly. No dia 12 de julho, ela chamou a polícia, mas, quando o policial chegou, ela insistiu em dizer que estava bem. Jason contou ao policial que sua mãe estava "bebendo e gritando com ele porque o outro filho tinha fugido". Algumas semanas depois, Beverly chamou a polícia novamente, sobre algo que as autoridades descreveram como "violência familiar". O policial que atendeu o chamado relatou que Beverly e Jason estavam "trocando insultos"; pediram a Jason que saísse da casa pelo menos naquele dia e ele atendeu. No dia 25 de setembro, a polícia recebeu outro telefonema, dessa vez de Jason. Ele afirmou que seu irmão mais novo tinha voltado e tentado arrombar a garagem, fugindo quando Jason o viu. Em seu relatório, o policial de plantão disse que havia "verificado a área" atrás de Nicholas, mas "não conseguira localizá-lo".

O comportamento de Jason se tornou cada vez mais instável. Ele foi preso por "usar força" contra um policial, e Beverly o expulsou de casa. Segundo Codey me contou, o desaparecimento de Nicholas tinha "deixado Jason muito perturbado. Ele começou a consumir muitas drogas e a injetar cocaína durante muito tempo". Pelo fato de ter se recusado a ir buscar Nicholas no dia em que ele desapareceu, diz Chantel, Jason tinha "muita culpa".

No final de 1996, Jason se internou em um centro de reabilitação e se afastou das drogas. Depois de terminado o programa, ele continuou no centro por mais de um ano, atuando como conselheiro e trabalhando para uma empresa de paisagismo dirigida pelo centro. Ele ainda estava lá quando Bourdin apareceu, afirmando ser seu irmão desaparecido.

Bourdin se perguntou por que Jason não fora encontrá-lo no aeroporto e por que inicialmente não fizera o menor esforço para vê-lo no trailer de Carey. Depois de um mês e meio, dizem Bourdin e pessoas da família, Jason finalmente apareceu para uma visita. Mesmo na ocasião, diz Codey, "Jason estava arredio". Embora tenha lhe dado um abraço na frente dos outros, diz Bourdin, Jason parecia olhar para ele com cautela. Depois de alguns minutos, Jason o chamou para ir para fora, e estendeu a mão para Bourdin. Um colar com uma cruz de ouro brilhava sobre a palma de sua mão. Jason disse que era para ele. "Era como se ele tivesse que dar aquilo para mim", diz Bourdin. Jason o colocou no pescoço dele. Então disse adeus e nunca mais voltou.

Bourdin me disse: "Estava claro que Jason sabia o que tinha acontecido a Nicholas". Pela primeira vez Bourdin se perguntou quem estava enganando quem.

Enquanto isso, as autoridades tinham começado a duvidar da história de Bourdin. Nancy Fisher, na época agente veterana do FBI, tinha entrevistado Bourdin semanas depois de ele ter chegado aos Estados Unidos, a fim de documentar suas alegações de ter sido sequestrado em solo americano. Ela me disse que na mesma hora sentiu "cheiro de rato": "O cabelo dele era escuro, mas clareado, e as raízes eram bastante óbvias".

Parker conhecia Fisher e tinha comentado com ela suas próprias desconfianças. Fisher advertiu Parker a não interferir em uma diligência federal, mas enquanto conduziam investigações paralelas desenvolveram um clima de confiança, e Parker passava qualquer informação que obtivesse. Quando Fisher fez perguntas relacionadas a quem poderia ter sequestrado Nicholas e abusado sexualmente dele, estranhou que Beverly estivesse "mal-humorada e pouco cooperativa".

Fisher se perguntou se Beverly e sua família simplesmente queriam acreditar que Bourdin era seu ente querido. A despeito das motivações da família, a principal preocupação de Fisher era a figura misteriosa que tinha entrado nos Estados Unidos. Ela sabia que era impossível que ele tivesse alterado a cor dos olhos. Em novembro, sob o pretexto de conseguir um tratamento para o suposto abuso sofrido por Bourdin, Fisher o levou para falar com um psiquiatra forense em Houston, que concluiu, por sua sintaxe e gramática, que ele não podia ser americano, e que muito provavelmente era francês ou espanhol. O FBI comunicou os resultados a Beverly e Carey, diz Fisher, mas elas insistiram que ele era Nicholas.

Acreditando que Bourdin era um espião, diz Fisher, ela contatou a CIA, explicando a ameaça potencial e pedindo ajuda para identificá-lo. "A CIA não quis me ajudar", diz ela. "Ouvi de um agente deles que, até que eu conseguisse provar que ele era europeu, eles não poderiam me ajudar."

Fisher tentou convencer Beverly e Bourdin a fornecer amostras de sangue para um exame de DNA. Ambos recusaram. "Beverly disse: 'Como você ousa dizer que ele não é meu filho?'", lembra Fisher. Em meados de fevereiro, quatro meses depois de Bourdin chegar aos Estados Unidos, Fisher obteve mandados para forçá-los a cooperar. "Eu fui até a casa dela para colher uma amostra de sangue, e ela ficou deitada no chão, dizendo que não ia se levantar", diz Fisher. "Então eu disse: 'Ah, vai, sim'".

"Beverly me defendeu", diz Bourdin. "Ela fez o que pôde para impedi-los."

Junto com o sangue deles, Fisher conseguiu as digitais de Bourdin, que ela enviou ao Departamento de Estado para ver se havia um registro com a Interpol.

Carey, preocupada com a instabilidade e a automutilação do suposto irmão, não queria mais que ele ficasse com ela, e ele foi morar no apartamento de Beverly. Na ocasião, afirma Bourdin, ele tinha começado a olhar para a família de maneira diferente. Sua mente retraçou uma série de curiosas interações: a recepção fria de Beverly no aeroporto, a demora de Jason para visitá-lo. Ele diz que, embora Carey e Bryan parecessem dispostos a acreditar que ele era Nicholas — ignorando as evidências óbvias —, Beverly o tratara menos como filho do que como "fantasma". "Uma vez, quando ainda estava com ela", alega Bourdin, "ela ficou bêbada e gritou: 'Eu sei que Deus me puniu mandando você para mim. Eu não sei quem diabos você é. Por que está fazendo isso, porra?'."

(Beverly não se lembra desse incidente, mas diz: "Ele deve ter me deixado bem puta da vida".)

No dia 5 de março de 1998, com as autoridades fechando o cerco sobre Bourdin, Beverly ligou para Parker e disse que acreditava que Bourdin fosse um impostor. No dia seguinte, Parker o levou a um restaurante. "Eu levantei as pernas das calças para que ele pudesse ver que eu não estava armado", diz Parker. "Eu queria que ele ficasse tranquilo."

Eles pediram panquecas. Depois de quase cinco meses fingindo ser Nicholas Barclay, diz Bourdin, ele estava fisicamente exausto. Segundo Parker, quando ele contou a "Nicholas" que ele havia aborrecido sua "mãe", o jovem disse, sem pensar: "Ela não é minha mãe, e você sabe disso".

"Você vai me contar quem você é?"

"Meu nome é Frédéric Bourdin e sou procurado pela Interpol."

Depois de alguns minutos, Parker foi até o banheiro e ligou para Nancy Fisher com a novidade. Ela acabara de receber a mesma informação da Interpol. "Estamos tentando conseguir um mandado neste exato momento", ela contou a Parker. "Segure ele mais um pouco."

Parker voltou para a mesa e continuou a conversar com Bourdin. À medida que Bourdin falava sobre sua vida itinerante na Europa, diz Parker, ele sentiu uma certa culpa por entregá-lo. Bourdin, que despreza Parker e contesta os detalhes da conversa que tiveram, acusa o detetive de "fingir" ter resolvido o caso; era como se Parker tivesse se intrometido na ficção secreta de Bourdin, dando a si próprio o papel principal. Depois de cerca de uma hora, Parker levou Bourdin de volta para o apartamento de Beverly. Mal tinha estacionado quando Fisher e as autoridades foram para cima dos dois. Ele se rendeu sem dizer uma só palavra. "Eu sabia que eu era Frédéric Bourdin novamente", disse ele. Beverly reagiu com menos calma. Ela se virou e gritou para Fisher: "Por que vocês demoraram tanto?".

Em custódia, Bourdin contou uma história que pareceu tão fantasiosa quanto a sua de ser Nicholas Barclay. Ele alegou que Beverly e Jason talvez fossem cúmplices no desaparecimento de Nicholas, e que eles sabiam desde o início que Bourdin estava mentindo. "Eu sou um bom impostor, mas não sou tão bom assim", contou-me Bourdin.

É claro que as autoridades não iriam confiar no relato de um notório mentiroso patológico. "Ele conta noventa e nove mentiras e talvez a centésima seja a verdade, mas não tem como saber", diz Fisher. Ainda assim, as autoridades tinham suas próprias suspeitas. Jack Stick, que era o promotor federal na época e que mais tarde cumpriu um mandato na Assembleia Legislativa do Texas, foi designado para o caso de Bourdin. Ele e Fisher se perguntaram por que Beverly tinha resistido às tentativas feitas pelo FBI de investigar o suposto sequestro de Bourdin e, depois, de revelar a farsa dele. Eles também questionaram o motivo de ela não tê-lo levado para morar em sua casa. Segundo Fisher, Carey lhe contou que isso se deveu ao fato de ser "muito perturbador" para Beverly, o que, ao menos para Fisher e Stick, pareceu estranho. "Uma mãe ficaria extremamente feliz por ter o filho de volta", diz Fisher. "Aquilo foi outro sinal de alerta."

Fisher e Stick tomaram nota das confusões que aconteceram na casa de Beverly depois do desaparecimento de Nicholas, e do relatório policial declarando que Beverly estava gritando com Jason a propósito do sumiço de Nicholas. Além disso, havia a declaração de Jason de que vira Nicholas tentando arrombar a casa. Não foi encontrada nenhuma evidência que respaldasse essa história surpreendente, e Jason fizera a declaração na época em que a polícia tinha começado a "farejar", segundo disse Stick. Ele e Fisher desconfiaram que a história era um ardil para reforçar a ideia de que Nicholas era um fugitivo.

Stick e Fisher seguiram na direção de uma investigação de homicídio. "Eu queria saber o que tinha acontecido com o garoto", lembra Stick.

Stick e Fisher reuniram mais evidências indicando grande propensão de violência na casa de Beverly. Dizem que funcionários da escola de Nicholas tinham manifestado preocupação com a possibilidade de Nicholas sofrer maus-tratos, devido a machucados em seu corpo, e que pouco antes de desaparecer eles haviam alertado os serviços de proteção ao menor. E os vizinhos notaram que, em algumas ocasiões, Nicholas tinha batido em Beverly.

Certo dia, Fisher pediu a Beverly para fazer um teste com o polígrafo. É Carey quem recorda: "Eu disse: 'Mãe, faz qualquer coisa que eles pedirem. Vai e faz o teste do detetor de mentiras. Você não matou Nicholas'. Então ela aceitou fazer".

Enquanto Beverly fazia o teste com o polígrafo, Fisher observava o processo por meio de um monitor de vídeo em uma sala próxima. A pergunta mais importante era se Beverly sabia o paradeiro de Nicholas naquele momento. Ela disse não, duas vezes. O coordenador do teste contou a Fisher que Beverly parecia ter respondido a verdade. Quando Fisher expressou sua descrença, o coordenador disse que, se Beverly estava mentindo, ela deveria estar sob o efeito de drogas. Depois de algum tempo, o coordenador voltou a aplicar o teste, uma vez que os efeitos de quaisquer possíveis narcóticos já teriam passado. Dessa vez, quando o coordenador perguntou se Beverly sabia o paradeiro de Nicholas, diz Fisher, a máquina como que enlouqueceu, indicando uma mentira. "Ela praticamente fez os instrumentos caírem da mesa", diz Fisher. (Falsos positivos não são incomuns em polígrafos, e os cientistas contestam sua confiabilidade básica.)

Segundo Fisher, quando o coordenador contou a Beverly que ela não tinha passado no teste, e começou a pressioná-la com mais perguntas, Beverly gritou: "Eu não tenho que aguentar isso", então levantou e saiu correndo pela porta. "Eu a alcancei", lembra Fisher. "Eu disse: 'Por que você está correndo?'. Ela fica furiosa. E diz: 'Isso é típico do Nicholas. Olha o inferno que ele está me fazendo passar'".

Em seguida, Fisher quis entrevistar Jason, mas ele resistiu. Quando afinal concordou em encontrá-la, semanas depois da prisão de Bourdin, diz Fisher, ela teve que "arrancar as palavras dele". Eles conversaram sobre o fato de ele ter demorado quase dois meses para ir ver seu suposto irmão: "Eu disse: 'O seu irmão, que tinha desaparecido havia tanto tempo, que foi sequestrado, reaparece e você não tem vontade de vê-lo?'. Ele respondeu: 'Não'. Eu perguntei: 'Ele se parecia com o seu irmão?' 'Acho que sim'". Fisher achou que ele respondeu com muita má vontade, e desenvolveu "uma desconfiança muito forte de que Jason pudesse ter participado do desaparecimento do irmão". Stick também acreditava que Jason "ou estava envolvido no desaparecimento de Nicholas, ou tinha informações que poderiam esclarecer o que acontecera". Fisher até mesmo suspeitou que Beverly soubesse o que tinha acontecido com Nicholas, e que pudesse ter acobertado o crime para proteger Jason.

Depois da entrevista, dizem Stick e Fisher, Jason se recusou a falar com as autoridades novamente sem a presença de um advogado ou a menos que fosse preso. Mas Parker, que, como investigador particular não estava preso às mesmas restrições legais que Stick e Fisher, continuou a pressionar Jason. Em uma ocasião, ele o acusou de assassinato. "Acho que foi você", Parker falou para ele. "Não acho que você quisesse fazer, mas foi você." Em resposta, diz Parker: "Ele apenas ficou olhando para mim".

Semanas depois de Fisher e Parker terem interrogado Jason,

Parker estava dirigindo para o centro de San Antonio e viu Beverly na calçada. Ele perguntou se ela queria uma carona. Quando entrou no carro, ela lhe contou que Jason tinha morrido de overdose de cocaína. Parker, que sabia que Jason estava longe das drogas havia mais de um ano, conta que perguntou se ela achava que ele tinha tirado a própria vida de propósito. Ela respondeu: "Não sei". Stick, Fisher e Parker desconfiam que foi suicídio.

Desde a perda dos filhos, Beverly parou de usar drogas e mudou-se para Spring Branch, onde mora em um trailer, ajudando uma mulher a cuidar da filha com uma séria deficiência física. Ela concordou em conversar comigo a respeito das desconfianças das autoridades. A princípio, Beverly me disse que eu poderia ir de carro até onde ela estava, porém mais tarde me contou que a mulher para quem ela trabalhava não queria visitas, então conversamos por telefone. Uma de suas cordas vocais tinha paralisado recentemente, deixando-a com uma voz ainda mais grave e profunda. Parker, que conversava com ela com frequência em uma loja de *doughnuts*, me contou isto: "Eu não sei por que gostava dela, mas gostava. Ela tinha esse olhar distante e cansado de quem já havia passado pelo pior. Parecia uma pessoa de quem a vida tinha tirado tudo".

Beverly respondeu às minhas perguntas sem rodeios. No aeroporto, disse, ela se conteve porque Bourdin "pareceu esquisito". E acrescentou: "Se eu seguisse meu instinto, teria sabido na hora". Ela admitiu que tinha tomado drogas — "provavelmente" heroína, metadona e álcool — antes do teste com o polígrafo. "Quando eles me acusaram, eu fiquei louca", disse ela. "Eu trabalhei pra cacete para criar os meus filhos. Por que eu faria alguma coisa para eles?" Ela continuou: "Eu não sou uma pessoa violenta. Eles não falaram com nenhum dos meus amigos ou meus colegas de trabalho. [...] Foi apenas um tiro no escuro, para ver se eu confessava alguma coisa". Ela também disse, a respeito de si mesma: "Eu sou a pior mentirosa do mundo. Não consigo mentir direito de jeito nenhum".

Perguntei a ela se Jason tinha machucado Nicholas. Ela fez uma pausa durante um momento, e então disse que achava que não. Ela reconheceu que, quando Jason usava cocaína, ele se tornava "um pirado total — uma pessoa completamente diferente — e aquilo era assustador". Chegou a bater no pai uma vez, contou ela. Mas ela notou que Jason só se tornou um viciado sério depois do desaparecimento de Nicholas. Ela concordava com as autoridades em relação a um aspecto: não acreditava que Jason havia visto Nicholas depois de seu desaparecimento. "Jason estava com problemas naquela época", disse ela. "Eu simplesmente não acredito que Nicholas tenha vindo até aqui."

Enquanto conversávamos, eu lhe perguntei várias vezes como é que ela podia ter acreditado durante quase cinco meses que um francês de 23 anos, com cabelo tingido, olhos castanhos e sotaque europeu, era seu filho. "A gente ficava inventando desculpas — que ele era diferente por todas as coisas horríveis que tinham acontecido a ele", disse ela. Ela e Carey queriam muito que fosse ele. Foi só depois que eles passaram a morar juntos que ela começou a ter dúvidas. "Ele simplesmente não agia como meu filho", disse Beverly. "Eu não conseguia ter uma ligação com ele. Eu não tinha o sentimento. Meu coração sentia pena dele, mas não como uma mãe teria. A vida desse rapaz é uma bagunça, e eu não iria querer isso para ninguém."

A experiência de Beverly, por mais incrível que pareça, tem um precursor — um incidente que foi descrito como "o caso mais estranho nos anais da história policial". (E se tornou a base para o filme *A troca*, de Clint Eastwood.) No dia 10 de março de 1928, um menino de nove anos chamado Walter Collins desapareceu em Los Angeles. Seis meses mais tarde, depois de uma busca por todo o país, apareceu um garoto afirmando que era Walter e insistindo que tinha sido raptado. A polícia estava certa de que era Walter, e um amigo da família afirmou que "coisas que o menino disse e fez convenceriam qualquer pessoa" de que ele era a criança desaparecida. No entanto, quando a mãe de Walter, Christine, foi buscar o filho, ela não achou que fosse ele. Embora as autoridades e os amigos a tivessem convencido a levá-lo para casa, ela devolveu o garoto a uma delegacia depois de alguns dias, insistindo: "Este não é o meu filho". Mais tarde ela confirmaria: "Os dentes dele eram diferentes, a voz dele era diferente [...] As orelhas eram menores". As autoridades acharam que ela deveria estar sofrendo um desgaste emocional devido ao desaparecimento do filho, e a internaram em uma clínica psiquiátrica. Mesmo assim, ela se recusou a mudar de ideia. Como disse a um capitão da polícia: "Uma coisa que uma mãe tem que saber é a identidade de seu filho". Oito dias depois, ela recebeu alta. Logo apareceram evidências de que era provável que o filho dela tivesse sido morto por um assassino serial, e o garoto que afirmava ser seu filho confessou que era um fugitivo de Iowa, de onze anos, que, em suas palavras, achava "divertido ser alguém que você não é".

Comentando o caso Bourdin, Fisher disse que uma coisa era certa. "Beverly tinha que saber que aquele não era seu filho."

Depois de meses de investigação, Stick concluiu que não havia evidências para acusar alguém do desaparecimento de Nicholas. Não havia testemunhas, nem DNA. As autoridades nem sequer podiam dizer se Nicholas estava morto. Stick concluiu que a overdose de Jason tinha praticamente "eliminado a possibilidade" de as autoridades conseguirem determinar o que aconteceu a Nicholas.

No dia 9 de setembro de 1998, Frédéric Bourdin compareceu a um tribunal em San Antonio e se declarou culpado de perjúrio, e de obter e possuir documentos falsos. Dessa vez, a afirmação dele de que estava apenas buscando amor gerou indignação. Carey, que teve um esgotamento nervoso depois que Bourdin foi preso, testemunhou antes de ele ser sentenciado, dizendo: "Ele mentiu, e mentiu, e mentiu de novo. E até hoje continua a mentir. Ele não sente o menor remorso". Stick acusou Bourdin de ser "uma bactéria que consome carne", e o juiz comparou a assassinato o que Bourdin fez: dar a uma família a esperança de que seu filho perdido estava vivo e depois destruir essa esperança.

A única pessoa que parecia ter algum tipo de compaixão por Bourdin era Beverly. Na época, ela disse: "Eu sinto pena dele. Sabe, nós chegamos a conhecê-lo e esse rapaz passou por um inferno. Ele tem muitos tiques nervosos". Ela me contou que ele fez "muitas coisas para as quais, se a gente for pensar, era preciso muita coragem".

O juiz sentenciou Bourdin a seis anos — mais de três vezes o que era recomendado pelas normas de procedimento para sentenças. Bourdin disse ao tribunal: "Eu peço desculpas a todas as pessoas em meu passado pelo que fiz. Eu queria, queria que vocês acreditassem em mim, mas sei que isso é impossível". Na cadeia ou não, ele acrescentou, "eu sou um prisioneiro de mim mesmo".

A última vez que vi Bourdin, na primavera de 2008, a vida dele estava passando pelo que seria, talvez, sua transformação mais surpreendente. Ele tinha se casado com uma francesa, Isabelle, que conhecera dois anos antes. Com pouco menos de trinta anos, Isabelle era magra, bonita e afável. Estava estudando para ser advogada. Vítima de maus-tratos familiares, ela vira Bourdin na televisão, descrevendo as próprias agressões que havia sofrido e sua busca por amor, e ficou tão tocada que acabou por encontrá-lo. "Eu lhe disse que aquilo que me interessava na vida dele não era a maneira como ele distorcia a verdade, mas o motivo pelo qual fazia isso e as coisas que ele estava buscando", disse ela.

Bourdin diz que, quando Isabelle o abordou pela primeira vez, ele pensou que devia ser uma brincadeira, mas eles se encontraram em Paris e aos poucos se apaixonaram. Ele disse que nunca tivera um relacionamento afetivo antes. "Eu sempre fui uma parede", disse ele. "Uma parede fria." No dia 8 de agosto de 2007, depois de um ano de namoro, eles se casaram na prefeitura de um vilarejo nos arredores de Pau.

A mãe de Bourdin diz que Frédéric a convidou, e a seu avô também, para a cerimônia, mas eles não foram. "Ninguém acreditava nele", diz ela.

Quando vi Isabelle, ela estava grávida de oito meses. Na esperança de evitar a atenção pública, ela e Frédéric haviam se mudado para Le Mans, e foram morar em um pequeno apartamento de um quarto com assoalho de madeira e uma janela que dava de frente para uma prisão. "A paisagem me faz lembrar onde eu estive", disse Bourdin. Uma caixa contendo partes de um berço estava no chão da sala de visitas de decoração simples. O cabelo de Bourdin agora estava cortado rente, e ele se vestia sem exageros, com jeans e um agasalho de moletom. Contou-me que conseguiu um emprego em telemarketing. Tendo em vista sua capacidade de persuasão, ele era incrivelmente bom naquilo. "Vamos dizer que isso faz parte da minha natureza", disse ele.

A maioria de seus familiares acredita que todas essas mudanças não passam de outro papel que ele está assumindo, e que vai acabar em desastre para sua esposa e para o bebê por nascer. "Não dá para se inventar como pai", disse o tio dele, Jean-Luc Drouart. "Você não é pai durante seis dias ou seis meses. Não é uma personagem — é uma realidade." E acrescentou: "Eu temo por essa criança".

A mãe de Bourdin, Ghislaine, diz que o filho é um "mentiroso e nunca vai mudar".

Depois de tantos anos fazendo o papel de impostor, Bourdin deixou sua família e as autoridades com a convicção de que esta é a pessoa que Frédéric Pierre Bourdin realmente é: um camaleão. Meses antes de ser solto da prisão nos Estados Unidos e deportado para a França em outubro de 2003, Bourdin voltou a assumir o papel de criança. Ele chegou a roubar a identidade de um garoto francês perdido, chamado Léo Balley, de catorze anos, que desaparecera quase oito anos antes, em um acampamento. Dessa vez a polícia fez um teste de DNA que rapidamente revelou que Bourdin estava mentindo. Um psiquiatra que o avaliou concluiu: "O prognóstico parece ser mais do que preocupante. [...] Estamos muito pessimistas em relação a modificar esses traços de personalidade". (Quando estava na prisão nos Estados Unidos, Bourdin começou a ler livros de psicologia, e anotou em seu diário a seguinte passagem: "Se for obrigado a encarar sua conduta imprópria, o psicopata apresenta falsa sinceridade e um remorso aparente, de forma a renovar a esperança e a confiança entre seus acusadores. No entanto, depois de diversas repetições, sua convincente encenação acaba por ser reconhecida pelo que é — uma encenação".)

Isabelle tem certeza de que Bourdin "pode mudar". Ela disse: "Estou com ele há dois anos, e ele não é essa pessoa".

Em determinado momento, Bourdin tocou a barriga de Isabelle. "O meu bebê pode ter três braços e três pernas", disse ele. "Não importa. Não preciso que meu filho seja perfeito. Tudo o que quero é que essa criança seja amada." Ele não se preocupava com o que a família pensava. "Eles são o meu abrigo", disse ele a respeito da esposa e do filho que estava para nascer. "Ninguém pode tirar isso de mim."

Um mês depois, Bourdin ligou e me contou que sua mulher

tinha dado à luz. "É uma garota", disse ele. Ele e Isabelle lhe deram o nome de Atena, a deusa grega. "Agora eu sou realmente um pai", disse ele.

Perguntei se ele tinha se tornado uma nova pessoa. Por um momento ficou em silêncio. Então disse: "Não, isto é o que eu sou".

agosto de 2008

Para onde ele foi?

O bombeiro que esqueceu o Onze de Setembro

Bombeiros possuem uma cultura da morte. Existem rituais elaborados pelos vivos para preservar os mortos. E assim, no Onze de Setembro, quando os integrantes da Companhia de Viaturas 40 e Companhia de Viaturas com Escada 35 ficaram sabendo que todos os homens de seu grupamento que responderam ao ataque ao World Trade Center — doze, incluindo um capitão e um tenente — tinham desaparecido, eles correram para a área, decididos, no mínimo, a realizar o ritual de carregar os colegas para fora. Por fim, localizaram os carros de bombeiros, cobertos de fuligem, perto do Marco Zero, e tentaram "visualizar", segundo um deles disse mais tarde, o que havia acontecido: para onde os homens tinham ido, quais teriam sido seus últimos movimentos. Perto dos equipamentos, eles reconheceram algumas das botas extras dos bombeiros desaparecidos, uma camisa descartada e um par de óculos escuros. Devagar, em grupos improvisados, eles se espalharam pelos escombros, tentando retraçar os passos dos colegas, vasculhando os destroços. Nada foi encontrado. Era como se o fogo tivesse consumido não apenas a vida mas também os rituais dos mortos.

Então naquela noite, à medida que o número de desaparecidos chegava aos milhares, espalhou-se a notícia de que equipes de resgate tinham descoberto alguém enterrado sob o entulho. Ele foi identificado como Kevin Shea e integrava a Companhia 40. E, o mais importante, estava vivo. Fora levado para um hospital em Nova Jersey, e seus colegas correram para lá, acreditando que ele poderia lhes contar onde os outros homens ainda poderiam estar presos. "Se havia um", lembrou-se mais tarde Steve Kelly, um veterano da corporação, "nós tínhamos esperança de que ele poderia nos levar aos outros."

Quando os homens entraram no quarto do hospital, Shea estava deitado na cama, e acordado. Ele tinha fraturado o pescoço em três lugares e perdido um dos polegares, mas parecia atento e satisfeito por vê-los. Depois de abraçar Shea, os homens começaram a interrogá-lo. Você se lembra de onde estava?, perguntou um deles.

"Não", ele respondeu.

Você sabe onde os outros estavam antes da queda das torres?

Shea olhou para eles, perplexo, e perguntou: "As torres caíram?".

A história do sobrevivente que não conseguia lembrar o que todas as outras pessoas não conseguiam esquecer parecia uma lenda urbana. Mas duas semanas depois do ataque, eu visitei Shea, que tinha acabado de receber alta no hospital, em seu quartel dos bombeiros na avenida Amsterdam com a rua 66, e ele me contou que, de fato, estava sofrendo de algum tipo de amnésia. "Tecnicamente, eu não deveria estar trabalhando", disse ele. "Mas ainda posso atender ao telefone, e achei que poderia ajudar se estivesse perto da minha turma."

Meio italiano meio irlandês, ele é bonitão, com olhos castanhos profundos, mas estava usando um colar cervical apertado contra o queixo, e os médicos tinham raspado sua cabeça, tornando seus traços perturbadoramente severos. Quando ele se curvou para atender ao telefone, pude ver um rasgo no couro cabeludo coberto de sangue seco. "Eu fraturei a quinta vértebra do pescoço", disse ele.

Do lado de fora do quartel dos bombeiros, muitos se reuniam para acender velas em memória dos mortos, e ao saber que Shea estava lá dentro, eles paravam para vê-lo. Ele havia se tornado, de uma forma estranha, um santuário para os vivos — aquele que conseguiu sair vivo de lá. Uma garotinha entrou com a mãe e entregou-lhe um donativo para a companhia. "Muito obrigado pelo que você fez", disse ela. Ele sorriu e estendeu a mão boa para receber o cheque, mas, à medida que mais pessoas se aproximavam, começou a ficar cada vez mais constrangido. "Não sou eu", ele disse a um homem que elogiou sua coragem. Depois que a última pessoa foi embora, ele se virou para mim e disse: "Por favor, não me faça parecer um herói".

Ele deu uma olhada pela sala, para as fotos dos homens desaparecidos e um aviso para uma homenagem póstuma. Ele disse: "Talvez eu tenha entrado em pânico e...". Seus pensamentos se dispersaram, e ele fechou os olhos como se tentasse invocar algo do vazio. Parecia estar assustado não só com as lacunas em seu passado, mas por uma única pergunta que eles evitaram que ele respondesse: O que tinha feito naqueles últimos momentos cruciais que permitiu que apenas ele sobrevivesse? "Gosto de pensar que fui o tipo de pessoa que tentava tirar alguém do perigo para salvá-lo, e não o tipo que sai correndo de medo", disse ele. "Mas não consigo me lembrar de mais nada, por mais que tente. É como se minha memória tivesse desmoronado junto com o prédio, e agora eu precisasse juntar todas as peças de novo."

***

Há algumas coisas de que ele se lembra. Ele se recorda de Mike D'Auria, um novato de 25 anos com uma tatuagem maia na perna. Lembra-se de Frank Callahan, seu capitão, e de Mike Lynch, outro bombeiro, que estava prestes a se casar. Ele se lembra do que eles levavam: uma ferramenta Halligan, uma marreta, um machado, um desencarcerador, pregos de duas polegadas, diversos tipos de cordas, cortadores de fios, mandris e uma chave de fenda. Ele se lembra de ter acordado no Onze de Setembro e de o alarme ter disparado no quartel às 9h13 da manhã. Ele se lembra dos homens vestindo as roupas de bombeiro. Ele se lembra de perguntar ao tenente se ele achava que era um ataque terrorista, e do tenente dizendo sim e depois eles ficaram em silêncio.

Há outras coisas de que ele se lembra também: seu apelido, Ric-o-Shea; sua idade, 34; e sua cor favorita, amarelo. Ele se lembra de encontrar a namorada, Stacy Hope Herman. Ele se lembra de ter sido criado em Long Island, e de seus pais brigando, e de sua mãe indo embora de casa quando ele tinha treze anos. Ele se lembra até de algumas coisas de que não quer se lembrar — coisas que se recusam a desaparecer, junto com todas as lembranças insignificantes, com a passagem do tempo.

A memória é um código para definir quem somos, uma coleção não apenas de datas e fatos, mas também de conflitos emocionais, epifanias e transformações. E, em consequência de uma tragédia, ela é vital para a recuperação. Após um acontecimento traumático, as pessoas tendem a armazenar uma série de lembranças, dispondo-as em uma narrativa significativa. Elas se lembram exatamente de onde estavam e de com quem estavam conversando. Mas o que se pode fazer quando a narrativa está estilhaçada, quando alguns — ou a maioria — dos pedaços do quebra-cabeça estão faltando?

Na última semana de setembro, acompanhei Shea ao Hospital e Centro de Reabilitação St. Charles em Long Island. Os médicos ainda não sabiam se ele estava bloqueando o que tinha acontecido em consequência de traumas físicos ou psicológicos, ou as duas coisas. Mark Sandberg, um neuropsicólogo, cumprimentou Shea no saguão e levou-o para um escritório abarrotado de papéis e outros objetos. Depois que Sandberg fechou a porta, eles se sentaram, um de frente para o outro. "Eu sei muito pouca coisa sobre você", disse Sandberg. "Então, do que você se lembra?"

"Eu posso lhe contar as coisas de que me lembro e as coisas que me contaram", disse Shea. "Eu me lembro de atender ao chamado. Eu estou na Viatura 35, mas eles têm um caminhão de bombeiros lá também, e um dos bancos estava vazio. Eu não estava trabalhando naquele dia e disse: 'Posso ir junto?'."

O médico pareceu surpreso. "Você estava de folga naquele dia?"

Shea explicou que ele estava atuando como voluntário, que era "a coisa certa a fazer". Ele continuou: "Então o oficial me deu permissão, e eu... fui com eles pela West Side Highway... Nós vimos carros incendiados e escombros caindo por toda parte — como grandes pedaços de carpete caindo. Tinha pedaços de metal e vidro. E pessoas caindo...".

"Você se lembra disso, ou foi alguém que contou?"

Shea fechou os olhos. "Eu me lembro disso."

Sandberg fez diversas anotações em um bloco, e então pediu a Shea que continuasse. A caminho do local, disse Shea, ele pegou a câmera de vídeo que às vezes usava para documentar incêndios para fins de treinamento. "Eu me lembro de colocá-la em um saco plástico e de recolocá-la no bolso do meu casaco", disse ele. "Eu sabia que não ia dar para filmar durante muito tempo." Ele então se preparou para entrar no caos. "Eu não me lembro de mais nada depois disso, a não ser de acordar em um hospital."

"As suas lembranças voltaram depois disso?"

"Sim, começaram a voltar. Voltavam e iam embora. Eles estavam me sedando naquele momento, com morfina, acho. Disseram que eu estava consciente, mas eu não sei."

"Você pode estar consciente e não ter memória. Isso se chama amnésia pós-traumática."

"É o que está acontecendo comigo?"

"É isso o que estou tentando entender."

Shea mexeu impaciente em seus curativos. "Alguns dizem que é melhor não se lembrar. Talvez o fato de eu não saber se estava tentando salvar alguém, talvez seja isso que está me ajudando a lidar com o pós-estresse... ou seja lá como vocês chamam."

Sandberg perguntou quantos homens do quartel que foram com ele tinham desaparecido. Pela primeira vez, Shea levantou os olhos dos curativos. "Todos eles", disse ele. "Todos, menos eu."

Ele nunca pretendeu ser bombeiro. Embora viesse de uma família de bombeiros — que incluía o avô, o tio, o pai e o irmão mais velho —, ele não se encaixava no estereótipo. Ele não era, segundo diz, "um macho típico". Era menor e mais estudioso que os outros homens; não gostava de esportes e não bebia. A princípio, iniciou uma carreira na área de programação de computadores, em que era excelente, mas em 1998 sentiu-se compelido a seguir a tradição familiar.

Quando foi designado pela primeira vez para a Companhia 40, Viatura 35, no verão de 2001, ele apareceu às três da manhã. Os homens iam atender a um chamado e, quando voltaram, ele os recebeu com travessas de ovos, torradas e morangos cobertos com chocolate. "Eles ficaram olhando para mim, tipo: 'Quem é esse sujeito?'", lembrou-se Shea.

"Muitos de nós não sabiam como lidar com Kev", diz Steve Kelly.

Mas ele demonstrou uma dedicação quase monástica ao trabalho, até que aos poucos encontrou seu lugar como aquele que está sempre disposto a dar uma ajuda, falando de maneira frenética, dizendo "Sim, senhor" e "Negativo, senhor", e atendendo ao telefone sempre da mesma maneira: "Bombeiro Kevin Shea. Em que posso ajudá-lo?". Embora muitos no quartel pensassem que Shea iria se aposentar, tendo em vista a gravidade de seus ferimentos, ele jurou que voltaria à ativa perto do Natal. "Eu tenho a minha família", disse ele, "mas esta também é minha família."

Enquanto tentava se curar, fortalecendo os músculos e mantendo uma dieta de proteínas, ele não conseguia esquecer, como acontece com alguns amnésicos, que ele tinha esquecido. Era lembrado das lacunas em sua memória quando assistia à televisão ou via parentes dos homens desaparecidos.

Um dos bombeiros mencionou casualmente para Shea que tinha visto no noticiário a imagem de um integrante da equipe de resgate que, em vez de carregar as vítimas para fora, estava parado na frente das torres, paralisado de medo. "Espero não ter sido como essa pessoa", disse Shea.

Seu irmão Brian me disse: "Ele precisa descobrir. Não quero que, daqui a trinta anos, ele esteja com raiva do mundo, sem saber por quê. Não quero que seja como um desses caras que voltam do Vietnã e perdem a cabeça".

Shea concordou que tinha que recuperar seu passado — "não importa o que eu venha a descobrir". E assim, ainda com os curativos, ele saiu, como um detetive, em busca de pistas.

Começou com apenas uma anotação que conseguiu no hospital que dizia: "O paciente é um bombeiro, branco, sexo masculino, 34 anos [...] ficou inconsciente devido à queda de escombros do lado de fora do World Trade Center".

Shea logo conseguiu encontrar o neurocirurgião que o tratou no Onze de Setembro e pediu que ele lhe desse mais detalhes. O médico disse que tudo o que sabia era que Shea fora trazido em uma maca, e que os ferimentos em seu pescoço teriam sido feitos por algo que o atingiu de frente. "Mais alguma coisa?", perguntou Shea. "Qualquer coisa?"

O médico pensou um momento. "Bem, eu me lembro de uma coisa", ele disse. "Você disse que rastejou mais de sessenta metros em direção à luz."

Shea não se lembrava de ter rastejado ou mesmo de ter dito que tinha feito isso. "Como diabos eu teria rastejado por sessenta metros com o pescoço quebrado?", perguntou Shea.

Quando intensificou sua busca, ele tentou ser metódico. Entrevistou familiares e amigos mais íntimos à procura de quaisquer detalhes que pudesse ter revelado no hospital e esquecido depois. Um deles lhe disse que ele havia mencionado alguma coisa sobre pegar um extintor Purple K, que é usado para apagar incêndios em aviões.

Mais pessoas ficaram sabendo de sua busca, e ele recebeu dezenas de dicas. Certa manhã, ligou o computador e me mostrou uma lista de dúzias de indivíduos que afirmavam ter informações. "As pessoas continuam a ligar, dizendo: 'É, eu estava lá. Eu te tirei de lá'. É difícil saber em que acreditar."

Joe Patriciello, um tenente que Shea conhecia havia anos, ligou e contou-lhe que tinha visto Shea momentos antes de a primeira torre cair. "Você me abraçou no centro de comando", disse Patriciello. "Não se lembra?"

"Que centro de comando?"

"Na torre sul."

Shea visualizou uma imagem: uma sala cheia de pessoas. Elas estavam em pé no saguão da torre sul, que logo foi destruída. "Eu me lembro disso", Shea me contou mais tarde. "Tenho certeza." Ele ficou entusiasmado. "É possível que outras coisas voltem."

Não muito tempo depois, Shea recebeu o telefonema de um médico que o vira no local. Ele informou a Shea que este fora encontrado no meio dos destroços na rua Albany. Depois de conversarem, Shea encontrou um mapa da cidade e o abriu à sua frente. Ele mediu a distância do saguão da torre sul, onde tinha abraçado Patriciello, até a rua Albany, tentando se lembrar de como tinha chegado lá. Fez diversas anotações: "Vi Patriciello dez minutos antes de a primeira torre cair. A torre caiu em nove segundos. A rua Albany fica a mais ou menos um quarteirão de distância".

Embora tentasse não fazer suposições, ele começou a compor fragmentos de sua história. "Fui encontrado na rua Albany", ele contaria às pessoas sem cerimônia. "Eu estava no centro de comando no saguão e abracei o tenente Patriciello."

No dia 17 de outubro, mais de um mês depois do ataque, Shea visitou seu quartel pela primeira vez em algum tempo. Preso à parede estava um artigo do *Daily News* sobre vários bombeiros que tinham resgatado dois homens estendidos na rua depois que a primeira torre desabou. Um dos homens estava muito ferido, o rosto enegrecido pelas cinzas. O nome dele, segundo o artigo, era Kevin Shea. "Eu olho para aquilo, e digo: 'Porra, sou eu!'", ele se recorda. Shea anotou o nome de cada uma das pessoas no artigo e pediu aos outros bombeiros que o ajudassem a encontrá-las.

Alguns dias mais tarde, ele estacionou o carro no Upper East Side, perto de seu apartamento. Quando estava indo para casa, um homem na rua gritou: "Ah, meu Deus, Kevin Shea?". Shea olhou para o rosto do homem, mas não o reconheceu. "Não me diga que não se lembra?", disse o homem.

"Não me lembro do quê?"

"Nós fomos juntos na ambulância."

Shea lembrou-se de que o *Daily News* dissera que ele fora

resgatado junto com outro bombeiro ensanguentado. "Você é o outro cara?", perguntou Shea.

O estranho sorriu. "Eu mesmo. Rich Boeri."

Eles trocaram um aperto de mãos, como se estivessem se encontrando pela primeira vez. Shea pegou um pedaço de papel e uma caneta, que tentava sempre carregar consigo, e pediu a Boeri mais informações. Boeri disse que eles foram transportados em ambulância para um barco da polícia e levados pelo rio Hudson até Nova Jersey. "Eu disse alguma coisa sobre os outros caras da minha companhia?", perguntou Shea.

Boeri balançou a cabeça negativamente. "Você só ficava perguntando: 'As torres caíram?'".

Dias depois, Shea ainda estava surpreso com o encontro. "Eu estou andando pela rua e do nada ele começa a me contar o que me aconteceu", disse. Ao perceber que mais e mais de seu passado estava aflorando, Shea telefonou para uma das pessoas que o salvaram, segundo o artigo do *Daily News*: o capitão Hank Cerasoli. Eles combinaram tomar um café da manhã juntos no Upper East Side, e Shea foi até lá com a namorada, Stacy. "Espero que eu consiga lidar com isso."

Quando chegaram, Cerasoli já estava lá dentro com a esposa. Um homem simples, de cinquenta e poucos anos, careca e com um bigode grisalho, ele vestia seu casaco de bombeiro. Comendo ovos mexidos e torradas, Cerasoli descreveu como estava lutando com sua própria perda de memória. Ele fora atingido na cabeça e inicialmente não conseguia se lembrar da localização do quartel onde tinha trabalhado durante dezessete anos. Suas lembranças tinham voltado aos poucos, e ele se lembrava de ter encontrado Shea no meio da rua depois que a primeira torre desabou. "Pensei que você estivesse morto", disse ele. "Você não se mexia."

O rosto de Shea empalideceu, e Cerasoli perguntou se Shea tinha certeza de que queria que ele continuasse. Quando Shea fez que sim, Cerasoli explicou como ele e muitos outros carregaram Shea sobre uma prancha de madeira quando ouviram a segunda torre desabar. "Nós erguemos você no ar e corremos com você em cima da prancha, entramos em um beco e depois em uma garagem. De repente tudo ficou preto e escuro." Cerasoli desenhou um mapa em um guardanapo, mostrando onde era a garagem, na esquina das ruas West e Albany.

"Eu estava consciente?", perguntou Shea.

Cerasoli pensou por um bom tempo. "Não me lembro. Há alguns detalhes que ainda não consigo lembrar."

Shea perguntou o que aconteceu em seguida. Cerasoli disse que o médico do Corpo de Bombeiros abriu a camisa e as calças de Shea. "Eu estava segurando sua mão. Você não parava de me perguntar: 'Onde estão os outros? Eles estão bem?'. Eu disse: 'Sim, claro, eles estão bem, estão lá fora rindo'. Eu realmente não tinha a menor ideia, mas queria que você se sentisse bem." Cerasoli fez uma pausa, e então perguntou: "E eles ficaram bem?".

Shea negou com a cabeça. "Não, nenhum deles conseguiu sair", respondeu.

"Lamento", disse Cerasoli. "Eu não sabia."

Depois que terminaram de comer, a mulher de Cerasoli tirou uma fotografia deles sentados juntos. "Eu sei que ele não quer esquecer isso", disse ela.

Cerasoli estendeu o braço e colocou-o sobre o ombro de Shea. "Deus estava com você naquele dia", disse ele.

Quando não estava investigando seu passado, Shea ia a todas as homenagens póstumas. Uma em cada dez pessoas que morreram naquele dia era bombeiro. Trinta e três morreram só no batalhão de Shea, e onze em seu grupamento, incluindo seu capitão, Frank Callahan, e Bruce Gary, um veterano a quem Shea idolatrava. "Gary era um senhor, com mais de vinte anos de experiência", contou Shea. "Ele era como o Yoda. Era muito inteligente. Eu queria ficar junto dele o tempo todo. Eu pergunto: 'Por que você? Você seria um bem para todo mundo'. Eu? Eu sou um cara positivo, mas, quando as pessoas se enchem disso, não tenho mais nada para dar a elas."

Shea comparecia ao maior número de homenagens que podia, mas eram tantas que ele tinha que fazer o que todo mundo na corporação fazia: escolher entre amigos. No final de outubro, quando outra cerimônia estava acontecendo na cidade, eu acompanhei Shea a uma missa em homenagem a seu tenente, John Ginley, no interior do estado de Nova York. Shea ainda não conseguia dirigir, e Steve Kelly nos pegou. Kelly e Shea estavam usando seus uniformes Classe A: terno azul-escuro e luvas brancas.

Enquanto conversavam no carro a respeito dos colegas que tinham morrido, Shea parecia desinteressado, como se estivesse lendo um texto em uma folha de papel. Pessoas próximas a ele tinham reparado que ele parecia estar cada vez mais entorpecido. "Eu não sei o que tem de errado comigo", disse-me Shea em determinado momento. "Eu não estou triste o suficiente. Eu devia estar mais triste."

Enquanto os outros homens passavam cada vez mais tempo juntos — dando buscas no Marco Zero, fazendo suas refeições no quartel, bebendo no P. D. O'Hurley's — Shea passava cada vez menos tempo com os colegas.

Ele agora olhava pela janela para as folhas que estavam mudando. "Olha só", disse ele. "Estão todas cor de laranja ou púrpura."

"Tem certeza de que está bem, Kev?", perguntou Kelly.

Shea abaixou o vidro da janela e deixou que o vento banhasse seu corpo. "Positivo."

Quando chegamos à igreja, dezenas de bombeiros estavam enfileirados. Ainda não havia um corpo, e no lugar de um caixão havia um capacete na frente do altar. "Eu nunca vou me esquecer dessas lembranças", disse um dos irmãos de Ginley em seu discurso de homenagem. "Acredito que, com o tempo, essa dor vai se tornar suportável, porque todas as nossas lembranças estarão vivas em nossa mente."

Olhei de relance para Shea. Ao contrário dos outros homens, que começaram a chorar, ele tinha os olhos secos e o rosto completamente inexpressivo.

No final de outubro, Shea começou a perder o interesse por sua busca. "De que adianta?", ele me perguntou. "O que eu vou descobrir? Eles estão todos mortos."

Certo dia, ele encontrou, com a ajuda dos parentes de um bombeiro de seu quartel que havia falecido, um vídeo tirado de um dos noticiários do Onze de Setembro que mostrava os homens do Engine 40, com caminhão, indo para as torres. Por fim a busca estava terminada, pensou ele, enquanto se acomodava para ver o vídeo. No filme um pouco embaçado ele pôde ver cada um dos homens de sua companhia entrando, mas ele não estava lá. "Eu não sei onde diabos eu estava", disse Shea. "Eu não sei o que diabos aconteceu comigo."

Por fim, ele parou de procurar respostas, e dedicou-se a ajudar as famílias dos bombeiros desaparecidos. Passou a ser orador frequente em eventos para arrecadação de fundos, muito embora ainda sofresse muita dor na mão e na perna, onde ocorreram as contusões, e na virilha, onde os médicos tinham removido cirurgicamente grande quantidade de tecido lesado. Em um evento para arrecadação de fundos na cidade de Buffalo em novembro, depois de ter aparecido apenas alguns dias antes em outro evento na Califórnia, ele estava pálido e exausto. "Ele não está se deixando curar", Stacy me contou. "Está com muita dor, mas não diz nada."

Enquanto olhava no vazio, um estranho lhe pediu um autógrafo, e ele se afastou.

Na manhã seguinte, o voo 587 caiu na península de Rockaway, perto do Aeroporto Kennedy, e os repórteres, acreditando ser outro ataque terrorista, tentaram entrar em contato com Shea para que ele comentasse. Em vez de falar com eles, ele foi para o salão de ginástica do hotel, e começou a se exercitar em um simulador de escadas com o colar cervical, subindo em direção a lugar nenhum e vendo o fogo queimar pela tevê. "Como se sente, senhor Shea?", disse ele, imitando as perguntas deles. "Como se sente?"

"Ele está começando a ter pesadelos", disse Stacy. "Dá chutes e se mexe muito."

Ele me disse: "Eu me lembro dos sonhos".

As emoções, antes suprimidas, tomavam conta dele, e de vez em quando começava a chorar. "Não sei o que está acontecendo", comentou.

Shea encontrou um artigo sobre estresse pós-traumático e grifou as frases "Não há nada de errado em sentir dor. Esse é o primeiro princípio da recuperação".

No começo de dezembro, muitos no quartel estavam mostrando seus próprios sintomas de trauma. "A gente vê os sinais", contou-me Kelly. "Os casamentos começam a ser criticados mais que de costume. Eu não sei se o consumo de bebida aumentou, mas era bem grande."

Enquanto o resto dos homens se apoiava na natureza familiar do quartel como refúgio, Shea, depois de se afastar deles, se sentiu excluído. Muitos dos novos recrutas que tinham substituído os desaparecidos mal o reconheciam. Shea tentou pela primeira vez reintegrar-se à estrutura da corporação. "Ficar com o pessoal", disse ele. "Essa é a coisa mais importante para mim agora."

Ele foi com eles para Roosevelt Island para fazer cursos sobre antiterrorismo. "Ele estava tão entusiasmado", disse Stacy. "Conseguiu vestir o uniforme novamente."

Em meados de dezembro, os médicos o autorizaram a tirar o colar. Era possível que, depois que o osso se recuperasse em um ano, ele pudesse voltar à ativa. Mas na cozinha, onde se reuniam para comer e falar sobre o passado, ele percebia que os homens pareciam evitá-lo. Às vezes, quando ele aparecia de manhã, eles mal falavam com ele, e quando ele tentava puxar conversa, pareciam desinteressados. "Alguns deles relutam até mesmo em olhar para mim", Shea me contou certo dia, sentado em seu carro. "Por mais estranho que isso possa parecer, acho que eu os faço lembrar dos outros."

Naquele mês, em outra cerimônia de homenagem, Shea ficou sozinho em um canto. "Às vezes eu penso que teria sido mais fácil se eu tivesse morrido com o resto dos caras."

É Kelly quem conta: "É difícil assistir. Toda vez que falo com ele, ele não é o mesmo cara". E continua: "A primeira coisa que ele precisa fazer é se curar fisicamente. Se tudo der certo, aí ele vai poder voltar a ser bombeiro em tempo integral, porque ele vivia para isso, e ia ser promovido na corporação. Ele é muito inteligente".

Pouco antes do aniversário de três meses do ataque, Shea apareceu cedo para a festa de Natal, a fim de ajudar com os preparativos. Muitos dos parentes dos mortos estavam lá, e ele serviu cachorros-quentes e chucrute para eles. Trabalhou junto com os outros homens, dizendo "Sim, senhor" e "Negativo, senhor". "Mais deles estão falando comigo", disse Shea. "Talvez com o tempo tudo fique mais fácil."

Pendurada em uma das paredes do quartel estava a lista do

pessoal na ativa no Onze de Setembro, uma lousa que tinha o nome de cada membro que tinha entrado em um carro de bombeiros e morrido. Os homens haviam colocado um pedaço de acrílico sobre ela para preservá-la, como se fosse um memorial. No final da lista, rabiscado às pressas, como se alguém tivesse lembrado de algo, estavam as palavras "Kevin Shea".

"Eu preciso ir lá", disse Shea.

Ele tinha me ligado em casa certa noite, a voz agitada, e precisei de um momento para entender que ele se referia ao Marco Zero. Ele disse que alguém do Corpo de Bombeiros iria nos pegar em Chelsea na tarde do dia seguinte.

Era um dia frio, e Shea usava um moleton e botas de escalada. Stacy estava a seu lado, segurando-lhe a mão. Ele não havia retornado ao local desde aquele dia e conscientemente evitara ver fotos de lá pelos jornais ou na televisão. Liam Flaherty, integrante de uma das equipes de resgate, apareceu em uma van do Corpo de Bombeiros. Ele fora treinador de Shea na academia e tinha estado no local, procurando os restos mortais de seus homens, desde o Onze de Setembro, parando apenas o suficiente para dormir. "Eu vi homens dando o melhor de si naquele dia", disse ele enquanto dirigia. "Homens que simplesmente seguiram em frente. Eles subiam enquanto tudo caía."

Passamos por diversos pontos de controle, tentando seguir o trajeto que Shea percorrera com sua própria companhia. Shea apertou o rosto contra a janela, limpando o embaçado deixado por sua respiração. Podíamos ver as pontas dos guindastes se elevando das ruínas e, mais à frente, duas enormes vigas de metal, ajustadas em forma de cruz.

"Olha ali", disse Shea, apontando para a janela do outro lado. "Aquele é o Caminhão 40. Foi nele que nós viemos." De um lado da rua estava um enorme caminhão vermelho, o número 40 pintado na lateral. "Acho que mexeram nele", disse Shea. "A gente não estava estacionado ali." Ele olhou para mim em busca de uma certeza. "Não é?"

Quando passamos pelo último ponto de controle, Flaherty disse: "Pronto. Você entrou".

"Lá está a torre sul", disse Stacy.

"Onde?"

"Ali. Ao lado daquele guindaste."

"Ah, meu Deus", disse Shea.

Tudo o que podíamos ver era um buraco gigantesco no horizonte. Flaherty estacionou a van e nós descemos. Ele nos deu capacetes e gritou para que tivéssemos cuidado ao nos aproximarmos dos escombros.

"Onde fica o posto de comando no saguão?", perguntou Shea.

"Dez andares abaixo do solo", respondeu Flaherty. "Ainda está pegando fogo."

Shea piscou com força. Ele começou a se lembrar, rapidamente, de todas as peças que tinha juntado. "Peguei um extintor Purple K, um extintor à base de bicarbonato de potássio", disse ele. "Eu ia procurar os meus homens na Viatura 35. Havia corpos caindo. Eu me lembro de quando atingiam o chão. Lembro do som que faziam. Fui apagar incêndios em carros. Então entrei no posto de comando. Eu vi Patriciello." Ele fechou os olhos. "Eu o abracei. Disse a ele para ter cuidado."

Ele parou. Como ele teria ido do posto de comando do saguão até a rua Albany? Ele não poderia ter corrido com tanta rapidez. "Talvez você tenha sido arremessado por uma explosão", disse Flaherty. "Muitos rapazes foram arremessados pelo choque do desabamento."

"Onde fica a Albany?", perguntou Shea.

"É por aqui", disse Flaherty. Começamos a correr, a lama cobrindo nossos sapatos. Viramos em uma pequena rua. Ainda havia carros cobertos de cinzas, as janelas quebradas. Shea se lembrou de que o médico lhe dissera que ele tinha rastejado sessenta metros em direção à luz. Shea deu vários passos, e então parou e se virou. "Foi aqui que eles me encontraram", disse ele. "Bem aqui." Ele olhou para trás, na direção onde ficava a torre, avaliando a distância. "Existe alguma garagem aqui perto?" Havia uma mais para a frente na rua, respondeu Liam, e nós corremos de novo, passando por uma construção completamente incendiada e homens com máscaras cirúrgicas. "Deve ser aqui", disse Shea.

A garagem era pequena e abafada. Esperamos um momento e então saímos correndo para a rua novamente, entrando em uma viela e em outra, até chegarmos à margem do rio Hudson. "Foi aqui que eles me colocaram em uma das macas."

Quando ele terminou de contar sua história, elaborando novas teorias com Flaherty a respeito de ter sido arremessado por uma explosão, avaliando a velocidade do vento e a intensidade do choque, nós estávamos exaustos e com frio. Já estava escuro quando voltamos ao ponto inicial, e os trabalhadores tinham acendido faroletes e holofotes. Enquanto os outros se afastavam, Shea andou na direção do que sobrou da torre sul.

Ele ficou parado, ouvindo o ruído dos guindastes. Eu o observei durante muito tempo, e então perguntei: "Você está bem?".

"Estou."

Ele parecia ter consciência de que, depois de meses de busca, talvez nunca viesse a saber tudo — não havia maneira de juntar os pedaços para formar uma história lógica para aquele dia. "Estou tão cansado", disse ele. Shea enxugou os olhos. Eu lhe disse que, a despeito do que tivesse acontecido, ele tinha feito seu trabalho, e em algum momento ele precisava deixar o resto de lado.

Shea aproximou-se do buraco com um passo, os pés se equilibrando na beirada, e disse: "Eu queria ter aprendido alguma coisa hoje — qualquer coisa — que mostrasse que eu estava tentando salvar alguém que não fosse a mim mesmo".

janeiro de 2002

PARTE DOIS

Que estranho enigma é o ser humano!
Sherlock Holmes, em "O signo dos quatro"

O caçador de lulas

Perseguindo a criatura mais ardilosa do mar

Em uma noite sem luar em janeiro de 2003, Olivier de Kersauson, o iatista francês, estava correndo pelo oceano Atlântico, tentando quebrar o recorde de viagem mais rápida ao redor do mundo, quando seu barco parou misteriosamente. Não havia terra a centenas de quilômetros dali, mas o mastro rangeu com força e o casco tremeu, como se a embarcação tivesse encalhado. Kersauson virou o leme para um lado, depois para o outro; ainda assim as laterais do barco tremiam inexplicavelmente na escuridão. Kersauson mandou sua tripulação, que naquele momento corria de um lado para o outro no convés, investigar. Alguns pegaram faroletes e iluminaram a água, enquanto o enorme trimarã — um barco de três cascos e 110 pés que era a maior máquina de corrida de sua categoria, chamado *Geronimo*, em homenagem ao guerreiro apache — lutava para avançar sobre as ondas.

Enquanto isso, o primeiro imediato, Didier Ragot, desceu até a cabine, abriu um alçapão no assoalho e espiou com uma lanterna por uma vigia que dava para o oceano. Ele percebeu algo perto do leme. "Era maior do que uma perna humana", Ragot me contou mais tarde. "Era um tentáculo." Ele olhou novamente. "Estava começando a se mexer", lembra-se.

Ele chamou Kersauson, que desceu e agachou-se junto à portinhola. "Acho que é algum animal", disse Ragot.

Kersauson pegou a lanterna e verificou. "Eu nunca tinha visto nada como aquilo", ele me contou. "Havia dois tentáculos gigantescos bem embaixo de nós, batendo com força contra o leme."

A criatura parecia estar se enrolando em torno do barco, que balançava violentamente. As tábuas do assoalho rangiam, e o leme começou a entortar. Então, no momento em que a popa parecia prestes a arrebentar, tudo ficou parado. "Quando ele se desenroscou do barco, eu consegui ver os tentáculos", lembra-se Ragot. "O animal inteiro devia ter uns nove metros de comprimento."

A criatura tinha pele brilhante e tentáculos compridos com ventosas, que deixaram marcas no casco. "Era enorme", lembra-se Kersauson. "Eu estou no mar há quarenta anos e sempre tive uma explicação para tudo — para furacões e icebergs. Mas eu não tinha uma explicação para aquilo. Foi assustador."

O que eles afirmaram ter visto — afirmação que muitos consideraram uma história fantasiosa — era uma lula-gigante, um animal que há muito ocupa uma posição central nas histórias do mar. Dizem que são maiores do que baleias e mais fortes do que elefantes, com um bico que poderia cortar cabos de aço. Em uma famosa cena de *Vinte mil léguas submarinas*, Júlio Verne mostra uma batalha entre um submarino e uma lula-gigante que tem quase oito metros de comprimento, oito tentáculos e olhos verde-azulados — "um monstro terrível, digno de todas as lendas dessas criaturas". Mais recentemente, Peter Benchley, em seu thriller *A besta*, descreve uma lula-gigante que "matava sem necessidade, como se a Natureza, em um acesso de maldade irracional, a tivesse programado para essa finalidade".

Esses relatos ficcionais, junto a um grande número de desco-

bertas não confirmadas por marinheiros há anos, alçaram a lula-
-gigante ao domínio fabuloso dos dragões ou do monstro do lago
Ness. Embora a lula-gigante não seja um mito, a espécie, designada na literatura científica como *Architeuthis*, é tão pouco com-
preendida que às vezes se parece um. Uma lula-gigante completamente crescida é classificada como o maior invertebrado da
Terra, com tentáculos às vezes tão compridos quanto um ônibus
e olhos do tamanho de cabeças humanas. Mas nenhum cientista
jamais examinou um espécime vivo — ou viu um deles nadando
pelo mar. Os pesquisadores têm estudado apenas carcaças, que às
vezes são levadas para a praia ou flutuam na superfície. (Dizem
que o cadáver de um animal, encontrado em 1987 no Pacífico Sul,
tinha dezoito metros de comprimento.) Outra evidência da lula-
-gigante é ainda mais indireta: marcas de ventosas foram vistas
nos corpos de cachalotes, como se queimadas neles; presume-se
que as duas criaturas lutem entre si a centenas de metros abaixo
da superfície do oceano.

A lula-gigante tem ocupado a imaginação de muitos oceanógrafos. Como pode algo tão grande e poderoso permanecer invisível por tanto tempo — ou ser menos compreendido do que os
dinossauros, extintos há milhões de anos? A busca por um espécime vivo tem inspirado uma competição febril. Durante décadas,
equipes de cientistas têm rondado os mares na esperança de avis-
tar um. Nos últimos anos, esses "esquadrões de lula" investiram
milhões de dólares e empregaram muitos submarinos e câmeras
subaquáticas, em um esforço para serem os primeiros.

Steve O'Shea, biólogo marinho da Nova Zelândia, é um dos
caçadores — mas sua forma de abordagem é radicalmente diferente. Ele não está tentando encontrar uma lula-gigante adulta;
em vez disso, explora o oceano em busca de um bebê, chamado
de "paralarva", que possa crescer em cativeiro. Uma paralarva é,
de maneira geral, do tamanho de um grilo.

"Veja bem, as lulas geram milhares de bebês", O'Shea me contou no começo de 2004, quando liguei para seu gabinete no Instituto de Pesquisa em Ciências Oceânicas e da Terra, na Auckland University of Technology. "A maioria será comida por predadores maiores, mas nos períodos de desova o mar deve estar repleto com uma quantidade absolutamente fantástica desses organismos em miniatura. E, à diferença dos adultos, eles não conseguem fugir tão facilmente."

Caçadores rivais eram céticos em relação a esse plano: se ninguém conseguia encontrar um animal com dezoito metros, como encontraria uma criatura com menos de um centímetro? Mas nos últimos tempos, muitos passaram a ver a estratégia de O'Shea como um avanço potencial. "Ela oferece diversas vantagens", foi o que me disse Clyde Roper, americano que talvez seja o maior especialista do mundo em lulas. Roper é, ele próprio, um caçador de lulas que já chegou a ficar dentro do mar em uma gaiola de aço em busca de sua presa. "Em primeiro lugar, podem-se encontrar esses indivíduos jovens em profundidades menores, o que torna a captura muito mais fácil. Além disso, há uma quantidade maior deles, porque nesse estágio, embora a mortalidade seja alta, a fêmea adulta solta até quatro milhões de ovos. É uma quantidade enorme de filhotes de lula soltos." E acrescentou: "Tudo é um jogo de números, pura e simplesmente".

Em 1999, O'Shea estudou o que poucos tinham visto — o cadáver de um bebê *Architeuthis*, descoberto no mar da Nova Zelândia. Ele descreveu sua curiosa morfologia: dois olhos muito separados, uma boca semelhante à de um papagaio que escondia uma língua áspera e serrilhada, oito braços que se estendiam de uma cabeça em forma de torpedo. Cada um dos membros flexíveis possuía centenas de ventosas, em cuja circunferência havia dentes afiados. A pele era iridescente e cheia de cromatóforos — grupos de células dotadas de pigmentos —, que permitiam que o animal mudasse de cor. Uma espécie de funil perto da cabeça podia disparar nuvens de tinta preta. O espécime também tinha dois tentáculos compridos e extraordinários. (Quando uma lula--gigante atinge a maturidade, seu tamanho pode chegar a nove metros.)

Armado com esse conhecimento extraordinário, O'Shea tinha passado os cinco anos seguintes mapeando o local onde se poderia encontrar um filhote de lula-gigante e tentando descobrir um modo de capturar um e fazê-lo crescer em um tanque. Ele me contou que finalmente iria se aventurar pelas noites de verão do hemisfério Sul, ocasião em que as lulas-gigantes soltam seus bebês. "Vamos lá, colega", disse ele. "Vamos ver se conseguimos encontrar a danada e fazer história."

Corpos de lulas-gigantes mortas foram encontrados em quase todos os oceanos: no Pacífico, perto da Califórnia; no Atlântico, nas costas da Terra Nova e da Noruega; e no Índico, ao sul da África do Sul. Mas nenhum lugar é considerado melhor para caçar lulas-gigantes do que as águas ao redor da Nova Zelândia. É ali que as correntes vindas dos trópicos e da Antártida convergem, e a diversidade de vida marinha resultante cria uma abundância de plâncton para as lulas se alimentarem. E é ali que, nos últimos anos, foram encontradas mais lulas-gigantes mortas do que em qualquer outra parte.

Cheguei a Auckland em uma manhã no final de fevereiro de 2004, e O'Shea me recebeu no aeroporto. Ele não aparentava a idade que tinha, 38 anos. Usava calças cáqui e uma camiseta da mesma cor, um uniforme que fazia lembrar o de um guia de safáris. Era baixo e bem-apessoado, com os cabelos castanhos espetados, como se tivesse acabado de passar a mão por eles. Usando óculos que faziam seus olhos parecerem anormalmente grandes, ele confessou, com certo constrangimento, que tinha vindo me buscar no dia anterior. "Ando preocupado com tudo o que está acontecendo", comentou.

Ele conversava em um murmúrio calmo mas intenso, e sempre que eu me dirigia a ele, O'Shea virava a cabeça para que eu falasse na direção de sua orelha direita. (Mais tarde ele me contou que lesou a orelha esquerda em um acidente de mergulho.) Pegou a carteira e de lá tirou um cartão comercial: ao lado de seu nome havia a imagem de uma lula iridescente. Enquanto eu olhava o cartão, ele pegou uma de minhas malas e andou apressado até sua caminhonete. Assim que abriu a porta do motorista, percebi um odor estranho, penetrante. "Desculpe por isso", disse ele, abaixando as janelas. "Você vai ver que tudo a meu redor cheira a lula morta e cigarros." No banco de trás havia um varão de metal de um metro de comprimento, com rede em uma das pontas. Logo descobri que ele o carregava para todo lugar, com frequência apoiado no ombro, como se fosse um caçador de borboletas.

Nos dias seguintes, começamos os preparativos para nossa viagem. Em determinado momento, estávamos andando a toda a velocidade por uma estrada, indo comprar suprimentos em uma loja, quando ele pisou com força no freio e começou a dar ré no meio do trânsito. "Quase esqueci", falou, estacionando em uma área que dava de frente para um ancoradouro. Ele saiu com a rede e correu até o fim de um píer, um cigarro aceso pendente na boca. Inclinou-se sobre a beirada, o vento golpeando-lhe o rosto, e ergueu a rede bem acima da cabeça. Por um momento, não fez nenhum movimento. "Ali", disse, e arremeteu com a rede contra a água. Enquanto ele puxava a rede, as pernas das calças molhadas, eu vi de relance uma dúzia de arenques prateados dançando na malha. "Sei que pareço um pouco louco", disse ele. "Mas essas coisas são importantes."

Depois de mergulhar a rede na água várias outras vezes ("Você pode não acreditar, mas existe uma técnica nisso", disse), ele voltou para a caminhonete e jogou os arenques em um balde branco no banco de trás. Seguimos em frente, os arenques agitados atrás de nós, até que paramos em um aquário chamado Kelly Tarlton's Antarctic Encounter and Underwater World. (No material promocional do lugar, O'Shea era chamado "o famoso caçador de lulas".)

Ele pegou o balde e nós entramos. "É aqui que eu os guardo", me contou. Ele me levou para uma sala úmida com lâmpadas fluorescentes, onde havia um tanque redondo de vidro; dentro dele, nadando rapidamente de um lado para o outro, havia setenta filhotes de lula, de uns três centímetros cada. O'Shea explicou que essas lulas, encontradas em áreas costeiras, eram uma espécie menor do que a *Architeuthis*. "Olha para elas", disse ele. "São maravilhosas, não?"

O'Shea é uma das poucas pessoas no mundo que conseguiram manter em cativeiro não só lulas costeiras, mas outras de águas profundas. Diferentes de um polvo, que, segundo ele, "não dá para matar, por mais que você tente", uma lula é muito sensível a seu ambiente. Acostumadas a viver em um domínio sem fronteiras, as lulas reagem mal quando colocadas em um tanque, e com frequência se chocam, como camicases, contra as paredes, ou canibalizam outras lulas.

Em 2001, durante uma longa expedição de um mês no mar, O'Shea capturou um grupo de paralarvas de lulas-gigantes em suas redes, mas quando chegou ao porto todas tinham morrido. Ele ficou tão perturbado que entrou no tanque, aos prantos, e retirou ele próprio os cadáveres. "Eu tinha passado todos os dias, todas as horas, tentando encontrar as paralarvas, e então elas morreram na minha mão." Durante dois anos, ele ficou tão abalado com seu fracasso que se recusou a preparar uma nova expedição. "Eu sabia que, se falhasse novamente, estaria acabado", lembrou-se ele. "Não apenas cientificamente, mas física e emocionalmente."

No entanto, ele não parava de se perguntar o que tinha acontecido no tanque. A esposa dele, Shoba, cientista da área de informática nascida na Índia, me contou que às vezes no meio de uma conversa sobre outro assunto ele dizia de repente: "O que eu fiz de errado?". O'Shea estava determinado a corrigir o que chamava de "meu erro fatal", e começou uma série de cuidadosos experimentos em outras espécies de lulas jovens de águas profundas. Ele alterou as condições do cativeiro: tamanho do tanque, intensidade da luz, níveis de oxigênio, salinidade. Descobriu que o tanque no qual guardara suas paralarvas durante a expedição tinha dois defeitos fatais: um formato retangular, que, por algum motivo, fazia as lulas afundarem até a base e morrerem; e suas paredes eram feitas de polietileno, um composto plástico que, segundo se verificou, é tóxico para lulas de águas profundas. "Sabendo o que sei agora, eu me sinto um tolo", disse ele. "Era como levá-las direto para a execução."

Em meados da década de 1970, Clyde Roper conseguiu manter lulas de oceano vivas durante catorze dias — um recorde para a época. O'Shea, usando tanques cilíndricos feitos de acrílico, tinha conseguido manter seus últimos espécimes costeiros vivos durante oitenta dias. Antes disso, ele havia mantido um lote de lulas de águas profundas durante mais de setenta dias, que depois ele devolveu ao mar, satisfeito com o sucesso do experimento.

Ele ergueu o balde branco. "Olha só", disse, jogando os arenques dentro do tanque. Embora os peixes fossem maiores que as lulas, as lulas dispararam na direção deles, com os braços curvados sobre a cabeça, escondendo os tentáculos; elas pareciam metálicas, exceto pelos olhos verdes protuberantes. Então os braços das lulas abriram de repente e os tentáculos explodiram em um movimento para a frente, atacando sua presa. Os peixes contorciam-se para se soltar, mas as lulas os subjugavam com um entrelaçamento dos braços. Elas puxavam as presas para os bicos, e à medida que se enchiam com o sangue dos peixes seu estômago ficava de um tom vermelho vivo. Olhando o que acontecia no tanque, imaginei como seria uma lula-gigante engolindo uma presa.

Quando as lulas terminaram de comer, O'Shea disse: "Se posso manter essas lulas vivas, não há nada que me impeça de manter a gigante viva. Só preciso de um tanque maior".

Ele estava preocupado com o que poderia acontecer com suas lulas durante nossa expedição — ele só tinha deixado os animais sozinhos durante um dia, no Natal — e não foi sem muita ansiedade que encarregou um empregado do aquário de tomar conta delas em sua ausência. "É preciso tratá-las com respeito", comentou.

Em seguida fomos até seu gabinete na universidade, onde ele tinha que pegar diversos objetos para a expedição. O local era semelhante a um sótão, e parecia inteiramente dedicado ao que ele descrevia como sua "louca obsessão". Grudadas às paredes e empilhadas sobre mesas havia imagens de lulas-gigantes, muitas das quais ele mesmo tinha desenhado, lulas colossais, lulas-polvo, lulas-leopardo. Além disso, havia lulas de brinquedo, chaveiros de lula, periódicos sobre lulas, filmes sobre lulas e recortes de jornais relacionados a lulas ("PERIGO! LULA VOADORA GIGANTE ATACANDO NAVIOS NAS COSTAS DA AUSTRÁLIA"). No chão havia dúzias de recipientes de vidro com lulas mortas que tinham sido preservadas em álcool, os olhos e os tentáculos grudados no vidro.

Muitos pesquisadores de lulas esperam décadas até poder colocar as mãos nos restos mortais de uma *Architeuthis*. O'Shea, no entanto, desenvolveu uma enorme rede de pescadores informantes, e nos últimos sete anos coletou 117 cadáveres. Juntos, esses espécimes formam um quadro mais claro da lula-gigante. O'Shea concluiu que, embora os animais possam pesar até 450 quilos, a maioria pesa entre 45 e 180 quilos. (As fêmeas costumam ser mais pesadas que os machos.) Sua coleção de lulas também propiciou alguns dos primeiros indícios sobre a dieta do animal. Em um artigo publicado no *New Zealand Journal of Zoology*, O'Shea documentou "os conteúdos das entranhas" de seus espécimes, que incluíam lulas-flecha e pedaços de outra *Architeuthis* ("uma prova de canibalismo").

Em outro experimento importante, O'Shea dissecou o estatólito de uma lula: uma partícula com a consistência de um osso na orelha do animal que o ajuda a se equilibrar. Com o tempo, um estatólito acumula anéis formados por depósitos de cálcio, explicou ele, e, assim como os anéis nos troncos das árvores, as camadas de osso podem ajudar os cientistas a determinar a idade de uma lula e sua taxa de crescimento.

O'Shea me contou que, de início, ele dissecaria os cadáveres em seu gabinete. Mas, depois de fazer uma incisão em um deles, o espécime liberou um odor horrível, uma mistura de carne podre e amônia (que mantém o animal flutuando na água). Os alunos e os professores saíram correndo do prédio, e logo ele foi proibido de fazer outras dissecações lá. "Eu fiquei bastante impopular depois daquilo", disse.

Ele começou a remexer nos diversos recipientes. "Ah, está aqui!", disse, erguendo o que parecia ser um cacho com uvas bem pequenas.

"O que é?", perguntei.

"Ovos do ovário de uma lula-gigante. Eu tenho um freezer cheinho deles."

O telefone tocou. Ele olhou para o aparelho sem se mover. "Eles só querem uma coisa", disse ele.

Enfiou uma pinça no recipiente, tirou uma porção de ovos e colocou-a em um microscópio. "Vem aqui, colega, dá uma olhada." Quando pus o olho direito sobre o canhão do microscópio, pude ver pelo menos cem ovos, cada um com não mais que dois milímetros de largura. O'Shea disse que planejava prender os ovos, que podem produzir feromônios, a uma câmera subaquática, na esperança de atrair uma lula-gigante perto o suficiente para poder filmá-la.

Ele sentou diante do computador, digitou durante alguns minutos, então parou bruscamente e saiu correndo do gabinete. Voltou instantes depois, carregando dois bambolês. "Estamos quase prontos", disse ele.

O telefone voltou a tocar. "Ah, que droga", disse, e não atendeu. Pegou outro recipiente, dessa vez contendo duas conchas pretas que pareciam fechadas. "É o bico de uma lula-gigante", afirmou. Passei o dedo pela borda afiada, que espetou minha pele. Ele disse que o tinha encontrado no estômago de um cachalote.

Ele voltou a correr de um lado para outro, e em pouco tempo seus braços seguravam uma caixa com potes contendo espécimes, os bambolês, uma rede, um martelo, uma corda, uma mala de couro puída semiaberta e vários mapas enrolados. "O.k., acho que estamos com tudo pronto", disse ele. "Só preciso comprar cigarros e vamos embora."

Durante meses ele havia cuidadosamente elaborado nosso itinerário, estudando padrões de migração das lulas e também leituras de satélite das temperaturas e correntes marinhas. Seu plano era ir para o sul, onde tinha encontrado paralarvas antes. Mas no último minuto mudou de ideia. "Vamos para o norte", disse ele. Quando voltamos para a caminhonete, acrescentou: "Preciso te avisar: tem um ciclone na nossa rota".

Desde que começaram a ir para o mar, os marinheiros têm voltado com histórias sobre monstros. A Bíblia fala de "um dragão que está no mar"; a enciclopédia romana *Naturalis historia* conta sobre um enorme "pólipo" que era "recoberto por salmoura e tinha um cheiro terrível". Como mostrou o escritor de ciências Richard Ellis em seu livro de 1998, *The search for the giant squid*, com base nesses relatos tão diversos surgiu um retrato de traços comuns de uma única besta: uma enorme criatura marítima, com temíveis apêndices — braços, chifres, pés, pernas ou caudas — que se projetavam de sua cabeça. Na *Odisseia*, Homero descreve uma besta chamada Cila:

> *Ela tem doze pernas, que se retorcem, penduradas,*
> *E seis pescoços enormes que se agitam, com uma cabeça medonha*
> *[em cada um,*
> *Cada cabeça tem uma fileira tripla de presas...*
> *Nenhum marinheiro jamais se gabou de ter passado com seu navio*
> *Pelo covil de Cila sem receber algum golpe mortal.*

Na Noruega, os marinheiros às vezes relatavam aparições de um predador com tentáculos, ao qual chamaram de "Kraken". (A palavra é um termo coloquial para uma árvore com as raízes ainda presas.) Em 1755, o bispo Erik Ludvigsen Pontoppidan incluiu o animal em sua *História natural da Noruega*, afirmando que o Kraken tinha o tamanho de uma "ilha flutuante", com chifres tão compridos quanto o mastro de um navio. Ele continuou: "Parece que esses são os braços da criatura, e, dizem, se conseguissem agarrar o maior dos navios de guerra, ela o afundaria rapidamente".

Enquanto isso, os baleeiros norte-americanos trocavam seus próprios relatos sobre um "peixe-diabo". Em 1851, Herman Melville, que trabalhou durante três anos em um baleeiro, publicou *Moby Dick*, no qual descreve um marinheiro que testemunha "o mais espantoso fenômeno": "uma enorme massa carnuda" com "inumeráveis braços longos que se propagam de seu centro, e se enrolam e se retorcem como um ninho de anacondas".

Mais ou menos na mesma época, Johannes Japetus Smith Steenstrup, um eminente zoólogo dinamarquês, decidiu investigar, ele mesmo, os rumores. À medida que analisava as evidências disponíveis, Steenstrup se interessou especialmente por diversos relatos de um estranho animal capturado no estreito de Øresund na década de 1540 e levado para o rei da Dinamarca, em cuja corte foi preservado em estado seco como "uma raridade e uma maravilha". Chamado de "monge do mar", porque sua cabeça de aparência lisa lembrava os enclausurados, ele se parecia, no desenho original, com uma enorme lula. Em uma conferência de 1854, Steenstrup declarou que o monge do mar, assim como o Kraken, era "em primeiro lugar, um cefalópode" — um termo de classificação que deriva das palavras gregas para "cabeça" e "pé", e refere-se aos animais cujos tentáculos brotam de sua cabeça. Para surpresa de seu público, Steenstrup então ergueu um recipiente contendo as mandíbulas de uma lula-gigante, que ele disse terem sido retiradas de um espécime morto nas costas da Islândia. Ele chamou a criatura de *Architeuthis* ("lula dominante") — assinalando, como notou Ellis, "a passagem oficial da lula-gigante do domínio das fábulas para a literatura científica".

Da mesma maneira que os marinheiros tinham exagerado as evidências sobre a existência da lula-gigante, a comunidade científica agora exagerava a respeito de sua falta. A maioria dos cientistas ainda estava contestando as descobertas de Steenstrup quando, em novembro de 1861, os tripulantes do navio a vapor *Alecton*, no meio do Atlântico, viram um Kraken surgir diante deles. O capitão decidiu que tinha que capturá-lo, e ordenou a seus homens que disparassem seus mosquetes. As balas pareceram ter pouco efeito, então eles arremessaram arpões, que apenas resvalaram no animal. Por fim, conseguiram laçar-lhe a cauda, mas quando começaram a trazer a criatura a bordo seu enorme peso fez com que a corda rasgasse sua carne sem ossos. Tudo o que sobrou foi um pedaço de cauda, que logo foi enviado, junto com um relato detalhado, para a Academia Francesa de Ciências. O relato inspirou a descrição feita por Júlio Verne de uma lula-gigante ameaçadora, mas fez pouco para garantir um lugar para a criatura no reino animal. Arthur Mangin, um zoólogo francês, afirmou que a cauda que estava apodrecendo eram os restos de uma planta marinha, e fez um apelo para "os sábios, e especialmente os homens da ciência, a não admitir a entrada no catálogo dessas histórias que mencionam criaturas extraordinárias [...] cuja existência seria [...] uma contradição das grandes leis de harmonia e equilíbrio que reinam soberanas sobre a natureza viva".

Os cientistas continuaram a duvidar da tese de Steenstrup, até certo dia em 1873, quando um pescador nas costas da Terra Nova viu uma criatura flutuando na superfície do oceano e a fisgou com um gancho. O animal estava vivo e tentou atacá-lo; o pescador então pegou um machado. Com o passar dos anos, a história recebeu acréscimos, mas um fato era inegável: o pescador voltou à praia com um tentáculo de uma lula-gigante de quase seis metros de comprimento. Ele foi colocado em um museu, em St. John's, Terra Nova, onde o público podia vê-lo. Finalmente, até mesmo o cético mais veemente fora forçado a admitir que o Kraken era real.

Quando os ventos e as chuvas do ciclone começaram a se abater sobre a Nova Zelândia, O'Shea estava em seu quintal ao lado de seu barco, que estava em um reboque. O barco não era exatamente como eu imaginava. Ele mal chegava a seis metros de comprimento por dois de largura, com um motor externo. Não havia cozinha nem banheiro, e nenhum lugar para dormir, a não ser uma cabina na frente que era do tamanho de um armário de vassouras. "Acho que você estava esperando um daqueles iates americanos, não é?", disse O'Shea sorrindo.

Inicialmente, ele tinha planejado fretar um barco com um

esquadrão de lulas tradicional — uma tripulação profissional e uma equipe de cientistas. Os caçadores de lulas do Japão, dos Estados Unidos e da Europa ziguezagueavam pelos mares dessa maneira, e O'Shea estava em uma dessas viagens quando encontrou suas paralarvas. Mas essas expedições custam milhões de dólares, e O'Shea é um acadêmico que precisa conseguir fundos para suas pesquisas de fontes particulares, como o Discovery Channel. Ele já havia afundado uma porção significativa das modestas economias familiares em sua busca, e em consequência não conseguia comprar um aparelho de surdez, entre outras necessidades. "Se eu não encontrar uma lula-gigante logo, vou estar arruinado", ele me contou.

Ainda assim, segundo outros caçadores, parte da genialidade do esquema de O'Shea é que pode ser executado de maneira relativamente barata. As lulas jovens nadam em águas mais rasas que as adultas, e ele não precisaria usar, digamos, um submarino. Ele também não precisava de um navio que acomodasse um tanque grande. Em dezembro, O'Shea tinha decidido que iria em frente usando seu próprio barco de pesca, e reduziu sua tripulação a três pessoas: ele mesmo, eu e um aluno de pós-graduação em biologia marinha chamado Peter Conway, um vegetariano gentil de 32 anos que enrolava os próprios cigarros e nunca tinha estado em uma expedição desse tipo. "Ondas grandes me deixam um pouquinho enjoado", confessou ele a certa altura.

O'Shea me disse que não estava querendo esperar até que o ciclone passasse: no ano inteiro, havia apenas um curto período no qual as lulas-gigantes migravam para a região a fim de procriar e soltar seus ovos. E então nós partimos na caminhonete dele, puxando o reboque, e rumamos para o norte, ouvindo a voz de tenor ligeiramente anasalada de Neil Diamond no CD-player. ("Ele é demais, não é?", comentou O'Shea.)

Em poucas horas, à medida que a tempestade aumentava, a

extraordinária paisagem da Nova Zelândia, com suas compridas praias brancas, colinas vulcânicas e fazendas de ovelhas, ia sendo engolida pela escuridão. O reboque sacudia com o vento, que estava muito forte. Segundo os noticiários, um rio ali perto tinha transbordado, forçando a retirada dos residentes locais. As equipes de defesa civil estavam sendo convocadas, e a eletricidade fora cortada em várias cidades, inclusive Auckland.

A polícia alertava aos motoristas a não ficar nas estradas, mas nós continuamos seguindo para a península no norte, passando por cidades com nomes aborígines como Te Kao e Te Hapua, até chegarmos, à tarde, a uma cabana de madeira. Ficaríamos um dia ali, explicou O'Shea, e depois sairíamos com o barco à noite, quando as lulas subiam pela coluna de água para se alimentar.

A cabana não tinha telefone, nem aquecimento, e cheirava a mofo, como se estivesse abandonada havia anos. "Não é grande coisa, né?", disse O'Shea, enquanto limpava a mesa da cozinha, tirando algumas formigas. Mas não parecia desanimado, e, enquanto Conway e eu desfazíamos nossas malas, ele espalhou seu equipamento pelo chão e começou a montar um objeto peculiar. Primeiro, ele pegou um compensado redondo, do tamanho de uma placa de trânsito, e fez furos em toda a sua volta. Passou cabos nos furos e em seguida prendeu o compensado a um tubo de rede de malha fina que era grande o bastante para que coubesse dentro. Ele ainda estava trabalhando quando Conway e eu fomos dormir; quando acordei na manhã seguinte, encontrei-o na mesma posição. "Está ficando bom", disse ele. Uma vela estava acesa a seu lado, e ele segurava uma faca afiada sobre a chama. Usando a lâmina quente, fez vários buracos nas laterais da rede.

O trabalho lento e metódico o tornara reflexivo, e ele me contou como passou a se interessar pela lula-gigante. "Isso nunca esteve nos meus planos", contou. "Quando eu tinha quatro ou cinco anos, meus pais se divorciaram, e eu fui morar com uma avó. Eu não tinha muitos amigos. Era uma dessas crianças horrivelmente esquisitas. Usava óculos, tinha um sopro no coração e artrite, e passava todo o meu tempo na praia, procurando conchas. Juntei milhares delas. Com treze ou catorze anos, comecei a sair em barcos pesqueiros comerciais no verão, para tentar encontrar os tipos mais raros. Lembro-me de quando estava em um barco, e os pescadores puxaram uma certa concha. Eu sabia que só havia uma ou duas em toda a Nova Zelândia, e dei um grito muito alto; o capitão caiu em cima de mim, dando bronca porque eu tinha gritado, mas não me importei. Eu estava muito entusiasmado por ter encontrado aquilo."

Ele fez outro buraco na rede com a faca quente, enchendo a sala com um cheiro acre. "Depois que terminei o doutorado em biologia marinha, fui trabalhar para o National Institute of Water and Atmospheric Research. Em 1996, recebi um telefonema dizendo que um pescador tinha encontrado uma lula-gigante em Wellington, e se eu não queria ir até lá para ver. Eu nunca tinha visto uma, e então fui, e dei uma boa olhada nela, e era a maior coisa que eu já tinha visto. Eu sabia que não ia caber no carro, então arranjei um reboque e a prendi nele, com os tentáculos por cima do teto do carro.

"Em pouco tempo, a imprensa ficou sabendo, e eles começaram a me ligar, fazendo um monte de perguntas, e eu não sabia coisa alguma sobre a lula-gigante. Eu os enrolei com um monte de besteiras, e logo percebi que ninguém sabia *nada* sobre o maldito animal. Era um grande desconhecido, um mistério absoluto. E eu venho tentando resolvê-lo desde essa época."

Ele pareceu ligeiramente constrangido por sua sinceridade. "Agora precisamos de garrafas de Coca-Cola", disse. Ele havia trazido consigo várias garrafas de um litro vazias; cortou cada uma pela metade, de forma que a parte de cima parecesse um funil. Ele enfiou cada funil, com a boca para fora, nos buracos que havia feito na rede. Então os grudou no lugar com cola. "Estamos prontos para os toques finais", disse. Ele colocou um dos bambolês dentro do cilindro da rede: o resultado parecia com uma saia vitoriana. Por fim, prendeu o fundo da rede a um pequeno recipiente de vidro.

Subiu em uma cadeira e ergueu o dispositivo: tinha quase dois metros, com um formato cilíndrico, com uma tampa de madeira, as laterais cheias de funis e um pequeno recipiente de vidro balançando na parte de baixo. "E aí, moçada, como é que ficou?", O'Shea perguntou para Conway e para mim.

"O que é isso?", perguntei.

"Armadilha pra lula-gigante."

O'Shea apontou entusiasmado para os funis, e explicou que as paralarvas nadariam através deles e ficariam presas dentro da rede, e acabariam dentro do recipiente de vidro. Aquele dispositivo de aparência tosca fora concebido de maneira bastante cuidadosa: a rede era feita de malha extrafina, que fazia menos mal aos animais; a madeira era de compensado tratado para resistir aos efeitos do mar, e manteria a rede na vertical; e as garrafas de Coca-Cola eram do tamanho exato para capturar as paralarvas. "É feio como o diabo, eu reconheço, mas deve funcionar", disse ele, acrescentando: "Eu sou um cientista pobre, então isso é um pouco invenção de Steve O'Shea".

Ele passou o resto do dia construindo uma segunda armadilha, e então anunciou que era hora de sair para caçar. O pior da tempestade fora levado para o mar, mas o tempo continuava instável, com ventos fortes e ondas perigosamente altas. Dois surfistas tinham se afogado. "Vamos ter que fazer um pouco de reconhecimento", disse O'Shea. Antes de o sol se pôr, nós demos uma volta com o reboque, tentando encontrar um lugar seguro para sair com o barco. Paramos na frente de uma baía cercada por penhascos vulcânicos. "Este lugar vai ter que servir", disse O'Shea.

Ele desceu o reboque até a praia, e nós pusemos o barco na água. Entrei seguido por O'Shea e Conway. Estava frio, mas O'Shea estava descalço, usando apenas jeans cortados na altura dos joelhos e uma camiseta larga. "Vamos nessa, então", disse ele, e deu a partida no motor.

O'Shea não tinha radar, mas dispunha de um sistema de navegação com um pequeno mostrador brilhante que indicava a localização da praia e a profundidade do mar. Seria nosso único guia em meio à escuridão.

"Provavelmente o tempo está ruim demais para barcos de pesca", gritou O'Shea por cima do barulho do motor. "Mas vamos precisar ter cuidado com navios cargueiros. Eles podem se aproximar bem rápido." Estávamos no meio do crepúsculo, e ele apertou os olhos na direção de uma das boias que marcavam uma rota segura através do canal.

"Que cor é aquela?", ele me perguntou.

"Verde", eu disse. "Você não consegue enxergar?"

"Eu não sou só surdo", respondeu ele. "Sou daltônico também."

Assim que saímos da enseada, começou a chover e o tranquilo canal deu lugar a ondas altas. O barco pulava por cima das cristas, fazendo o casco de alumínio vibrar.

"Meio agitado, não?", comentou Conway.

"Este barco é mais resistente do que parece", disse O'Shea. Ele olhou para a cabina. "Embaixo daquelas almofadas estão os coletes salva-vidas. Vocês não precisam vestir, mas é bom saber onde estão."

O sol desapareceu no horizonte e, durante algum tempo, o céu emitiu rajadas de cores vibrantes, como se tivesse seus próprios cromatófaros. Então ele ficou escuro, e as ondas se anunciavam não pela visão, mas pelo som que produziam, quando batiam contra a proa. Eu vesti um dos coletes.

O'Shea disse que sabia exatamente o lugar para a caçada, e começou a olhar os pontos luminosos no sistema de navegação. "Aonde estamos indo?", perguntei.

"Ali", disse ele, apontando para a frente.

Olhei através do para-brisa e vi algo sombrio assomando sobre as ondas, como se fosse a proa de um navio. À medida que nos aproximamos, percebi que era uma rocha enorme e irregular. Mais rochas se tornaram visíveis, centenas delas, todas projetando-se na direção do céu. Um canal, de uns doze metros de largura, atravessava as rochas, e a água se lançava violentamente através dessa abertura como se fosse uma corredeira. O'Shea aumentou a velocidade e seguiu em frente. Assim que nos aproximamos das rochas, o barco começou a tremer enquanto as ondas aumentavam de tamanho, passando de três para cinco metros; a proa lançava-se para baixo, e o barco deslizava desenfreadamente pela água. "Segura aí, meu chapa", disse O'Shea. "Vem vindo uma grande."

O barco subiu muito, e por um momento eu me senti pairando no ar, como uma personagem de desenho animado que tivesse começado a cair de um penhasco. Então o barco caiu bruscamente, e outra onda bateu contra ele, arremessando-nos para trás com violência. Meu notebook e minha caneta saíram deslizando pelo convés. Os sanduíches de pasta de amendoim e geleia que tínhamos guardado para o jantar saltaram de dentro das caixas onde tinham sido guardados. "É só garantir que essas ondas não peguem a gente de lado", disse O'Shea.

As correntes estavam nos puxando na direção das rochas, e eu podia ouvir as enormes ondas se espatifando contra elas. Eu segurava uma lanterna e joguei o foco para a frente do barco: o que vi foi uma parede de água de seis metros de altura. Virei para trás e descobri que outra parede enorme estava nos pressionando por trás.

"Lá em Nova York não tem dessas coisas, né, meu chapa?", comentou O'Shea.

Por um instante, eu me perguntei se O'Shea estava de posse de suas faculdades mentais. Mas nós conseguimos passar através da abertura entre as rochas, e ele manobrou habilmente o barco até uma baía protegida. Sem dúvida, ali era o lugar perfeito.

Jogamos a âncora. O'Shea pegou suas redes caseiras e colocou vários bastões luminosos em seu interior. "As lulas são atraídas pela luz", disse ele. Ele amarrou as redes a um peso de chumbo, que em seguida jogou na água. Ficamos observando a luz se tornar cada vez mais fraca à medida que as armadilhas afundavam. "Bom, vamos ver o que tem lá embaixo", disse O'Shea.

Embora os oceanos cubram três quartos da Terra — só o Pacífico é maior do que todos os continentes juntos —, o domínio subaquático tem permanecido, em grande parte, invisível para os seres humanos. Durante séculos, não havia maneira de os cientistas olharem as profundezas, nenhum telescópio conseguia alcançar o fundo do abismo. (Um mergulhador em busca de pérolas pode se aventurar a descer não mais que trinta metros.) Até o século XIX, a maioria dos cientistas supunha que as partes mais profundas do oceano — onde a temperatura era gélida, a pressão era intensa e a luz era mínima — não abrigavam vida.

Em 1872, o governo britânico e a Royal Society lançaram a primeira grande expedição oceânica, transformando um navio de guerra de sessenta metros em laboratório flutuante, equipado com microscópios e tonéis de álcool para conserva. Batizado de *HMS Challenger*, o navio, com cinco cientistas, perambulou pelo globo durante três anos e meio. A tripulação dragava o fundo do oceano em busca de espécimes, e o trabalho era repetitivo e brutal; dois homens ficaram loucos, dois se afogaram e outro se suicidou. No entanto, os cientistas estavam encantados com suas descobertas. Eles catalogaram mais de 4700 novas espécies — provando, como notou mais tarde C. Wyville Thomson, o chefe dos cientistas, que os seres vivos "existem em toda parte no fundo do mar".

A viagem resultou no desenvolvimento do campo da oceanografia, mas também iria expor os obstáculos que impediriam a exploração subaquática durante gerações: custos proibitivos e tecnologia rudimentar. Mesmo quando os cientistas podiam financiar suas expedições, seus equipamentos permitiam que eles estudassem os animais apenas depois de trazê-los para o convés — o equivalente a olhar para um cadáver humano e depois tentar imaginá-lo vivo.

Nos anos 1930, dois americanos ricos, Charles William Beebe e Otis Barton, usaram 12 mil dólares do próprio bolso para projetar uma bola de aço oca com duas janelas de observação feitas de quartzo, a que chamaram de "batisfera", usando a palavra grega para "mergulhar". O veículo, com um diâmetro de 1,5 metro, estava ligado a um navio por meio de um cabo; se ele arrebentasse, os homens que estavam dentro morreriam no fundo do mar.

Em 1934, perto de Bermuda, Beebe e Barton desceram quase 153 metros, depois mais 305, com a pressão cada vez maior comprimindo as paredes de aço; eles pararam nos 922 metros. Era o mais fundo que alguém já tinha ido. Em determinado momento, Beebe espiou pela janela e viu alguma coisa que tinha pelo menos seis metros de comprimento. Mais tarde, em sua autobiografia, *Half mile down*, ele escreveu: "Fosse o que fosse, apareceu e desapareceu de maneira tão inesperada, e era tão indistinto que não era possível identificar, exceto que era uma enorme criatura viva".

Em 1960, a Marinha dos Estados Unidos despachou sua própria equipe de cientistas para o fundo da Fossa das Marianas, o ponto mais profundo dos oceanos, no Pacífico Oeste. (É sete vezes mais funda que o Grand Canyon.) A viagem foi considerada entre os oceanógrafos como equivalente ao pouso na Lua, mas os Estados Unidos envolveram-se na Guerra Fria e, pelo fato de esse tipo de exploração ter pouca relevância militar, projetos semelhantes logo foram abandonados.

Segundo um estudo recente, 95% dos oceanos continuam inexplorados. Acredita-se que os mares abriguem 10 milhões de espécies, das quais menos da metade foi identificada. Nos anos 1960, a lula-gigante tinha se tornado, para os oceanógrafos, um emblema de tudo o que ainda era desconhecido sobre os mares.

Em meados da década de 1960, Frederick Aldrich, um biólogo marinho do Canadá, formou o primeiro esquadrão de lulas oficial. Ele distribuiu cartazes pela Terra Nova que tinha a ilustração de uma lula-gigante e as palavras "PROCURADA! MORTA OU VIVA". Em uma viagem de captura, passou quatro dias em um submersível que tinha coberto com atuns crus, mas, como muitas de suas expedições, aquela não deu resultado.

Nos anos 1990, à medida que mais caçadores se uniam à perseguição, Clyde Roper decidiu deixar o único predador conhecido da *Architeuthis* encontrá-la para ele. Durante muitos anos, nos oceanos que iam do Atlântico Norte ao Pacífico Sul, ele e seu esquadrão perambularam pelos mares em caiaques infláveis, com *crittercams* — câmeras subaquáticas especialmente projetadas — delicadamente presas ao corpo de cachalotes. Para desapontamento de Roper, as *crittercams* não captaram imagens de uma única lula-gigante. Em 1999, Roper, que tem 66 anos, precisou submeter-se a uma cirurgia para colocação de quatro pontes de safena; embora prometesse à família desistir de todo o levantamento de fundos que essas expedições requerem, ele me contou: "Eu espero ainda fazer mais uma viagem".

Enquanto isso, a competição entre esquadrões rivais tinha aumentado. Xander Paumgarten, publicitário que ajudou a promover uma expedição em 2000 com Jean-Michel, filho de Jacques

Cousteau, me contou: "Existe essa briga toda entre os caras. Alguns deles se odeiam muito". Segundo Roper, muitos dos caçadores atualmente trabalham em segredo. O'Shea divulga sua pesquisa para vários colegas, a quem chama de "cavalheiros", mas há alguns especialistas que ele chama de "canibais", com quem se recusa a falar. "Muitas dessas pessoas são maldosas", disse ele. "Querem que você fracasse para que elas sejam as primeiras."

Semanas antes de eu me aventurar com O'Shea, acompanhei o esquadrão de lulas de Bruce Robison, um dos principais colegas de O'Shea. Ao contrário de outros caçadores, Robison tem dois robôs subaquáticos, com excelente capacidade de captação de imagens e que andam pela água a velocidades superiores às dos mergulhadores e da maioria dos submersíveis. Os robôs pertencem ao empregador de Robison, o Monterey Bay Aquarium Research Institute, fundado em 1987 por David Packard, o bilionário guru da tecnologia. Situado 160 quilômetros ao sul de San Francisco, o instituto tem um orçamento anual de 30 milhões de dólares. Na expedição da qual eu participava, Robison e seu grupo planejaram afundar um robô de 10 milhões de dólares em Monterey Canyon, o mais fundo abismo subaquático próximo à área continental dos Estados Unidos.

Robison e sua equipe são, segundo ele diz, "oportunistas", o que significa que eles filmam mais do que as lulas. ("Se você procura só um animal", disse ele, "você sempre vai ficar desapontado.") No entanto, o esquadrão planejava passar seis dias na mesma área geral onde, em 1980, Robison chegou mais perto do que qualquer um de capturar uma *Architeuthis* adulta. Naquele dia, ele tinha pescado com uma rede de arrasto a quase 610 metros de profundidade; decidiu trazer a rede para a superfície e fechou rapidamente suas mandíbulas de aço. As barras se fecharam sobre o tentáculo de uma lula-gigante viva. Antes de a rede chegar até o barco, o tentáculo tinha se rasgado — sobrando apenas 3,5 metros dele. "Tinha essa coisa enorme pendurada na frente da rede", lembra Robison. "As ventosas ainda estavam se contraindo." A descoberta de Robison propiciou o registro mais preciso já feito da profundidade de uma lula-gigante na coluna d'água. "Até então, a maioria das pessoas achava que elas estavam apenas perto do fundo", disse ele. Robison mais tarde dissecou o tentáculo e realizou análises químicas; a consistência do tecido e seu alto nível de proteína o levaram a pensar na possibilidade de a lula-gigante ser "uma nadadora relativamente forte". Robison me contou que comeu um pedaço cru da carne borrachuda do animal. "Não consegui resistir", disse ele, acrescentando: "Era amarga".

Quando cheguei ao instituto, Robison e equipe já estavam a bordo do navio, que se chamava *The Western Flyer*, o mesmo nome de um pesqueiro em que John Steinbeck tinha navegado durante uma expedição em 1940, uma viagem que ele mais tarde relatou em *The log from the sea of Cortez*. O *Western Flyer* era um dos mais incríveis navios que eu já tinha visto. Tinha 35 metros de comprimento com três níveis de convés e um incomum formato triangular. Sua estrutura em forma de caixa se apoiava em duas plataformas flutuantes, cada uma do mesmo tamanho do barco, o que permitia ao *Western Flyer* permanecer quase parado nos mares mais encrespados.

Havia 21 pessoas na equipe de Robison, entre elas cientistas da área de informática, biólogos marinhos, químicos e engenheiro. Para minha surpresa, parecia não haver ninguém no convés quando subi a bordo. No entanto, ao abrir a porta principal, fui recebido por uma algazarra de homens e máquinas. No centro daquele ambiente que parecia uma caverna, cercado por tripulantes que se comunicavam por meio de microfones acoplados a fones de ouvido, estava o veículo de operação remota, ou VOR. Ele estava pendurado por um cabo preso a um guindaste; tinha o tamanho de um Volkswagen e pesava quase 3,5 toneladas. À primeira vista, parecia ser nada mais do que uma mixórdia de fios. A parte da frente da máquina, ou pelo menos aquilo que eu supunha ser a frente, tinha dois grandes holofotes rotatórios. Na parte de cima da máquina havia uma cápsula externa com uma única palavra pintada sobre ela: "TIBURÓN", que é "tubarão" em espanhol.

"Bem-vindo a bordo", disse Robison.

Robison estava em pé perto do VOR, coordenando boa parte das atividades. Ele parecia um capitão de um baleeiro do século XVIII, com cabelo e barba brancos; até mesmo suas sobrancelhas eram excessivamente grossas e despenteadas. Começou a explicar como o robô funcionava: um cabo de fibra óptica conectava o navio ao VOR, enviando e recebendo sinais. A máquina era impulsionada por propulsores elétricos e tinha dispositivos que permitiam que flutuasse livremente, de forma muito semelhante a uma lula-gigante, apesar de seu peso de quase quatro toneladas. Além disso o VOR estava equipado com oito câmeras, podendo fornecer, nas palavras de Robison, "o retrato completo de um universo tridimensional". Ele acrescentou: "Nossas ordens são para ir ver o que ninguém mais conseguiu".

Ele me levou para ver o resto do navio, que tinha uma sala de jantar, uma sala de computadores, um laboratório e um freezer para preservar os espécimes. No convés superior, junto à ponte de comando, havia alojamentos equipados com televisores, que mostravam as imagens ao vivo capturadas pelo Tiburón. "O segredo é que você nem tem que sair da cama", disse ele. Ele me deixou para que eu me acomodasse em meu quarto individual. Logo percebi que o navio já havia partido: ele atravessava a água com tanta suavidade que eu não tinha percebido o movimento.

Naquela tarde, chegamos ao Monterey Canyon, e paramos

para fazer a primeira sondagem. Um grupo de meia dúzia de engenheiros e técnicos preparava o Tiburón.

"Como é que está a imagem da câmera de estibordo?", perguntou um deles.

"Muito boa."

"A propulsão foi ligada?"

"Positivo."

A tripulação se afastou e as luzes do Tiburón começaram a piscar. Um alçapão começou a se abrir lentamente, revelando o oceano abaixo, e o Tiburón pairou sobre ele como uma nave espacial. O guindaste então baixou o VOR até ele entrar nas águas turbulentas, a cabeça tombada para a frente, o cabo de fibra óptica como se fosse uma cauda interminável.

Fui para a popa e entrei na sala de controle, onde esperava encontrar Robison. Estava escuro, a não ser pelo brilho de uma dúzia de monitores, que transmitiam as imagens coloridas produzidas pela infinidade de câmeras do Tiburón, cada uma captando um ângulo diferente. Robinson estava sentado ao lado do piloto, que manobrava o VOR com um joystick.

Estranhas criaturas gelatinosas começaram a aparecer, produzindo deslumbrantes espetáculos de bioluminescência. Havia um crustáceo que caminhava pela água como se fosse uma aranha de pernas longas e um peixe com mandíbulas soltas. Havia um *Tiburonia granrojo*, uma água-viva que parecia um balão vermelho que Robison e seu esquadrão tinham descoberto e batizado em homenagem ao VOR, e essa foi uma das centenas de espécies novas que o esquadrão tinha descoberto. Havia um animal diáfano, que eles ainda não tinham identificado e que era simplesmente chamado de "o molusco misterioso". E, quando o Tiburón chegou ao fundo macio e escarpado do oceano, surgiu uma nevasca constante de esqueletos em decomposição e organismos microscópicos.

Nos dias seguintes, à medida que o Tiburón descia a até 3 mil metros de profundidade, vimos centenas de lulas: de olhos azuis, translúcidas, com bolinhas. A observação dessas lulas em seu hábitat, disse Robison, fornecia pistas para o comportamento de seu parente gigante. Quando uma das câmeras dava um zum em alguma lula em especial, podíamos ver água entrando na bolsa muscular, ou manto, que contém os órgãos internos da lula; ela então inchava e se contraía, soltando a água por um funil e impulsionando a lula como se fosse uma bala através do oceano. Observando aqueles animais serem mais rápidos do que o robô, entendi o que Clyde Roper certa vez disse sobre as lulas: "As únicas que a gente consegue capturar são as lentas, as doentes e as estúpidas".

Outra razão para sua capacidade de esquiva são os olhos incomumente grandes, que possibilitam que percebam predadores em lugares onde a luz está quase ausente. (Os olhos da lula-gigante são considerados maiores que os de qualquer outro animal.) A lula também possui um cérebro superdesenvolvido para um invertebrado, e tem fibras nervosas que são centenas de vezes mais espessas do que as dos seres humanos — permitindo que reajam com rapidez. (Durante muitas décadas, os neurocientistas usaram neurônios de lulas para suas pesquisas.) "Observando as lulas em seu hábitat, descobrimos que elas são muito mais inteligentes, mais complexas, do que suspeitávamos", disse Robison.

Enquanto observávamos, a lula parecia usar padrões de luz, cores e posições como meio de comunicação. Elas não apenas se tornavam vermelhas, cor-de-rosa ou amarelas; ondas de cores diferentes passavam por seu corpo. E elas retorciam os braços em desenhos elaborados — às vezes juntando todos em um feixe, ou erguendo-os sobre a cabeça, como se fossem dançarinas de *flamenco*. Robison explicou que elas usam esses movimentos e mudanças de cor para alertar outras lulas da presença de predadores, para rituais de acasalamento e para se esconder.

Diversas vezes, quando o Tiburón chegou perto demais delas, as lulas lançaram jatos de tinta preta. No passado, os cientistas supunham que isso servia apenas como camuflagem ou chamariz. Robison me contou que agora ele e outros cientistas acreditam que a tinta contém substâncias químicas que incapacitam os predadores, o que explicaria o motivo de ele ter visto lulas em águas profundas emitirem nuvens negras em regiões onde não há luz. "Apesar do que sabemos sobre as lulas, ainda não sabemos muita coisa", disse ele.

Robison notou que o comportamento da lula-gigante, em especial, era muito mal compreendido. Ninguém sabe exatamente se as lulas-gigantes são muito agressivas, se caçam sozinhas ou em bandos, ou se, como diz a lenda, atacam os peixes e também as pessoas. Depois que Robison conseguiu pegar o tentáculo e desceu em um submersível até o mesmo lugar, ele disse: "De repente me ocorreu que havia uma lula muito brava por lá com raiva de mim". (Outros cientistas desconfiam que a lula-gigante não merece a reputação de animal violento; de sua parte, O'Shea afirma que a *Architeuthis* provavelmente é um "monstro gentil".)

A expedição terminou sem sinal da *Architeuthis,* mas, em determinado momento, várias lulas-de-humboldt apareceram nas telas do navio. Elas eram apenas uma fração do tamanho de uma lula-gigante — entre 1,5 e dois metros de comprimento e cerca de 45 quilos —, mas pareciam assustadoramente fortes. Certa noite, vários cientistas do navio lançaram uma "isca", um dispositivo projetado especialmente para atrair lulas, na lateral do barco. Eles pegaram duas lulas-de-humboldt. Enquanto puxavam cada uma das lulas, gritando "Força pra cima!", o peso e a força dos animais quase puxaram os homens no sentido contrário. Minutos depois, Robison e eu fomos até o laboratório do navio, onde um dos cientistas segurava uma das lulas-de-humboldt. A criatura tinha quase tanto de comprimento quanto Robison tem de altura, e seus tentáculos ainda se contraíam e chicoteavam o ar. "Agora imagine uma lula-gigante com um tentáculo de nove metros de comprimento", comentou ele.

Depois de ter sido dissecada, parte da lula foi dada para o cozinheiro. No dia seguinte, ela apareceu em uma bandeja de prata. "De besta a festa", disse o cozinheiro, quando nos sentamos para jantar.

"Vamos dar uma olhada?", disse O'Shea, inclinando-se sobre a popa do barco. Já passava da meia-noite, muitas horas depois de termos jogado as armadilhas na água; a chuva tinha parado, mas um vento frio ainda soprava à nossa volta. Enquanto o barco balançava sobre as ondas, O'Shea puxou a linha, com as mãos, porque o barco não tinha sarilhos. As armadilhas pesavam pelo menos vinte quilos, e ele colocou o corpo sobre a lateral do barco para se apoiar melhor, os pés descalços bem separados. Quando a primeira rede emergiu da água, O'Shea gritou para que Conway e eu a puxássemos para dentro do barco, e nós a pusemos no convés, com a água gelada espirrando em torno de nossos pés. "Rápido, colegas", disse O'Shea. "Peguem a lanterna."

Conway lançou o facho da lanterna sobre a rede. Não havia nenhuma lula, mas uma enorme aglomeração de *krill*, e O'Shea pareceu bastante animado com a descoberta. "Estamos definitivamente no território de alimentação das lulas", observou.

Ele jogou as redes ao mar novamente, colocando-as em posição, e iniciou a fase seguinte da caçada — a de rebocar uma terceira rede, maior, atrás do barco. "Vamos pescar com a rede por uns quinze minutos a uma velocidade de mais ou menos dois quilômetros por hora", disse O'Shea. A manobra era delicada, explicou: se ele posicionasse a rede fundo demais ou a uma profundidade que não fosse suficiente, as paralarvas escapariam da rede; se ele mantivesse a rede na água por muito tempo, ela sufocaria o que ele tivesse pegado. Fizemos o barco circular por exatamente quinze minutos, e então puxamos a rede e a esvaziamos do que havia dentro — uma gosma espessa e granulosa — em um tanque cilíndrico cheio de água do mar. O tanque na mesma hora se iluminou pela bioluminescência. "Há muita vida aí, com certeza", comentou O'Shea.

Ele não encontrou uma *Architeuthis* no tanque, mas não desanimou. "Se fosse fácil, todo mundo fazia", disse ele.

Segundo a opinião geral, O'Shea é incansável e obstinado: trabalha dezoito horas por dia, sete dias por semana, e deixou de assistir à tevê ou ler jornais. Nunca vai a festas. "Não sou antissocial", disse ele. "É só que não sou de socializar." A irmã dele me contou: "Nós o amaríamos até se ele andasse atrás de cogumelos, mas queríamos que tivesse com as pessoas a mesma relação emocional que tem com as lulas". Shoba, sua esposa, que com frequência liga para ele para lembrá-lo de almoçar, disse: "Eu não quero que ele pare. Só queria que ele diminuísse o ritmo um pouco e visse que há outras coisas aqui fora".

As pessoas inevitavelmente comparam a busca de O'Shea à do capitão Ahab. Mas, à diferença da personagem de Melville, O'Shea não pensa na criatura que persegue em termos simbólicos grandiosos. De fato, ele está constantemente tentando despojar a lula-gigante de suas histórias. Considera livros como *Vinte mil léguas submarinas* uma "bobagem": seus estudos com espécimes mortos o levaram a acreditar que a maior medida já registrada de uma lula-gigante — dezoito metros — é apócrifa. "Agora, se alguém quiser de fato aviltar a verdade, tudo o que tem a fazer é pegar o tentáculo e andar, andar muito, cada um puxando em uma ponta", ele me disse certa vez. "Aquelas malditas coisas são como elásticos, e de repente você pode fazer uma lula de doze metros parecer que tem dezoito." Ao contrário de outros caçadores, ele acha ridículo imaginar que uma lula-gigante possa matar um cachalote. Ele pensa na lula-gigante como majestosa e pouco interessante — com um peso determinado, uma dieta, comprimento e tempo de vida. Em resumo, ele a quer real. "Temos que deixar de lado a imagem de monstro mítico e vê-la como ela é", disse O'Shea. "Isso não é o bastante?"

Depois de um tempo, ele se levantou e recolocou a rede de arrasto na água. Trabalhamos até depois do amanhecer. Ainda não tínhamos encontrado nenhuma lula quando O'Shea disse: "Uma expedição que começa mal geralmente termina bem".

Na cabana, Conway e eu tiramos um breve cochilo enquanto O'Shea traçava nossa próxima rota. À tarde, fomos até a cidade em busca de suprimentos. O'Shea nos avisou para não usar seu nome verdadeiro; fazia pouco tempo que ele tinha feito uma campanha para fechar um pesqueiro naquela área a fim de proteger a vida selvagem e disse que tinha recebido diversas ameaças de morte. "Esta região é bastante perigosa para mim", disse ele.

Não fiquei muito seguro da seriedade daquele aviso, mas quando acidentalmente usei o nome dele, O'Shea ficou tenso. "Cuidado, colega", disse ele. "Cuidado."

Mais tarde, naquele mesmo dia, O'Shea estava na varanda da cabana, fumando, quando um morador do vilarejo se aproximou. "Você é o cara que está na cola dos monstros?", perguntou ele.

O'Shea olhou para ele com hesitação. "É, sou eu", respondeu.

"Eu vi você na tevê, falando sobre aquelas coisas", disse o homem. Ele estendeu a mão. "Depois que te vi, batizei meu gato de Architeuthis."

O'Shea se iluminou. "Este colega aqui tem um gato chamado Archie", ele disse, voltando-se para mim e para Conway.

O'Shea convidou o homem para tomar uma xícara de chá e

logo ele e o estranho estavam debruçados sobre os mapas. "Dizem que dá para encontrar os calamares grandes aqui", disse o homem, apontando para um recife.

Em pouco tempo, outro morador do vilarejo parou por lá para dar conselhos. "Eu tentaria aqui", disse ele. "Billy Tomlin disse que encontrou uma grandona morta nesses lados." O'Shea anotou a informação. Os pescadores às vezes enfeitam a verdade, disse ele, mas também conhecem as águas locais mais do que qualquer outra pessoa.

Naquela noite, saímos novamente. Embora continuássemos a trazer a bordo enormes quantidades de camarão e krill — às vezes havia tantos que eles mal podiam se mexer no tanque —, não encontramos uma única lula. À medida que a noite avançava, O'Shea pareceu, pela primeira vez, ficar desanimado. "O mau tempo está fazendo o diabo com as correntes", disse ele.

A cada vez que a rede era recolhida, ele voltava a estudar seus mapas e escolhia um novo lugar com esperança renovada — "Talvez seja aqui", dizia ele — apenas para se desapontar novamente. Quando o sol surgiu, às seis e meia, lançando seus raios sobre o mar, O'Shea acelerou o barco até o local onde as armadilhas estavam ancoradas. Ele disse que era comum ter sorte ao amanhecer; as criaturas pareciam erguer a cabeça antes de desaparecer nas profundezas. "Vamos ver o que pegamos", disse ele, puxando as redes para dentro do barco.

"Alguma coisa?", perguntou Conway.

O'Shea segurou uma das redes próxima dos olhos, então a deixou cair com raiva. "Nada", disse ele.

"Temos que ir mais longe", disse O'Shea na noite seguinte. O barco entrou acelerado no Pacífico, deixando para trás a segurança da baía. As passadas de rede continuavam desanimadoras; depois de cada uma delas, ele guiava o barco cada vez mais mar adentro dizendo: "Temos que ir mais fundo, só isso".

Conway, que parecia estar ficando cada vez mais pálido, disse: "A gente já não foi longe o bastante?".

"Eu sei que as lulas estão aí", disse O'Shea.

Quanto menos encontrava, mais duro ele parecia trabalhar. Ele não é um homem muito grande, e sua doença de infância tinha deixado seu corpo um tanto frágil, mas ele não fraquejou nem por um instante quando puxava as redes, com todo o seu peso, e depois as jogava na água de novo. Seus dedos estavam cheios de bolhas, as roupas encharcadas e os óculos manchados com o sal da água do mar.

"Ele é meio fanático, não é?", disse Conway em voz baixa.

As noites frias passavam, e nós trabalhávamos em meio a uma espécie de nevoeiro. Não dormíamos muito durante o dia, e era cada vez mais difícil prestar atenção aos montes de larvas de peixes, camarões, *krill* e medusas; nem mesmo a visão dos golfinhos que saltavam nas águas próximas aliviava o tédio. Em determinado momento, me senti exausto e deitei na cabina da frente. Eu só cabia se dobrasse os joelhos sobre o peito. Quando fechei os olhos e escutei as ondas batendo contra o casco, pude ouvir O'Shea resmungando enquanto tirava outra rede e xingava quando não encontrava nada dentro.

E em outra noite, por volta das quatro da madrugada, quando tiramos a rede de arrasto e despejamos seu conteúdo no tanque cilíndrico, Conway o iluminou com a laterna e perguntou: "O que é aquilo?".

O'Shea espiou dentro e piscou várias vezes, tentando se manter desperto. "Deus me ajude!", gritou ele. "É uma maldita lula!" Ele olhou lacrimejando para o globo ocular do animal. "Parece com Archie", ele nos disse.

Embora a criatura tivesse apenas o tamanho da unha de meu

polegar, eu também podia vê-la — seus tentáculos, suas guelras, seus olhos, seus braços, seu manto em formato de bala.

"Esta pode ser a lula dos seus sonhos", comentou Conway.

"Rápido", disse O'Shea. "Vamos tirar um pouco do krill antes que a esmaguem."

Ele segurou o tanque cilíndrico no ar, os braços tremendo pela exaustão, enquanto as ondas surravam as laterais do barco. "Cuidado!", gritou. Era difícil enxergar na escuridão — não havia luar —, e quando ele derramou parte do conteúdo em um coador, tentando manter o equilíbrio apesar das ondas violentas, alguma coisa aconteceu.

"Para onde ela foi?", perguntou O'Shea.

"Não sei", respondeu Conway. "Não consigo mais ver onde ela está."

"Puta merda", disse O'Shea.

Ele pegou um tanque com formato especial, que havia comprado exclusivamente para transportar um bebê de lula-gigante, e derramou o resto do conteúdo do tanque cilíndrico dentro dele. "Onde está a desgraçada?", disse ele. "Onde está?"

Enfiou a mão no tanque, mexendo a água freneticamente. "Tem que estar aqui."

Ele tirou um camarão, depois outro, segurando-os sob a luz.

"Sumiu", disse Conway.

Mas O'Shea parecia não ouvir. Ele peneirou os montes de plâncton, tentando encontrar os microscópicos tentáculos do bebê de lula-gigante. Por fim, cambaleou para trás e pôs os braços sobre a cabeça. "Que catástrofe do cacete", disse ele.

Caiu sobre a cadeira do capitão e ficou imóvel. Tentei pensar em alguma coisa para dizer, mas não consegui. "Estava bem ali", disse O'Shea para si mesmo. "Eu tinha conseguido."

Depois de algum tempo, ele tentou jogar as armadilhas de

novo no mar, mas parecia incapaz de recuperar as forças. "Não consigo mais", disse e desapareceu na cabina.

Naquela tarde, O'Shea estava sentado na varanda da cabana, bebericando de um copo com uísque. "Quer um gole?", perguntou. "Não, obrigado", respondi.

Ele falava de maneira sussurrada, e muito mais devagar que de costume. Disse que tinha encontrado um novo lugar para fazer a busca, mas eu lhe disse que achava que ia ficar e retomar meu trabalho. Ele olhou para mim por um bom tempo. "Isso é o que sempre acontece", comentou. "As pessoas se entediam e desistem. Mas eu não posso prestar atenção no que está acontecendo ao meu redor. Tenho que estar focado."

Ele tomou um gole de uísque. "Já posso ouvir os críticos dizendo: 'O grande caçador de lulas perdeu sua bendita lula mais uma vez'. Sabe qual é a sensação quando tudo vai para o espaço desse jeito?" Ficou em silêncio novamente, e em seguida acrescentou: "Eu não vou parar. Não vou desistir. Não me importo se alguém encontrar a lula primeiro. Eu *ainda* vou seguir em frente, até encontrar".

Na manhã seguinte, quando abriu a porta da cabana, O'Shea parecia estar desesperado. "Nada", disse ele. "Nada."

Foi o fim da expedição; ele tinha que voltar a Auckland para dar aula. Carregamos tudo e voltamos para a cidade. Quando chegamos, O'Shea foi até o aquário para visitar seus espécimes. Em sua ausência, dezessete lulas tinham morrido. O empregado que ficara responsável por cuidar delas deixara um aviso pregado ao tanque. Dizia: "Elas têm um truque novo... Chama-se 'pular para fora do tanque e cometer suicídio!'".

O'Shea verificou a temperatura e a salinidade da água no tanque, e deu às lulas restantes um pouco de peixe. Então fomos para a casa dele. Quando saiu do carro, me disse: "Você vai querer dar uma olhada nisto".

Ele me levou até a garagem, que estava abarrotada de ferramentas e aparelhos elétricos. Começou a mover uma caixa enorme. "É melhor pôr isto", disse ele, e me deu uma máscara de gás.

Eu pus a máscara, e ele abriu a tampa da caixa. Dentro havia uma lula-gigante morta. "É um macho de oito metros", explicou.

A carcaça tinha cor de marfim e flutuava em meio a fluidos conservantes; os braços eram tão compridos que estavam dobrados juntos, e suas ventosas eram do tamanho do punho de uma criança. "Estou preparando esta aqui para um museu", disse ele.

O'Shea me contou que tinha enterrado o cadáver de uma lula em seu jardim, embaixo de uma caixa onde havia melancias. Inclinando-se sobre a caixa, ergueu o manto do animal morto, que era maior do que ele. "Esta é a cabeça", disse.

Ele a virou e eu pude ver um enorme olho sem sobrancelha que nos fitava.

"Veja, aqui é a boca", disse ele, voltando a falar rapidamente. Ele enfiou os dedos na protuberância branca de carne, revelando um afiado bico preto e uma língua serrilhada. "Pode cortar sua cartilagem", consentiu.

Embora não estivesse usando máscara, O'Shea respirou fundo e, com grande esforço, ergueu metade da criatura nos braços. Ele pegou um tentáculo e começou a esticá-lo. "Olha só. São fantásticos, né?"

Ele correu os dedos para cima e para baixo dos membros, abrindo e fechando as ventosas. Por um momento, fechou os olhos, como se estivesse imaginando-a sob a água. Então comentou: "A morta é bonita, mas é a viva que eu quero".

maio de 2004

Em dezembro de 2006, perto das ilhas Ogasawara, ao sul de Tóquio, um cientista japonês e sua equipe finalmente capturaram uma lula-gigante viva. Depois de passar anos indicando uma localização potencial, eles prenderam um pedaço de lula a um enorme anzol de várias pontas, descendo-o a mais de seiscentos metros de profundidade. Por fim, acabaram pegando uma lula-gigante fêmea relativamente pequena, medindo 3,5 metros de comprimento e pesando uns cinquenta quilos. Quando os homens tentaram puxá-la, a lula-gigante soltou água por seu funil e lutou para escapar. Quando finalmente conseguiram puxá-la para o convés, ela tinha morrido devido aos ferimentos. O'Shea ainda não desistiu de sua busca.

Cidade de água

Pode um antiquado labirinto de túneis continuar a abastecer Nova York?

Ninguém sabe quantos *sandhogs** estão trabalhando, a qualquer momento, embaixo das ruas da cidade de Nova York, mas em uma manhã de inverno meia dúzia de homens podiam ser vistos reunidos em volta de um buraco na esquina noroeste da Décima Avenida com a rua 30. O buraco, cercado por uma cerca alta de alumínio, tinha nove metros de diâmetro e era reforçado com concreto. Um sacerdote tinha aparecido meses antes, para fazer uma prece: "Que Deus esteja com todos vocês que entrarem aqui, e que a terra os devolva sãos e salvos". Agora, com o sol nascendo, os homens entram em uma espécie de gaiola de metal verde, que fora suspensa sobre a abertura do buraco por um enorme guincho. Eles usavam capa amarela impermeavel e botas de borracha com biqueira de aço; entre outras coisas, levavam lanternas, tesouras, cigarros, pastilhas para tosse, facas, meias extras e vários engradados de nove quilos em que estava escrito "EXPLOSIVOS".

* Trabalhadores da área de construção que atuam nos subterrâneos de Nova York em projetos de escavação. (N. T.)

Um trabalhador que ficaria acima do solo puxou uma alavanca, e a gaiola começou a descer. À medida que ganhava velocidade, e a luz da superfície ficava mais escassa, James Ryan, um dos mais velhos da equipe, olhou para o vazio. Ele tinha o rosto comprido e severo, riscado por cicatrizes. "Temos nove engradados de dinamite", disse. "Deve ser suficiente."

A voz dele reverberava no poço enquanto os homens desciam dez, doze, quinze metros, depois mais quinze e então mais trinta metros. "Sessenta", gritou um deles. Perto dos cem metros, eles não conseguiam mais enxergar nada acima ou abaixo. Cercados pela escuridão e amontoados, os homens trocavam a visão pelos sons — o som de água pingando, o eco das vozes, o cabo rangendo acima da cabeça deles. A 142 metros, o ar se tornou mais quente, mais denso; um dos homens pôs uma máscara para evitar a poeira que flutuava pelo poço. "Tudo bem", disse-me Ryan. "Estamos quase chegando."

Um fino feixe de luz de lanterna apareceu de repente no fundo do poço, passando pelo rosto dos homens. Todos eles faziam parte de uma fraternidade de *sandhogs*, uma espécie rara de cavadores de túneis cuja denominação vem dos trabalhadores que escavaram a terra macia sob a ponte do Brooklyn na década de 1870. A maioria dos homens que estavam comigo na gaiola era de meia-idade, peitorais largos e dedos nodosos; o pó já havia começado a deixar marcas na pele ao redor dos olhos deles. Ouvimos o som de uma campainha, e a gaiola parou, balançando para cima e para baixo no cabo. "Chegamos", disse Ryan. "Segure firme." Ele abriu a porta da gaiola. Estávamos a quase 190 metros embaixo da terra.

Até aquele momento, eu só tinha ouvido histórias sobre o império invisível da cidade de Nova York, um intrincado labirinto de túneis que tem de profundidade a mesma altura do edifício Chrysler. Em construção de uma forma ou de outra durante mais de um século, o sistema de canais e linhas tubulares se estende por milhares de quilômetros e abrange dezenove reservatórios e três lagos. Dois túneis principais fornecem à cidade de Nova York a maior parte dos 5 bilhões de litros de água que ela consome por dia, 90% dos quais são retirados de reservatórios no interior do estado simplesmente pela força da gravidade. Descendo através de aquedutos de uma altura de até 530 metros acima do nível do mar, a água ganha velocidade, movendo-se rapidamente até trezentos metros abaixo do nível do mar, onde atinge os canos embaixo da cidade.

No entanto, é um terceiro túnel de água o mais crítico. Projetado para atender a uma expansão da demanda e para servir como sistema reserva caso alguma coisa aconteça ao Túnel Municipal nº 1 ou ao Túnel Municipal nº 2, o Túnel Municipal nº 3 está em desenvolvimento desde 1969, e foi inicialmente chamado de "o maior projeto de construção não militar da civilização ocidental". Já morreram 24 pessoas durante sua construção — aproximadamente um homem a cada dois quilômetros —, e não se espera que fique pronto antes de 2020.

Como obra de engenharia, o sistema de túneis de água rivaliza com a ponte do Brooklyn e o canal do Panamá. No entanto, ele tem a estranha característica de que quase ninguém jamais irá vê-lo, a não ser os *sandhogs* que o estão construindo. Ao longo dos anos, os homens construíram toda uma cidade embaixo da cidade, um mundo subterrâneo tão atravancado quanto a paisagem de Manhattan: ela inclui setecentos quilômetros de linhas de metrô, quase 9700 quilômetros de tubulação de esgotos e milhares de quilômetros de tubulações principais de gás. "Se é mais fundo do que um túmulo, então fomos nós que construímos", costumam dizer os *sandhogs*. Os túneis de água se tornaram a maior e mais indefinível das realizações dos *sandhogs*, um esforço frequentemente fatal que consumiu gerações. "Eu levo você até lá se quiser", disse-me Jimmy Ryan quando lhe pedi para me mostrar a nova seção do túnel. "Mas pode acreditar, lá não é nem um pouco parecido com a Macy's."

Homem grandalhão e discreto, que prefere gestos — uma sobrancelha levantada ou um lábio retorcido — a palavras, ele já passou quase tantas horas debaixo da terra quanto em cima dela. "Eu comecei a trabalhar no terceiro túnel de água quando era moleque", me contou. "Ainda estou trabalhando nele, e provavelmente vou ser enterrado nele." Ryan, que foi eleito presidente do sindicato dos *sandhogs*, Local 147, em 1999, tem dificuldade para erguer os ombros; seus cabelos ruivos se tornaram prateados, e seu peito largo é comprimido, como se estivesse prestes a se dobrar.

Depois que Ryan abriu a gaiola, eu saí com ele e os outros homens para o fundo do poço. A água se infiltrava pelas laterais da abertura e pingava sobre nós. Havia uma poça em nossos pés, e à medida que avançamos, a água gelada cobriu a parte de cima de nossas botas. Comecei a afundar na terra retirada da escavação e Ryan estendeu-me a mão para me puxar.

"Não fica embaixo do poço", disse ele. "Se alguma coisa cair lá de cima, ela atravessa você." Olhei para cima e mal consegui ver a abertura. Certa vez, em Queens, um sarilho de dezesseis toneladas caiu pelo poço, esmagando um trabalhador e ferindo vários outros; em outra ocasião, um homem morreu depois de ser empalado por uma estaca de gelo quebrada.

Enquanto eu seguia Ryan entrando na principal artéria do túnel, era difícil me orientar. Havia apenas algumas lâmpadas espalhadas, suspensas por fios presos às pedras e envoltas em névoa, e eu pisquei, tentando ajustar os olhos à iluminação fraca. Vários homens ligaram lanternas; em meio às sombras eu podia ver uma maca de hospital e suprimentos para emergências médicas encostados em uma parede. Por fim, o túnel apareceu: uma caverna apertada e caindo aos pedaços que se estendia por mais ou menos cem metros nas duas direções. Aquele setor do Túnel nº 3 deverá ter quinze quilômetros, chegando até a Manhattan Bridge e contornando até o Central Park; suas paredes serão transformadas em um cilindro liso, com três metros de diâmetro e revestido de concreto. Mas naquele estágio inicial, lâminas de xisto negro — formadas há mais de 400 milhões de anos — estavam pendentes no teto, que era amparado por cavilhas de aço para evitar o desmoronamento. Canos de ventilação corriam pelas laterais do túnel, fazendo circular o ar abafado, que, ao contrário do ar congelante da superfície, tinha uma temperatura de quase 70 ºC, uma névoa úmida de pó e vapores.

Os homens se dividiram em dois grupos e foram para as extremidades opostas do túnel, onde começaram a pintar desenhos detalhados na face da rocha. Afastando-se do centro da rocha, eles marcavam cuidadosamente pontos brancos com cerca de um metro entre si, formando uma grade bem definida. Em seguida os *sandhogs* montaram perfuratrizes hidráulicas e fizeram furos de três metros de profundidade em cada uma das marcas, seus braços e pernas chacoalhando, as lâmpadas nos capacetes estremecendo.

Enquanto preparavam a face da rocha, escutando cada eco para perceber sinais de perigo, os homens falavam uma língua particular: uma britadeira era conhecida como "brutaburra", a caçamba de uma draga era chamada de "encouraçado"; a esponja usada para limpar um cano era chamada de "coelho". Às vezes, por causa do barulho, os homens simplesmente desenhavam imagens no ar, como mímicos. Depois de algum tempo, eles tiraram tubos injetores, que lançam rajadas de ar e de água dentro dos buracos, lavando toda a sujeira. "Tudo tem que ser feito na medida exata", Ryan me contou.

Com sua faca, ele abriu uma das caixas de explosivos. Dentro havia dúzias de bastões vermelhos de dinamite. Os homens colocaram os bastões nos buracos como se carregassem mosquetes.

Cada peça de dinamite estava ligada por um fio à seguinte, e logo dúzias de fios riscavam de um lado ao outro a superfície da rocha. Então os homens apagaram as luzes, uma a uma, até que o túnel estivesse completamente escuro, com exceção de uma única lanterna que nos guiou de volta ao local da gaiola de metal. "Precisamos ficar a pelo menos trezentos metros de distância", disse Ryan, assim que começamos a voltar lentamente para a superfície. "Não é como nos velhos tempos, quando eles explodiam o filho da puta na sua orelha."

Quando chegamos à rua, o sol brilhava no céu, e Ryan apertou os olhos, incomodado com a luz. Ele se inclinou sobre um pequeno detonador, enquanto os homens tiravam os pedestres do cruzamento. Uma mulher de casaco cor de camelo, que insistia em dizer que estava atrasada para o trabalho, tentou forçar a passagem. "Só um minuto", disse Ryan, levantando uma das sobrancelhas. Um outro *sandhog* colocou a mão na alavanca em formato de T. "Agora", disse Ryan. O *sandhog* empurrou a alavanca com ambas as mãos, gritando: "Vai explodir! Vai explodir!".

Houve um enorme estrondo, um som de percussão que foi ficando cada vez mais alto. A calçada e as cercas começaram a tremer, junto com o chão sob nossos pés. O guindaste que estava suspenso acima do buraco rangeu de um lado para o outro. Um transeunte olhou para o céu, e depois para o chão, sem saber muito bem o que estava acontecendo. "É uma bomba?", perguntou outro. Uma coluna de pó se ergueu do poço. Então tudo ficou em silêncio. O túnel tinha avançado mais três metros. "Vamos embora, pessoal!", gritou o chefe. E, antes que qualquer um percebesse, Ryan e os outros homens desapareceram no buraco.

No fim do dia, os *sandhogs* se reuniram no "chiqueiro", um pequeno barracão branco com bancos de madeira, armários e um chuveiro, na área cercada na rua 30. Roupas amarelas, agora escuras pela lama, estavam penduradas em ganchos. Um aparelho de televisão murmurava alguma coisa em um canto, e alguns homens o rodeavam, enrolados em toalhas, enquanto outro limpava o chão perto dos pés deles.

Ryan sentou-se a uma mesa para conversar comigo. O cotovelo estava apoiado no capacete; havia um risco de lama em um dos lados de seu rosto. Ele havia perdido parte da audição devido às explosões constantes, e falava um pouco mais alto que o normal.

"Ninguém quer falar sobre isso, mas corremos o risco de uma catástrofe", disse ele. Os túneis antigos, explicou Ryan, estavam vazando "como uma peneira"; algumas das seções foram construídas há quase um século e tinham necessidade absoluta de consertos. Mas, até que o Túnel nº 3 esteja realmente completo, não há como consertá-los. Em parte, isso se deve ao fato de que, para entrar nos Túneis nº 1 ou nº 2, seria preciso que a cidade fechasse a água e, sem um sistema auxiliar de fornecimento, haveria sérios problemas de falta de água. Mas era mais do que isso, e, enquanto vários *sandhogs* espiavam por cima de seu ombro, Ryan começou a desenhar um círculo na mesa com o dedo enlameado. "Está vendo isto?", ele me perguntou. "Estas são as válvulas que controlam o fluxo de água."

"Estão a centenas de metros no fundo da terra", disse outro *sandhog*.

As válvulas foram projetadas, disse Ryan, para abrir e fechar comportas semelhantes a guilhotinas dentro dos túneis cilíndricos, que interrompem o fluxo de água. Mas se tornaram tão quebradiças com a idade que não eram mais manejáveis. "Eles têm medo de fechar as válvulas e depois não conseguir abri-las novamente", disse Ryan.

Ele limpou um pouco de lama dos olhos. "Veja bem", disse. "Se um daqueles túneis deixar de funcionar, esta cidade vai parar.

Em alguns lugares não vai ter água para nada. Para os hospitais. Para beber. Para os bombeiros. Isso faria o Onze de Setembro parecer um nada."

Ryan não era o único que falava sobre as fragilidades do sistema de túneis, mesmo que os outros o fizessem em termos um pouco menos alarmantes. Certo dia, na primavera de 2003, conheci Christopher Ward, o chefe do Departamento de Proteção Ambiental da cidade, responsável pelo projeto e pela operação do sistema de túneis. Com o peito largo e um queixo proeminente com cavanhaque, ele é mais parecido com um *sandhog* do que com um político e tem uma tendência a se inclinar para a frente quando fala, como se estivesse prestes a ficar em pé de repente. "As pessoas não querem reconhecer isso, mas um túnel de fato tem uma vida útil, e em algum ponto ele começa a falhar", disse ele. As válvulas de metal se deterioram até não poder mais aguentar a pressão. Ward disse que os dois túneis originais estavam em condições tão ruins que era arriscado demais fechar a água e consertá-los até que o Túnel Municipal nº 3 estivesse operacional. Acrescentou que ainda há tempo antes de os túneis envelhecidos entrarem em colapso — "Não estamos falando sobre hoje ou amanhã" —, embora seja impossível prever quanto tempo resta.

Outros são mais pessimistas. Um cientista do DPA relatou que "alguns dos aquedutos já estão vazando muita água", enquanto um estudo de 2003 feito pela Riverkeeper, uma organização ambiental, concluiu: "Em alguns casos, essa extraordinária infraestrutura está realmente desmoronando". No interior do estado, na cidade industrial de Newburgh, por exemplo, a água começou a sair pelas rachaduras no aqueduto subterrâneo que alimenta os túneis da cidade — com tanta intensidade que os vazamentos criaram um buraco gigante de escoamento.

Muitos especialistas temem que o velho sistema de túneis entre subitamente em colapso. "Os engenheiros podem lhe dizer que, se ele falhar, isso não vai acontecer aos poucos", disse Ward. "Vai falhar de maneira catastrófica." Se o Túnel Municipal nº 1, que é considerado o mais vulnerável, desmoronasse, toda a baixa Manhattan e o centro do Brooklyn, além de partes do Bronx, perderiam o fornecimento de água. Se os aquedutos cederem, a cidade inteira ficará sem fornecimento. "Não haveria água", Ward me contou. "Isso não seria um incômodo de um dia ou dois. Estamos falando de dois a três anos."

No passado, a cidade às vezes tentou amenizar as preocupações sobre o sistema de água de Nova York, mas o prefeito Michael Bloomberg notou, em entrevista à imprensa, que as tubulações envelhecidas eram "muito vulneráveis" e que "esta cidade poderia cair de quatro se um dos aquedutos entrasse em colapso". Anthony DelVescovo, o gerente de projetos que tem trabalhado no Túnel Municipal nº 3 há quase quinze anos, repetiu a advertência de Ward. "O que ninguém sabe é que estamos enfrentando um apocalipse em potencial", ele me disse. "É uma corrida contra o relógio."

É difícil imaginar uma cidade sem água, suas torneiras vazias, seus hidrantes secos, suas praças cheias não com fontes, mas com cidadãos sofrendo doenças disseminadas pelo pó e pela dessecação — imaginar, como Charles Einstein pôs no título de seu romance futurista de 1964, *The day New York went dry* [O dia em que Nova York ficou seca].

Entretanto, em boa parte de sua história, Nova York foi uma cidade seca. Embora cercada pelo mar, sua principal fonte de fornecimento de água doce foi, até o século XVIII, um charco fétido na baixa Manhattan chamado Collect Pond [tanque de coleta]. Dejetos humanos eram despejados lá, junto com algum cadáver humano que aparecia de vez em quando. A distribuição de água era dominada por escroques conhecidos por "homens do chá", que perambulavam pelas ruas com tonéis gigantescos, coagindo os fregueses. Em 1785, com a população da cidade quase chegando a 30 mil habitantes, o *Journal* de Nova York publicou uma carta aberta aos funcionários do governo, reclamando que o fornecimento de água tinha se tornado um "esgoto comum". Um jornal diário declarou que o lugar era "repugnante e nojento", acrescentando: "Quanto mais a cidade crescer, pior essa situação ficará".

No exato momento em que o jornal advertia que "uma praga vai se abater sobre nós todos os anos até que o fornecimento de água melhore", a pestilência se espalhou pelas ruas miseráveis. Em 1798, a febre amarela matou 2 mil nova-iorquinos, e vendedores ambulantes apregoavam pelas ruas: "Caixões de todos os tamanhos!". A peste retornou em 1805, 1819 e 1822. "Os nova-iorquinos são como o homem rico da parábola", notou um residente no jornal local. "Eles não têm água fresca e limpa para saciar a sede quando as chamas da peste estão devorando seus órgãos vitais."

Certa manhã de domingo, em 1832, duas crianças acordaram em Manhattan com fortes dores nos intestinos. Elas pararam de urinar e foram tomadas pela sede; começaram a vomitar e sua pele ficou azulada. No dia seguinte, estavam mortas, e dois dias depois a mãe delas também.

A cólera asiática, uma doença torturante que se dissemina, em grande parte, por meio de água contaminada com fezes, tinha chegado. Em menos de um mês, 2 mil nova-iorquinos estavam mortos, seus corpos marcados por uma cor azulada e pelas extremidades enrugadas; mais de 100 mil moradores — a metade da população da cidade — fugiram para vilarejos afastados. Quando o flagelo terminou, o número de mortos tinha chegado a mais de 3 mil. Um grupo de médicos que visitou a cidade na época relatou a presença de gritos "constantes e em tom de súplica": "Água fria, água fria, a gente quer água fria!".

Por fim, no inverno de 1834, a Câmara Municipal votou pela localização de novas fontes de água. Mas, antes que os planos começassem a ser executados, um incêndio começou perto de Wall Street. Sem água suficiente para apagá-lo — os rios estavam completamente congelados —, as chamas saltaram de telhado em telhado, impulsionadas por um vento muito forte. Em minutos o fogo tinha se espalhado de Exchange Place até Water Street, e depois para as áreas das ruas Front e South, e continuou em frente. (A fumaça era visível até em Filadélfia.) O incêndio durou 24 horas, e depois de ter consumido quase setecentos prédios e causado saques de proporções tão grandes que o Exército teve que ser convocado, cerca de um terço de Nova York estava em ruínas. Uma testemunha, que chamou aquilo de "a mais terrível calamidade já ocorrida nestes Estados Unidos", escreveu: "Meu corpo está esgotado, minha mente perturbada, e meus pensamentos estão cheios de imagens de horror que minha pena é incapaz de descrever".

E assim, finalmente, a cidade começou a construir seu primeiro aqueduto.

Pelos padrões atuais, as dimensões do aqueduto Croton são modestas, mas na época foi considerado uma maravilha arquitetônica. Iniciado em 1837 e concluído em 1842, tinha uma extensão de quase cinquenta quilômetros, a partir do reservatório Croton até a margem leste do rio Hudson — uma elegante tubulação construída com tijolos com dois por 2,5 metros. Quando ficou pronto, os sinos das igrejas tocaram em toda a cidade, e milhares de pessoas encheram as ruas para passar pelas novas fontes, cujas águas brilhavam ao sol. Philip Hone, que veio a ser prefeito de Nova York, escreveu em seu diário: "Não se fala em mais nada, e nem se pensa em mais nada, a não ser a água de Croton [...] Água! Água! É a nota universal que soou por todas as partes da cidade, e que enche as massas de alegria e júbilo".

No entanto, doze anos depois, mais uma vez a demanda por água da cidade foi maior que o fornecimento, e a pressão na tubulação caiu a um nível tão baixo que a água não conseguia mais atingir o terceiro andar de um prédio. Em 1882, com milhares de imigrantes chegando a cada semana, o jornal *Times* implorou: "Procura-se mais água", acrescentando: "A saúde das famílias [...] foi exposta a risco porque não se pôde garantir água suficiente". Mas, ao contrário do século anterior, quando a cidade fora uma mera espectadora passiva dos problemas cívicos, agora havia uma fé quase evangélica no progresso humano. Em 1905, o prefeito George McClellan, que tinha acabado de inaugurar o primeiro sistema de metrô da cidade, expôs a visão de "uma fonte adicional de fornecimento de água pura e saudável", uma visão tão ousada que muitos pensaram ser um sinal de arrogância. Com um custo estimado de 185 milhões de dólares — 3,7 bilhões em dólares atuais —, seria o maior sistema de água municipal do mundo. Em 1907, no lançamento da pedra fundamental, McClellan declarou: "O curso dos acontecimentos humanos não é alterado permanentemente pelos grandes feitos da história, nem pelos grandes homens, mas pelos pequenos feitos cotidianos dos homens menores". Em pouco tempo, milhares de trabalhadores chegaram às montanhas Catskill e começaram a limpar o terreno. Sob a abrangente Lei McClellan, que, segundo reclamou um juiz, dava "poderes que o Todo-Poderoso não teria delegado a um arcanjo", a cidade desapropriou mais de 25 mil acres de terra, incluindo centenas de casas perto da área de Shokan, que fica bem ao sul de Woodstock. Nove vilarejos foram derrubados, alguns completamente queimados, e quase 3 mil moradores foram expulsos; até mesmo cemitérios foram escavados. "Todas as árvores foram cortadas, e o vilarejo está desaparecendo aos poucos, como em um sonho", relatou o *Freeman* de Kingston.

Então represas foram construídas, água foi desviada de córregos nas Catskills, e água de chuva foi coletada. Todo o vale foi inundado, criando um de vários reservatórios que, juntos, são tão grandes quanto a ilha de Manhattan. Em fotografias da área de Shokan tiradas antes da inundação, a terra é verde e vasta; meses depois, está coberta por um mar interno de aparência vítrea.

Enquanto isso, os *sandhogs* cavaram através de montanhas e sob as encostas das colinas para construir o aqueduto de Catskill, um conduto de água de 150 quilômetros que se inclina suavemente colina abaixo de Shokan até a montanha Storm King e depois em direção a White Plains. Em determinado ponto, ele atravessa por baixo do rio Hudson, a uma profundidade de 335 metros — uma façanha que o novo prefeito de Nova York, William Gaynor, chamou de "um dos maiores feitos de engenharia da história". No entanto, a parte mais difícil do projeto ainda estava por vir. Segundo o elaborado projeto dos engenheiros, a água iria correr do aqueduto para dentro de um reservatório em Yonkers. De lá, seria canalizada para outro túnel — um que fosse cavado bem fundo sob a cidade, capaz de suportar a pressão de mais de 19 bilhões de litros passando através dele a cada dia. Essa água, então, começaria a fluir para cima, em canos cada vez menores, que, por fim, descarregariam nos milhões de torneiras por toda a cidade. A construção do que veio a ser conhecido como Túnel Municipal nº 1 começou em 1911. Muitos homens desceram e nunca mais voltaram. Os que ficaram recebiam cerca de dois dólares por dia. Certa vez, em decorrência de todas as pressões do trabalho, aconteceu um tumulto a mais de 350 metros abaixo da terra, e os trabalhadores se atracaram com pás e picaretas.

A situação era igualmente difícil nas margens do East River. Segundo o livro *Liquid assets* [Recursos líquidos], uma história sobre o sistema de água da cidade escrita por Diane Galusha, o lençol de água natural tornou a rocha tão mole que os poços que permitiam aos *sandhogs* descerem para entrar no túnel se tornaram armadilhas mortais cheias de água. Os engenheiros foram forçados a construir em cada uma das margens uma caixa gigante invertida chamada ensecadeira — um perigoso dispositivo usado pela primeira vez durante o assentamento das fundações da ponte do Brooklyn. Com cerca de cinco metros de cada lado e pesando 2 mil toneladas, as caixas de aço e concreto eram vedadas de todos os lados, exceto no fundo. À medida que eram baixadas dentro do terreno macio, ar comprimido era bombeado para dentro das ensecadeiras, empurrando para fora a lama e a água. Para entrar na ensecadeira, os *sandhogs* eram baixados em uma caçamba presa a um cabo de aço; dali eles entravam em uma câmara de vácuo, muito semelhante à usada por mergulhadores. O ar era bombeado para dentro, e os *sandhogs* podiam sentir seus tímpanos comprimidos até quase estourar, o sangue correndo para o centro do corpo. Muitos pensaram que estavam morrendo.

Assim que a pressão na câmara ficava igual à do interior da ensecadeira, os *sandhogs* rastejavam por uma espécie de alçapão para entrar na ensecadeira, onde, com lama pelos tornozelos, começavam a cavar de baixo, removendo toda a sujeira em um balde através de uma portinhola no teto. À medida que cavavam, sob uma pressão tão grande que só podiam trabalhar duas horas por vez, a ensecadeira afundava lentamente, permitindo que as laterais da caixa escavassem o alinhamento de um poço. Um engenheiro que esteve em uma ensecadeira durante a construção da ponte do Brooklyn descreveu a sensação da seguinte maneira:

> No começo, a pulsação acelerava, e então às vezes caía para abaixo do normal. A voz soava fraca, estranha, e falar tornava-se um grande esforço. Com todas aquelas luzes flamejantes, as sombras profundas, o ruído confuso de martelos, perfuradeiras e correntes, as formas seminuas se movendo de um lado para o outro, com um

Sísifo aqui e ali rolando sua pedra, uma pessoa de temperamento poético poderia ter uma noção do que seria o Inferno de Dante.

Mais desalentadora, no entanto, era a ameaça de um "*blowout*" — uma ruptura no alinhamento da parede da ensecadeira, causada por um desequilíbrio repentino da pressão, que criava uma sucção muito semelhante à da porta de um avião sendo aberta em pleno voo, acompanhada por um ruído agudo e ensurdecedor. Os homens tinham poucos segundos para entrar na câmara de vácuo; se não conseguissem, podiam ser sugados para dentro da terra, como aconteceu em 1916, durante a construção de um túnel sob o East River, quando três homens foram engolidos em uma fenda; dois morreram, enquanto o terceiro, Marshall Mabey, foi lançado a salvo para o céu da tarde por um gêiser que, segundo disseram, tinha altura equivalente a quatro andares. "A impressão era de estar sendo puxado para dentro do buraco", explicou Mabey a um repórter mais tarde. "Quando eu caí na lama, era como se alguma coisa me apertasse de um jeito como jamais tinha sentido na vida. Eu quase sufoquei."

Não se sabe quantos *sandhogs* morreram na construção do sistema de Catskill, mas, em 1913, o *Sentinel* de Pine Hill relatou:

Cerca de dez em cada cem [trabalhadores] são mortos ou feridos todo ano. Foram registrados mais de 3800 acidentes, sérios ou não, com os trabalhadores no grande aqueduto [...] Os homens que estão fazendo o trabalho duro são praticamente todos estrangeiros ou negros. Pelo fato de esses trabalhadores serem quase invisíveis, a morte de um ou mais deles não atrai a atenção pública.

Em 1917, mais de uma década depois do início dos trabalhos, a última explosão foi ouvida. Agora era possível andar debaixo da terra de Manhattan até as Catskills. A cidade comemorou a realização, mas o evento foi mais discreto do que a comemoração de Croton. No momento em que uma nova fonte perto do reservatório no Central Park foi ligada, os céus se abriram e uma chuva muito forte começou a cair.

"Ei, está sentindo o cheiro?", perguntou Jimmy Ryan.

"O que é?", perguntei.

"Dinamite."

Estávamos de volta ao Túnel Municipal nº 3, observando os *sandhogs* escavarem a rocha dinamitada — "limpando a sujeira", como disse Ryan. Fazia apenas um minuto que eu havia visto os homens detonarem os explosivos, e o ar turvo estava carregado de fumaça e pó; em pouco tempo, uma fina névoa amarela cobria tudo. Rochas que tinham suportado terremotos nebulosos tinham sido despedaçadas contra as paredes circundantes. Algumas estavam rachadas em dois, revelando pedaços de mica, que brilhavam em meio ao pó; outras eram escuras e opacas.

Nesse estágio inicial, o método de cavar através da rocha era semelhante ao usado no primeiro túnel de água. Nas palavras de Ryan, "você enfia a dinamite na rocha, explode a filha da puta, depois tira toda a merda que sobrar para fora". Era um ritual repetitivo, exaustivo, no qual não havia dia nem noite e o som dos abalos substituía a passagem do tempo. Os homens agora esmagavam granito em enormes caçambas que carregavam até 28 toneladas em uma única carga e eram levadas para fora por um guindaste pelo mesmo poço pelo qual haviam entrado. Cada *sandhog* tinha seu papel na operação. Havia os que limpavam e os que explodiam, os sinalizadores e os pinçadores; estes últimos permaneciam acima do buraco, prendendo materiais ao guindaste. Um pinçador veterano, Brian Thorne, contou-me que todo mundo tem uma especialidade. Minha maior especialidade é ajustar os cabos. Os caras lá embaixo querem saber se podem confiar que o cara que fica em cima vai colocar as coisas acima da cabeça deles sem se preocupar. Se você acerta alguém, não dá para dizer: "Foi mal, desculpa". Aquela pessoa vai estar morta. Então a gente tem sempre que estar muito atento e com o controle absoluto de tudo.

Com o passar do tempo, Ryan tinha passado de limpador a capataz, ou "chefe ambulante", e agora, como presidente do sindicato dos *sandhogs*, é responsável em grande parte por toda a equipe. Um colega lhe fez o maior elogio que se pode fazer a um *sandhog*: "Nenhum serviço é sujo demais para Jimmy". Mas, enquanto andava com dificuldade através da lama, os olhos espiando embaixo do capacete, ele parecia ligeiramente distante. Quando os *sandhogs* mais jovens começavam a se lembrar de alguma história que envolvia perigo de morte, ele arqueava uma das sobrancelhas e dizia, irônico, "Que bela história" ou "Você é um verdadeiro mestre para falar bobagens, não?". Ao contrário dos outros homens, que contam histórias sobre o túnel da mesma maneira que os pescadores contam histórias sobre o mar, Ryan raramente fala sobre seu tempo nos subterrâneos. Quando termina o turno de trabalho, vai para sua casa em Queens, onde costuma trocar seu uniforme de escavador por calças para jogar golfe e sair pelos campos, tentando lançar a bola com os braços doloridos enquanto sente o cheiro da grama recém-cortada. A esposa dele me disse: "Ele nunca diz uma só palavra sobre o túnel. Eu não sei o que ele faz lá embaixo".

Ryan não é, pelos padrões da atividade, um homem especialmente supersticioso — ele não leva consigo uma chave inglesa da sorte nem se recusa a descer em uma sexta-feira 13 —, mas mantém uma atenção constante. E agora, enquanto os outros contavam piadas, Ryan ficou sozinho, inspecionando em silêncio as paredes para ter certeza de que não havia rachaduras que pudessem causar problemas.

Depois de um tempo, ele andou com dificuldade até o final do túnel, onde havia uma pilha de entulho acumulado. Em profundidades menores, os *sandhogs* já encontraram joias, armas de crimes, dentaduras, uma urna cheia de moedas, um calabouço dos tempos coloniais. "Nos túneis de esgoto, às vezes a gente encontra ratos", disse Ryan. "Mas aqui embaixo só tem a gente mesmo."

Ele colocou a mão no bolso e tirou um saco plástico, que abriu com cuidado, revelando não seu almoço, mas um maço de cigarros. Ele era o único que, apesar do pó que fazia as narinas arderem, parecia estar sempre trabalhando com um cigarro pendurado no canto da boca — como os detetives dos velhos romances baratos que ele gostava de ler.

Alguns dos homens trouxeram uma escada de três metros e a apoiaram na pilha de entulho, e Ryan começou a subir por ela, a brasa na ponta do cigarro indicando o caminho. "Vem aqui", disse ele. Quando atingi o topo, ele apontou para o fim do túnel, como se quisesse dizer: "Vamos, dê uma boa olhada". E eu vi uma dúzia de figuras se movendo através da nuvem de poeira. Havia uma cacofonia: homens batendo nas rochas com picaretas, perfuratrizes fazendo novos furos, caçambas se movendo para a frente e para trás entre fagulhas que flutuavam como vaga-lumes. Depois de cinco meses de explosões e remoção de entulho, de dois turnos trabalhando dezesseis horas por dia, de engenheiros e empreiteiros medindo a rota mais rápida, eles tinham avançado apenas dois quarteirões da cidade, da rua 29 até a rua 31. Mas enquanto eu olhava de uma extremidade a outra do teto de rocha, pingando água e banhado em uma luz sulfúrea, pude perceber o primeiro indício de um projeto.

"Então, o que acha da nossa catedral?", perguntou Ryan.

* * *

Mais tarde, quando estava tirando as botas no barracão, Ryan me contou: "Sabe, meu avô fazia a mesma coisa". Ele colocou as botas juntas. "Ele veio para este país em 1922, vindo da Inglaterra. Começou a trabalhar primeiro no túnel Holland, mas então começaram o segundo túnel de água e ele foi para lá. Era até maior do que o Túnel Municipal nº 1. Era um negócio brutal. Isso eu posso lhe dizer."

Em 1929, para acompanhar o consumo de água, que havia aumentado em quase 1,5 bilhão de litros por dia desde que o primeiro túnel fora construído, a cidade começou a escavar o Túnel nº 2. Mais uma vez, outro aqueduto foi construído, este retirando a água do rio Delaware. (Ele ainda é listado no *Guinness Book of World Records* como o maior túnel de fornecimento de água do mundo.) Mais uma vez, vilarejos foram inundados e cemitérios escavados.

Nick Ryan, o avô de Jimmy, era alto, musculoso, ruivo. Dizem que Jimmy Ryan é parecido com ele, mas Nick era mais o tipo "exaltado", segundo disse o neto, claramente suavizando a descrição. Era conhecido por sua queda por uísque, que naquela época era bastante consumido dentro do túnel. Ele praticamente não tinha educação formal. A maioria dos *sandhogs* de sua geração era de imigrantes recém-chegados, em geral da Irlanda, da Itália e do Caribe, que apareciam para trabalhar vestidos com as únicas roupas que tinham e embrulhavam os sapatos com sacos plásticos. O Comitê de Fornecimento de Água às vezes os alojava em acampamentos, e tentava ensinar os filhos deles a ler e escrever; os moradores da cidade costumavam reclamar das "hordas de imigrantes". Fotografias em preto e branco da época mostram o grupo de Nick em pé no túnel, com apenas algumas vigas de madeira sustentando a rocha acima das cabeças. Em vez de capacete, Nick Ryan usava algo mais parecido com um chapéu de caubói. Em ata de 1936 de uma das primeiras reuniões do Grupo 147, ao qual Nick pertencia, havia um aviso para que os homens não trouxessem revólveres.

"Mesmo durante a Depressão, a maioria dos homens não aceitava esse trabalho", lembrou um mineiro que estava no sindicato com Nick Ryan, em depoimento para um projeto de história oral. "Ninguém ia descer e trabalhar com uma pá o dia inteiro e depois trabalhar em ar comprimido. Tínhamos algumas pessoas que eram muito, muito duronas, e elas precisavam de um comandante que fosse ainda mais duro [...] Eles diziam: 'Faz isso ou sai daqui, porra'. Então, como lhe dirão os avaliadores de seguros, só sobreviviam os mais capazes."

Nick Ryan suportou dores no peito, membros quebrados, sangramentos pelo nariz e doença da ensecadeira — o mal da descompressão. Então, em 1937, com sua família ainda necessitada de dinheiro, Nick Ryan levou consigo para dentro do poço o filho de dezoito anos, Joe. "Foi assim que meu pai aprendeu a sobreviver debaixo da terra", lembrou-se Jimmy Ryan.

"Antigamente, era um negócio de pai para filho", contou-me um *sandhog* cujo pai trabalhou ao lado de Joe Ryan. "Os pais traziam os filhos, depois os irmãos traziam os irmãos, e os filhos traziam os primos. Eu não sei que nome dão para isso, mas ninguém nunca pediu referências para ninguém que vinha trabalhar aqui. Eles não se importavam se você tivesse ficha na polícia — contanto que trabalhasse, você podia ficar no buraco."

Mais baixo e mais robusto que o pai, Joe Ryan era conhecido como Vermelho. Homem muito compulsivo e, para aqueles que não o conheciam bem, ameaçador, ele carregava o fardo — e talvez a raiva — de alguém que teve que desistir de uma bolsa de estudos na Wake Forest University para trabalhar nos subterrâneos, ajudando a sustentar um pai que às vezes ficava fora de casa até muito tarde e não conseguia chegar a tempo ao trabalho no dia seguinte. Depois que Nick Ryan morreu, em 1958, seu filho foi gerente de um posto de gasolina por um breve período. Mas em pouco tempo voltou para o subterrâneo — o lugar que conhecia melhor.

Na década de 1950, a cidade já estava em frenética busca por mais "água pura e saudável". Dessa vez, não era apenas a demanda da explosão populacional, ou mesmo os períodos de seca, que provocaram o alerta. Dessa vez, era algo que quase ninguém tinha sequer considerado.

Em 1954, sem o conhecimento da maioria dos moradores da cidade, vários engenheiros entraram em um poço para tentar desligar o fornecimento de água no Túnel Municipal nº 1, para ver se o túnel precisava de reparos depois de estar em funcionamento por quase meio século. "Imagine sua torneira depois de apenas dez anos", disse Christopher Ward, o chefe do DPA. "Essas coisas têm sido bombardeadas durante décadas."

No fundo do poço, saindo do túnel, havia uma enorme haste de bronze com uma roda giratória na extremidade. Ela deveria controlar a válvula de dois metros de diâmetro dentro da tubulação. Mas quando os engenheiros começaram a girar a manivela, usando toda sua força, ela começou a tremer e a rachar. "Havia pressão demais sobre ela", disse Ward.

"Eles ficaram com medo de que, se girassem mais um pouco, todo aquele troço iria arrebentar", disse Richard Fitzsimmons Jr., o gerente administrativo do sindicato dos *sandhogs*.

Depois de décadas construindo o maior sistema de água do mundo, a cidade tinha tropeçado em seu ponto fraco, uma única falha que havia tornado mortal um corpo outrora invencível. "As pessoas ficaram morrendo de medo", disse Doug Greeley, um engenheiro encarregado da distribuição de água na cidade. Não havia maneira eficaz de fechar a água, nem de entrar e soldar uma rachadura, não havia maneira de saber se o túnel estava prestes a arrebentar.

No final dos anos 1960, a administração pública concluiu que alguma coisa tinha que ser feita. "Um dos túneis originais tinha setenta anos, e nós não conseguíamos consertar nenhuma das válvulas", lembrou-se Ed Koch, que era congressista na época. Em alguns casos, disse ele, "nós nem sequer sabíamos onde estavam as válvulas". Koch, que mais tarde foi prefeito durante três mandatos, acrescentou: "Você consegue viver sem comida, mas não consegue viver sem água".

Em um dia frio de janeiro de 1970, iniciou-se oficialmente a construção do terceiro túnel de água, que iria suplantar os dois antecessores. Projetado para ser construído em quatro etapas, ele se estenderia por quase cem quilômetros, do reservatório em Yonkers, passando pelo Bronx e chegando à ponta sul de Manhattan, e depois entrando no Brooklyn e em Queens. O projeto incluiria outro aqueduto subterrâneo. Mais importante, no centro de todo o sistema estariam 34 válvulas especialmente projetadas que não seriam feitas de bronze, mas de aço inoxidável, com hastes mais curtas que poderiam suportar maior força. (A maioria foi fabricada no Japão, onde os fiscais da prefeitura moraram durante dois anos para garantir que fossem feitas segundo medidas precisas.) Todas as válvulas estariam contidas em uma única câmara centralizada, onde poderiam facilmente ser acessadas e desligadas.

A construção da câmara começou em 1970 e só foi concluída em 1998. Embora as seções de túneis que vão alimentar a câmara ainda não tenham sido completadas, o DPA me deu uma ideia aproximada do interior da câmara — que fica no Bronx, não muito longe do sindicato dos *sandhogs*. Não há nada na superfície para indicar a existência da câmara, exceto uma pequena torre de vigia e uma porta lacrada que leva a uma encosta gramada. "De maneira geral, nós não devemos deixar ninguém entrar", contou-me Greeley, parado ao lado da porta.

Como muitos dos "lapiseiras", que é como os *sandhogs* chamam os engenheiros, Greeley é um homem demasiado escrupuloso: tem um bigode perfeitamente aparado e estava usando um blazer azul com gravata. A porta principal, que ele destrancou como se fosse um cofre, era feita de aço sólido. "Eles construíram este lugar durante a Guerra Fria", disse ele. "Achavam que resistiria a uma bomba nuclear de dez megatons."

Quando ele pôs seu peso contra a porta, ela cedeu aos poucos, emitindo um som alto semelhante a um suspiro. Estava úmido e frio lá dentro; o corredor era de concreto. Depois de descer um lance de degraus de metal, entramos em um elevador que nos levou 25 andares para baixo. Quando Greeley abriu outra porta grossa, ele disse: "Prepare-se para mudar para sempre sua visão do que é o fornecimento de água".

A câmara parecia um hangar de avião; estendia-se por mais de 180 metros, com um teto em forma de cúpula com doze metros de altura e paredes cobertas de condensação e algas. Lâmpadas estavam penduradas no teto como luas crescentes. Suspensas a seis metros do chão, uma ao lado da outra, estavam as válvulas, ou melhor, os canos que as continham: dezessete cilindros de aço de 35 toneladas com cavilhas que atravessavam de um lado ao outro os doze metros de largura da câmara. Cada cilindro continha duas válvulas. Uma prancha de metal corria ao lado deles, e Greeley caminhou com entusiasmo até o primeiro cilindro, passando a mão em sua parte externa, semelhante a um torpedo. "Desse jeito, se um túnel desenvolver uma rachadura, podemos fechá-lo daqui", disse ele. "Tudo está na ponta de nossos dedos." Se uma válvula quebrasse, o cilindro poderia ser abaixado até o fundo da câmara e levado para fora por trilhos. Uma peça, explicou Greeley, poderia ser removida sem prejudicar o resto do sistema. Os túneis antigos corriam em linha reta dos reservatórios até a cidade, mas o Túnel Municipal nº 3 fora projetado com várias voltas desnecessárias (tanto a parte de cima de Manhattan como Brooklyn e Queens têm uma volta) que passariam pela câmara, de forma que partes da cidade podem ser tiradas da rede sem que o fornecimento de água seja completamente cortado.

Colocando a mão em uma pequena roda que se projetava para fora do cilindro, Greeley disse: "Aqui nós podemos fechar e abrir as válvulas eletronicamente ou, se houver interrupção no fornecimento de energia, até manualmente. É claro, se você fizesse de forma manual, teria que girá-la vinte e nove mil vezes, mas se realmente precisasse fazer isso, daria para trazer alguns funcionários aqui para baixo para fazer o serviço".

Estava frio na câmara, e Greeley estremeceu ao estender a mão para mostrar outra inovação. "Elas são chamadas de válvulas-borboleta", disse ele sobre as válvulas de corrediça dentro do cilindro. À diferença das válvulas antigas, em formato de guilhotina, essas comportas giravam lentamente até ficar em posição. "Isso tira a pressão e torna mais fácil fechar", disse ele, virando a mão em sentido horário. Embora tivesse estado na câmara dezenas de vezes, ele parou por um momento e olhou para as dúzias de válvulas. Então disse: "Quando o terceiro túnel estiver terminado, toda a água na cidade vai fluir como nunca".

Em 1969, pouco antes do início da construção da primeira etapa do terceiro túnel de água, o pai de Jimmy Ryan o levou para um passeio embaixo das ruas. "Quando eu tinha dezoito anos, ele disse 'Vem comigo'", recorda-se Jimmy Ryan. "Ele era das antigas. A gente não perguntava o que ele fazia... Então ele nos enfiou em uma caçamba enorme. Eu não fazia ideia do que esperar. Foi ficando cada vez mais escuro. Meu pai me disse para eu ficar bem perto dele e olhar o que ele fazia. E foi assim que me tornei um *sandhog*. É de família."

Jimmy Ryan tornou-se conhecido como o Hippie Ruivo. "Esse era o estilo da época", contou Jimmy, um pouco na defensiva. "Até os veteranos tinham costeletas compridas." Se por um lado era ligeiramente rebelde, tinha também a motivação incessante do pai: ele me contou que queria provar ao "velho" que conseguiria fazer o serviço. Jimmy também tinha uma sinceridade que o tornou popular entre os homens. "Eu não consigo dizer uma só coisa ruim sobre Jimmy", disse Buddy Krausa, um de seus antigos chefes de turma, acrescentando que Ryan era do tipo que "nunca roubaria uma chave inglesa".

Após breves passagens por outros serviços, os Ryan foram para o terceiro túnel de água. Em um dia de verão em 1982, Jimmy Ryan, Krausa e mais ou menos uma dúzia de outros *sandhogs* desceram em um buraco perto do parque Van Cortlandt, no Bronx, onde estavam conectando um túnel que iria alimentar a nova câmara de válvulas. A seção já tinha sido perfurada e eles estavam nas etapas finais: construir uma fôrma de aço — parecida com o esqueleto do casco de um navio — em volta dos contornos da terra escavada, para depois derramar concreto. Para chegar ao teto da caverna, Ryan teve que subir em um andaime de seis metros de altura.

Por volta do meio-dia, alguns homens pararam para almoçar, mas Ryan e alguns outros ainda trabalhavam quando outro *sandhog*, George Gluszak, que estava a quase dois quilômetros dali, viu duas betoneiras de vinte toneladas, usadas para misturar concreto, descendo o túnel a toda a velocidade. Elas tinham se soltado do carro que as prendia e estavam ganhando velocidade no declive. Alguns homens tentaram jogar objetos nos trilhos para tentar diminuir-lhes a velocidade, mas não adiantou. Jimmy Ryan estava usando uma perfuratriz quando os carros bateram no andaime, lançando-o a sete metros no ar. "Tudo virou de cabeça para baixo", disse Ryan. "Eu desmaiei, e, quando voltei a mim, todas as luzes tinham se apagado. Tudo o que eu conseguia ouvir eram gemidos."

Krausa, que não havia se ferido, tateou em meio a uma confusão de aço, rocha e máquinas. Ele conseguia ouvir os outros homens gritando por socorro. Por fim, acabou encontrando uma lanterna e apontou o foco na sua frente. "Eu nunca tinha visto nada assim", disse ele.

Imprensado entre dois carros-plataforma estava Johnny Wademan, que usava a perfuratriz junto com Ryan. Os dois carros tinham colidido, atingindo-o no meio do tronco, e ele ficou suspenso no ar, as pernas balançando, os braços estendidos. "Ele parecia Jesus Cristo", disse Gluszak, que, junto com sua equipe, tinha corrido pelo túnel às escuras até o local. Um dos homens gritou dizendo que Wademan estava morto.

Ryan sangrava muito na cabeça. "Jimmy estava muito machucado", disse Krausa. "Deus o abençoe, ele ainda estava procurando pessoas, tentando ajudá-las. Não sei como ele conseguia andar."

Em um dos cantos, preso entre um cano de concreto e a parede, estava um *sandhog* chamado Mike Butler. A maior parte de sua perna tinha sido arrancada, o osso esmagado estava exposto; seu pé, com um corte monstruoso, estava preso, de forma que ele não conseguia se mexer. "Ele ia sangrar até a morte", disse Ryan.

Alguém sacou um canivete e, guiado apenas pelo facho de luz trêmulo de uma lanterna, tentou soltá-lo. Seu calcanhar não se mexia. "Eu lhe disse que íamos ter que cortar fora parte do pé dele", disse Gluszak. "Ele falou: 'Faz o que tiver que fazer'."

Enquanto um *sandhog* segurava um cigarro nos lábios de Butler, outro começou a retalhar-lhe o calcanhar, cortando o que havia sobrado de tendões e osso. "Eu tirei a camisa e embrulhei o pé dele em minha camiseta e coloquei um torniquete na perna dele", disse Gluszak.

Enquanto Butler estava sendo solto, os outros homens tiraram Wademan de onde ele estava suspenso. Quando chegou ao chão, eles ouviram um gemido. Ele ainda estava vivo.

Aquele foi um dos piores acidentes até hoje ocorridos no terceiro túnel de água. Mais tarde Butler teve o resto da perna amputado. As pernas e os quadris de Wademan foram quebrados, seis de suas costelas foram esmigalhadas, e ele sofreu um traumatismo craniano grave. Ryan levou 120 pontos na testa e no queixo; ele também teve um joelho quebrado, costelas fraturadas e os dois ombros deslocados. Precisou de oito meses para se recuperar. Quando lhe perguntei por que voltou ao trabalho, ele respondeu: "Eu sou um *sandhog*. Isso é tudo o que eu sei fazer". Ele nunca voltou à cena do acidente, e ficou ainda mais taciturno. "O acidente tirou a vida de Jimmy", disse outro *sandhog*. "A vivacidade."

"Eles não vão fazer nenhuma pesquisa psicológica comigo", Ryan me disse. "Nunca vão penetrar na minha cabeça."

Pouco depois de ter voltado a trabalhar, Ryan reparou que seu pai estava tendo problemas para respirar. "Ele andava dez metros e tinha que parar", disse Ryan. Então Joe Ryan começou a expelir um muco preto. Quando foi ao médico, a radiografia mostrou pontos em seus pulmões. Ele tinha contraído silicose, doença causada por anos respirando poeira.

Jimmy Ryan contou que o pai sempre lhe dissera que os *sandhogs* morrem de maneira inesperada. Morrem em virtude de desmoronamentos e problemas de pressão. Morrem por explosões e choques elétricos. Morrem atingidos por rochas, guinchos ou estacas de gelo. Morrem afogados. Morrem decapitados ou por problemas de descompressão. Morrem sem as pernas, sem os braços. Morrem mergulhando centenas ou apenas alguns metros.

Morrem depressa e, com mais frequência do que o contrário, dolorosamente.

Em maio de 2003, na quinta-feira da Ascensão, Ryan vestiu um paletó de tweed muito bem passado e uma gravata e dirigiu de sua casa, em Queens, até a igreja de St. Barnabas no Bronx para um culto em homenagem a todos aqueles que tinham morrido no terceiro túnel de água. A igreja de pedra tinha janelas com vitrais que podiam ser abertas, deixando a luz do sol entrar desimpedida. Ryan sentou-se na frente, o paletó apertado em seus ombros largos. Acomodados nos bancos a seu redor estavam Christopher Ward, o chefe do DPA; Anthony DelVescovo, o empreiteiro; e dúzias de *sandhogs* e engenheiros. "Vamos rezar por todos aqueles que foram feridos ou mortos na construção do Túnel Municipal nº 3", entoou o sacerdote.

"Que eles vejam o céu", respondeu um *sandhog*. "Que eles vejam o céu."

Ryan ajoelhou-se enquanto o sacerdote lia os nomes dos 24 homens que tinham morrido no túnel. "Senhor, tende piedade deles", disse o sacerdote. Quando a cerimônia terminou, Ryan e os outros foram a um pub irlandês no fim da rua. "Meu pai foi um dos sortudos", disse ele. "Aguentou até 1999. Foi quando a silicose finalmente o pegou."

"Eu sou John Ryan. Acho que você conheceu meu pai."

O jovem estava em pé ao lado de um poço para um túnel na esquina da rua 36 com a Primeira Avenida. Baixo, com braços fortes, ele era mais parecido com o avô do que com o pai. Tinha 28 anos, e seu rosto ainda não tinha as marcas duras de um *sandhog*. Era grandalhão e determinado, com olhos verdes brilhantes; um pouco de cabelo vermelho aparecia embaixo do capacete.

Os outros *sandhogs* o chamavam de "garoto do Jimmy", mas

ele tinha pouco da introspecção do pai. "Você nunca sabe o que está se passando ali", disse ele sobre o pai, com um sorriso. "Eu faço mais o tipo mestre em falar besteiras." Ele olhou para cima, para o guindaste que estava levando materiais para dentro do buraco. "Eu costumava pensar que meu pai estava maluco. Eu tinha oito anos quando ele se machucou. Ainda me lembro daquilo. Ele não quis ficar no hospital e veio para casa em uma cadeira de rodas. Foi então que percebi o que significava ser um *sandhog*, e eu disse: 'Diacho, eu nunca vou fazer isso'." Ele espiou o fundo do buraco. "Acho que está no sangue." Estendendo os braços, acrescentou: "A gente provavelmente tem mais lodo nas veias do que qualquer outra coisa".

"Ninguém quer que os filhos entrem nisso", Jimmy Ryan me contou mais tarde. "A gente sempre espera que eles arranjem um emprego de lapiseira."

"Eu cresci querendo ser jogador de beisebol", disse John Ryan. "Então larguei a faculdade, e um dia meu pai foi até o bar onde eu estava trabalhando e disse: 'Muito bem, rapaz, você quer cuidar de um bar? Vem comigo'. Eu nunca tinha estado em um buraco antes. Estava assustado. Não vou mentir para você."

"Eu só posso imaginar o que ele estava pensando", disse Jimmy Ryan. "A gente tenta se ajudar."

O bisavô de John Ryan trazia para casa apenas alguns dólares por semana por seu trabalho no túnel de água; hoje, os *sandhogs* ganham até 120 mil dólares por ano. Embora muitos descendam de mineiros itinerantes, eles agora costumam sair do "chiqueiro" usando ternos bem cortados, o cabelo perfeitamente penteado, como se fossem banqueiros ou contadores. Chick Donohue, o chefe do barracão, graduou-se na Kennedy School em Harvard e é bem conhecido na política da cidade. Usa seu anel de Harvard em uma das mãos e seu anel do sindicato dos *sandhogs* na outra.

"Assim, se eu não conseguir ser mais inteligente do que eles com a esquerda, eu os acerto com a direita", ele comentou comigo.

Da mesma forma que os *sandhogs* aos poucos transformaram a cidade, a cidade aos poucos transformou os *sandhogs*. Alguns agora chegam para trabalhar no poço em um Cadillac ou BMW. John Ryan, que está noivo e prestes a se casar, está comprando uma casa em estilo colonial em Nassau County. "Muitos colegas foram atraídos pelo dinheiro", ele reconheceu. E depois de uma pausa: "E tem a camaradagem. Isso é uma parte muito importante também". Ele fez outra pausa, como se buscasse uma razão mais profunda, e então acrescentou: "Diabo, eu *gosto* lá de baixo".

Depois de cinco anos no terceiro túnel de água, John Ryan foi promovido a chefe de turma. Sua atual missão era construir a mais nova "toupeira" da cidade, uma perfuratriz de 230 toneladas que seria colocada no lugar onde seu pai trabalha, na Décima Avenida. Testada desde o começo dos anos 1970, a toupeira foi oficialmente introduzida nos túneis de água em 1992, e tornou-se o instrumento mais importante dos *sandhogs* — comparável, no mundo da construção de túneis, à invenção da imprensa. Em fevereiro de 2003, a última toupeira foi transportada de Nova Jersey para Manhattan, em partes que pesavam de sessenta a 130 toneladas, em um caminhão-plataforma; a carga útil foi a maior a cruzar a ponte George Washington. Os componentes foram, então, baixados pelo buraco da rua 30 por um guindaste especial que podia suportar o enorme peso.

Certo dia de fevereiro, depois que a toupeira tinha sido montada nos limites restritos do túnel, John Ryan me convidou a descer com ele para vê-la. A tubulação tinha 3,5 metros de diâmetro. A toupeira já tinha perfurado quase oitocentos metros, e para chegar à ponta tivemos que andar em um vagão chamado "*man trip*", que chocalhava de um lado para o outro. Água de lençóis subterrâneos vazavam das rochas ao redor, espirrando contra as paredes enquanto passávamos rapidamente. Depois de cerca de cinco minutos, paramos de repente. À distância, eu podia ver uma máquina monstruosa que parecia mais um ônibus espacial do que uma perfuratriz. Os motores hidráulicos da toupeira se agitavam violentamente, e suas luzes piscavam brilhantes. "Vamos lá", disse Ryan, entusiasmado, andando na direção dela. "Isso é só o equipamento de tração."

Esse equipamento — incluindo uma esteira transportadora que carregava para fora a rocha despedaçada — ocupava a maior parte do túnel. Uma plataforma estreita fora construída em uma das laterais do túnel. De vez em quando, para passar por um dos quinze *sandhogs*, tínhamos que ficar de lado, apertando o rosto contra a rocha úmida. À medida que entramos mais fundo, a toupeira começou a se assemelhar a um organismo colossal: braços cilíndricos gigantes se prendiam às paredes e empurravam a boca da máquina para a frente através da rocha. Em alguns compartimentos da toupeira, engenheiros observavam telas de computadores; a toupeira possuía lasers que registravam o tipo exato de rocha que estava na ponta.

Uma sirene soou, e os homens começaram a correr de um lado para o outro na plataforma. "O que está acontecendo?", perguntei com certo nervosismo.

"Nada", respondeu Ryan. "Só estamos dando a partida."

A toupeira tossiu, estalou e balançou. A temperatura na superfície era de –6 °C, mas a toupeira aqueceu o ar do túnel até 26 °C, e alguns dos homens começaram a tirar suas camadas de roupas. Depois de andar setenta metros, chegamos à frente da toupeira: uma blindagem redonda com 27 cortadores, cada um pesando 145 quilos, pressionados contra a face da rocha, ocultando-a por completo. Os cortadores, impulsionados por propulsão hidráulica, giravam feroz e barulhentamente, lascando o granito, que era então levado pela esteira transportadora e carregado nos carros de entulho. Ryan, que crescera ouvindo as histórias dos antepassados, disse que era difícil acreditar que "meu bisavô tinha apenas uma maldita colher de entulho" — a gíria dos *sandhogs* para uma pá.

De fato, até a toupeira ser inventada, a construção de túneis tinha mudado consideravelmente desde os dias dos romanos, que usavam fogo e água para arrebentar a rocha e cavalos para carregá-la. Quando um protótipo da toupeira foi introduzido em Nova York, nos anos 1970, muitos dos *sandhogs* o temiam tanto quanto temiam um desmoronamento.

"É como a velha história sobre John Henry", explicou Chick Donohue, lembrando a lendária competição entre homem e máquina depois da invenção do martelo a vapor. "Bom, quando eles introduziram a primeira toupeira no Brooklyn, os cortadores quebravam toda hora, e os *sandhogs* entravam com suas pás e picaretas. Eles sabiam que estavam competindo por seus empregos, e de fato estavam sendo melhores do que a toupeira! É claro, depois eles aperfeiçoaram a toupeira, e aí não houve mais competição."

A construção do primeiro túnel de água exigiu não menos que oitenta homens para perfurar e explodir durante pelo menos uma semana a fim de avançar trinta metros. A toupeira, com uma fração dessa mão de obra, pode perfurar essa distância em um dia.

Ainda assim, mesmo com a toupeira, o terceiro túnel de água já demorou seis vezes mais do que o Túnel Municipal nº 1 ou o nº 2; algumas pessoas acham que ele não vai estar terminado, segundo o cronograma, em 2020. "A gente já devia ter acabado esse troço há vinte anos", disse Jimmy Ryan. "Mas a administração municipal continua fazendo merda."

As condições na superfície se mostraram tão difíceis quanto no subterrâneo. Depois da fase inicial em que um contrato de 1 bilhão de dólares para construir o túnel foi concedido a um consórcio de empresas, os custos começaram a exceder as estimativas em milhões. Quando a administração municipal recuou diante dos custos crescentes, as empresas processaram a prefeitura e a obra foi paralisada. Então, em 1974, quando a prefeitura faliu, a construção de maneira geral foi interrompida. No total, quase uma década foi perdida, e em 1981, com a obra continuando apenas em partes e com a crescente demanda por água forçando os túneis antigos a transportar 60% a mais do que sua capacidade, a administração estava tão desesperada que pleiteou ao governo federal que financiasse o projeto.

Enquanto isso, surgiam acusações de que algumas tramas político-partidárias estavam contribuindo para os atrasos. O antes louvado Comitê de Fornecimento de Água, que supervisionava a construção, havia se tornado "a árvore do clientelismo do Partido Democrata", segundo afirmou um crítico. Stanley M. Friedman, mediador democrata influente do Bronx, que mais tarde foi condenado por extorsão, recebeu um posto vitalício no Comitê, com um salário de 20 mil dólares, além de escritório, secretária e carro com motorista. "Quando me tornei prefeito, aquilo era um emprego vitalício dado a políticos prestes a se aposentar", contou-me Koch. "Eles não faziam nada." O Comitê foi destituído. Mas em 1986 o homem encarregado de supervisionar as compras para o túnel de água no DPA, Edward Nicastro, advertiu que os contratos não estavam sendo monitorados de maneira adequada. "Você ficaria surpreso ao ver como é fácil roubar dentro do sistema", disse ele a um repórter na época.

Em anos recentes, os maiores atrasos parecem causados não pelos esforços para espoliar o público, mas por tentativas de apaziguá-lo. Enquanto o antigo Comitê passava sem piedade por cima de comunidades inteiras, a ação do DPA agora é impedida por elas. Em 1993, quando tentou perfurar um poço na rua 68 Leste, o vereador Charles Millard protestou dizendo que seu escritório tinha recebido telefonemas de pais cujos filhos estavam "achando difícil se concentrar". Movimentos do tipo "debaixo do meu quintal não!" começaram a aparecer. Em 1994, depois de os engenheiros terem passado dois anos planejando o novo local de um poço, os moradores de Jackson Heights fizeram um protesto, carregando placas que diziam "não nos levem pro fundo do poço". Os engenheiros foram forçados a encontrar um novo local. "Quando queremos encontrar um local para escavar, todo mundo diz: 'Ah, o sistema de água é um milagre, mas, por favor, encontrem outro lugar'", contou-me Ward. "'Nós vamos construir uma cooperativa aí — ou um hotel ou um parque.'" Um engenheiro e geólogo do DPA, Scott Chesman, acrescentou: "Em vez de levarmos sete anos para terminar, já estamos indo para os trinta anos e quase nada foi feito. É como se estivéssemos de volta ao século XVIII".

De fato, pela primeira vez o histórico aqueduto de Delaware — o conjunto de tubulações subterrâneas de 130 quilômetros que leva água dos reservatórios no interior do estado até Yonkers, onde ele se liga aos Túneis Municipais nº 1 e nº 2 — começou a rachar. Segundo relatórios do DPA, em 1995 o aqueduto perdia cerca de 2 bilhões de litros por mês com os vazamentos, que estavam criando enormes áreas de escoamento nos condados de Ulster e Orange; em 2000, a perda mensal às vezes ultrapassava os 3,5 bilhões de litros. Uma investigação feita pela Riverkeeper, organização dedicada à proteção do rio Hudson e seus tributários, advertia para o potencial "colapso" do aqueduto, o que interromperia até 80% do fluxo de água que entra na cidade.

Na primavera de 2000, o DPA decidiu enviar uma equipe de mergulhadores especializados em águas profundas para fazer consertos em uma das válvulas de bronze originais no aqueduto de Delaware, na cidade de Chelsea no condado Dutchess, que tinha rachado e emitia uma torrente de água por um buraco do tamanho de uma moeda de 25 centavos a 120 quilômetros por hora. "Durante cerca de dois ou três meses, nós construímos uma maquete da válvula e uma maquete do fundo do poço vertical", disse

John McCarthy, o engenheiro que supervisionava o projeto. "Levamos uma equipe e fizemos a experiência em um tanque de cerca de quinze metros de água, sem iluminação alguma, tentando simular as condições."

Depois de praticar durante alguns dias, os engenheiros transportaram um sino de mergulhador e uma câmara de descompressão para o local do vazamento. Quatro mergulhadores, que trabalhavam para a mesma empresa que havia ajudado na tentativa de resgate do submarino nuclear russo *Kursk* depois que ele afundou no mar de Barents em agosto de 2000, tiveram que permanecer dentro da câmara de descompressão durante 24 horas, a fim de se adaptar à intensa pressão da água no subterrâneo. A câmara era quase do tamanho de uma van, só que redonda. Do lado de fora estavam as válvulas e as mangueiras e uma comporta de vácuo para enviar comida (na maior parte líquidos e pasta de amendoim) e para remover os dejetos humanos. A pressão na câmara foi gradualmente ajustada à pressão da água a duzentos metros abaixo do nível da superfície.

Depois de respirar uma mistura de 98% de hélio e 2% de oxigênio durante 24 horas, dois dos mergulhadores rastejaram para dentro de um sino de mergulhador de quatro metros que estava preso ao topo da câmara. Assim que se fecharam completamente lá dentro, o sino foi levantado por um guindaste e baixado dentro do poço que levava ao aqueduto. Havia apenas alguns centímetros entre o sino e as paredes do poço. Quando os mergulhadores chegaram ao fundo, um deles saiu e nadou em direção ao vazamento. (O outro mergulhador ficou no sino para o caso de haver alguma emergência.) Ele usava um traje de neoprene, máscara e um cilindro de mergulho, e levava consigo um conjunto de pequenas ferramentas à prova d'água. Enquanto lutava para permanecer na posição contra a pressão da água que saía, ele colocou um tampão de metal em um dos buracos, e então o lacrou, usando uma braçadeira e um composto de epóxi.

Cada turno durou pelo menos quatro horas, e então o sino foi levantado e dois outros mergulhadores desceram. "Aquilo não era para quem tem coração fraco", disse McCarthy. Os homens passaram dez dias terminando os consertos, e mais quinze dias na câmara de descompressão.

Ainda assim, suspeita-se que haja vazamentos muito maiores em algum lugar entre o reservatório Rondout, nas Catskills, e um reservatório no condado de Putnam. Em junho de 2003, o DPA enviou um submarino de 2 milhões de dólares, feito sob encomenda, para atravessar os mais de setenta quilômetros do aqueduto de Delaware. (O trabalho foi considerado perigoso demais para seres humanos.) A embarcação de mais de 350 quilos, apelidada de "Perséfone", tirou 350 mil fotografias. "O submarino parece um torpedo com antenas de bagre", disse o chefe. "Enquanto um motor o empurra para a frente, as antenas ajudam a evitar que ele bata nas paredes para permanecer no meio do túnel." O Woods Hole Oceanographic Institution, em Cape Cod, e o DPA estão examinando as fotos para avaliar a integridade estrutural da tubulação.

Mas mesmo que a localização dos vazamentos seja determinada, e que os engenheiros possam, então, inventar alguma maneira de tampá-los, a maioria dos funcionários do DPA com quem falei não consideram essa seção do aqueduto a mais vulnerável. Estão mais preocupados com as tubulações mais próximas da cidade — em especial os Túneis nº 1 e nº 2, que, devido a sua maior profundidade e válvulas enterradas, são muito menos acessíveis, mesmo para um submarino automático. Alguns *sandhogs* acreditam que a única coisa que impede essas seções de entrar em colapso é a pressão da água contra suas paredes. Um antigo engenheiro-chefe do sistema de água, Martin Hauptman, observou: "Com frequência lemos nas manchetes que uma tubulação principal de

24 polegadas quebra e a rua fica inundada, os porões ficam inundados, o metrô fica inundado, e as pessoas pensam que aquela é uma situação horrível. A falha de um túnel é uma situação totalmente diferente. O que mais me incomoda... é a questão do tempo. Você não pode ganhar tempo com uma situação como essa."

E agora há a ameaça adicional de terrorismo. Embora a atenção do público esteja centrada no perigo de alguém envenenar o suprimento de água, as autoridades acreditam que o sistema provavelmente diluiria os efeitos de uma toxina. O maior perigo, dizem, é que um terrorista poderia explodir um dos sistemas de tubulação antes de o terceiro túnel de água estar completamente instalado e funcionando. "Isso é assustador", disse Ward. Fitzsimmons, o líder sindical dos *sandhogs*, acrescentou: "Se os pontos certos forem atacados — e eu odeio dizer isso, mas é verdade —, pode-se interromper toda a entrada de água em Nova York".

Na manhã em que eu entrei no poço com John Ryan, ele me disse: "Minha esperança é que possamos terminar o terceiro túnel de água, para que meu pai possa vê-lo concluído".

A toupeira estava perfurando a rocha. Vários *sandhogs* tinham colocado novos trilhos no chão, fixando-os na rocha com marretas.

"Tudo bem!", gritou Ryan. "Vamos verificar as ponteiras de corte." Ele olhou para mim por baixo de seu capacete. "Você quer ir?", perguntou.

"Aonde?"

Ele apontou para baixo da toupeira, onde uma pequena passagem conduzia às entranhas da máquina. Dois outros *sandhogs* já se arrastavam para entrar lá e, depois de um momento, eu os segui. Primeiro tivemos que nos agachar em uma cavidade com no máximo um metro por 1,5 metro. Um dos *sandhogs*, que se apresentou como Peter, apalpava a lâmpada em seu capacete. "Esta merda está quebrada", disse ele.

O outro trabalhador acendeu sua lâmpada, e pude ver que a passagem levava a um corredor de 1,5 metro de comprimento que ligava à ponta da toupeira.

"Quando você quiser, John", Peter gritou para Ryan, que estava do lado de fora da cavidade, dirigindo a operação. "Pode girar a ponta."

Ficamos de cócoras por mais alguns minutos, observando os cortadores da toupeira girar vários graus para um lado, e depois para o outro, até que finalmente pararam.

"Esta é a parte mais perigosa", disse Peter. Então se deitou de bruços, os braços para a frente, e começou a se contorcer, fazendo os pés entrarem primeiro através da estreita passagem que levava aos cortadores da toupeira. Ele escorregou na lama e na água, e eu o segui da mesma maneira. Logo, eu estava em pé com lama e água até os joelhos, olhando para as lâminas gigantes de metal. Tentei recuar, mas minhas costas bateram em algo duro: a parede do túnel.

Estávamos presos entre a toupeira e a rocha. "A gente simplesmente não quer que nada saia do lugar", disse Peter.

Águas subterrâneas se infiltravam pelo teto, acertando a máquina, e baforadas de vapor enchiam a cavidade.

"Vá em frente, pode tocar", disse Peter, apontando para uma das lâminas.

Estendi a mão e toquei a ponta: estava muito quente, devido à fricção. "Daria para fritar um ovo aí em cima", disse Peter.

O outro *sandhog* se espremeu pela fenda. Agora, sobrava espaço apenas acima de nossas cabeças. Com a água subindo à altura de nossas coxas, Peter esticou o pescoço, inspecionando a frente do túnel para ter certeza de que a rocha não apresentava problemas. Havia uma série de sulcos em círculos concêntricos, onde as lâminas tinham cortado. "Parece um alvo de dardos, não?", disse Peter.

"Parece uma árvore", disse o outro *sandhog*.

Eles verificaram as lâminas para se certificar de que não precisavam ser substituídas.

Eu lhes disse que achava que precisava sair.

"Só mais um segundo", disse Peter.

O outro *sandhog* saiu em primeiro lugar, seguido por mim e, em seguida, Peter. Quando vi John Ryan de novo, ele olhou para a minha roupa coberta de lama e bateu alegremente nas minhas costas. "Bem-vindo à merda do nosso mundo", disse ele.

Não havia nenhum carro para me levar de volta ao poço, então saí sozinho, caminhando pelo túnel. "Se você vir um carro de entulho vindo", disse-me Ryan, "é só se segurar nos canos na lateral do túnel."

Minutos depois, o barulho da toupeira começou a desaparecer aos poucos, e o túnel ficou vazio e silencioso. Embora se estendesse até onde os olhos podiam ver, esse túnel não tinha nem um sexto do comprimento previsto para o terceiro túnel de água; era apenas um milésimo de todos os quilômetros de túneis, tubulações e aquedutos combinados. Pela primeira vez durante minha excursão pelo subterrâneo, tive alguma percepção desta cidade sob a cidade — daquilo a que muitos engenheiros se referem como "a oitava maravilha do mundo".

Depois de um tempo, uma luz cintilou à distância, e eu pensei que era um carro de entulho. Como Ryan tinha instruído, segurei as tubulações ao lado do túnel. Mas era apenas um *sandhog* que viera me acompanhar até a saída.

Quando cheguei ao topo, fui para o "chiqueiro" trocar de roupa. No banco ao meu lado estava um rapaz magro, com um capacete inclinado para um lado, como se fosse um chapéu. A semelhança com Jimmy Ryan era surpreendente. Era o filho mais novo de Jimmy, Greg. "Comecei em 2000, no terceiro túnel de água em Queens", disse ele. "Eles chamam a gente de *sandhogs* do milênio."

Com apenas vinte anos, parecia um adolescente ligeiramente desajeitado com sua camisa branca suja e uma capa impermeável grande demais para ele. Ele pendurou o boné dos Yankees em seu armário e guardou seu lanche, um sanduíche de vitela, em um saco plástico. "Economiza tempo comer lá embaixo", disse.

Greg olhou para outro *sandhog* que estava se vestindo ali perto. A mão esquerda dele fora esmagada por uma viga no buraco, e ele não tinha o dedo indicador. "Às vezes eu ainda fico com medo", disse Greg, levantando o capacete e retirando um maço de cigarros mentolados. Acendeu um e deixou-o pendurado entre os dentes, como muitas vezes tinha visto o pai fazer. "Meu pai me disse para não pensar nisso. Só faz piorar as coisas."

Greg se virou e foi para fora, onde seu irmão John estava saindo da gaiola, o rosto coberto de lama. Quando John pisou em terra firme, protegendo os olhos da luz cegante, bateu a mão no ombro de Greg. "Vejo você mais tarde, tá?" Greg acenou com a cabeça e, sem dizer uma palavra, desceu para a escuridão.

setembro de 2003

O velho e a arma

Os segredos de um lendário assaltante

Pouco antes de completar 79 anos, Forrest Tucker foi trabalhar pela última vez. Embora ainda fosse um homem de aparência impressionante, com intensos olhos azuis e cabelos brancos penteados para trás, ele tinha uma lista crescente de doenças, incluindo hipertensão e úlcera gástrica. Já havia posto quatro pontes de safena, e a esposa o encorajou a se estabelecer na casa de Pompano Beach, Flórida, uma construção cor de pêssego à beira de um campo de golfe que tinham comprado para quando se aposentassem. Havia um lugar próximo, onde por 15,50 dólares por pessoa poderiam comer costelas e dançar nas noites de sábado com outros idosos, e até um lago onde Tucker poderia se sentar perto da margem e praticar seu saxofone.

Mas naquele dia de primavera em 1999, enquanto os vizinhos estavam jogando golfe ou cuidando dos netos, ele se dirigiu ao Republic Security Bank, em Jupiter, a cerca de oitenta quilômetros de sua casa. Tucker, que tinha orgulho de sua aparência, estava todo vestido de branco: calça branca com um vinco acentuado, camisa esporte branca, sapatos de camurça branca e um lenço branco de seda brilhante.

Ele parou rapidamente na frente do caixa eletrônico e puxou o lenço ao redor do rosto, como um bandido. Então enfiou a mão em uma bolsa de lona, tirou um velho Colt 45 do Exército dos Estados Unidos, e invadiu o banco. Ele foi até o primeiro caixa e disse: "Ponha o dinheiro em cima do balcão. Tudo".

Ele mostrou a arma para que todos pudessem vê-la. O caixa colocou vários pacotes de notas de cinco e de vinte sobre o balcão, e Tucker inspecionou os pacotes para ver se não tinham bombas de tinta. Olhando o relógio, virou-se para o caixa ao lado e disse: "Vem aqui. Você também".

Então, juntou os pacotes grossos, mais de 5 mil dólares, e correu para a porta. Na saída, olhou para os dois caixas. "Obrigado", disse ele. "Obrigado."

Dirigiu até uma área de estacionamento próxima, onde havia deixado um carro "seguro", um Grand Am vermelho, que não poderia ser rastreado até ele. Depois de limpar com um pano o carro "quente" roubado, jogou no interior do Grand Am seus pertences: uma Magnum 357, uma carabina com cano serrado calibre 30, dois bonés pretos de náilon, um coldre, uma lata de gás lacrimogêneo, um par de algemas Smith & Wesson, dois rolos de fita isolante preta, um distintivo da polícia, cinco pilhas AAA, um scanner da polícia, um cortador de vidro, luvas e um boné de pesca. Havia também um pequeno frasco de remédio para o coração. Ninguém pareceu reparar nele, e ele voltou para casa, em uma fuga aparentemente sem problemas.

Após uma breve parada para contar o dinheiro, ele retornou ao carro e saiu novamente. Quando se aproximou do campo de golfe, as notas bem empilhadas a seu lado, percebeu um carro sem identificação em seu encalço. Ele virou em outra rua, só para ter certeza. Lá estava ele de novo. Então avistou um carro da polícia entrando atrás do seu. Acelerou o mais que pôde, tentando deixá-los para trás, virando à esquerda, depois à direita, à direita, depois à esquerda. Passou pela Igreja Batista de North Pompano e pela Funerária Kraeer, e por uma fila de casas térreas cor-de-rosa com lanchas nas entradas para carros, até que se viu em uma rua sem saída. Quando virou, viu que um carro de polícia estava fechando a rua. Um dos policiais, o capitão James Chinn, estava estendendo a mão para pegar sua espingarda. Havia uma pequena brecha entre o carro de Chinn e uma cerca de madeira, e Tucker, o corpo lançado para a frente em seu assento, acelerou em direção a ela. Chinn, que passou quase duas décadas como detetive, mais tarde disse que nunca tinha visto algo parecido: a figura de cabelos brancos avançando a toda a velocidade em direção a ele parecia sorrir, como se estivesse apreciando o confronto. Então, quando o carro derrapou sobre o talude, Tucker perdeu o controle e bateu em uma palmeira. Os airbags foram ativados, prendendo-o contra o assento.

Os policiais ficaram espantados ao perceber que o homem que tinham detido não só tinha 78 anos de idade — ele parecia, de acordo com Chinn, "alguém que tivesse acabado de sair de um curso para a terceira idade" — mas era um dos mais notórios assaltantes do século xx. Com uma carreira que durou mais de seis décadas, ele também se tornou, talvez, o maior artista de fugas de sua geração, um contorcionista humano que fugira de quase todas as prisões em que esteve preso.

Um dia, em 2002, fui encontrar Tucker em Fort Worth, Texas, onde ele estava sendo mantido em um centro médico da prisão após se declarar culpado de uma acusação de roubo e receber uma sentença de treze anos. O hospital, um prédio antigo de tijolos amarelos com telhado vermelho, estava no topo de uma colina e afastado da estrada principal, cercado de guardas armados e arame farpado. Recebi um aviso em que estava escrito que "armas", "munições" ou "ferramentas de corte de metal" não eram permitidas, e, em seguida, fui acompanhado em meu trajeto por uma série de câmaras — cada uma das portas se fechando atrás de nós antes que a seguinte abrisse — até que cheguei a uma sala de espera vazia.

Pouco tempo depois, apareceu um homem em uma cadeira de rodas empurrada por um guarda. Vestia o uniforme marrom da prisão e uma jaqueta verde com a gola levantada. Seu corpo estava torcido para a frente, como se tivesse tentado contorcê-lo uma última vez e tivesse congelado no lugar. Ao se levantar da cadeira de rodas, ele disse: "É um prazer conhecê-lo. Forrest Tucker".

Sua voz era suave, com uma ligeira cadência sulista. Depois de estender a mão, ele percorreu lentamente o caminho para uma mesa de madeira com a ajuda de um andador. "Sinto muito que tenhamos que nos encontrar aqui", disse ele, esperando que eu me sentasse primeiro.

O capitão Chinn tinha me dito que jamais conhecera um criminoso tão elegante: "Se você o vir, diga-lhe que o capitão Chinn manda lembranças". Mesmo um jurado que ajudou a condená-lo uma vez comentou: "A gente tem que admitir, o cara tem estilo".

"Então o que você quer saber?", perguntou Tucker. "Eu estive na prisão toda a minha vida, exceto nas ocasiões em que fugi. Nasci em 1920, e já estava na prisão com quinze anos. Tenho 81 agora e ainda estou na prisão, mas fugi dezoito vezes com êxito e doze vezes sem sucesso. Houve muitas outras ocasiões em que planejei fugir, mas não faz sentido contar-lhe sobre isso."

Sentados em um canto ao lado de uma janela com vista para o pátio da prisão, era difícil imaginar que a carreira desse homem tinha se caracterizado por cartazes de "Procura-se" e fugas noturnas. Seus dedos eram nodosos como bambus, e ele usava óculos bifocais.

"O que entendo por fuga bem-sucedida é aquela em que consegui sair da prisão", continuou ele, olhando pela janela. "Talvez eles acabassem me pegando de novo, mas pelo menos fugi por alguns minutos."

Ele apontou para os lugares ao longo de seu braço, onde tinha sido baleado ao tentar fugir. "Eu ainda tenho parte de uma bala dentro de mim", disse. "Todos eles atiraram contra mim e me acertaram três vezes — em ambos os ombros com fuzis M16, e com chumbo grosso nas pernas."

Pela voz ele parecia estar com a garganta seca, e eu me ofereci para lhe comprar uma bebida da máquina de venda automática. Ele me seguiu e olhou através do vidro, sem tocá-lo. Escolheu um Dr Pepper. "É um tipo de refrigerante de cereja, não é?"

Pareceu satisfeito. Quando lhe dei o refrigerante, ele olhou para as barras de chocolate, e eu perguntei se ele queria alguma outra coisa. "Se não for muito incômodo", disse ele, "eu gostaria de um Mounds."

Depois que terminou de comer, ele começou a me contar o que chamou de "a verdadeira história de Forrest Tucker". Falou durante horas, e, quando ficou cansado, ofereceu-se para continuar no dia seguinte. Durante nossas conversas, que se prolongaram por vários dias, sempre nos sentávamos no canto perto da janela, e depois de um tempo ele tossia um pouco e eu me oferecia para lhe comprar uma bebida. Toda vez, ele me seguia até a máquina, com o guarda olhando à distância. Foi só durante a última ida à máquina, quando deixei cair algum dinheiro no chão, que notei que os olhos dele estavam passeando por tudo — as paredes, as janelas, o guarda, as cercas, o arame farpado. Ocorreu-me que Tucker, um incomparável artista de fugas, usara nossos encontros para avaliar suas possibilidades.

"A primeira vez que fugi da cadeia eu tinha apenas quinze anos", disse-me Tucker. "Aos quinze anos, a gente é bem rápido."

Foi na primavera de 1936, e ele tinha sido preso por roubar um carro em Stuart, Flórida, uma pequena cidade ao longo do rio St. Lucie, que fora devastada durante a Grande Depressão. Ele disse à polícia que pegou o carro "só pela emoção", mas quando entrou na prisão, a emoção deu lugar ao pânico, e quando um carcereiro tirou as algemas, ele fugiu correndo. Dias depois, um policial o descobriu em um pomar de laranjas, comendo um pedaço de fruta. "Isso foi a fuga número um", afirma Tucker. "Tal como aconteceu."

O delegado resolveu transferi-lo para um reformatório. No entanto, durante sua breve fuga, Tucker tinha passado, através da janela de uma das celas, serras para metal para um grupo de rapazes que conhecera lá dentro. "Eles não tinham fugido ainda, e as serras ainda estavam lá", diz ele. Naquela noite, depois de serrar uma das barras, ele deslizou para fora, ajudando dois outros meninos a se espremer através da pequena abertura.

Diferente dos outros, Tucker conhecia a área. Quando criança, tinha passado um bom tempo à beira do rio, e foi no rio que a polícia os encontrou, ele e outro menino, cerca de uma hora depois, apenas com o nariz para fora da água. No dia seguinte, o *Daily News* de Stuart detalhava suas façanhas na manchete: "TRIO ESCAPOU SERRANDO BARRAS DA CELA ONTEM À NOITE... RECEBERAM ARCOS DE SERRA, TALHADEIRAS E LIMAS DE UM GAROTO".

"Isso foi a fuga número dois", afirma Tucker. "Bem rápida."

Como os fora da lei que ele via nos romances baratos, forçados a entrar para a bandidagem por algum tipo de injustiça, Tucker diz que "a lenda de Forrest Tucker" começou na manhã em que foi injustamente mandado para a prisão apenas por um pequeno roubo. A história, que ele repetia até mesmo quando menino, acabou se espalhando por toda a cidade, e com o tempo os detalhes se tornaram mais rebuscados, e o roubo, de menor importância. Morris Walton, que costumava brincar com Tucker quando criança, diz: "Minha sensação é que ele passou a vida na cadeia por roubar uma bicicleta e simplesmente tentava escapar. Se ele se tornou mau, foi apenas porque o sistema o fez ficar assim".

O que Walton sabia sobre a maneira como Tucker foi criado reforçava essa impressão. O pai dele era um operador de equipamentos pesados, que desapareceu quando Tucker tinha seis anos. Enquanto a mãe trabalhava duro em serviços domésticos em Miami, Tucker foi morar com a avó, que cuidava da ponte em Stuart. Lá ele construiu canoas e veleiros de sucata de metal e madeira, que juntava pelo rio, e aprendeu sozinho a tocar saxofone e clarinete. "Eu não precisava mesmo de um pai para ficar me dando ordens", diz ele.

Mas, assim como sua fama de inteligente aumentou, o mesmo aconteceu com sua folha corrida. Por volta de seu 16º aniversário, ela incluía acusações de "invasão de domicílio" e "furto simples". Depois que fugiu do reformatório e o mandaram para a Geórgia, foi condenado "a ser posto na turma de trabalhos forçados". Como todos os novos presos, ele foi levado para o ferreiro, onde prenderam uma corrente a seus tornozelos. O aço aos poucos corroeu sua pele, uma condição conhecida como "ferida de algema".

"Os guardas lhe dariam os três primeiros dias para que você criasse calos nas mãos", lembra Tucker. "Mas, depois disso, o capataz iria puni-lo batendo em você com uma bengala ou com o punho. E se você não trabalhasse duro, os guardas o levariam para o banheiro, amarrariam suas mãos atrás das costas, colocariam uma mangueira de pressão em seu rosto e o manteriam ali até você engasgar e não conseguir respirar."

Embora Tucker fosse liberado apenas seis meses depois, ele logo foi condenado de novo, por ter roubado outro carro, e sentenciado a dez anos. Agora, "vemos um homem que foi totalmente banido pela sociedade", escreveu o advogado de Tucker mais tarde em um requerimento ao tribunal. "Marcado como criminoso aos dezessete anos de idade e constantemente julgado e condenado, sem o benefício de um advogado, Forrest Tucker estava se tornando um jovem furioso." O próprio Tucker diz: "A sorte fora lançada". Em fotografias tiradas depois de ter conseguido liberdade condicional aos 24 anos, seu cabelo é curto e ele está de camiseta branca; seus braços, antes magros, agora estão musculosos. Seus olhos são penetrantes. Pessoas que o conheceram afirmam que ele era muito carismático — as garotas eram loucas por ele —, mas também notaram uma quantidade crescente de raiva. "Acho que ele tinha essa necessidade desesperada de mostrar ao mundo que era *alguém*", diz um dos parentes.

A princípio, Tucker procurou trabalho como saxofonista em *big bands* em Miami, e parecia ter ambições de se tornar um novo Glenn Miller. Mas nada disso deu certo, e, após um casamento breve e fracassado, ele guardou o sax e arranjou uma arma.

O fora da lei no imaginário americano é um assunto de ficção — um "bom" homem mau, ele é normalmente um mestre da fuga, um atirador certeiro, adorado pelas mulheres. Em 1915, quando a polícia perguntou ao assaltante de trem Frank Ryan por que fizera aquilo, ele respondeu: "Más companhias e romances baratos. Jesse James foi meu herói favorito".

Quando Tucker era pequeno, durante a Grande Depressão, o interesse pelos assaltantes de bancos, alimentado pela revolta generalizada em relação a inadimplências e execuções de hipoteca, tinha atingido seu apogeu. Depois que o FBI matou John Dillinger a tiros, em 1934, multidões foram até o local, esfregando o sangue com suas roupas. Pelo menos dez filmes de Hollywood foram dedicados à vida de Dillinger; um deles proclamava: "Sua história foi escrita com balas, sangue e loiras!".

Pelo fato de exigir uma performance pública, o assalto tende a atrair certo tipo de personalidade: corajoso, arrogante, despreocupado. Ao mesmo tempo, a maioria dos ladrões de banco sabe que a sociedade que se deleita com suas façanhas acabará por exigir sua eliminação, por meio de prisão ou morte. "Eles vão me pegar", disse certa vez Pretty Boy Floyd. "Mais cedo ou mais tarde, vou cair cheio de chumbo. É assim que vai acabar."

De fato, quando Tucker resolveu se tornar um fora da lei, no final da década de 1940, a maioria dos assaltantes já tinha sido abatida. Mesmo assim, ele começou a imitar o estilo deles, vestindo ternos risca de giz e sapatos bicolores, e ficava na frente de um espelho, apontando uma arma para sua própria imagem refletida. Finalmente, em 22 de setembro de 1950, com um lenço amarrado no rosto e uma arma no estilo de Jesse James, ele entrou em um banco em Miami e saiu de lá com 1278 dólares. Poucos dias depois, voltou ao mesmo lugar, dessa vez atrás do cofre inteiro. Foi preso quando tentava abri-lo com um maçarico na beira de uma estrada.

Sua carreira parecia ainda mais efêmera que a da maioria dos ladrões de banco, mas na cadeia do condado Tucker concluiu que era mais do que um assaltante comum. "Não me importava se eles me dessem cinco anos, dez anos ou a perpétua", diz ele. "Eu era um artista de fugas."

Na prisão, ele procurou o que chamava de "um ponto fraco". Certo dia, perto do Natal, depois de semanas de procura, começou a gemer de dor. As autoridades o levaram às pressas para o hospital, onde médicos retiraram seu apêndice. ("Um pequeno preço a pagar", afirma Tucker.) Apesar de convalescente, ainda acorrentado à cama, começou a trabalhar nas algemas. Tinha aprendido sozinho a abrir uma fechadura usando quase tudo — uma caneta, um clipe de papel, um pedaço de arame, cortadores de unha, uma mola de relógio — e depois de alguns minutos ele foi embora dali, sem ser visto.

Foi para a Califórnia, onde iniciou uma onda de assaltos, lançando-se sobre balcões, apontando sua arma e dizendo: "Isto é sério!". Usava ternos quadriculados e fugia a toda a velocidade em um vistoso carro de fuga. Ele até mesmo falava como uma personagem de ficção barata. "Isto é um assalto, garotas", disse certa vez, segundo testemunhas. "Eu tenho uma arma. Fiquem quietos e não vão se machucar."

Na esperança de melhorar seu lucro, Tucker começou a procurar um parceiro. "Eu não queria um doido nem um canalha", diz ele, acrescentando: "Sou da velha escola". Por fim, ele encontrou um ex-presidiário chamado Richard Bellew, um ladrão alto e bonitão, com um QI elevado e cabelos negros ondulados. Assim como Tucker, Bellew tinha seguido o modelo dos assaltantes da década de 1930, e ele andava com uma dançarina chamada Jet Blanca. Mas Tucker o escolheu por outro motivo: "Ele sempre me deixava contar o dinheiro".

Eles começaram a assaltar um banco atrás do outro. Após um assalto, testemunhas disseram que a última coisa que viram foi uma fila de ternos pendurados no banco de trás do carro de fuga. Os assaltos, que continuaram por dois anos, dominaram as manchetes dos jornais locais, muitas vezes ocupando o lugar da cobertura das eleições presidenciais de 1952 e as audiências do senador Joseph McCarthy. Tucker e Bellew eram descritos como "homens armados" que "aterrorizavam" suas "vítimas", mas também como "artistas do assalto à mão armada", "vestidos de maneira admirável", que "habilmente depenavam" os caixas dos bancos, deixando para trás "apenas uma impressão de banditismo competente [...] e um carro de fuga".

Em 20 de março de 1953, mais de dois anos depois da fuga

de Tucker do hospital, os agentes do FBI o cercaram quando ele estava retirando dinheiro dos assaltos de um cofre alugado em San Francisco. Então foram procurar o lugar que Tucker tinha informado como sua residência. Lá, em um espaçoso apartamento em San Mateo, eles encontraram uma jovem loira que afirmou nunca ter ouvido falar de Forrest Tucker. Era casada com um compositor rico, disse ela, que viajava para trabalhar todo dia na cidade, e eles tinham acabado de se mudar para um apartamento maior para ter mais espaço para o filho de cinco meses. O nome de seu marido, ela disse à polícia, era Richard Bellew. No entanto, quando os policiais mostraram a Shirley Bellew uma foto do assaltante de bancos e fugitivo de longa data Forrest Tucker, ela caiu em prantos. "Eu não acredito", disse ela. "Ele era um homem tão bom, um bom marido."

Ela disse que o marido chegava em casa todas as noites e brincava com o bebê, a quem haviam dado o nome de Rick Bellew Jr. "O que vai acontecer com nosso bebezinho?", perguntou ela. "O que vai ser do nome dele?"

"Eu vou lhe contar sobre Alcatraz", disse Tucker um dia enquanto estava sentado no canto da sala de visitas, seu andador apoiado na perna. Ele havia aberto um guardanapo à sua frente e comia um sanduíche de almôndega que eu tinha trazido e bebericava uma Dr Pepper. "Houve apenas mil quinhentas e setenta e seis pessoas que foram lá. Eu era o número mil e quarenta e sete."

Alcatraz, ou "a Rocha", tinha sido uma prisão militar e foi convertida em 1934 para confinar os mais notórios criminosos do país, incluindo George (Machine Gun) Kelly, Robert Stroud (o "Homem-Pássaro" de Alcatraz) e Mickey Cohen. Pelo menos metade dos presos já tinha tentado fugir de outras prisões antes. Rodeada pelas águas geladas da baía de San Francisco, com suas perigosas correntes, foi construída para ser à prova de fuga. Al Capone, que foi mandado para lá em 1934, teria dito ao diretor: "Parece que Alcatraz me venceu".

Tucker chegou no dia 3 de setembro de 1953. Tinha 33 anos. Fora condenado a trinta anos. Na sua foto de prisão, ele ainda usa paletó e gravata, o cabelo castanho está penteado para trás com um pouco de brilhantina; a barba está por fazer, mas sua figura ainda impressiona. Em minutos ele foi despido, e um médico sondou seus ouvidos, nariz, boca e reto em busca de ferramentas ou armas. Deram-lhe uma camisa de cambraia azul com seu número estampado e um par de calças, bem como um chapéu, um casaco grosso, um roupão de banho, três pares de meias, dois lenços, um par de sapatos e uma capa de chuva. Sua cela era tão estreita que ele podia alcançar e tocar ambos os lados ao mesmo tempo. "Fazia tanto frio na área das celas que a gente tinha que dormir com o casaco e o chapéu para se manter aquecido", afirma Tucker.

Deitado em sua cama, ele conta, Tucker pensava na esposa e no filho. Lembrou a primeira vez que encontrou Shirley Storz, em um evento para solteiros em Oakland. Lembrou como esquiaram no lago Tahoe e se casaram em uma pequena cerimônia em setembro de 1951; como ela cantava em um coral, e como ele sentava e ficava ouvindo durante horas. E lembrou o nascimento do filho. "Nós nos amávamos", afirma Tucker sobre a esposa. "Eu não sabia como explicar a verdade a ela — que aquela era a minha vida."

Semanas depois de chegar, um guarda o despertou em sua cela e o levou para uma saleta com uma pequena janela. Olhando através dela, viu sua esposa sentada do outro lado. Ele pegou o telefone. "Foi difícil falar", lembra ele. "Nós tivemos de olhar um para o outro através de um pedaço de vidro. Ela me disse que tinha que viver sua vida. Eu disse: 'A melhor coisa que você pode fazer é construir uma vida para você e nosso filho'. Eu disse a ela: 'Não vou incomodar você de maneira alguma, não importa o quanto eu queira. Não vou telefonar'." Alguns meses depois, ele recebeu uma notificação dizendo que seu casamento fora anulado.

Àquela altura, Tucker tinha desenvolvido várias máximas, como: "Quanto maior a segurança, mais estranho o método de fuga deve ser". Ele começou a inventar planos elaborados com um colega de prisão chamado Teddy Green, um artista de fugas e assaltante de bancos que se vestira como padre para fugir da polícia e tinha fugido da penitenciária estadual dentro de uma caixa de trapos.

Junto com outro preso, passou a desviar ferramentas de seus trabalhos na prisão, escondendo-as na lavanderia, e plantando pedaços de lã de aço em outros prisioneiros para disparar os detectores de metal, para que os guardas pensassem que estavam quebrados. Escavaram buracos em seus vasos sanitários e colocaram as ferramentas ali dentro, despejando massa sobre elas. À noite, usavam as ferramentas para cavar um túnel no chão, planejando fugir pelo porão.

Certo dia, de acordo com os registros internos da prisão, um prisioneiro na solitária sugeriu que os guardas examinassem aparelhos sanitários das celas; logo uma revista ampla foi realizada. O relatório do diretor resumiu os resultados:

> O resultado da revista foi o maçarico já mencionado, um afastador de barras, uma torquês, um arco de pua e algumas verrumas [...] uma chave de fenda e um ou dois pedaços de arame e uma pedra de Carborundum.

Os três presos foram considerados "possíveis fugitivos muito perigosos" e foram trancafiados na Unidade de Tratamento, mais conhecida como "o buraco".

"Eu me lembro de entrar sem roupas ou sapatos", afirma Tucker. "O piso de aço era tão frio que doía só de tocá-lo. A única maneira de me manter aquecido era ficar andando." Certa noite, ele ouviu um som assustador através da janela. Não conseguiu ver ninguém lá fora, mas ouviu vozes vindo de baixo. Eram os filhos dos guardas cantando canções de Natal. "Foram as primeiras vozes de crianças que eu ouvia em anos", diz ele. "Era véspera de Natal."

À medida que o tempo passava, Tucker aprendia direito como autodidata, e em pouco tempo estava inundando o tribunal com apelações, que redigia com uma impecável caligrafia inclinada. Apesar de um procurador mais tarde ter rejeitado um dos seus requerimentos, considerando-o pura "fantasia", concederam-lhe uma audiência em novembro de 1956. De acordo com Tucker, e também segundo os registros do tribunal, na noite da véspera de sua aparição perante o tribunal, preso na cadeia do condado, ele reclamou de dores nos rins e foi levado às pressas para o hospital. Guardas foram postados em todas as portas. Quando ninguém estava olhando, Tucker quebrou um lápis e perfurou o próprio tornozelo. Devido ao ferimento, os guardas retiraram as algemas dos pés, prendendo-o à maca com as mãos algemadas. Quando estava sendo levado para a sala de raios X, Tucker levantou-se de um pulo, rendeu dois guardas e saiu correndo pela porta. Durante horas, desfrutou do ar fresco e da visão de pessoas comuns. Ele foi preso, ainda de camisola do hospital e algemas, no meio de um milharal.

A breve fuga, pela qual foi julgado e condenado, ampliou sua reputação de artista de fugas. No entanto, passaram-se 23 anos após Tucker ter sido solto e preso novamente por assalto à mão armada, antes que ele realizasse sua maior fuga. No verão de 1979, quando estava em San Quentin, uma instalação de segurança máxima que se projetava para o oceano e era conhecida entre os prisioneiros como "a escola de gladiadores", Tucker conseguiu um trabalho nas oficinas da prisão e, com a ajuda de dois outros presidiários, John Waller e William McGirk, juntou secretamente pedaços de madeira e folhas de fórmica, que eram cortados em formatos estranhos e escondidos sob encerados. Da oficina de eletricidade, eles fizeram desaparecer duas estacas de dois metros cada e vários baldes. Em seguida, na marcenaria, encontraram as peças que faltavam: capas plásticas de móveis, tinta e fita adesiva, que guardavam em caixas com a etiqueta "Materiais de Escritório".

No dia 9 de agosto, depois de meses de preparação, Tucker acenou com a cabeça para seus dois comparsas no pátio, sinalizando que tudo estava pronto. Enquanto Waller e McGirk ficavam de guarda do lado de fora da carpintaria, Tucker, com base na experiência de infância, começou a juntar os pedaços para formar um caiaque de quatro metros. "Usar um martelo ia fazer muito barulho, então tive que usar somente fita e parafusos", afirma Tucker. Ele tinha tinta suficiente para apenas um dos lados da embarcação, o lado que ficaria de frente para as torres de vigia, e, enquanto os outros dois pediam que se apressasse, ele estampou no barco "Rub-a-Dub-Dub".* Waller, que chamava Tucker, então com 59 anos, de "o velho", mais tarde disse a um repórter do *Los Angeles Times*: "O barco era lindo, eu gostaria que meus olhos fossem tão azuis quanto aquele barco".

Eles usaram chapéus de marinheiro e moletons que Tucker tinha pintado de cor laranja brilhante, com o logotipo do Marin Yacht Club que vira nos barcos que navegavam por ali. Quando o guarda não estava olhando, eles rapidamente colocaram o caiaque na água. Assim que saíram, os ventos estavam soprando a mais de

---

* Título de uma canção infantil inglesa, cujos primeiros versos dizem "Rub-a--dub-dub/ Three men in a tub", que poderia ser traduzido por "Nina-nina-nina/ Três homens numa tina". (N. T.)

trinta quilômetros por hora, e ondas enormes começaram a encharcar o caiaque. "O barco não vazou uma gota", disse Waller. "Nós poderíamos ter remado até a Austrália. Eram aquelas malditas ondas laterais. Quando finalmente chegamos ao extremo da propriedade em Q" — San Quentin — "o filho da puta afundou."

Um guarda em uma das torres os avistou agarrados à embarcação de cabeça para baixo, esforçando-se para chegar à praia, e perguntou se precisavam de ajuda. Eles disseram que estavam bem e, para provar isso, McGirk levantou o punho e gritou: "Nós acabamos de perder um par de remos, mas o meu Timex ainda está funcionando!". O guarda, sem saber que três prisioneiros tinham fugido, riu e voltou à sua vigia.

A Califórnia logo desencadeou uma perseguição em nível estadual. Enquanto isso, as polícias do Texas e de Oklahoma começaram a relatar uma série de estranhos assaltos. Todos tinham o mesmo *modus operandi*: três ou quatro homens entravam em um supermercado ou banco, mostravam uma arma, pediam o dinheiro e fugiam a toda a velocidade em um carro roubado. As testemunhas, invariavelmente, observaram que todos eram, pelos padrões daquele tipo de atividade, homens de idade. Um deles até mesmo usava o que parecia ser um aparelho para surdez. As autoridades os compararam aos ladrões idosos no filme *Despedida em grande estilo*, e apelidaram-nos de "Quadrilha Anciã".

"Isso foi quando eu era um ladrão realmente bom", me diz Tucker. Ele tem o cuidado de não admitir nenhum crime específico ("Eu não sei se já prescreveram"), nem envolver algum dos parceiros vivos ("Alguns ainda estão lá fora"), mas diz que perto dos sessenta anos ele tinha finalmente dominado a arte do assalto.

Um dia, estávamos sentados na sala de visitas da prisão quando Tucker se inclinou para a frente em sua cadeira e começou a me ensinar como roubar um banco. "Primeiro de tudo, você tem que escolher um lugar próximo à rodovia", disse ele, pondo seus bifocais, piscando os olhos como se estivesse imaginando um plano específico. "Então você precisa examinar o lugar, não pode simplesmente entrar com tudo. É necessário avaliar o lugar, entender as dimensões dele, como se fosse sua própria casa."

"Nos velhos tempos, os assaltantes eram como caubóis", continuou ele. "Entravam atirando, gritando para que todo mundo se deitasse. Mas, para mim, a violência é o primeiro sinal que indica um amador." Os melhores assaltantes, na sua opinião, eram como os atores de teatro, capazes de manter a atenção de um grupo de pessoas apenas pela força de sua personalidade. Alguns até usavam maquiagem e ensaiavam para entrar na personagem. "Se você fizer tudo direito, roubar um banco é uma arte", disse Tucker. Embora durante um tempo ele cultivasse uma imagem exuberante, mais tarde desenvolveu, segundo disse, um estilo mais sutil, mais "natural".

"Certo, vamos falar sobre as ferramentas", continuou. Idealmente, ele disse, precisamos de esmalte de unhas ou de supercola para cobrir as pontas dos dedos. ("A gente pode usar luvas, mas em climas mais quentes isso só chama a atenção"), um cortador de vidro, um coldre, um saco de lona ("grande o suficiente para a grana") e uma arma (um revólver calibre 38 ou semiautomático, ou qualquer um que você conseguir). Ele disse que a arma era apenas um "apoio", mas essencial para qualquer operação.

Havia outra coisa, disse ele após uma pausa. Foi a chave para o sucesso da Quadrilha Anciã e aquilo que ele ainda chamava de "a marca registrada de Forrest Tucker": o aparelho de surdez. Na verdade, era um scanner da polícia, disse, cujos fios ele escondia dentro da camisa; dessa forma, ele poderia saber se algum alarme silencioso fora disparado.

Ele tirou um lenço do bolso e enxugou o suor da testa. "Assim que tiver seu carro bacana estacionado nas proximidades, estiver com o rádio, com as mãos cobertas com luvas ou cola, você entra. Vá até o gerente. Diga: 'Sente-se'. Nunca puxe a arma — apenas o deixe ver que você a tem. Diga-lhe com calma que você está aqui para roubar o banco e é melhor sair sem obstáculos. Não corra do banco a menos que alguém esteja atirando em você, porque isso só mostra que algo está acontecendo. Basta caminhar até o carro, bem calmo, e saia dirigindo. Pise fundo e suma."

Depois que terminou, ele pareceu satisfeito. "Eu apenas lhe dei um manual sobre como roubar um banco", disse. Ele refletiu sobre isso um instante, e acrescentou: "Ninguém pode lhe ensinar o ofício. Você só aprende fazendo".

Um sargento de quarenta anos da polícia de Austin, John Hunt, foi designado para investigar os misteriosos assaltos da Quadrilha Anciã. "Eles foram os ladrões mais profissionais e bem-sucedidos que eu já encontrei em todos os meus anos na força", disse-me Hunt, que agora está aposentado após uma carreira de trinta anos. "Eles tinham mais experiência no roubo do que tínhamos sobre como pegá-los."

Na época fumante inveterado, com bigode comprido e uma leve barriga, Hunt passou longos dias tentando capturar a quadrilha. Com o advento da tecnologia de alta segurança, havia cada vez menos assaltantes de bancos tradicionais, a maioria era de viciados em drogas desesperados que saíam com apenas alguns milhares de dólares até que fossem capturados. Os integrantes da Quadrilha Anciã pareciam desafiar não apenas sua idade, mas também sua época. "Eles levantavam todos os dias e iam para o trabalho", disse Hunt. "Assim como um soldador fica cada vez melhor em seu ofício, ou um escritor se aprimora ao longo dos anos, esses caras aprenderam com os próprios erros."

No período de um ano, a Quadrilha Anciã foi a suspeita em pelo menos sessenta assaltos nos estados de Oklahoma e Texas — vinte deles só na área de Fort Worth, Dallas. Acreditava-se também que a quadrilha era responsável por assaltos no Novo México, Arizona e Louisiana. "IDOSOS ATACAM NOVAMENTE", bradava uma manchete. "BANDIDOS DE MEIA-IDADE CONFUNDEM DETETIVES", dizia o texto.

Em dezembro de 1980, Hunt e quarenta outros agentes da lei, de pelo menos três estados, realizaram uma reunião em Dallas para descobrir como detê-los. "Não dá para dizer quantas vidas eles mudaram enfiando uma arma na cara de alguém", comentou comigo um antigo agente do FBI.

Tucker não conseguia parar, não importava quanto dinheiro tivesse acumulado. Embora não existam estimativas oficiais, acredita-se que Tucker, contando com uma série de pseudônimos, incluindo Robert Tuck MacDougall, Bob Stone, Johns Russell, Pruitt Ralph Brown, Forrest Tucker, JC, e Tucker Ricky, roubou milhões de dólares, uma frota de carros esportivos, um saco de ienes e um níquel de madeira do restaurante Sambo's. Na primavera de 1983, ele empreendeu seu assalto mais audacioso até então: roubar um banco de alta segurança, em Massachusetts, em plena luz do dia, fingindo que ele e seus homens eram guardas que faziam uma recolha de rotina em carro blindado. Tucker acreditava que o plano era "uma verdadeira reviravolta na arte". No dia 7 de março, pouco antes do horário programado para a chegada do carro blindado, eles se maquiaram e puseram bigodes falsos; a peruca de Tucker havia encolhido depois de uma recente tempestade de neve e, em vez de adiar a operação, ele decidiu seguir em frente sem usá-la.

O caixa apertou o botão e os deixou entrar. Quando eles estavam entrando na caixa-forte, de acordo com um relatório da polícia, o gerente notou que "o bigode escuro de um dos homens e o bigode branco de outro não eram de verdade". Um dos "guardas" deu um tapinha em sua arma e disse: "Isto é um assalto".

Tucker trancou o gerente e os dois caixas dentro da caixa-forte, fugindo com mais de 430 mil dólares. Mas, quando a polícia mostrou aos caixas uma série de fotografias, eles identificaram, pela primeira vez, o líder da Quadrilha Anciã como o mesmo homem que tinha fugido de San Quentin em um caiaque caseiro três anos antes.

Como o FBI, a polícia local e os xerifes do condado estavam todos tentando localizá-lo, Tucker escondeu-se na Flórida, falando diariamente com Teddy Green, seu velho confidente de Alcatraz. Em uma manhã de junho, Tucker entrou com o carro na garagem de Green e esperou, enquanto o amigo ia até o carro. "Eu estava olhando para ele", lembra Tucker, "pensando: 'Meu Deus, que belo terno!'."

Um homem pulou na frente do carro de Tucker e gritou: "FBI, não se mexa! Você está preso".

Apareceram agentes de todos os lados, saindo de carros e arbustos. Tucker olhou furioso para Green, convencido de que o amigo o tinha "dedurado". Embora Tucker insista que nunca teve uma pistola — e nenhuma foi encontrada —, vários agentes disseram que viram uma na mão dele. "Ele tem uma arma!", um deles gritou, mergulhando no chão. A garagem se encheu com o som de tiros. Balas estilhaçaram o para-brisa e o radiador. Tucker, que fora atingido nos dois braços e na perna, jogou-se debaixo do painel e apertou o acelerador, arrebentando a parede da garagem e saindo de lá. Ele abriu a porta do carro e cambaleou pela rua, as mãos e o rosto cobertos de sangue. Uma mulher com duas crianças estava dirigindo em direção a ele. "Quando cheguei mais perto", testemunhou a mulher mais tarde, "ele começou a parecer cada vez mais ensanguentado — em todo o corpo — e eu pensei: esse pobre homem foi atropelado por algum carro."

Ela lhe ofereceu uma carona, e ele subiu no banco do passageiro. Então, pelo espelho retrovisor, ela viu alguém segurando um rifle, e seu filho de seis anos de idade gritou: "Bandido!". Como ela hesitou, Tucker agarrou o volante e gritou: "Eu tenho uma arma — agora pisa no acelerador!". O menino começou a soluçar. Após uma perseguição de cerca de oitocentos metros, eles foram conduzidos para uma rua sem saída. Ouvindo um "o.k." murmurado de Tucker, a mulher saiu do carro e arrastou os filhos para lugar seguro. Em seguida, o próprio Tucker saiu do carro e desmaiou.

Um colunista do *Miami Herald* resumiu a captura do fugitivo de longa data e líder da Quadrilha Anciã desta forma:

> Há algo de ligeiramente atraente sobre Tucker. [...] Não é comum os velhos serem associados a grandes crimes. [...] Tucker também deve ser admirado, de maneira distorcida, admito, por ter conseguido realizar uma fuga incrível da prisão de San Quentin, em San Francisco. [...] Tucker poderia ter feito fortuna vendendo a história para Hollywood e se entocando em algum lugar. Em vez disso, escolheu retomar a linha de trabalho à qual se dedicava. [...] O envelhecido Robin Hood tirava dos ricos, que provavelmente tinham ótimos seguros.

A história de Tucker tinha afinal adquirido o verniz da mitologia dos fora da lei. O danificado Rub-a-Dub-Dub fora doado para o Marin Yacht Club e depois foi colocado em um museu de prisão, e o Centro Médico do Hospital Infantil de Oakland solicitou que Tucker recebesse permissão para atuar como mestre de cerimônias de sua próxima "Regata da Tina de Banho". Em meio ao clamor, o FBI apareceu em uma luxuosa comunidade de aposentados em Lauderhill, na Flórida, onde se acreditava que Tucker morava. Uma mulher elegante na casa dos cinquenta atendeu à porta. Quando lhe perguntaram sobre Forrest Tucker, ela disse que nunca tinha ouvido falar do homem. Era casada com Bob Callahan, um corretor da bolsa bem-sucedido que conhecera logo após a morte do primeiro marido. Quando os agentes explicaram que Bob Callahan era, na verdade, Forrest Tucker, um homem que fugira da cadeia havia quatro anos, ela os olhou em lágrimas. "Eu lhes disse: Não acredito em uma só palavra que vocês estão dizendo", recordou ela, quase duas décadas depois. "Mas eles o pegaram. Atiraram nele três vezes."

Herdeira da fortuna de uma modesta transportadora, que na juventude era um pouco parecida com Marilyn Monroe, ela se lembra de quando conheceu Tucker no Whale and Porpoise, um clube privado em Oakland Park Boulevard. Ela jamais conhecera alguém tão amável e galante. "Ele se aproximou e tirou-me para dançar, e foi isso", ela me disse.

Ela se lembra de ter ido vê-lo na prisão ("ainda confusa"), sem saber muito bem o que dizer ou fazer. Quando o viu deitado lá, pálido e ensanguentado, foi tomada por um sentimento de amor por aquele homem que, segundo ela soube, fora condenado a trabalhos forçados com dezesseis anos. Ela me disse que, quando ele lhe implorou perdão, "Tudo o que eu queria fazer era abraçá-lo".

A princípio, aguardando julgamento em Miami, Tucker tentou fugir da prisão, removendo uma barra de sua cela com uma serra e subindo no telhado com um arpéu improvisado. Mas depois que sua esposa prometeu — para a consternação da família e amigos — ficar com ele se ele se emendasse, Tucker jurou que ia se reabilitar. "Eu disse a ela que a partir de então eu só ia estudar as formas de escapar", diz ele, acrescentando: "Ela é uma em um milhão".

Ele voltou para San Quentin, onde foi apelidado de "o capitão", e onde, pela primeira vez, sua constituição física aparentemente inabalável começou a dar sinais da idade. Em 1986, recebeu quatro pontes de safena. Embora os guardas estivessem ao lado da porta, para o caso de ele tentar fugir, ele agora se considerava estritamente um contorcionista do direito. Anos antes, em Alcatraz, ele havia escrito uma petição que chegou ao Supremo Tribunal Federal, na qual apresentou, com sucesso, o argumento de que um juiz não pode, na sentença, levar em consideração as condenações anteriores recebidas quando o réu não tinha advogado. ("É hora de sermos um pouco realistas diante de um registro como este", escreveu o juiz Harry A. Blackmun, discordando raivosamente.) Agora, com a saúde debilitada, Tucker iniciou uma nova onda de recursos, conseguindo que sua sentença fosse reduzida em mais da metade. "Eu gostaria de agradecer-lhe", ele escreveu a um juiz. "É a primeira oportunidade que já recebi na minha vida. Eu nem vou precisar de outra."

Ele começou a canalizar toda sua energia para aquilo que percebia como o ponto culminante de sua vida de fora da lei: um filme de Hollywood. Tucker tinha visto todo tipo de filme que reflete sua vida, entre os quais *O fugitivo*, *Alcatraz: Fuga impossível* e *Bonnie e Clyde*, e ele queria, por fim, ver sua história consagrada no imaginário norte-americano. Começou a registrar suas façanhas em papel, cinco páginas por vez. "Ninguém poderia ter escrito sobre o que acontece dentro da Rocha e sobre o que realmente acontecia lá, a menos que tivesse vivido lá pessoalmente", escreveu. Ele dedicou 261 páginas a *Alcatraz: A true story*, enquanto trabalhava em um segundo relato, mais ambicioso, que intitulou *The can opener* [O abridor de latas]. Nele, descrevia sua postura como uma volta "ao tipo de criminoso não violento e extremamente inteligente, nos moldes de Willie Sutton", e, de maneira mais eloquente, como uma espécie de pobre coitado heroico, que se opunha a um sistema opressivo e vasto. "A obsessão de Tucker por liberdade e fugas se transformara em uma espécie de culto à arte de fugir", escreveu ele. "Esta é sua maneira de manter a sanidade em uma vida em que foi constantemente caçado. Cada nova 'cana' é um jogo, um jogo para levar a melhor sobre as autoridades."

Em 1993, ele foi solto, aos 73 anos, e se acomodou na casa cor de pêssego em Pompano Beach, que a esposa havia comprado para eles. Aperfeiçoou seu manuscrito e montou uma sala de música na casa, onde deu aulas de saxofone e clarineta por 25 dólares a hora. "Nós tivemos uma vida maravilhosa", disse a esposa. Tucker lembra, "Nós costumávamos sair para dançar. Ela se vestia bem bonita, e eu a exibia". Ele compôs música para ela. "Ele tem todos esses talentos que foram desperdiçados durante todos esses anos", ela me disse. De vez em quando, ele tocava nos clubes locais de jazz. "Eu me acostumei a ser livre", diz ele. Mas o manuscrito não conseguiu cativar as pessoas como ele esperava que aconteceria — "Liguei para a secretária de Clint Eastwood, mas ela disse: 'A menos que o senhor tenha um agente, ele não vai lê-lo'" — e o autor de *The can opener* parecia cada vez mais encurralado, um velho como qualquer outro.

Então chegou o dia em que, com 78 anos de idade, em 1999, ele pintou as pontas dos dedos com esmalte de unha, puxou o lenço branco por cima do rosto e invadiu o Republic Security Bank com sua arma. "Ele não fez isso por dinheiro", disse a esposa. "Tínhamos um carro novo, uma boa casa, já paga, roupas bonitas. Ele tinha tudo."

"Acho que ele queria se tornar uma lenda, como Bonnie e Clyde", disse o capitão Chinn, que o prendeu depois do que se acreditava ser seu quarto assalto recente na área da Flórida. Um psicólogo forense que examinou Tucker observou: "Tenho visto muitas pessoas que assumem posturas de autoglorificação, e que gostariam de deixar sua marca na história [...] mas, devo admitir, nenhum que eu soubesse que iria querer, a não ser em filmes, ser exaltado por um assalto a banco. Está fora do âmbito da previsão psicológica".

Após a prisão de Tucker, a polícia o deixou em semi-isolamento, temendo que, mesmo aos 78 anos, ele pudesse, de alguma forma, enganá-los. Apesar dos apelos do advogado de que seu cliente poderia morrer nessas condições, a fiança lhe foi negada. "Normalmente, eu não consideraria que um homem de setenta e oito anos apresenta algum risco potencial de fuga ou perigo para a comunidade", disse o juiz, "mas o senhor Tucker provou ser bastante ágil." Em 20 de outubro de 2000, pouco antes de seu caso ir a julgamento, e com a esposa presente, Tucker declarou-se culpado. Ele foi condenado a treze anos.

Em determinado momento, encontrei um relatório que a Secretaria da Administração Penitenciária havia compilado, detalhando a vida de Tucker. Depois de páginas listando seus impressionantes assaltos e fugas ousadas, o texto concluiu com um tipo diferente de resumo:

> O réu não sabe do paradeiro da [sua] filha. Ele afirmou que não teve um papel ativo na criação da criança. [...] O réu não tem conhecimento do paradeiro de seu filho. O réu não participou da criação dessa criança.

"Eu achava que ele tinha morrido em um acidente automobilístico", disse-me por telefone o filho dele, Rick Bellew, que localizei em Nevada, onde morava e trabalhava como impressor. "Isso foi o que minha mãe me disse para me proteger." Ele não soube a verdade, disse, até ter uns vinte e poucos anos, quando Tucker estava prestes a ser posto em liberdade condicional. "Minha mãe tinha medo de que ele viesse até mim na rua e me assustasse."

Ele disse que, depois que o pai foi levado, as autoridades confiscaram todos os seus móveis e pertences, que tinham sido pagos com dinheiro roubado. Eles tiveram que ir morar com os avós, enquanto a mãe trabalhava em uma fábrica para sustentá-los. "Ele nos deixou sem nada", disse. "Ele virou nosso mundo de cabeça para baixo."

Depois de ter lido sobre a última prisão de Tucker, Bellew lhe escreveu uma carta pela primeira vez. "Eu precisava saber por que ele fez isso", disse. "Por que ele sacrificou tudo."

Embora Tucker jamais conseguisse lhe dar uma resposta satisfatória, eles começaram a se corresponder, e em uma de suas cartas Tucker lhe disse algo totalmente inesperado: Bellew tinha uma meia-irmã mais velha chamada Gaile Tucker, uma enfermeira que morava na Flórida. "Eu liguei para ela e disse: 'Você está sentada? Aqui é seu irmão há muito desaparecido'. Ela disse: 'Ah, meu Deus'." Mais tarde, os dois se encontraram, um estudando os traços do outro para achar semelhanças, tentando formar um retrato de um homem que eles mal conheciam.

"Eu não sinto nenhum rancor", disse-me sua filha. "Eu simplesmente não sinto nada."

A certa altura, Bellew leu para mim parte de uma carta que Tucker tinha enviado recentemente: "Eu lamento que as coisas tenham tomado o rumo que tomaram [...] Eu nunca o levei para pescar, ou a jogos de beisebol, nem vi você crescer [...] Não peço que me perdoe porque muito se perdeu, mas gostaria que soubesse que lhe desejo o melhor. Sempre. Seu pai, Forrest".

Bellew disse que não sabia se iria continuar a correspondência, não por causa do que Tucker tinha feito para ele, mas por causa do que havia feito à sua mãe. "Ele acabou com o mundo da minha mãe", disse-me ele. "Ela nunca se casou novamente. Havia uma música que ela cantava para mim chamada 'Me and my shadow', sobre estar sozinho e triste. E quando ela teve câncer, e não ia viver muito mais tempo, eu me abati e ela cantou essa música e percebi como era doce e amarga ao mesmo tempo. Era a vida dela."

Na primavera de 2002, quando visitei a terceira esposa de Tucker em Pompano Beach, ela parecia ainda estar tentando lidar com a situação. Mulher pequena e delicada, agora na casa dos setenta anos, ela passou por várias operações e viveu sozinha em sua casa. "Com o Forrest preso, não há ninguém para consertar as coisas", comentou. Fez uma pausa, olhando para o lugar onde ele costumava guardar seus instrumentos musicais. "O silêncio é insuportável." Ela me mostrou uma foto dos dois, tirada logo depois de se conhecerem. Eles estão lado a lado, os braços encostados. Ele usa camisa vermelha e gravata, e o cabelo ondulado está penteado para o lado. "Deus, ele era tão bonito", disse ela. "Quando o conheci, ele era um *charme*."

Ela virou a foto dele várias vezes na mão. "Esperei todos aqueles anos", disse ela enquanto me levava até a porta, enxugando os olhos. "Pensei que ficaríamos juntos até o fim da vida. O que vou fazer agora?"

Em uma das últimas vezes que encontrei Tucker na prisão, ele parecia assustadoramente frágil. Os músculos de seu rosto pareciam enfraquecidos, e suas mãos tremiam. Desde a prisão, ele teve vários derrames, e um cardiologista concluiu que os coágulos de sangue estavam gradualmente cortando o oxigênio que ia para o cérebro. Sua filha me disse sem rodeios: "Ele vai morrer na prisão".

"Todo mundo diz que eu sou inteligente", me disse Tucker. "Mas eu não sou inteligente em relação aos caminhos da vida, ou não teria feito as coisas que fiz." Depois de uma breve onda de atenção após sua prisão, ele fora completamente esquecido. "Quando eu morrer, ninguém vai se lembrar de mim", disse ele. Sua voz era quase um sussurro. "Eu gostaria de ter uma profissão de verdade, algo na indústria da música. Lamento não poder trabalhar firme e sustentar minha família. Eu tenho outros arrependimentos também, mas isso é tanto quanto um homem pode suportar. Tarde da noite você se vê em sua cama na prisão e pensa no que perdeu, no que você foi, no que poderia ter sido, e se arrepende."

Ele disse que a esposa estava pensando em vender a casa e se mudar para uma comunidade onde poderia ver mais pessoas. Embora ele e a esposa ainda se falassem regularmente, Tucker disse que ela era muito frágil para vir visitá-lo.

"O que mais dói... é que eu sei o quanto decepcionei minha esposa", ele prosseguiu. "Isso dói mais do que qualquer coisa."

Quando se levantou para ir embora, pegou um pedaço de papel no bolso de trás. "Fiz isso para você noite passada", disse ele.

Nele havia uma lista de todas as suas fugas, em caligrafia caprichada. No final, havia uma, nº 19 — mais uma que ele, de fato, tinha realizado —, deixada em branco. Assim que o guarda trouxe sua cadeira de rodas, ele a dispensou com um gesto. "Eu não preciso da minha carruagem", disse ele. Então, lentamente, com as costas curvadas, firmou-se contra a parede e, com o guarda logo atrás, avançou lentamente pelo corredor.

janeiro de 2003

Roubando o tempo

Por que Rickey Henderson não quer parar

Em uma noite de verão não faz muito tempo, Rickey Henderson, o maior ladrão de base e principal rebatedor na história do beisebol, estava na cabina de jogadores, puxando a camisa alguns centímetros à frente do peito, "se pavoneando", como dizem alguns jogadores. Ele passava pelos mesmos rituais que antecediam um jogo desde que era um "jardineiro" novato no Oakland A's, em 1979. Ele avaliou uma série de tacos, perguntando: "Qual de vocês, filhos da puta, já acertou pelo menos uma vez?". Escolhendo um com resina no punho, ele o segurou em posição, à espera de um arremesso imaginário, e falou para si mesmo em terceira pessoa, as palavras tão juntas e rápidas que eram quase ininteligíveis: "Manda ver, Rickey, manda ver".

Henderson está habituado não só a derrotar os adversários, mas também a ostentar sua superioridade sobre eles. Tendo sido selecionado dez vezes para o All-Star Game pelos Oakland A's, pelos New York Yankees e sete outras equipes, ele roubou mais de 1400, um registro considerado intocável, como a sequência de 56 jogos com pelo menos uma rebatida de Joe DiMaggio. Ele marcou mais pontos que Ty Cobb, Babe Ruth ou Hank Aaron. Bill James, o oráculo das estatísticas do beisebol, escreveu: "Sem exagerar um milímetro, é possível encontrar cinquenta jogadores que pertencem ao Hall of Fame, e todos eles, em conjunto, não possuem tantos pontos". Ou, como Henderson diz: "Eu sou um recorde ambulante".

Quando pisou no campo, Henderson parou abruptamente. Um odor fétido emanava da cabina dos jogadores. "De onde é que vem?", perguntou um de seus companheiros. Vários jogadores se curvaram, tentando encontrar a fonte do cheiro; antes, o administrador tinha encontrado um rato morto dentro do estádio.

"Acho que ele está vindo daqui", disse um jogador. "Está vendo aquele buraco?"

Henderson tentou ignorar a agitação e retomou sua rotina. Ele caminhou em direção à *batter's box*, a posição do rebatedor, andando displicentemente, como se fizesse um passeio noturno. Um jogador adversário certa vez observou que ele levava mais tempo para chegar à *batter's box* do que para chegar ao estádio de carro. Henderson disse que sua aproximação lenta é uma forma de se sentir arremessador; os adversários disseram que não passa de outra maneira de Henderson deixar que o mundo o observe. Quando chegou à posição, informando ao mundo o que Rickey ia fazer com a bola, de novo pareceu desconcertado, e olhou para a multidão: havia apenas uns seiscentos torcedores no estádio, e muitas das mulheres estavam vestidas, como saídas de uma "Noite dos Anos 80" promocional, em lantejoulas e meias de renda, como Madonna em sua fase "Like a virgin".

Mais cedo, Henderson tinha me confessado: "Na noite passada, eu caí de joelhos e perguntei a Deus: 'Por que você está fazendo isso a Rickey? Por que você me colocou aqui?'".

Um locutor chamou seu nome no sistema de som estridente:

"Agora rebatendo para o San Diego Surf Dawgs... RICKEY HENDERSON".

O homem que certa vez declarou "Eu sou o maior de todos os tempos!" estava, na idade de 46 anos, jogando na Golden Baseball League. Não era a Major League, o nível mais alto do beisebol norte-americano. Não fazia parte sequer do sistema das ligas menores. Era um campeonato independente, composto sobretudo de jogadores que nunca conseguiram chegar às ligas menores, ou tinham sido rejeitados por elas. Criado por dois diplomados da Business School da Universidade Stanford, o campeonato, que começou a ser realizado em 2005, com oito equipes no Arizona e Califórnia, é amplamente considerado o fundo do poço no beisebol. Mas foi aí que Henderson assinou um contrato de 3 mil dólares por mês, menos do que poderia conseguir se vendesse qualquer objeto pessoal associado a seus dias na Major League.

"Anda aí, deixa a gente ver o que você sabe fazer!", gritou um fã.

Henderson bateu a sujeira de suas chuteiras e agachou, olhando para o lançador, um canhoto de 24 anos de idade jogando para os Mesa Miners. Algumas noites antes, Henderson tinha conseguido roubar a segunda base, deslizando de cabeça em uma nuvem de poeira, para o deleite dos fãs, mas, dessa vez, ele bateu fraco para a segunda base. Quando voltava para o banco, um dos exaltados no meio da multidão gritou: "Ei, Rickey, onde está sua cadeira de rodas, porra?".

Outros grandes nomes do beisebol insistiram em jogar após o auge da carreira: aos quarenta anos, Babe Ruth, em sua última temporada na Major League passada, rebateu 0,181 para o Boston Braves. Mas a decisão de Henderson para ir tão longe a ponto de se juntar ao time dos Surf Dawgs — o qual, segundo admitiu um ex-assessor da equipe, se pensava ser uma equipe feminina de *softball* — foi uma fonte de espanto. Sua última aparição na Major League foi em 2003, quando jogou parte da temporada para os Los Angeles Dodgers. Ele bateu um mero 0,208, com três bases roubadas. (Sua última temporada produtiva foi em 1999.) A administração dos Dodgers, concluindo que o tempo tinha finalmente derrotado o *"man of steal"*,* como ele era chamado, o dispensou sem a menor cerimônia. Ele tinha jogado 3081 jogos, o que o colocava em quarto na lista de todos os tempos. Tinha 44 anos, e a maioria dos fãs supôs, como era razoável, que ele iria se aposentar e aguardar sua nomeação para o Hall of Fame. Em vez disso, ele jogou a temporada de 2004 com os Newark Bears, na independente Atlantic League, antes de passar para a Golden League. Manny Ramírez, do Boston Red Sox, que jogou ao lado de Henderson, em 2002, disse que Henderson devia estar "louco", e um jornalista esportivo declarou que seria necessária "uma equipe de psiquiatras" para entendê-lo. Mesmo uma de suas três filhas, Alexis, perguntou: "Pai, por que você está fazendo isso?".

Poucas horas antes do jogo contra os Miners, encontrei Henderson sentado em uma cadeira de metal no vestiário dos Surf Dawgs, sem camisa. Ele insistiu que não era diferente de ninguém no campeonato: ele simplesmente queria chegar aos grandes campeonatos. Mas também parecia chocado com sua situação pessoal, pelo peso da idade. Como ele disse: "Há peças deste quebra-cabeça que Rickey ainda está tentando descobrir".

Levantou-se para vestir o uniforme. Ele tem quase 1,80 metro e a maior parte de sua altura parece vir das pernas, que ele chama de "a essência do meu jogo"; elas fazem seu tronco parecer muito menor, sempre projetado para a frente, como se ele estivesse sain-

---

* Aqui há um jogo de palavras com "steal" (roubar) e "steel" (aço). (N. T.)

do da linha de partida. Seus olhos traem frequentes mudanças de humor — eles se apertam com algum desagrado, em seguida arregalam-se com prazer — e, durante os jogos, muitas vezes ele os esconde por trás de óculos escuros. Ele vestiu a camisa, que era branca, com mangas azul-claras, e puxou as calças acima do quadril; quando pôs o boné, apenas as rugas na testa e ao redor da boca confirmavam que ele era tão velho como muitos dos pais dos companheiros. Estendendo os braços, disse: "Olhe para mim. Eu não tenho nenhuma lesão. Eu não tenho problema com meus olhos. Meus joelhos estão bem. O único problema que tenho é um pouco de dor no quadril, e não é nada que um pouco de gelo não possa curar".

Henderson sabia que tinha apenas alguns meses para provar a um olheiro que era capaz de jogar no nível mais alto — a temporada da Major League terminava em outubro. Ele me disse que não muito tempo depois de ter começado a jogar para os Newark Bears, ligou para Billy Beane, o técnico-geral do Oakland A's. A maioria das principais conquistas de Henderson no beisebol, incluindo seu primeiro anel de campeão da World Series, em 1989, foi durante sua temporada nos A's, e ele disse a Beane que queria voltar para aquela equipe mais que para qualquer outra. "Então, eu poderia sair do jeito que entrei", disse ele. Beane respondeu que os A's, que na época lutavam por uma vaga nos *playoffs*, não tinham espaço para ele. No entanto, Henderson disse: "Eu não vou perder a esperança. Sei que, se as pessoas saírem para me ver jogar, elas perceberão que Rickey ainda é Rickey".

Ele chegava horas antes de um jogo, e rebatia bolas lançadas por uma máquina de arremesso a mais de 130 quilômetros por hora, enquanto a música-tema adotada pelos Surf Dawgs soava nos alto-falantes: "*Who let the dogs out? Woof! Woof! Woof! Woof!*". Em algumas manhãs, ele podia ser visto correndo para cima e para baixo nas arquibancadas. Jose Canseco, que jogou com Henderson nos A's, e que ajudou a alimentar a explosão de substâncias para melhorar o desempenho nas ligas principais, disse sobre Henderson: "Esse é um dos caras que não estão usando esteroides!".

"Eles fizeram segredo daquela merda para mim", disse Henderson. "Eu gostaria que *tivessem* me dito. Meu Deus, você pode imaginar Rickey com esteroides? Ah, baby, sai de baixo!" Ele riu descontraído. "Talvez, se eles não estivessem cheios dessas coisas, ainda houvesse lugar para mim. As pessoas sempre me perguntam por que eu ainda quero jogar, mas quero saber por que ninguém quer me dar uma oportunidade. É como se eles colocassem uma etiqueta em mim: 'Hall of Fame. Você está acabado. É isso'. É uma tremenda vergonha."

Enquanto Henderson conversava comigo, um de seus companheiros, que tinha o cabelo despenteado e parecia ter uns dezoito anos, se aproximou. Estava segurando uma bola de beisebol e com uma caneta na mão. Ele disse a Henderson: "Eu me sinto estranho pedindo isto, mas você pode autografar para mim?".

Henderson sorriu e autografou a bola.

"Obrigado, Rickey", disse o jovem, segurando a bola ao longo das costuras, para não borrar a tinta.

Henderson se voltou para mim e disse: "Eu vou te dizer a verdade. Eu desistiria de tudo — de cada recorde, do Hall of Fame, de tudo isso — para ter apenas mais uma chance".

Jogadores que roubam bases são muitas vezes considerados uma raça à parte: irresponsáveis, egocêntricos, às vezes até mesmo com um toque de loucura. Ron LeFlore, que roubou 97 bases com os Montreal Expos, foi um presidiário, condenado por assalto à mão armada; Ty Cobb, que era chamado de "psicótico" por seu biógrafo autorizado, costumava deslizar com seus cravos no ar, em um esforço para desalojar a segunda base; até mesmo Lou Brock, mais bem-educado, acreditava que um dos seus maiores trunfos era a arrogância desenfreada. Henderson, por todos os relatos, nasceu para ser ladrão. Lloyd Moseby, amigo de infância dele que jogou para o Toronto Blue Jays, disse à revista *Sports Illustrated*: "Rickey não mudou desde que era um garotinho. Ele aprendeu a se empertigar antes de aprender a andar, e sempre viveu para os refletores".

Henderson nunca teve muito mais do que o jogo de beisebol: quando tinha dois anos, seu pai desapareceu, abandonando a família, e, após a mudança da mãe para a Califórnia em busca de trabalho, ele e seus quatro irmãos ficaram em Pine Bluff, Arkansas, por vários anos, aos cuidados de uma avó. Em 1976, quando Henderson tinha dezessete anos, o Oakland A's o convocou na quarta rodada e designou-o para um de seus times das ligas secundárias em Boise, Idaho. Desde o início, ele foi intenso, mal-humorado e extravagante. Se acertava o que parecia uma bola rasteira, às vezes se recusava a sair correndo, para a consternação do técnico do time. Mas, quando achava que a oportunidade era excelente, sua velocidade era incomparável. Uma noite em 1977, em Fresno, Califórnia, ele roubou sete bases, igualando o recorde para um único jogo. Dois anos depois, no meio da temporada, o Oakland A's o chamou para a liga principal.

Com seus novos ganhos, Henderson contratou um grupo de detetives para encontrar o pai. "Eu não me importava se ele era bandido ou mocinho", Henderson me contou. "Eu só queria conhecê-lo." Os investigadores particulares relataram as descobertas para a mãe dele, que lhe informou: "Seu pai está morto. Ele morreu há alguns anos em um acidente de carro". Em 1980, no entanto, Henderson encontrou uma figura paterna improvável em Billy Martin, o novo técnico dos A's. Martin era um bebedor brigão que, em pelo menos uma ocasião, acertou um murro em um de seus jogadores. Mas ele e Henderson compartilhavam uma abordagem objetiva e realista do jogo — Martin pendurou na parede de seu escritório um cartaz que dizia: "Não pode haver arco-íris sem nuvens e uma tempestade", e juntos eles desenvolveram um estilo maníaco de jogo, conhecido como "Billy Ball", que era tão terrível quanto divertido. Como disse Henderson, "Billy era o editor de Billy Ball, e eu era o autor".

Pelo fato de não terem muito poder de fogo, os A's não podiam contar com jogadas rápidas com três jogadores e grandes *innings*; precisavam elaborar as corridas, criá-las a partir das menores oportunidades. Na condição de primeiro rebatedor, Henderson era o catalisador, ou, como ele gosta de dizer, "o criador do caos". Ele tinha uma força notável (por duas vezes terminou a temporada com uma percentagem de aproveitamento superior à de Mark McGuire), mas seu principal papel era ser um incômodo, uma praga para "chegar à base, de qualquer maneira que eu pudesse", e começar a destruir a defesa.

Como parte de sua estratégia, ele tinha desenvolvido uma das posturas de rebate mais características e enfurecedoras já vistas. Cada rebatedor tem uma "zona de arremesso", ou seja, uma área imaginária que se estende aproximadamente do peito até os joelhos do jogador, onde a bola é arremessada. Deixando os ombros caírem até quase os joelhos, praticamente dobrando o corpo, Henderson fazia a sua zona de arremesso parecer incomumente pequena; um jornalista esportivo brincou dizendo que era "do tamanho do coração de Hitler". Com tão pouco espaço para o arremessador acertar, muitas vezes Henderson conseguia cavar um *walk*, ou seja, a passagem automática do rebatedor para a primeira base. (Em 2001, ele quebrou o recorde de Babe Ruth para o total de *walks*, e agora está em segundo lugar, atrás de Barry Bonds.) Ou ele iria triturar a bola — ele é um dos únicos 25 jogadores na história com mais de 3 mil acertos. Assim que ele chegava à base, o caos começava: com frequência ele roubava a segunda base, em seguida, a terceira; ele completou o *home run* quatro vezes. Em seu primeiro ano completo, quebrou o recorde de Ty Cobb na Liga Americana, que era de 96 bases roubadas em uma temporada e que estava inalterado desde 1915. Duas temporadas depois, ultrapassou a marca de Lou Brock na liga principal, que era de 118. Thomas Boswell, do *Washington Post*, escreveu: "Desde que Babe Ruth conseguiu 54 *home runs* em 1920 — trinta a mais do que qualquer outra pessoa tinha conseguido em uma temporada —, nunca uma das áreas fundamentais de produção ofensiva no beisebol correu tanto risco de sofrer uma grande redefinição. [...] Agora, talvez pela primeira vez, a habilidade de um jogador está desafiando as dimensões básicas da quadra".

Sua simples presença nas trajetórias entre as bases era um agente de perturbação psíquica. Defensores de bases distraídos cometiam erros, e os arremessadores, vendo-se incapazes de se concentrar, jogavam bolas fáceis para os rebatedores subsequentes. Como disse o ex-capitão do Yankees, Don Mattingly: "Em essência, ele aterroriza toda uma equipe". Henderson marcava pontos de uma forma que tornava sua conduta quase invisível: ele com frequência conseguia um *walk,* depois roubava a segunda base, depois avançava para a terceira com uma bola rasteira e, por fim, completava o *home run* com uma bola voadora para o jardim externo. Em outras palavras, ele regularmente marcava pontos quando nem ele nem os companheiros conseguiam uma só rebatida válida.

Mas também havia algo descontrolado a respeito de Henderson. Um ladrão de bases toma o destino da equipe nas próprias mãos; se decidir correr e for eliminado, ele pode destruir as chances de uma equipe para um bom *inning.* Em 1982, Henderson não se limitou a estabelecer um recorde de bases roubadas na temporada; ele também estabeleceu um recorde para o número de vezes em que foi eliminado (42 vezes). As mesmas características que lhe valeram elogios — bravatas, logros, provocações — também lhe valeram desprezo. Durante um jogo de 1982 contra os Detroit Tigers, quando ele precisava de apenas mais uma base para igualar o recorde de Brock, foi para a primeira base, mas não teve chance de roubar, porque havia um corredor de base lento na segunda. Violando todas as normas do jogo, Billy Martin ordenou que o homem na segunda avançasse de maneira que fosse pego, deixando o caminho livre. Henderson disparou, certo de que a segunda base estava garantida, mas o árbitro o mandou para fora, segundo dizem, resmungando: "Você tem que fazer por merecer".

O beisebol tem uma regra tácita em relação a jogos desiguais, e o hábito de roubar de Henderson quando sua equipe já estava vencendo o adversário era amplamente visto como antidesportivo. Em 2001, quando jogava com o San Diego Padres, em um jogo contra o Milwaukee Brewers, Henderson avançou na sétima entrada, quando seu time liderava por sete *runs*. O técnico do Brewes, Davey Lopes, que fora um dos ladrões de base mais agressivos de sua época, ficou tão irritado que entrou no campo, gritando que quando Henderson voltasse a rebater, o arremessador iria "perfurá-lo". A ameaça era evidente, e Henderson foi retirado do jogo. "Nós somos da velha escola", disse Lopes depois.

E não era apenas a forma como Henderson avançava pelas bases que irritava os tradicionalistas. Em 1985, após ser negociado para os Yankees, perguntaram-lhe como seria jogar no mesmo campo que já havia recebido Joe DiMaggio e Mickey Mantle, e ele respondeu: "Eu não dou a mínima para eles... Agora é a hora do Rickey". Quando acertava um *home run*, ele parava para ver a bola passar por cima da cerca, então andava ostensivamente em torno da primeira base, um cotovelo estendido, como a asa de um pássaro. Em vez de se limitar a pegar uma bola, ele fazia um show para agarrá-la no ar. "Eu não aprecio esse lixo no meu estádio", disse o ex-receptor dos Orioles, Rick Dempsey, que uma vez teve que ser contido por um árbitro por querer bater em Henderson. Henderson ganhou reputação de criar tumulto fora do campo também. Ele deixava os técnicos dos times à mercê de suas exigências contratuais. "Eu tenho que garantir meu dinheiro", ele dizia. Ou, em uma de suas frases ao estilo de Yogi Berra:* "Tudo o que eu estou pedindo é o que eu quero". Certa vez, quando ele não conseguiu encontrar sua limusine à saída de um estádio, ele teria dito: "Rickey não gosta quando não encontra a limusine de Rickey". Em 1989, os A's assinaram um contrato de quatro anos com ele no valor de 12 milhões de dólares, o que o tornou o mais bem pago jogador, mas menos de dois anos depois, após vários jogadores terem ultrapassado essa quantia, ele exigiu um novo contrato. O arremessador Goose Gossage, que jogou com Henderson nos A's, uma vez disse: "Henderson estabeleceu um novo padrão para o egoísmo. Fez Jose Canseco parecer um assistente social". Ao final de sua carreira na liga principal, Henderson foi reconhecido como um dos melhores jogadores de todos os tempos, mas, na opinião de muitos jogadores e jornalistas esportivos, foi também "ganancioso", "egocêntrico", "Rickey Tempestade Tropical", "o clássico mercenário do beisebol" e "Rei do Eu". Em outras palavras, ele era o último jogador em quem alguém pensaria para integrar a Golden League Baseball.

"Eu não posso chegar atrasado", disse Henderson.

Ele estava no aeroporto de Los Angeles, esperando por um voo da manhã para Yuma, Arizona, onde a Golden Baseball League estava patrocinando a "Noite Rickey Henderson" em um jogo

---

* Jogador americano de beisebol, famoso pelas frases espirituosas, geralmente tautologias ou contradições, conhecidas como "yogismos". (N. T.)

de julho contra os Scorpions. (Os primeiros mil torcedores que chegassem ao jogo receberiam bonecos de borracha de Rickey Henderson.) A liga, percebendo que Henderson ajudava a lhe conferir legitimidade, tinha oferecido a ele várias regalias para assinar o contrato, e, ao contrário do resto dos jogadores, ele não precisava suportar longas viagens de ônibus nos jogos fora de casa — viajava em aviões comerciais. E assim, enquanto a equipe estava passando cinco horas em um ônibus até Yuma, Henderson pegou suas malas e embarcou no avião. Vestia uma elegante camisa bege e calças combinando, e um Rolex de ouro cravejado de diamantes. Ao longo de sua carreira, ganhou mais de 40 milhões de dólares apenas em salários. Ele é dono de dezenas de imóveis para alugar, e também de uma fazenda de sessenta hectares, perto do Parque Nacional Yosemite, onde ficava, nos períodos fora da temporada, com a esposa e as filhas. Também é dono de um Porsche, um Rolls-Royce, um Bentley, uma BMW, uma Mercedes, um Cadillac, uma caminhonete GM, um T-Bird e uma Ferrari. "Eu disse aos clubes da liga principal: 'Não se preocupem com sua conta bancária, vou jogar de graça'", disse Henderson. "Isso não tem a ver com o meu currículo."

Enquanto esperava o avião taxiar até a pista, ele verificou em seu celular se seu agente tinha ligado com alguma notícia das grandes equipes. "Nada", disse ele. Depois de deter o poder sobre os técnicos por tanto tempo, Henderson parecia inseguro sobre o que fazer agora que eles detinham o poder sobre ele. Não havia sequer pensado em aparecer nos testes de seleção dos Colorado Rockies, time para jogadores do ensino médio e universitários. Sabia que sua reputação provavelmente tinha abalado suas chances de ser levado para uma equipe como conselheiro mais velho e jogador reserva. "Há sempre aquela preocupação: Rickey estaria disposto a sair do banco?", disse Henderson. "Eu estaria. Se deixarem que eu me aposente com um uniforme da liga principal, você não vai ouvir um pio de mim." Henderson regularmente vasculhava as notícias sobre lesões e alterações na escalação nas equipes principais, para ver se poderia haver uma vaga.

"Quem é aquele cara novo que eles puseram para jogar no meio-campo para os Yankees?", Henderson me perguntou.

"Tony Womack", respondi.

"Womack, hein?", disse ele e acrescentou, frustrado: "Meu Deus, você vai me dizer que eu não sou melhor que ele?".

Ele fez uma ligação com seu celular, e começou a falar por cima do rugido do motor. A aeromoça, que parecia anormalmente tensa, lhe pediu rispidamente para desligar o telefone. Ele disse que faria isso, se ela pedisse com delicadeza. Em poucos minutos, agentes de segurança entraram no avião para retirá-lo.

"Que diabos está acontecendo?", perguntou ele.

"Aquele é o Rickey Henderson?", perguntou um passageiro.

"Olha como ele é sarado", disse outro. "Ouvi dizer que ele nunca levanta pesos, só faz flexões e abdominais."

"O senhor tem que vir conosco", disse um policial a Henderson.

Levantei-me para sair com Henderson, e o policial perguntou quem eu era.

"Este é o meu biógrafo e advogado", disse Henderson.

Os passageiros começaram a gritar: "Vocês não podem levar o Rickey!". Mas a aeromoça não cedeu, embora Henderson dissesse que, se tivesse feito algo que a ofendeu, ficaria feliz em se desculpar. O avião decolou sem nós.

"Está vendo, cara?", Henderson me disse. "Eu causo polêmica mesmo quando não faço nada. Foi sempre assim."

A companhia aérea, aparentemente constrangida por sua remoção do avião, tentou nos conseguir outro voo, mas o próximo para Yuma só sairia à noite. "Eu tenho que jogar", disse Henderson. "Hoje é a Noite Rickey Henderson."

Por fim, a companhia nos conseguiu um voo para Imperial, na Califórnia, a uma hora de carro de Yuma; a partir daí, disse que providenciaria um carro para nos levar ao estádio. Quando chegamos ao aeroporto de Imperial, um homem de meia-idade em pé na área de recuperação de bagagem disse: "Rickey, o que o traz a Imperial?".

"Tenho um jogo esta noite em Yuma."

"Em *Yuma*?"

"Estou jogando em uma nova liga independente por lá."

"Você está tentando voltar para o show?"

"Esse é o plano."

"Bom, com certeza eu gostaria que eles lhe dessem uma oportunidade. Nós, os velhos, nunca somos bem tratados."

Seguimos em uma van, atravessando o deserto de Yuma, que é conhecido principalmente por uma prisão que já abrigou bandidos do Velho Oeste. Quando chegamos ao Desert Sun Stadium, Henderson pareceu surpreso — era pouco mais do que um campo com arquibancada e uma caixa-d'água sobre ela. "Não é bem o Yankee Stadium, né?", comentou.

A temperatura era de mais de 43 °C, e era difícil respirar. Henderson deu autógrafos e posou para fotos com os fãs. "Eu sou, tipo, o Babe Ruth das ligas independentes", disse ele — e foi se vestir. O ônibus com o resto da equipe já havia chegado, e os jogadores estavam descansando, vestidos com roupas de baixo; alguns mascavam sementes de girassol e discutiam o boato de que um olheiro de uma organização da liga principal havia aparecido em um jogo recente.

Àquela altura, Henderson conhecia a maioria das histórias de seus companheiros de equipe. Havia Nick Guerra, um jogador que fora estrela na faculdade e trabalhava na parte da manhã no setor de construções para sustentar a família. Havia Scott Goodman, um rebatedor com o corpo ligeiramente semelhante a uma pera, que já tinha conseguido dezoito *home runs* por uma equipe da liga secundária afiliada aos Florida Marlins, mas que foi dispensado mesmo assim. E lá estava Adam Johnson, talvez o mais promissor jogador do time, um arremessador iniciante de 26 anos de idade que tinha perdido apenas um jogo durante toda a temporada. O técnico, Terry Kennedy, que havia jogado catorze anos nas ligas principais, como receptor, e cujo pai também tinha jogado nas ligas principais, me disse: "Eu às vezes chamo de Campeonato da Descoberta. Todo mundo aqui está tentando descobrir algo sobre si mesmo — se devem continuar perseguindo seu sonho ou se é hora de finalmente deixá-lo para trás".

Henderson e Goodman entraram no túnel de batimento juntos. Goodman, que estava entre os líderes do campeonato em *home runs* e boas rebatidas, vinha tendo problemas com seu movimento de braços nos últimos jogos.

"Como está se sentindo?", Henderson perguntou.

"Na noite passada, eu não estava acertando a posição certa do taco."

"Eu não quero saber da noite passada. Não estou preocupado com a noite passada. Como se sente agora?"

"Eu não sei", disse Goodman. "É como se eu não conseguisse colocar o meu peso por trás de tudo." Ele entrou no túnel e errou várias rebatidas.

"Está vendo o seu pé?", disse Henderson. "Você está pisando muito distante, em vez de colocá-lo na direção do arremessador."

Goodman inspecionou a marca no chão onde o pé da frente havia pisado. "Você está certo", disse ele. "Eu nunca notei."

Kennedy me disse que de início se preocupara com a adaptação de Henderson ao time, especialmente considerando suas regalias. "Eu nunca gostei de caras que se vangloriam", disse ele. Mas, para sua surpresa, Henderson tinha se dado ao trabalho de dar conselhos aos outros jogadores. "Eu não quero tentar adivinhar o que se passa na cabeça dele", disse Kennedy. "Mas alguma coisa está claramente acontecendo lá dentro. Eu acho que ele está tentando mostrar aos clubes que está disposto a ser um jogador diferente."

Depois de um tempo, Goodman e Henderson voltaram para a sede do clube. Eles vestiram o uniforme para jogos fora de casa, que era azul-marinho e cinza, e caminharam até o campo, as chuteiras deixando marcas na grama pegajosa. Apesar do calor, mais de 4 mil pessoas tinham comparecido para participar da Noite Rickey Henderson — a maior multidão em Yuma desde a noite de abertura da temporada. Assim que Henderson assumiu sua posição no centro do campo, um Fusca amarelo, com um par de orelhas de roedor presas ao capô e uma cauda anelada saindo da parte de trás, circulou pela grama. "É hora de exterminar a concorrência", disse o locutor do estádio. "Truly Nolen Controle de Pragas — Nós espantamos os indesejáveis para você." Depois da primeira entrada, Henderson sentou-se no banco, o uniforme já encharcado de suor, enquanto animadoras de torcida dançavam no teto da cabina dos jogadores, acima de sua cabeça. O locutor disse: "Veja se você consegue responder à pergunta desta noite! A pergunta é: Em que ano Rickey Henderson foi originalmente contratado pelos Oakland A's?".

"Mil novecentos e setenta e seis," disse um dos colegas de equipe de Henderson.

"Eu não era nem nascido", disse outro.

Em determinado momento, com Henderson jogando no meio do campo, uma bola passou por cima de sua cabeça e ele começou a correr, desencadeando pelo menos uma lembrança de sua velocidade. Olhou por cima do ombro, tentando pôr a bola em foco e fazer uma boa pegada. "É isso aí, Rickey!", gritaram seus companheiros quando ele voltou para o banco.

Apesar de Henderson ter jogado bem, com duas rebatidas e

uma base ganha, os Surf Dawgs perderam de 5 a 0. Sua esposa, que tinha vindo para vê-lo jogar naquele fim de semana com duas de suas filhas, disse ao técnico-geral da equipe: "Por que ele simplesmente não para e volta para casa?". Quando ele estava saindo do campo, fogos de artifício começaram a explodir no céu acima dele, o grande final da Noite Rickey Henderson.

Uma tarde, antes de um jogo em casa, Kennedy abordou Henderson no estádio e perguntou se ele iria ensinar aos outros jogadores a arte de roubar. Kennedy sabia que, nos últimos anos, o roubo de bases fora praticamente esquecido nas ligas principais. Os proprietários de equipes, convencidos de que *home runs* traziam as pessoas para os estádios, haviam construído campos de beisebol cada vez menores; ao mesmo tempo, os jogadores tornaram seus músculos cada vez maiores com o uso de esteroides. Desde 1982, quando Henderson quebrou o recorde de roubos de bases em uma única temporada, os totais de *home runs* tinham aumentado em 61%, enquanto o número de bases roubadas tinha caído em quase 20%. Mas Kennedy sabia como o roubo de bases podia ser desvastador: ele esteve com o San Francisco Giants na World Series de 1989, quando Henderson e o A's varreram os Giants em quatro jogos, e Henderson definiu um recorde pós-temporada, com onze bases roubadas.

Henderson concordou em dar uma demonstração, e houve um murmúrio geral, enquanto Goodman, Johnson e os outros jogadores se reuniam em torno da primeira base. Henderson saiu da base, abriu as pernas e se inclinou para a frente, mexendo os dedos. "A coisa mais importante para ser um bom ladrão de bases é você, que tem que ser corajoso", disse ele. "Você sabe que eles estão vindo para cima de você, todos no estádio sabem que eles estão vindo para cima de você. E você tem de dizer para si mesmo:

'Eu não dou a mínima. Fui'." Ele disse que cada arremessador tem o equivalente à dica da linguagem corporal de um jogador de pôquer, algo que sinalize quando ele vai jogar de forma que a bola seja rebatida. Antes de um corredor chegar à base, ele precisa identificar essa dica, para que possa tirar vantagem dela. "Às vezes, um arremessador levanta um calcanhar, ou mexe um ombro, um cotovelo, ou levanta o boné", disse Henderson, indicando cada revelação com um gesto claro.

Uma vez que você está na base, disse Henderson, o próximo passo é assumir a liderança. A maioria dos jogadores, explicou ele, equivocadamente supõe que é preciso uma grande vantagem. "Essa é uma das teorias de Rickey: Rickey se afasta apenas três passos da base", disse ele. "Se você está com uma grande vantagem, vai ficar tenso. Então todo mundo sabe que você vai se mexer. Assim como você estuda o arremessador, o arremessador e o receptor estudaram você."

Ele abriu as pernas de novo e fingiu olhar para o arremessador. "O.k., você está na frente; agora está pronto para descobrir qual parte do corpo do arremessador diz que ele vai jogar direto no taco. No instante em que você vê o sinal, *bum*, você já foi." Ele levantou os joelhos e correu para a segunda base. Depois que parou, disse: "Eu vou lhe contar outra das teorias de Rickey". Quase todos os ladrões de base, explicou ele, começam a correr atravessando o pé esquerdo na frente do direito, quando viram o corpo em direção à segunda base. Isso também é um erro. "Quando cruza o pé, isso te força a ficar com o corpo em linha reta até começar a correr", disse ele. "Essa é a pior coisa que você pode fazer como corredor. Você quer começar de baixo e explodir."

Quando Henderson estava conduzindo sua demonstração, os jogadores da equipe adversária chegaram e começaram a observá-lo. Ele disse que o toque final era o *slide*: o jogador se joga no chão e desliza até a base. Antes de Henderson, os grandes ladrões de base costumavam deslizar com os pés à frente. Henderson concluiu que seria mais rápido — para não falar mais ousado e cheio de estilo — deslizar de cabeça, como Pete Rose, que nunca foi um grande ladrão de bases, fazia às vezes. No entanto, cada vez que Henderson tentava o *slide* de cabeça, batia com o corpo violentamente no chão. Então, certo dia, quando viajava para um jogo, ele percebeu que o piloto pousou o avião em turbulência, sem um único solavanco. Henderson lembrou: "Eu perguntei ao piloto: 'Como diabos você fez isso?'. E ele me disse que a chave era chegar o mais perto possível do chão, sem deixar o avião cair repentinamente. Eu pensei: 'Diacho, é isso aí!'". Depois disso, disse Henderson, ele começou a abaixar o corpo aos poucos até chegar ao chão, como se fosse um avião.

Henderson concluiu dizendo que, se o corredor estudasse o arremessador, tivesse bom impulso e deslizasse bem, ele conseguiria superar o arremesso todas as vezes. E se por algum motivo ele fosse pego, no momento em que voltasse à base, ele deveria tentar roubar novamente. Como Henderson me disse: "Para roubar uma base, você precisa pensar que é invencível".

"Olha a cabeça", o instrutor de rebates do Surf Dawgs disse para Henderson em uma tarde de julho. "Você está deixando ela cair."

"Eu sei", disse Henderson, recuando dentro do túnel de batimento. Ele fez várias tentativas, mas nada parecia estar dando certo. "Vamos, Rickey, você pode fazer melhor do que isso!", ele gritou.

Naquele mês, sua média de rebatidas despencou de 0,311 para 0,247, uma das mais baixas na equipe. Em maio, ele acertou apenas um *home run*, não teve nenhum em junho. "Ele ainda vê bem a bola", disse Kennedy, que estava encostado no túnel, sobre Henderson. "Mas não tem mais velocidade com o taco."

Depois de uma série desanimadora contra os Samurai ou Bears, uma equipe japonesa que tinha o pior registro de acertos da liga, Henderson começou a olhar para o chão no campo externo. Kennedy virou-se para seus técnicos e disse: "Acho que nós o perdemos".

Kennedy, acreditando que Henderson estava pronto para desistir, chamou-o mais tarde em seu escritório. "Eu entendo se você quiser sair", disse Kennedy.

"Não, cara, não é isso. É apenas o jeito que eu estou rebatendo. Não consigo acertá-lo."

À medida que as semanas passavam, tornou-se claro que a atitude desafiadora que fizera dele um grande ladrão de bases tinha, em muitos aspectos, contribuído para que ele ficasse preso na Golden Baseball League. Ele estava sempre convencido de que poderia fazer o impossível. "Quando fui jogar com os Newark Bears, eu tinha certeza de que estaria lá por apenas algumas semanas — e que uma equipe da liga principal iria me chamar", disse. "Mas uma semana se transformou em duas, e agora se passaram dois anos e eu ainda estou esperando que me chamem."

Tentando melhorar sua média, ele começou a fazer experiências com seu jeito característico de se agachar; ficava mais reto na base principal, até que se tornava uma figura quase irreconhecível. "Eu me lembro de que, no final da minha carreira, comecei a duvidar da minha capacidade", disse Kennedy. "Eu sabia o que queria fazer, mas meu corpo não me deixava fazê-lo. Eu chamei meu pai e disse: 'Pai, alguma vez você pensou que não era bom o suficiente para jogar este jogo?'. E ele disse: 'Sim, e quando isso acontece não tem volta'."

Durante o jogo contra os Scorpions no final de julho, depois de ter conseguido a primeira base, Henderson deu seus famosos três passos afastando-se da base. Eu viajava com a equipe periodicamente ao longo da temporada, esperando para vê-lo roubar uma base. A multidão implorava que ele corresse, e várias vezes o arremessador jogou para a primeira base para mantê-lo por perto. "Lá vai ele!", gritou um fã. "Cuidado!" Mas quando o arremessador iniciou seu movimento, Henderson não se mexeu. Ele ficou ali, como se estivesse congelado. "Qual é o problema, Rickey?", gritou outro fã. "Você não consegue mais roubar uma base?" No arremesso seguinte, Henderson voltou a assumir a liderança e mexeu os dedos. O arremessador parecia encolher o ombro quando estava prestes a jogar uma bola que podia ser rebatida — era sua dica —, mas Henderson não correu. Depois de diversos outros arremessos, o rebatedor bateu uma bola curta, e Henderson foi facilmente eliminado na segunda base. No percurso de volta para o banco de reservas, Henderson gritou: "A porra do sol estava nos meus olhos. Eu não conseguia ver droga nenhuma, caralho". Ele sentou no banco de reservas com a cabeça abaixada, e pela primeira vez desde que eu começara a vê-lo jogar, não disse uma palavra.

Duas semanas mais tarde, em meados de agosto, com a temporada dos Surf Dawgs chegando ao fim, espalhou-se no clube a notícia de que o Oakland A's tinha telefonado para falar sobre um jogador. Kennedy apareceu e contou à equipe a boa notícia: um dos Surf Dawgs estava sendo chamado para a equipe secundária do Oakland A's. Era Adam Johnson, o arremessador. Em seguida, Henderson me disse: "Estou feliz em ver um dos caras sair do campeonato, para ter a chance de seguir em frente". Ele parecia genuinamente feliz e recusou-se a mencionar suas próprias circunstâncias. No entanto, em outra noite, no campo, ele apontou para o logotipo dos Surf Dawgs em sua camisa e disse: "Nunca pensei que poderia terminar a minha carreira neste uniforme". Perguntei se ele se aposentaria no final da temporada. "Eu não sei se consigo continuar", disse ele. "Sabe, estou cansado." Enquanto pegava a luva, ele olhou para o campo por um momento. Então disse: "Eu só não sei se Rickey consegue parar".

setembro de 2005

Após a temporada de 2005, Henderson saiu da Golden Baseball League, embora continuasse a ter esperança de que iria receber um convite para voltar a jogar nas equipes maiores. Em 2009, com cinquenta anos de idade, ele foi introduzido no Hall of Fame. *E ainda insistiu: "Eu posso voltar e jogar".*

PARTE TRÊS

Uma nuvem espessa e negra girava diante dos meus olhos, e minha mente me disse que nessa nuvem, invisível, mas prestes a saltar diante de meus sentidos horrorizados, se escondia tudo o que era vagamente medonho, tudo o que era monstruoso e inconcebivelmente perverso em todo o universo.

Dr. Watson, em "A aventura da pata do diabo"

A Irmandade

*A ascensão da mais perigosa gangue
de prisão dos Estados Unidos*

Em uma manhã fria e úmida de dezembro de 2002, depois de semanas de planejamento secreto, a agência federal americana conhecida como U. S. Marshals lançou uma das mais incomuns batidas policiais em 215 anos de história da organização. À medida que o nevoeiro se desfez em um pequeno trecho de terra na região noroeste da Califórnia — uma área pouco povoada conhecida principalmente por suas enormes sequoias —, quase uma dúzia de agentes, vestindo uniforme preto e colete à prova de balas e armados com fuzis de assalto e intercomunicadores, reuniram-se em uma frota de carros. Os agentes passaram a toda a velocidade por uma cidade com uma única agência dos correios e uma lojinha e entraram na floresta até chegar a uma colossal área cercada, um labirinto de edifícios rodeados de arame farpado e uma cerca eletrificada que era letal ao toque. Um portão se abriu e, com guardas armados com fuzis vigiando de cima de algumas torres, o comboio entrou. Os agentes desceram dos carros.

Depois de entrar em um dos edifícios e caminhar por um longo corredor repleto de câmeras de vigilância, os policiais chegaram ao seu destino: um pavilhão de celas fortificado no centro de Pelican Bay, a mais famosa prisão da Califórnia. Eles podiam ouvir os presos se movendo em suas celas de cimento de três por três metros e sem janelas. Pelican Bay abrigava mais de 3 mil detentos, homens considerados demasiadamente violentos para qualquer outra prisão estadual e que tinham, no jargão dos agentes penitenciários, "feito por merecer seu lugar lá dentro". Mas os homens naquele pavilhão de celas, conhecido como "o Buraco", eram considerados tão perigosos que tinham sido segregados daquela população já segregada.

Quatro presos receberam ordem de retirar o macacão amarelo e passá-lo por uma abertura com bandeja. Enquanto alguns agentes revistavam os pertences deles, outros, utilizando lanternas, espiavam pelos buracos das portas de aço para examinar as orelhas, narinas e cavidade anal dos presos. Para se certificar de que os prisioneiros não tinham armas "acomodadas" no ânus, os guardas os instruíam a se curvar três vezes; se recusassem, os guardas saberiam que eles estavam com medo de perfurar seus intestinos com alguma haste de metal. Assim que a revista foi concluída, os presos foram algemados e escoltados até uma pista de pouso nas proximidades, onde foram acomodados em um avião sem nenhuma identificação.

Em todo o país, os agentes estavam se espalhando pelos presídios. Eles pegaram um quinto detento de uma prisão de segurança máxima em Concord, New Hampshire. Pegaram outro de uma prisão em Sacramento, Califórnia. Então se dirigiram para a Penitenciária Máxima, em Florence, no Colorado, um "superpresídio" de segurança máxima rodeado de ravinas cobertas de neve e conhecido como a "Alcatraz das montanhas Rochosas". Lá, na penitenciária federal mais segura no país — um lugar que abrigava Ted Kaczynski, o Unabomber, e Ramzi Yousef, o homem por trás do atentado ao World Trade Center, em 1993 —, os agentes pegaram quatro presos que teriam sido responsáveis por mais de uma dezena de assassinatos na prisão.

Pouco tempo depois, os policiais tinham reunido 29 detentos — todos estavam entre os homens mais temidos no sistema prisional americano. Um deles tinha estrangulado um preso com as mãos, e outro envenenara um companheiro de prisão. Um homem apelidado de "Fera" era considerado o mandante de um ataque contra um preso que o empurrara durante um jogo de basquete: o preso mais tarde foi esfaqueado 71 vezes, e teve um dos olhos arrancado.

E havia Barry Mills, conhecido como o Barão. De fala macia e compenetrado, com uma careca reluzente, ele foi descrito por um de seus ex-acusadores como um "assassino astuto e calculista". Ele gostava de fazer crochê na cela e, segundo as autoridades, fazer listas de inimigos para matar. Num processo judicial anterior, declarou que "vivemos [...] em uma sociedade diferente daquela em que vocês vivem. Existe a violência justificada em nossa sociedade. Estou aqui para lhes dizer isso. Estou aqui para dizer isso a todos vocês". Ele não era, conforme admitiu, "um homem pacífico", e "se você me desrespeitar ou a um dos meus amigos, eu prontamente, e da melhor forma que puder, vou enfrentá-lo em modo de combate. É assim que sou". Certa vez, em uma prisão de segurança máxima na Geórgia, Mills foi considerado culpado por atrair um preso a um banheiro e quase decapitá-lo com uma faca.

Junto com o Barão e os outros presos, cinco mulheres do lado de fora também foram presas, assim como três ex-presidiários e um ex-guarda de prisão. A maioria dos detidos — quarenta no total — foi transportada por um Boeing 727, com pernas e braços acorrentados às poltronas, enquanto os guardas patrulhavam as fileiras, os fuzis em compartimentos fechados fora do alcance. Dias depois, os presos terminaram em um tribunal de Los Angeles, onde foram acusados de ser membros de uma elaborada conspiração criminosa dirigida pela Irmandade Ariana, ou The Brand [A Marca]. As autoridades já haviam considerado a Irmandade Ariana uma gangue menor associada a movimentos de supremacia branca; agora, no entanto, concluíram que o que os prisioneiros afirmavam havia décadas era verdade, ou seja, que os cento e poucos integrantes da gangue, todos criminosos condenados, foram aos poucos assumindo o controle de grande parte das prisões de segurança máxima da nação, dominando milhares de detentos e transformando-se em uma poderosa organização criminosa.

A Irmandade Ariana, dizem as autoridades, estabeleceu o tráfico de drogas, a prostituição e a extorsão nas prisões em todo o país. Seus líderes, muitas vezes em solitárias, teriam ordenado um grande número de esfaqueamentos e assassinatos. Eles mataram membros de gangues rivais; mataram negros, homossexuais e molestadores de crianças; mataram delatores, mataram pessoas que roubaram suas drogas, ou que lhes deviam algumas centenas de dólares, mataram os guardas da prisão; mataram por contrato e de graça, e mataram, acima de tudo, a fim de impor uma cultura de terror que solidificasse seu poder. E, pelo fato de a Irmandade ser muito mais reclusa do que outras gangues, conseguiu operar em grande parte com impunidade durante décadas — e continuou praticamente invisível para o mundo exterior. "É uma verdadeira sociedade secreta", contou-me Mark Hamm, sociólogo especializado em prisões.

Pela primeira vez, no dia 28 de agosto de 2002, esse mundo rachou. Após mais de uma década tentando infiltrar-se nas operações da Irmandade, um assistente da promotoria relativamente desconhecido, chamado Gregory Jessner, da Califórnia, indiciou praticamente toda a liderança do grupo. Ele havia investigado centenas de crimes ligados à gangue, alguns deles casos cuja investigação fora suspensa e que remontavam a quase quarenta anos antes. Na acusação, que formou um volume de 110 páginas, Jessner acusava os líderes da Irmandade da realização de esfaqueamentos, estrangulamentos, envenenamentos, assassinatos por encomenda, conspiração para cometer assassinato, extorsão, roubo e tráfico de entorpecentes. O caso, que deveria ir a julgamento em 2005, poderia levar a até 23 condenações à pena de morte, mais do que qualquer outro na história americana.

Certa manhã em 2003, visitei o escritório da Procuradoria dos Estados Unidos no centro de Los Angeles, onde a promotoria se preparava para acusar o último dos quarenta réus. Enquanto esperava no hall de entrada, um jovem magro apareceu em um terno cinza. Tinha cabelos castanhos curtos, e carregava uma pasta debaixo do braço como se fosse estagiário de um escritório de advocacia. Ao contrário dos advogados em torno dele, falava com um tom de voz suave, quase reticente. E se apresentou como Gregory Jessner.

"Estou com 42 anos", disse-me, como se costumasse ser cumprimentado com espanto semelhante. "Acredite ou não, já aparentei ter muito menos idade." Ele enfiou a mão no bolso e mostrou uma carteira de identidade funcional. Parecia ter dezessete anos.

Ele me levou até seu escritório, que não tinha quase nada nas paredes e parecia decorado apenas com as caixas empilhadas do material dos casos. Sobre sua mesa havia várias fotografias em preto e branco, incluindo a de um preso que fora estrangulado pela gangue.

"Um membro da Irmandade foi até a cela dele e amarrou um garrote em seu pescoço", disse Jessner. Ele estendeu as mãos, demonstrando, com os dedos afilados, como um membro da Irmandade Ariana tinha trançado as tiras de um lençol, transformando-a em um laço. "Essa é uma organização de homicidas", disse ele. "Isso é o que fazem. Eles matam pessoas."

Ele explicou que estava acostumado com casos de assassinato, mas ficara chocado com a brutalidade da gangue. "Eu desconfio que eles matam mais do que a Máfia", disse. "Matam mais do que qualquer traficante de drogas. Há uma série de mortes relacionadas às gangues nas ruas, mas elas geralmente são mais desorganizadas e aleatórias." Ele fez uma pausa, como se calculando vários números em sua cabeça. "Acho que eles podem ser a organização criminosa com maior número de assassinatos nos Estados Unidos."

Existem centenas de gangues no país: os Crips, os Bloods, os Latin Dragons, a Dark Side Nation, a Lynch Mob. Mas a Irmandade Ariana é um dos poucos grupos que nasceram na prisão. Em 1964, quando a inquietação racial do país atingiu os presídios, um bando de detentos brancos na prisão de San Quentin, em Marin County, Califórnia, começou a se reunir no pátio. Os homens eram, na maioria, motoqueiros de cabelos compridos e bigodes; alguns eram neonazistas com tatuagens de suásticas. Juntos, decidiram atacar os negros, estavam formando seu próprio grupo militante, chamado Black Guerrilla Family, sob a influência do célebre líder da prisão, George Jackson. Inicialmente, os brancos se autodenominavam Gangue do Dente de Diamante, e quando perambulavam pelo pátio eram inconfundíveis: pedaços de vidro incrustados em seus dentes brilhavam ao sol.

Em pouco tempo eles se misturaram com outros brancos em San Quentin para formar um único bando: a Irmandade Ariana. Embora sempre tenha havido panelinhas na prisão, conhecidas como "pontas", esses homens agora estavam alinhados por raça e recorriam a um tipo de violência nunca visto em San Quentin, um lugar que os presos comparavam a uma "escola de gladiadores". Todas as facções, incluindo as gangues latinas La Nuestra Familia e a Máfia mexicana, atacaram umas às outras com afiadas facas rústicas feitas com peças de luminárias e de rádio, e escondidas em colchões, entradas de ar e canos de esgoto. "Tudo era visto através da lente irracional da raça", contou-me Edward Bunker, um preso da época. (Ele se tornou escritor, e apareceu como Mr. Blue em *Cães de aluguel*.)

A maioria das gangues da prisão tentava recrutar os "peixes", os detentos mais novos e vulneráveis. Mas, segundo entrevistas com ex-membros de gangues — bem como milhares de páginas de relatórios confidenciais do FBI, registros internos da prisão e documentos dos tribunais —, a Irmandade Ariana optou por uma abordagem radicalmente diferente, escolhendo apenas os mais capazes e violentos. Eles recebiam um compromisso:

Um irmão ariano não precisa de cuidado,
Caminha onde não ousam o fraco e o acovardado,
E se ele perder o controle e tropeçar,
Seus irmãos estarão lá, para ajudar,
Para um irmão digno, nenhuma necessidade é grande demais,
Só precisa pedir, para ele tudo se faz.
Para um irmão ariano, a morte não mete medo, não,
A vingança será sua, por seus irmãos que aqui ainda estão.

Em 1975, a gangue havia se espalhado pela maioria das prisões do estado da Califórnia e estava empenhada no que as autoridades descreveram como uma guerra racial total. Dezenas de detentos já tinham sido mortos quando, naquele mesmo ano, um "peixe" chamado Michael Thompson entrou no sistema.

Ex-jogador de futebol de destaque no ensino médio, branco de 23 anos, ele fora condenado por ajudar a assassinar dois traficantes de drogas e a enterrar seus corpos em um poço cheio de cal em um quintal. Com 1,90 metro de altura e pesando quase 137 quilos, era forte a ponto de quebrar algemas comuns. Tinha cabelos castanhos, partidos ao meio, e olhos azuis hipnóticos. Apesar da natureza violenta de seu crime, ele não tinha outras condenações e, com chance de liberdade condicional em menos de uma década, a princípio ele se isolou, sem ter muita consciência das diferentes forças que se deslocam em torno dele. "Eu era um peixe com as guelras para fora", disse ele mais tarde.

Sem aderir a nenhuma das gangues que surgiam, era uma presa notável para grupos hispânicos e negros, e vários deles logo o atacaram no pátio de uma prisão em Tracy, Califórnia; mais tarde, foi enviado para Folsom, onde, da mesma forma que em San Quentin, guerras de gangues estavam acontecendo. Em seu primeiro dia lá, disse, ninguém falou com ele até que um líder da Black Guerrilla Family, homem magro e musculoso de short e camiseta, começou a insultá-lo, instigando-o a vir "preparado" para o pátio no dia seguinte. De noite na cela, Thompson lembrou, ele procurou freneticamente uma arma; ele arrancou um pedaço de aço da porta da cela e começou a afiar suas extremidades. Tinha pelo menos 25 centímetros de comprimento, e ele afiou ambos os lados. Antes que os guardas abrissem as portas da cela e o revistassem, ele sabia que precisava esconder a arma. Tirou a roupa e tentou inseri-la no reto. "Eu não consegui", lembrou. "Eu estava muito envergonhado." Ele tentou de novo, e de novo, até que afinal conseguiu.

Na manhã seguinte, no pátio, ele pôde ver os guardas, as pontas de seus fuzis brilhando ao sol. O líder da Black Guerrilla Family avançou em direção a ele, mostrando uma lâmina de aço, e Thompson se deitou, tentando extrair a arma do corpo. Por fim, ele conseguiu e passou a investir violentamente contra o inimigo; outro integrante do grupo veio na direção dele e Thompson também o esfaqueou. Quando os guardas intercederam, Thompson estava coberto de sangue, e um dos membros da Black Guerrila Family estava deitado no chão, quase morto.

Pouco tempo depois desse incidente, vários condenados brancos se aproximaram dele no pátio. "Eles queriam que eu me juntasse à Irmandade", disse Thompson. Inicialmente, ele hesitou, em parte devido ao racismo da gangue, mas ele sabia que o grupo oferecia mais do que proteção. "Foi como se eu tivesse entrado em um refúgio", disse ele. "Você era na mesma hora o cara — o sujeito que dava as ordens."

Para ser aceito, de acordo com Thompson e outros membros da gangue, cada recruta tinha que "criar seu esqueleto", o que com frequência significava matar outro detento. (Um recruta disse às autoridades, em declaração juramentada, que o rito pretendia "criar um vínculo duradouro com a IA e também provar que tinha condições de ser um membro".) Thompson também recitou um juramento de "sangue dentro, sangue fora", em que jurou não só que derramaria o sangue de alguém para entrar, mas também que jamais sairia da gangue a menos que seu próprio sangue fosse mortalmente derramado. Enquanto muitos novos membros tiveram um período probatório, que chegava a durar um ano, Thompson, por causa da força física e da habilidade com a faca, entrou para a gangue quase imediatamente. Ele foi "marcado" com uma tatuagem feita com instrumento rústico (que os detentos criavam com um aparador de barba vendido no almoxarifado, uma corda de violão, uma caneta e uma agulha roubada da enfermaria). Às vezes os membros eram tatuados com as letras "A.B." [Aryan Brotherhood] ou os algarismos 666, simbolizando a besta, uma manifestação do mal no Apocalipse de são João. Na mão esquerda de Thompson, pouco acima dos dedos, ele recebeu o símbolo mais reconhecível: um trevo verde. "Era só mostrar minha força e eu estava no comando", disse.

Ele era transferido de uma prisão do estado para outra, com frequência por motivos disciplinares, mas essas transferências só o ajudaram a conquistar mais influência, e aos poucos ele ascendeu nas fileiras exclusivas da Irmandade. Ele conheceu Barry Mills, vulgo "Barão", que fora preso por roubar um carro e se tornou o principal membro da gangue, aparentemente concentrando suas energias não para voltar ao mundo exterior, mas para permanecer no interior do mundo da prisão, onde era, nas palavras de Thompson, "o porco com os maiores colhões". E ele conheceu T. D. Bingham, um carismático ladrão de bancos que era quase tão largo quanto ele era alto e que conseguia levantar 230 quilos. Apelidado de "Hulk" e "Superbranquelo", ele falava de maneira despretensiosa que escondia uma enorme inteligência, segundo dizem os amigos. Nas fotografias da época, ele tem um enorme bigode preto de morsa e um gorro puxado sobre as sobrancelhas. Meio judeu, usava uma estrela de davi tatuada em um braço e, sem nenhuma ironia aparente, uma suástica no outro. Certa vez, quando testemunhava a favor de outro conhecido detento da Irmandade Ariana, disse ao júri: "Há um código em todos os segmentos da sociedade [...] Bem, nós temos um tipo diferente de código de ética e moral". Mais tarde acrescentou: "É muito mais primordial". Um de seus amigos, referindo-se à sua propensão para a violência, me disse: "Às vezes, ele tem o ímpeto, sabe o que eu quero dizer? Ele tem o ímpeto".

Thompson logo se familiarizou com o círculo interno da Irmandade. Havia Thomas Silverstein, artista talentoso com cabelos compridos e esvoaçantes que, segundo observou um conselheiro em seu arquivo de prisão, "parece ser facilmente influenciado por esses homens e está ansioso para agradar a eles". Depois de derramar sangue do inimigo com uma faca artesanal, ele costumava retirar-se para sua cela e desenhar retratos bem elaborados. Um esboço à tinta mostrava um homem em uma cela com uma garra descendo em direção a ele. Thompson também conheceu Dallas Scott, um viciado em drogas, que disse certa vez ao jornalista Pete Earley, no livro *The hot house: Life inside Leavenworth Prison*,

314

de 1992: "Na sua sociedade eu não sou nada, mas aqui eu sou", e Clifford Smith, que perdeu um olho depois que uma aranha viúva-negra o picou em San Quentin e que, quando solicitado a realizar seu primeiro assassinato, disse: "É, mano, eu vou acabar com o filho da puta".

Thompson, que tinha apenas o ensino médio, estava sendo talhado para a liderança. Deram-lhe muitos livros, uma seleção que formava uma espécie de visão de mundo. Ele leu *A arte da guerra*, de Sun Tzu, e *O príncipe*, de Maquiavel. Leu Nietzsche, memorizando seus aforismos. ("Deve-se morrer com orgulho, quando não é mais possível viver com orgulho.") E leu Louis L'Amour, cujos romances baratos sobre pistoleiros românticos que cavalgam em busca da "marca" inspiraram o apelido da gangue. "Era como se você fosse para a escola", disse Thompson. "Você já odeia o sistema, odeia o *establishment*, porque você está na prisão, está enterrado, sepultado, e você começa a pensar em si mesmo como um nobre guerreiro — e era disso que nós chamávamos uns aos outros, guerreiros. Era como se eu fosse um soldado indo para a batalha."

Thompson disse que, como outros novos membros, ele foi treinado para matar, sem piscar, sem reservas. Um manual de instruções da Irmandade, apreendido pelas autoridades, afirmava: "O cheiro do sangue humano pode ser avassalador, mas matar é como sexo. A primeira vez não é tão gratificante, mas fica melhor e melhor com a prática, especialmente quando se lembra que é uma causa sagrada". Durante um interrogatório confidencial com os agentes penitenciários, um irmão ariano descreveu como os membros estudavam textos de anatomia, "para que, quando esfaqueassem alguém, o ferimento fosse mortal".

Em 1981, segundo os registros da prisão, Thompson se aproximou de um inimigo do grupo "por trás e começou a esfaqueá-lo", e "continuou" acertando a vítima "enquanto ela estava no chão". Thompson escreveu certa vez em uma carta: "Luta com facas, na melhor das hipóteses, é como uma dança. Em condições ideais, o objetivo é sangrar o adversário — cortar as mãos, os pulsos e os braços e à medida que o adversário enfraquece pela perda de sangue causar-lhe mais danos no rosto (olhos) e no tronco".

Os presos costumavam se matar não por alguma desavença real, mas por causa da cor da pele. Em um incidente, Silverstein e um associado da Irmandade Ariana, Clayton Fountain, que, de acordo com um amigo, estava ansioso para "criar seu esqueleto", esfaqueou um líder da gangue rival DC Blacks 67 vezes no chuveiro, em seguida arrastou o corpo ensanguentado através das fileiras, enquanto outros presos brancos gritavam insultos raciais. Depois que Silverstein foi acusado de matar outro preso, ele se gabou no tribunal: "Eu andei por cima de cadáveres. Eu tive tripas espalhadas por todo o meu peito nas guerras raciais".

Para tentar conter a Irmandade, os agentes penitenciários, em desespero, começaram a espalhar seus integrantes em todo o sistema correcional. (Nenhum detento iria admitir em público que fazia parte do grupo, e, quando questionado sob juramento, normalmente diria: "Senhor, eu não vou responder a uma pergunta como essa".) As medidas de dispersão, no entanto, só ampliaram o alcance do grupo para penitenciárias nos estados do Texas, Illinois e Kansas, e ainda mais para o leste, até a Pensilvânia e a Geórgia. Um relatório do FBI de 1982, confidencial na época, advertia para o fato de que os líderes estavam "recrutando para o IA, só que agora tinham todo o país para escolher". Uma carta de um membro da gangue, obtida por sociólogos de prisão no Texas, dizia: "Todos os membros enviados daqui na semana passada escreveram para nós, e parece que a família está em processo de crescimento". Outro disse: "Estamos crescendo como um câncer".

Quando entravam em uma nova prisão, os membros da Irmandade costumavam realizar um assassinato ou esfaqueamento de "demonstração", a fim de aterrorizar a população carcerária. O Barão teria ordenado que um inimigo fosse "apagado na frente de todos, para que esses filhos da puta saibam que a gente está falando sério". De fato, em vez de esconder seus assassinatos, a gangue os exibia até mesmo na frente dos guardas, como se para mostrar que eles não tinham medo das repercussões, de levar um tiro ou de ser condenados à prisão perpétua sem liberdade condicional. "Queríamos que as pessoas pensassem que éramos um pouco loucos", disse Thompson. "Foi uma maneira, como disse Nietzsche, de dobrar o espaço e a realidade à nossa vontade."

Em uma manhã de sábado no outono de 1983, na prisão federal de Marion, no sul de Illinois, Thomas Silverstein esperou os guardas que iriam levá-lo para um banho de rotina. Marion, cerca de 150 quilômetros a sudeste de St. Louis, foi inaugurada em 1963, ano em que Alcatraz fechou, e foi projetada para lidar com a profusão de membros violentos de gangues — em especial, homens como Silverstein, que àquela altura fora condenado pelo assassinato de três detentos e recebera o apelido de "Tom Terrível" (como muitas vezes ele assinava suas cartas, com letras com muitos floreios).

Antes de levar Silverstein ao banheiro, os guardas o revistaram, para ter certeza de que ele não havia fabricado alguma arma. (Ele sempre tinha canetas e outras ferramentas de desenho para sua arte.) Eles também algemaram seus pulsos. Três guardas o rodeavam, um dos quais era um veterano durão com dezenove anos de serviço, com cabelo grisalho em estilo militar, chamado Merle Clutts. Clutts, que estava para se aposentar em alguns meses, talvez fosse o único guarda na unidade a não ter medo de Silverstein; certa vez Clutts lhe teria dito: "Ei, quem manda nesta merda sou *eu*. E você, não".

Enquanto os guardas escoltavam Silverstein pela prisão, ele

parou na frente da cela de outro membro da gangue — que, como previsto, de repente enfiou a mão entre as barras e, com uma chave, abriu as algemas de Silverstein. Silverstein puxou uma faca de quase trinta centímetros da cintura do colega. "Isto é entre mim e Clutts", Silverstein gritou enquanto corria na direção dele.

Um dos outros guardas gritou: "Ele tem uma faca!". Mas Clutts já estava encurralado, sem arma. Ele levantou as mãos enquanto Silverstein o esfaqueava na barriga. "Ele estava furando o agente Clutts com aquela faca", outro guarda mais tarde recordou. "Só furando, e furando, e furando." Até o momento em que Silverstein largou a faca — "O sujeito me desrespeitou", disse ele aos guardas. "Eu *tinha* que pegá-lo" —, Clutts fora esfaqueado quarenta vezes. Ele morreu pouco depois.

Algumas horas mais tarde, Clayton Fountain, amigo de Silverstein, estava sendo conduzido pela prisão quando parou na frente da cela de outro detento. Em um instante, ele também estava livre. "Seus filhos da puta, querem um pouco disto?", gritou, brandindo uma lâmina. Ele esfaqueou mais três guardas. Um deles morreu nos braços do filho, que também trabalhava na prisão. Fountain teria dito que não queria que Silverstein tivesse uma contagem de corpos maior.

Foi a primeira vez na história das prisões federais norte-americanas em que dois guardas foram mortos no mesmo dia. "Você tem que entender", disse Thompson. "Aqui estavam caras encarcerados, trancados no Buraco na prisão mais segura, e eles ainda assim conseguiam ir para cima dos guardas. A mensagem era simples: Nós podemos ir para cima de vocês em qualquer lugar, a qualquer momento."

À medida que a reputação de brutalidades da gangue aumentava, o mesmo acontecia com suas fileiras. Embora continuasse a restringir a um grupo seleto de detentos a possibilidade de se tornar membros "constituídos", a Irmandade tinha milhares de seguidores, conhecidos como "peckerwoods" [pica-paus], que procuravam as vantagens de estar associados a ela: proteção permanente, contrabando livre, melhores postos de trabalho na prisão (com frequência controlados por presos de confiança que faziam tudo o que a gangue exigia). Como disse Thompson, "os guardas controlavam o perímetro da prisão, e nós controlávamos o que acontecia lá dentro". Mas diante do aumento do número de membros da gangue, associados e aproveitadores, tornou-se cada vez mais difícil gerir a organização.

Quando a Irmandade estava em seu início, cada integrante tinha um voto igual em questões críticas; no começo dos anos 1980, essa política estava criando o caos. Em um informe inédito, Clifford Smith disse às autoridades:

> Nós costumávamos ser um homem, um voto, para quase tudo. Quase tudo mesmo. Alguém que queria entrar, bater em alguém. [...] Sempre tinha que pedir a permissão de todo mundo [...] A gente tinha que mandar umas pipas [bilhetes] e tinha os advogados, e gente que nos ajudava, e isso e aquilo. E aí, até que chegasse até você a permissão para apagar alguém, a pessoa já tinha sido avisada. Você não pode ter alguém no pátio em quem você queira bater e deixar ele lá por duas ou três semanas.

Smith disse que os integrantes da gangue foram se tornando "como doze cavalos puxando uma carroça, cada um deles em uma direção diferente". Um relatório interno da época feito pelo Departamento de Correções da Califórnia chegou a prever que "é bem possível que a IA não represente uma ameaça séria para as agências da lei no futuro, a menos que consiga obter uma cadeia de comando clara e bem estruturada".

Thompson começou a investir exatamente nessa direção. "Eu queria eliminar a irracionalidade e tornar a Irmandade uma verdadeira família do crime organizado", disse ele. "Eu não estava interessado em matar os negros. Estava interessado em apenas uma coisa: poder."

Ele e outros líderes traçaram um plano com os integrantes da gangue que estavam encarcerados em uma prisão de Chino, no sul da Califórnia. Esses homens, que aguardavam julgamento por assassinatos de companheiros presos, foram incentivados a representar a si mesmos como advogados, o que lhes permitia, assim, a intimação dos colegas em todo o país como testemunhas. Cada vez que um membro enviava uma "intimação", outro tinha que ser transferido para Chino. Por vários dias, usando aquilo que um membro chamou de "poder de intimação ilimitada" e explorando o próprio sistema jurídico que tentava detê-los, a maioria da Irmandade conseguia se reunir durante horas no pátio, no que chegava a ser uma convenção particular.

Smith relembrou: "Todos nos juntamos em um canto certo dia e dissemos: 'Droga, cara, olha só, nós temos todo esse poder aqui. Vamos dar um passo adiante'". Os líderes da Irmandade Ariana na Califórnia decidiram criar uma cadeia de comando vagamente moldada na estrutura da Máfia italiana. Um conselho de cerca de uma dúzia de membros iria gerenciar as operações do grupo em todo o sistema prisional do estado. Cada conselheiro seria eleito por maioria de votos. Ele seria responsável por fazer cumprir todas as políticas da gangue, que agora seriam codificadas; também poderia autorizar um assassinato a qualquer momento, desde que não fosse contra um membro da IA. As ações do conselho seriam supervisionadas por uma comissão de três homens. As autoridades dizem que Thompson e Smith atuaram no conselho da Califórnia. Segundo consta, no sistema penitenciário federal, onde o grupo estabeleceu uma hierarquia semelhante em cerca de uma dúzia de prisões de segurança máxima, o Barão e T. D. Bingham se tornaram altos representantes.

A nova estrutura da IA fortaleceu seu poder, mas restou um obstáculo importante: os informantes. Embora outras famílias criminosas tivessem que se preocupar com membros que "viravam a casaca", na prisão todo mundo tinha um incentivo para "mudar de lado", e tudo que um preso precisava fazer era sussurrar no ouvido de um guarda. No início da década de 1980, um ex-integrante da gangue, Steven Barnes, tinha testemunhado contra um dos novos representantes da IA em um caso de assassinato e foi posto em prisão preventiva, em um lugar onde ninguém poderia encontrá-lo. Em resposta, a Irmandade Ariana estabeleceu uma nova política: se eles não conseguiam chegar até você, chegariam até sua família. "O que nós queríamos fazer era acertar [...] a mulher de Barnes", explicou Smith. "Se não conseguíssemos chegar a ela, nós passaríamos depois para o irmão dele [...] ou irmã, e daí a gente iria tirando os nomes na lista. [...] Essa foi a política que tínhamos estabelecido que faríamos dali em diante."

Para levar a cabo a nova política, os dirigentes da Irmandade precisavam encontrar um assassino, alguém que poderia, nas palavras do grupo, "avançar". E, assim, acredita-se que tenham se voltado para Curtis Price, um membro da IA de 41 anos prestes a ser posto em liberdade condicional da prisão de Chino, e que iria, de acordo com um ex-membro da gangue, "matar segundo as instruções recebidas do Conselho da IA". Descrito por seu agente de condicional como "um dos presos mais perigosos do estado com quem precisei lidar em vinte e dois anos de serviço", Price tinha quase dois metros de altura, cabelos castanhos curtos e olhos azuis inexpressivos. Nas fotografias, os ossos ao redor de seu rosto pálido sobressaíam e lhe davam um ar levemente fantasmagórico. Price, que certa vez havia expressado a esperança de entrar para a polícia, em anos mais recentes tinha esfaqueado outro detento e feito dois guardas de reféns, dizendo a um deles: "Eu vou explodir a cabeça do seu parceiro".

Os registros do tribunal e da prisão revelam que, após sua libertação, em 14 de setembro de 1982, Price conheceu Elizabeth Hickey, 22 anos de idade e mãe de dois filhos, e roubou diversas armas da casa do padrasto dela, incluindo uma escopeta calibre 12 e uma pistola Mauser automática. Em seguida, Price foi de carro até a casa do pai de Steven Barnes, Richard, em Temple City, Califórnia, e atirou três vezes na cabeça dele, ao estilo de uma execução. Os vizinhos de Barnes o encontraram deitado na cama, de bruços, com seu chapéu de vaqueiro ali por perto.

Mais tarde, Price voltou para a casa de Elizabeth Hickey e a espancou até a morte, esmagando seu crânio em cinco lugares, em uma evidente tentativa de eliminá-la como testemunha potencial. Ele então comprou um ingresso para ver o filme *Gandhi*. A gangue logo recebeu um cartão-postal na prisão. Atrás estava escrito: "O assunto foi resolvido".

Em determinado momento, tentei encontrar Michael Thompson. Tinham me dito que ele havia saído misteriosamente da Irmandade Ariana logo após o assassinato de Barnes e tinha testemunhado contra Price, que, em 1986, foi condenado por dois assassinatos. Thompson tornou-se o desertor de mais alto escalão da história da gangue. ("Ele é grande, ele é durão, ele é mau, ele já matou, e então, de repente, ele foi embora, simplesmente mudou de lado", disse um aliado da IA, incrédulo.) Thompson teve tantas ameaças de morte feitas contra si como qualquer um na prisão; sua família fora realocada, e ele estava sendo mantido na versão do programa de proteção de testemunhas do sistema correcional. Vivia sendo transferido de prisão anonimamente, e muitas vezes era mantido em uma unidade protegida, separado da maioria dos presos.

Depois de semanas de procura, liguei para a prisão onde, segundo eu ficara sabendo, Thompson tinha sido preso. As autoridades insistiram que não havia ninguém ali com esse nome. Momentos depois, recebi um telefonema de uma agente que sabia que eu estava tentando encontrar Thompson. "Eles acham que você está tentando matá-lo", disse ela. "Eles o estão tirando da prisão agora mesmo."

Depois de explicar aos funcionários por que queria falar com Thompson, eu consegui fazer chegar uma carta às mãos dele e, com seu consentimento, me dirigi à prisão de segurança máxima onde ele estava detido sob o nome de "Ocupante". Para entrar na prisão, meu carro teve que ser revistado, e recebi uma camisa xadrez para substituir a minha, que era de um tom de azul semelhante ao dos uniformes de alguns detentos e, portanto, proibida. Havia muitas crianças com a mãe andando ao meu lado; elas usavam vestidos brancos ou calças de pregas bem passadas, como se estivessem indo para a igreja.

Passamos por várias portas de aço, cada porta se fechando com um estrondo atrás de nós, antes de chegarmos a uma sala bastante clara e iluminada, repleta de cadeiras e mesas de madeira. Enquanto os outros visitantes foram autorizados a se sentar livremente com os presos, fui levado para o fundo da sala, onde uma janela à prova de balas de um por um metro fora embutida na parede. Uma cadeira foi instalada para mim, e eu me sentei, olhando através do vidro já gasto. Pude ver uma pequena cela de cimento, com um telefone e uma cadeira. Era fechada por todos os lados, exceto por uma porta de aço na extremidade oposta. Um momento depois, a porta se abriu e Thompson, um homem gigantesco, apareceu com um macacão branco da prisão e as mãos algemadas atrás das costas. Quando o guarda retirou as algemas, Thompson inclinou-se para a frente, e eu pude ver seu rosto. Tinha a barba comprida, como a de um eremita. O cabelo chegava aos ombros e estava repartido no meio, no estilo que foi moda nos anos 1970, quando foi condenado por assassinato. Quando ele chegou mais perto do vidro, eu pude ver, em meio a tufos de cabelos grisalhos, seus olhos azuis brilhantes. Sentou-se e pegou o telefone, e eu peguei o meu.

"Como foi a viagem?", perguntou ele.

Ele falava com voz educada e suave. Perguntei por que tinha saído da Irmandade, e ele disse que tomou sua decisão após o debate sobre a possibilidade de matar o pai de Steven Barnes e outros membros da família. "Eu discuti com eles durante dias", disse ele. "Eu ficava dizendo: 'Nós somos guerreiros, não somos? Nós não matamos crianças. Nós não matamos mães e pais'. Mas eu perdi. E eles o mataram, como uma execução, e, em seguida, mataram Hickey, uma mulher inocente, só porque ela sabia onde Price tinha conseguido a arma. E foi então que eu saí. Foi quando eu disse: 'Essa coisa está fora de controle'." Ele se inclinou em direção à janela, o hálito embaçando o vidro. "Eu ainda estou disposto a lutar com alguém aqui dentro, cabeça para cima, se tiver que fazer isso. Essa é a cultura de onde vivo. Mas eu não era a favor de matar pessoas do lado de fora, as pessoas em seu mundo."

Quando lhe perguntei o que de início o atraíra na gangue, ele pensou por um bom tempo. "Essa é uma pergunta muito boa", disse. Havia a proteção, ele sugeriu, enumerando as razões. Havia a sensação de inclusão. Mas não era de fato isso. Para ele, pelo menos, disse, foi a busca por poder. "Eu era ingênuo, pois eu nos via como nobres guerreiros", disse. Na década de 1980, acrescentou, ele tentou mudar a natureza da gangue. "Eu pensei que como organização poderíamos tornar a gangue menos sangrenta. Pensei que poderíamos acabar com os assassinatos irracionais. Mas era bobagem minha, porque em algum nível você nunca poderia remover isso. E a estrutura só permitia que a gangue fosse mais implacável ainda."

Durante nossa conversa, Thompson citou vários filósofos, incluindo Nietzsche, cujo "verdadeiro gênio", mais tarde ele me escreveu em carta, "o grupo muitas vezes interpreta mal". Era difícil conciliar essa figura cerebral com um homem que disse ter ajudado a esfaquear dezesseis homens em um único dia. Mas, quando lhe perguntei sobre seu treinamento, ele estendeu a mão e começou, de modo quase indiferente, a me mostrar como assassinar alguém. "Você pode fazê-lo aqui no lado direito do coração, na aorta, ou aqui, no pescoço, ou nas costas, aqui na coluna, que irá paralisar a pessoa", disse ele, movendo as mãos para trás e para a frente, como se estivesse cortando alguma coisa. "Eu estou na prisão há trinta anos, e sei que provavelmente nunca vou sair. Sou uma pessoa perigosa. Eu não gosto de violência, mas sou bom nisso."

Ele havia tentado, disse, se isolar dos outros prisioneiros. "Eu não vou muito ao pátio", disse ele. "Não é seguro." Disse que as únicas pessoas com quem de fato poderia interagir eram os guardas, por medo de ser reconhecido. "Aqui, eu estou abaixo dos molestadores e assassinos de crianças. Pelo fato de ter desertado da IA, eu estou lá embaixo."

A gangue já havia tentado pegá-lo várias vezes; depois de ter sido inserido na unidade de custódia protegida, disse ele, a Irmandade enviou um "*sleeper*", um colaborador secreto que tentou esfaqueá-lo. "Você precisa entender uma coisa", disse Thompson. "O negócio da Irmandade Ariana não é a supremacia branca. É apenas supremacia. E ela fará de tudo para obtê-la. Qualquer coisa."

Um guarda bateu na porta. "Tenho que ir agora", disse ele.

Quando se levantou, pressionou a mão contra o vidro, e pude ver algo verde na mão esquerda. Olhei mais de perto: era o esboço leve de um trevo. Armado com essa tatuagem, Thompson tinha me dito, um homem podia conquistar toda uma penitenciária nos Estados Unidos.

* * *

No outono de 1994, um ônibus cheio de prisioneiros chegou a Leavenworth, Kansas, uma penitenciária federal de segurança máxima construída há quase um século. Dele saiu um homem alto, musculoso, com bigode preto. Seus braços eram cobertos de tatuagens, e ele logo apareceu no pátio, sem camisa, revelando um enorme trevo no meio do peito. Ele foi imediatamente cercado por um grupo de presos brancos. Muitos foram até o representante e pagaram para ter sua foto tirada junto com ele, que passaram a carregar consigo como se fosse um passaporte. "Para quem conseguia [...] mostrar essa foto era a mesma coisa que estar ao lado de seu artista favorito", disse um preso.

O nome desse homem era Michael McElhiney, mas todos o chamavam de Mac. Membro de renome da IA, ele tinha acabado de chegar de Marion, onde estivera alojado com Barry Mills, o famoso Barão. Mills, que mais tarde depôs no tribunal em nome de McElhiney, disse: "Eu olhava para ele como um filho".

McElhiney, um traficante de metanfetamina condenado, que havia conspirado para matar uma testemunha, era tão carismático que, segundo as autoridades, uma jurada certa vez se apaixonou por ele. No entanto, em cartas particulares, que depois foram confiscadas pelos agentes penitenciários, Mac falava abertamente sobre "a besta" dentro dele e referia-se a si mesmo orgulhosamente como "um filho da puta com muita raiva". Um agente do FBI em Leavenworth o descreveu como provavelmente "um psicopata", enquanto um amigo colocou desta forma: "Ele gosta de fazer todo mundo saber que ele é Deus".

A Irmandade Ariana estava presente havia muito tempo em Leavenworth, que era conhecida como "a estufa", devido às suas sufocantes celas, semelhantes a catacumbas. Mas McElhiney decidira estender o alcance da gangue.

Embora a Irmandade mantivesse resquícios da sua ideologia racista, segundo um relatório não confidencial do FBI, o grupo buscava cada vez mais "lançar um esforço cooperativo de morte e medo contra a equipe de funcionários e outros presos [...] a fim de conquistar o sistema". O objetivo da Irmandade, alertou o FBI, era controlar tudo, do tráfico de drogas à venda de *"punks"* — presos forçados a se prostituir — e de esquemas de extorsão a contratos de assassinato realizados atrás das grades. Em suma, ela procurava se tornar um empreendimento de extorsão generalizada. Clifford Smith, membro do conselho, disse às autoridades que a gangue já não estava primordialmente "interessada no extermínio de negros, de judeus e das minorias do mundo, nem em supremacia branca e essa merda toda. Ela é, acima de tudo, uma organização criminosa".

Usando um conjunto de aliados brancos, que cobiçavam aceitação como integrantes da gangue ou que precisavam de proteção, McElhiney começou o processo de dominação da economia oculta de Leavenworth. Seus homens passaram de corredor em corredor, exigindo um imposto da venda do "pruno" — vinho de prisão que podia ser fabricado com quase qualquer fruta à disposição no refeitório (maçãs, morangos e até mesmo ketchup). Na época, um homem chamado Keith Segien controlava um jogo de pôquer amistoso na ala B da prisão. Segien mais tarde testemunhou no tribunal que, certa noite, a caminho de sua cela, Mac estava à sua espera. Ele disse a Segien para se sentar.

Segien hesitou. "Que história é essa?", perguntou ele.

"Se eu quisesse você morto", Segien se lembra dele dizendo, "você estaria morto agora." E então Mac acrescentou: "Alguém me disse que você não quer que eu... controle o jogo de pôquer, e eu estou aqui para ganhar dinheiro. Eu vou controlar o jogo de pôquer". Ele perguntou se Segien tinha alguma coisa contra aquilo.

"Eu disse que não", Segien testemunhou. "Esse foi o último dia em que eu controlei o jogo de pôquer."

Mac logo começou a ter esquemas de extorsão relacionados a jogos em praticamente todas as alas e em todos os corredores. Assim como em relação à venda de "pruno", dizem os presos, os guardas faziam vista grossa, talvez para acalmar uma população agitada. Ao que parece, alguns guardas passaram a considerar a presença da Irmandade Ariana como inevitável, e até mesmo utilizavam seus líderes como agentes de poder substitutos. Em um exemplo disso, um guarda em Leavenworth foi até McElhiney para obter sua confirmação de que poderia soltar outro preso no pátio. Um antigo membro da IA comparou as operações ilícitas em prisões de segurança máxima com o contrabando durante a Lei Seca e com as mesas de altas apostas em Las Vegas.

Dinheiro vivo não é permitido na prisão, e os detentos pagavam suas dívidas menores para a Irmandade oferecendo gratuitamente contrabando ou itens do almoxarifado: cigarros, doces, selos, livros. Nas mesas de apostas altas em Leavenworth, onde os grandes chefes do tráfico podiam apostar na casa dos milhares de dólares, os participantes foram autorizados a jogar a crédito durante um mês. O homem encarregado da mesa mantinha um registro das vitórias e derrotas. No final do mês, dizem os presos, homens do Mac iriam recolher dos perdedores; geralmente, os jogadores pagariam mandando um parente ou amigo enviar uma ordem de pagamento não rastreável a uma pessoa designada pela IA do lado de fora. Se um preso endividado não tivesse o dinheiro enviado a tempo, mostram os registros internos da prisão, era quase sempre "encanado" — espancado com uma barra de metal. McElhiney mais tarde reconheceu que estava canalizando os recursos para seu mentor Mills e outros líderes de renome da Irmandade Ariana, com quem estabelecera "um pacto" para assumir o "negócio dos jogos".

McElhiney, que controlava as atividades no pátio usando óculos escuros, as unhas manchadas de amarelo de tanto mascar fumo, decidiu, então, se concentrar em contrabando de drogas. No passado, a Irmandade tinha recorrido a qualquer um que pudesse trazer sua mercadoria para dentro. Em um dos casos, segundo me contaram vários presos envolvidos em um esquema, o grupo se ofereceu para proteger Charles Manson, e até mesmo tramaram uma tentativa fracassada de ajudá-lo a escapar e, em contrapartida, a seita de mulheres de Manson do lado de fora ajudava a contrabandear drogas para eles na prisão.

De acordo com as autoridades e os registros do tribunal, Mac agora começara a investigar a população em busca de presos mais vulneráveis — aqueles que eram viciados em drogas, ou estavam em débito com a gangue, ou simplesmente com medo, e poderiam ser forçados a servir como "mulas". Uma dessas pessoas era Walter Moles, um usuário de drogas que tinha pavor da gangue. Seu pai, que se encontrava gravemente doente com enfisema, estava planejando viajar para Leavenworth para comemorar o aniversário do filho. De acordo com o depoimento posterior de Moles, Mac o instruiu a mandar que seu contato para venda de drogas do lado de fora enviasse ao pai de Moles seis trouxinhas de heroína. Usando uma linguagem codificada nos telefones públicos da prisão, cujas ligações eram gravadas, Moles então convenceu o pai a transportar o pacote.

Semanas mais tarde, ao chegar, o pai sentou ao lado de Moles na sala de visitas, sob a observação dos guardas. Ele carregava o pacote na cueca. Moles instruiu o pai a ir ao banheiro, colocar duas trouxinhas dentro da boca, para depois voltar e cuspi-las no copo de café de Moles. Seu pai disse que não conseguiria fazê-lo. A heroína não estava em seis trouxinhas. "Está em uma só e é grande", disse ele.

"Grande como?", Moles perguntou.

"Do tamanho de uma bola de pingue-pongue."

Por fim, o pai de Moles conseguiu soltar a trouxinha na xícara de café do filho. Moles tentou engoli-la, mas ela ficou presa em sua garganta.

O pai começou a entrar em pânico. "Filho, devolve para mim", ele implorou. "Eu mando de volta para o lugar de onde veio."

"Não, pai, não posso", disse ele, e explicou que a heroína não era para si próprio. "Esses caras para quem eu estou trazendo, eles querem muito esse troço."

Seu pai não pareceu entender: quem eram essas pessoas?

Moles viu o guarda se distrair, e disse que tinha que se despedir.

"É o fim da visita?", perguntou o pai.

"Se eu vou fazer isso, esta é a minha única chance", disse Moles. Enquanto seu pai distraía o guarda, Moles tirou a camisa para fora da calça e enfiou as drogas em seu reto. Depois que passou pelos guardas, disse ele, deu "o troço" para um dos capangas do Mac.

Na manhã seguinte, Moles esperava sua parte atrás das arquibancadas no pátio. De repente, sentiu algo duro contra a parte de trás de sua cabeça, e caiu ao chão. "Eu tentei levantar", Moles testemunhou mais tarde, "mas continuei recebendo pontapés."

Os homens do Mac mandaram Moles ficar no chão.

"O que eu fiz de errado?", Moles perguntou. "O que eu fiz de errado?"

Mais tarde, quando um aliado da IA perguntou a Mac por que ele havia atacado Moles e levado a parte dele da droga, Mac teria respondido: "Que se foda aquele babaca".

A heroína agora inundava Leavenworth. Segundo as autoridades, os detentos receberam mais de 1200 testes positivos para heroína em 1995. Um prisioneiro estimou que 40% da população estava se injetando. "Heroína amortece tudo", disse um preso em Leavenworth. "Com anfetamina, cara, você fica zanzando por aí e cumpre mais tempo do que o normal porque não dorme à noite... Mas a heroína é... você não sente dor."

Devido à escassez da oferta e à demanda excepcionalmente alta na prisão, dizem as autoridades, um grama de heroína, comprado na rua por 65 dólares, era vendido dentro de Leavenworth por até mil dólares. Um ex-membro do conselho disse que a gangue trazia para dentro algo em torno de meio milhão a 1 milhão de dólares por ano de uma única prisão. Como disse um agente do FBI: "É só fazer as contas".

Com seu império em expansão a cada dia, Mac parecia cada vez mais "fora de controle", como disse um ex-aliado. Embora os líderes da IA fossem proibidos, sob as regras do grupo, de usar heroína eles próprios, aliados dizem que Mac se enfiava em sua cela com "uma grinfa" — uma seringa artesanal normalmente feita a partir de uma agulha roubada da enfermaria e do corpo oco de uma caneta esferográfica. Lá, no que os presos descrevem como um torpor de heroína, ele se sentava com os capangas da IA, distribuindo sua própria forma de justiça, incluindo assassinato.

McElhiney afinal se convenceu de que um informante estava tentando recolher provas contra ele. Então, um dia, dizem os aliados, Mac mandou dizer a seus homens que havia encontrado o delator: Bubba Leger, um associado de confiança que fazia a maior parte do trabalho de tatuagem da IA e que apenas alguns meses antes havia posado orgulhosamente ao lado de Mac para uma fotografia. Na sala de recreação, certo dia, de acordo com testemunhas, um dos aliados de Mac, apelidado de Ziggy, que estaria ansioso para criar seu esqueleto, puxou uma faca e começou a esfaquear Bubba. "Por que você está fazendo isso?", Bubba perguntou em tom de súplica. Com sangue escorrendo de seu peito, Bubba cambaleou até a porta de aço e bateu nela, tentando atrair a atenção dos guardas. Diante dos olhos dos guardas, Ziggy esfaqueou Bubba pelo menos mais cinco vezes. Bubba morreu momentos depois.

Foi então que, segundo testemunhas, eles viram um dos homens de Mac pegar outra arma, uma escova de dentes afiada, e plantá-la perto de Bubba para fazer parecer que ele a tinha usado primeiro. Mais tarde, dizem que McElhiney fez cumprir uma antiga política da Irmandade Ariana, que exigia que todas as testemunhas mentissem. "Eu vou te dar uma escolha", um associado contou que McElhiney lhe teria dito, "você pode mentir ou morrer." Em nota, McElhiney, que raspou a cabeça após o assassinato, instruiu Ziggy sobre o que fazer: "A defesa que você vai ter é a autodefesa". Ele continuou: "Aguenta firme, Stud. Assim que você conseguir um advogado, encaminhe-o para mim, sem hesitar... Entendeu? Deixe bem claro para ele que é imprescindível que ele venha me ver antes de você passar a confiar nele — nossa palavra-código será Mário Mário Ao Contrário".

Ziggy recebeu uma sentença de 27 anos, e mais tarde apareceu com a tatuagem de um trevo na perna, mas as autoridades nunca conseguiram provar que McElhiney havia ordenado o assassinato (embora, de fato, eles o tenham condenado mais tarde por tráfico de drogas). Durante a investigação, um fato inesperado surgiu: Bubba não tinha sido um delator, afinal.

"Isso não estava na lista das minhas atribuições", disse Gregory Jessner. O assistente da Procuradoria estava sobre uma plataforma de carga fora do tribunal federal de Los Angeles, empilhando caixas de transcrições para seu processo contra a Irmandade Ariana em uma velha carreta de madeira. Havia treze ao todo, e à medida que ele trabalhava, um pequeno círculo de suor apareceu na sua camisa branca engomada. Filho de um matemático, ele tinha um ar um pouco cerebral. "Eu realmente não tenho uma personalidade inflexível", disse ele. "Não sou como Marcia Clark."* Ele nunca tinha lido um romance de John Grisham, e era conhecido por ler Cervantes e David Foster Wallace entre as sessões do tribunal.

Depois de ter levado as caixas para o andar de cima, esbarrar de vez em quando em paredes e portas, ele as colocou sobre uma comprida mesa de madeira, e recuperou o fôlego. Então disse: "Estas tratam de apenas um dos assassinatos na acusação. Não é nada".

Jessner tinha começado a investigar a gangue em 1992. Um assassino condenado foi encontrado estrangulado na cela em uma prisão federal em Lompoc, na Califórnia, e o caso foi destinado a Jessner. Os agentes da lei com frequência tratam esses crimes como "NCG" — "Não é coisa de gente" — porque se considera que as vítimas são tão insensíveis quanto os criminosos. Tentando romper uma espessa rede de perjúrios, Jessner localizou várias testemunhas que afirmaram que a IA tinha assassinado um integrante da gangue, entre outras coisas, por ter se apaixonado por um prisioneiro gay. Embora a Irmandade tivesse uma longa história de tráfico de "*punks*", e embora alguns dos seus membros fossem conhecidos por receber favores sexuais em troca de proteção, a gangue considerava a homossexualidade aberta um sinal de fraqueza, uma violação do código da IA. "O membro cometeu o erro de beijar na escada", afirmou Jessner.

Jessner conseguiu provar que um recruta da IA entrou na cela de um colega, amarrou um lençol no pescoço dele e o estrangulou enquanto um cúmplice lhe segurava as pernas. No entanto, Jessner percebeu que ele pouco fizera para inibir a gangue; como aconteceu com os processos anteriores isolados, ele pode apenas tê-la fortalecido. Dizem que o recruta mais tarde pendurou uma

---

* Principal promotora no caso que julgou a acusação de assassinato contra O. J. Simpson. (N. T.)

fotografia de seu alvo na parede de sua cela, como uma placa de honra, e realizou uma comemoração com pruno no aniversário do assassinato.

À medida que mergulhava cada vez mais nessa subcultura violenta, Jessner aprendeu que não há estatísticas definitivas sobre os crimes da IA, porque poucos foram a julgamento — e porque tantos associados de outras gangues, inclusive os Dirty White Boys e a Máfia mexicana, faziam tudo o que lhes era mandado. Estatísticas mais gerais sobre a violência carcerária forneciam um vislumbre do que um sociólogo certa vez descreveu como "o surgimento de grupos vorazes e de assassinos" dentro das prisões americanas. De acordo com o censo mais recente do Departamento de Justiça, 51 detentos foram assassinados nas prisões em 2000. Além disso, houve mais de 34 mil agressões de presos contra outros presos, e cerca de 18 mil contra funcionários. O estupro é comum; um estudo de prisões em quatro estados estimou que pelo menos um em cada cinco detentos foi atacado sexualmente.

Jessner acabou por investigar centenas de crimes violentos ligados à Irmandade Ariana. Trabalhando com um funcionário do Escritório de Álcool, Tabaco e Armas de Fogo chamado Mike Halualani — um agente nipo-havaiano, que era tão impetuoso quanto Jessner era educado —, Jessner tentou elaborar uma estratégia para romper a influência da gangue. Porém, quanto mais investigava, mais parecia que a gangue desafiava qualquer noção convencional de um processo. Jessner me disse que ele ficava se perguntando: "Como deter pessoas que veem um assassinato como distintivo de honra? Como deter pessoas que já foram detidas pela lei e condenadas à prisão perpétua?".

Até os anos 1990, as autoridades, esperando criar pelo menos algum meio de intimidação, e também para proteger outros presos, haviam realocado quase todos os principais líderes da Irmandade Ariana, incluindo o Barão, para aquilo que, na época, era um novo tipo de prisão, a chamada "supermax". Esses prisioneiros eram mantidos em celas individuais, trancados durante quase todo o dia, sem, como um dos membros da gangue disse, "ver a terra fresca, a vida vegetal, ou a luz solar não filtrada"; eles faziam exercícios sozinhos em uma espécie de jaula completamente fechada, eram alimentados com refeições passadas por uma abertura e tinham pouco, ou quase nenhum, contato humano.

No caso de Silverstein, que já cumpria múltiplas penas de prisão perpétua quando matou o guarda Clutts, em 1983, o Escritório Federal de Prisões havia estabelecido uma unidade separada para ele em Leavenworth, onde foi mantido em uma gaiola ao estilo Hannibal Lecter. Embora Silverstein continuasse a desenhar, durante anos não lhe foi permitido ter um pente ou uma escova de cabelo, e quando o jornalista Pete Earley o visitou, no final dos anos 1980, ele tinha barba e um cabelo comprido e desgrenhado. "Eles querem me enlouquecer", disse ele a Earley.

> Eles querem apontar o dedo para mim e dizer: "Vejam, vejam, nós dissemos que ele é maluco". [...] Eu não entrei aqui como um assassino, mas aqui você aprende o ódio. A loucura aqui é cultivada pelos guardas. Eles alimentam a besta que habita dentro de todos nós [...] Eu me pego sorrindo com a ideia de ter matado Clutts cada vez que me negam um telefonema, uma visita, ou quando desligam as luzes. Acho cada vez mais difícil eu me arrepender e pedir perdão, porque no fundo sinto esse ódio e raiva crescendo.

Jessner me disse: "No folclore da gangue, Silverstein se tornou uma imagem de Cristo".

Mesmo nessas condições, que alguns grupos de direitos civis consideraram uma violação dos direitos humanos, a Irmandade Ariana continuou a prosperar. Seus integrantes desenvolveram formas elaboradas de comunicação. Eles lançavam bilhetes através de tubos que estavam ligados a celas próximas; batiam nas barras em código Morse; obrigaram atendentes a passar "pipas"; sussurravam através de aberturas em "carnie", uma linguagem enrolada e rimada (*"Bottle stoppers"* [rolhas] significava *"coppers"* [policiais]). Além disso, os líderes haviam desenvolvido uma dedicada confraria de mulheres do lado de fora dos muros da prisão que haviam se apaixonado por eles através de visitas e correspondência e que podiam servir de mensageiras, transmitindo recados entre os membros. Uma das mulheres que colaboraram nos negócios ilegais da gangue mais tarde afirmou que tinha síndrome de Estocolmo.

Com a ajuda das autoridades prisionais, Jessner começou a interceptar uma série de mensagens secretas. Partes das cartas pareciam estar em branco, como se alguém tivesse sido interrompido. Depois que os analistas aplicavam calor com um ferro de passar e colocavam o papel sob uma luz ultravioleta, as letras apareciam, revelando "uma mensagem secreta", como escreveu o FBI em um relatório interno. Criptógrafos analisaram a "tinta" de um desses bilhetes, e descobriram que a mensagem fora escrita com urina. A própria mensagem era desconcertante: o texto tinha sido embaralhado em um código. "Eles têm palavras exatas para determinada coisa", disse um ex-membro. "Se dizem que 'alguém vai construir uma casa no campo, a palavra predominante... é 'campo', porque... significa 'assassinato'.""

Jessner e sua equipe passaram horas desmontando frases e recompondo-as. Ele começou a ver padrões nas mensagens: *"baby boy"* significava "sim", e *"baby girl"* significava "não". Um dia, as autoridades prisionais interceptaram um bilhete enviado por T. D. Bingham, o representante da IA, para o Barão. O texto dizia: *"Well I am a grandfather, at last my boy's wife gave birth to a strapping eight pound seven ounce baby boy"* [Agora eu sou avô, a mulher do meu filho deu à luz um menino robusto pesando oito libras e sete onças]. Jessner temia que a referência ao peso do bebê fosse um código para 187, o Estatuto Jurídico da Califórnia relativo a assassinato; o fato de o bebê ser um menino sugeria que uma encomenda de assassinato tinha sido aprovada. Em seguida, os analistas notaram que várias das cartas tinham pequenos sinais ondulados, semelhantes a um til. As palavras *"eight pound"*, por exemplo, tinha os pequenos arabescos nas letras "e", "g", "n" e "d". Parecia ser um código dentro de um código.

Após examinar as letras, as autoridades determinaram que o bilhete de fato fora escrito em código biliteral, método inventado por Sir Francis Bacon, o filósofo do século XVII. Ele envolvia o uso de dois alfabetos distintos, dependendo de como as letras fossem escritas. Um "c" sem floreios se referia ao alfabeto A, enquanto um "c" com algum arabesco representava o alfabeto B. Os investigadores examinaram o bilhete, classificando cada letra do alfabeto, até terem um conjunto de letras que pareciam ser uma brincadeira com as iniciais da "Aryan Brotherhood", a Irmandade Ariana:

bbbaaaaabbabaaababbbabaaababaaabaaabbbabbabbaabbaaabbaabbabbbaabb...

Isso ainda não fazia sentido. Mas, depois de dividir as letras em grupos de cinco, diz Jessner, os analistas começaram a perceber que cada grupo representava uma letra individual. Assim, "ababb" era um "A", "abbab" era um "B", e assim por diante. Eles tinham finalmente decifrado o código; então passaram à carta novamente. O texto dizia:

Confirme a mensagem de Chris para atacar DC.

Os agentes sabiam que "DC" significava os D. C. Blacks, uma gangue da prisão contra quem a Irmandade Ariana recentemente tinha declarado guerra. Mas, quando as autoridades conseguiram decifrar a carta, dois presidiários negros já haviam sido encontrados mortos em suas celas em Lewisburg, Pensilvânia: um foi esfaqueado 34 vezes, o outro, 35.

A Irmandade passou a desenvolver sistemas de assassinato que poderiam ser bem-sucedidos mesmo em ambientes de segurança máxima. Eles começaram a fazer amizade com seus inimigos, para que, um dia, pudessem "embalar seu sono". Em Pelican Bay, onde amigos podiam requerer o compartilhamento da cela, eles procuravam se alojar com os homens que desejavam matar. "O logro era a chave de tudo", reconheceu um membro que estrangulou o companheiro de cela. Entre 1996 e 1998, os membros da IA em Pelican Bay assassinaram três presos e foram suspeitos de pelo menos três outros assassinatos.

Em muitos casos, funcionários do sistema penitenciário pareciam impotentes para deter a gangue. Na prisão de Folsom, depois que os líderes da IA foram separados da população em geral, os associados da gangue protestaram esfaqueando indiscriminadamente estupradores e molestadores de criança até que os líderes fossem liberados. Na verdade, alguns funcionários da prisão facilitavam as atividades da Irmandade. Na prisão de segurança máxima do Colorado, um guarda foi acusado de se tornar discípulo da Irmandade Ariana; em Pelican Bay, dois guardas foram surpreendidos incentivando os espancamentos de molestadores de criança e de agressores sexuais por membros da gangue. Um promotor local advertiu que os funcionários em Pelican Bay eram incapazes de deter um "império do terror".

Em meados da década de 1990, diz Jessner, o grupo evoluíra de tal forma que precisou nomear membros para conduzir os diferentes ramos de suas operações — como o "departamento de segurança" e o "departamento de narcóticos". Embora os lucros da Irmandade Ariana não rivalizassem com os da Máfia ou os dos grandes traficantes do lado de fora, sua reputação de violência era semelhante. A gangue tinha alguns dos mais bem treinados e cruéis matadores do país. E, dentro do sistema prisional, a estatura do Barão cresceu tanto que ofuscou o chefe da Máfia italiana, John Gotti, que estava preso. Segundo as autoridades, em julho de 1996, depois que um presidiário negro atacou Gotti na prisão de Marion, sangrando-lhe o rosto, o líder da Máfia, que parecia despreparado para a explosão da violência nas prisões, procurou a ajuda do Barão para matar seu agressor. A Irmandade pareceu receptiva à ideia — o Barão teria usado linguagem de sinais para comunicar o preço da encomenda de morte a um associado, mas Gotti morreu antes que ela fosse realizada.

Foi então que Jessner concluiu que a única maneira de derrubar a gangue era a usada pelas autoridades para derrubar a Máfia italiana — usando a Lei de Combate a Organizações Corruptas e Influenciadas pelo Crime Organizado, que permitiu ao governo atacar toda a hierarquia de uma organização criminosa em vez de apenas um ou dois membros. O objetivo, nas palavras de Halualani, foi "cortar a cabeça, não apenas o corpo".

Em uma jogada audaciosa, Jessner decidiu buscar a pena de morte para quase todos os líderes da gangue. "É a única flecha que sobrou em nossa aljava", ele me disse. "Eu acho que até muita gente que é contra a pena de morte vai reconhecer que, neste caso específico, no qual as pessoas cometem assassinatos repetidamente por trás das grades, há poucas outras opções."

Enquanto Jessner tentava aos poucos elaborar um processo, arrolando testemunhas metodicamente, decodificando mensagens e coletando provas forenses, ele tinha de estar atento aos *"sleepers"* — membros de gangues que fingem colaborar com as autoridades a fim de se infiltrar na investigação. Durante um inquérito anterior do FBI, os agentes relataram sua preocupação de que um informante pudesse "ter sido, na verdade, uma manobra da IA para se infiltrar no programa de proteção às testemunhas e determinar onde todas as testemunhas do governo estavam alojadas".

À medida que se fortalecia, a Irmandade desenvolvia ambições que ultrapassavam os muros da prisão. Embora muitos líderes tivessem sido condenados à prisão perpétua sem liberdade condicional, alguns integrantes estavam recebendo a condicional — resultado temido pelas autoridades havia muito tempo. "A maioria dos membros da IA será posta em liberdade condicional ou liberada em alguma data futura e, tendo em vista os comprometimentos assumidos para a vida toda, seria ingênuo pensar que eles não iriam permanecer em contato com seus irmãos", disse um relatório oficial do FBI. "A regra geral é que, uma vez na rua, é preciso cuidar dos irmãos que permanecem lá dentro. A pena por não fazê-lo é a morte, por ocasião da volta do membro ao sistema prisional." Dada a capacidade da gangue de atuar atrás das grades, o relatório do FBI alertava para "o que esses membros de gangues podem fazer com pouca ou nenhuma supervisão". O próprio Silverstein afirmou: "Um dia a maioria de nós vai sair deste inferno e até mesmo um cão de boa índole, depois de ser chutado ano após ano, ataca quando a porta da jaula é finalmente aberta".

No dia 24 de março de 1995, a porta na prisão de Pelican Bay finalmente se abriu para Robert Scully, um renomado membro da IA e acusado de assalto à mão armada, que havia passado, com exceção de alguns meses, os treze anos anteriores atrás das grades — muitos deles dentro do Buraco. Para um irmão ariano, ele era pequeno: mal chegava a 1,60 metro, com 65 quilos. Mas o homem de 36 anos era conhecido por exercitar-se obsessivamente em sua cela, cumprindo uma rotina interminável do que a gangue chamava de "*burpees*" — agachamento, flexão de braços e salto vertical.

Brenda Moore, uma solitária mãe solteira de 38 anos que havia muito se correspondia com os presos em Pelican Bay — e, no processo, tinha se tornado uma das seguidoras da gangue —, pegou Scully no portão da prisão em sua caminhonete. Scully usava calça azul de moletom, camiseta e gorro de lã. Ele tinha duzentos dólares no bolso. Scully já havia enviado a Moore uma série de cartas sedutoras. Em uma delas, escrita em papel cor-de-rosa, ele disse: "Todo um conjunto de subversões exóticas se manifesta quando entramos em contato". Em outra, ele escreveu: "Eu sempre estarei com você, assim como você estará sempre comigo agora. Nossa sinergia é infinita".

Depois de deixar a prisão, o casal foi à praia, onde Scully caminhou pela areia, pegando conchas. No dia seguinte, porém, ele conseguiu uma espingarda de cano serrado, e ele e Moore partiram para Santa Rosa, dirigindo para o sul pela estrada 101. Seis dias após a libertação de Scully, eles pararam perto de um bar no meio da noite. Um carro da polícia parou atrás de sua caminhonete. Quando o xerife de 58 anos se aproximou com a lanterna, Scully saltou para fora com sua espingarda. O policial levantou as mãos sobre a cabeça, mas Scully atirou nele entre os olhos.

A Irmandade Ariana agora estava matando do lado de fora sem hesitação, como fazia dentro das prisões. Da mesma forma, a quadrilha estava expandindo suas operações de extorsão para as ruas. Em cartas escritas em 1999 para um ex-detento que conseguira a condicional recentemente, o Barão disse: "Precisamos ampliar as coisas" e, referindo-se ao símbolo da gangue, o trevo, ele pediu: "Comecem a botar para foder aí fora!!!". A gangue teria recrutado membros da IA em liberdade condicional e associados para se tornar traficantes, contrabandistas de armas, assaltantes e assassinos. Alguns detentos de Pelican Bay foram descobertos mapeando estabelecimentos para roubar.

Nesse mesmo ano, um famoso membro da Irmandade que

estava nas ruas entrou na casa de um traficante de Palm Springs que não estava repartindo como devia o lucro com a gangue. Testemunhas disseram à polícia que o integrante da IA sacou um 38 e descarregou cinco balas no peito e na cabeça do homem, dizendo a todos na sala que aquilo era pelos "companheiros" — a Irmandade Ariana — de Pelican Bay, e avisou que novos irmãos estavam sendo libertados a cada dia.

Um ano depois, em carta disfarçada como "correspondência jurídica privilegiada", o grupo falava dos planos para "comprar um armazém com escritórios em algum terreno grande". O autor da carta, alguém prestes a ser libertado, acrescentava: "Vou equipar o local com uma biblioteca jurídica bem completa, uma mesa com computador para pesquisas, máquina copiadora, uns equipamentos para puxar um ferro, mesa de bilhar, tevê de tela grande, uma garagem para carro e moto com ferramentas, quadras de handebol etc. Vai ser o Rancho da Irmandade... Vai ser uma base para nós lá fora".

Mais ou menos na mesma época, um antigo e famoso membro da IA confidenciou às autoridades que fora abordado pela gangue na prisão de segurança máxima do Colorado com um pedido de ajuda técnica na fabricação de bombas. A gangue, segundo ele foi informado, planejava ataques terroristas a instalações federais nos quatro cantos dos Estados Unidos. "A coisa se tornou irracional", disse ele às autoridades depois de se recusar a ajudar. "Eles estão falando de carros-bomba, caminhões-bomba e cartas-bomba."

No exato momento em que a Irmandade parecia prestes a assumir uma postura ainda mais violenta, Jessner iniciou a operação com os U. S. Marshals. Quase quatro décadas após o nascimento da gangue, ela agora se encontrava sob cerco.

O tribunal onde um dos primeiros julgamentos contra a Irmandade aconteceria era no meio de uma floresta verdejante em Benton, Illinois, cerca de 45 quilômetros da prisão de Marion. Fora construído às margens de uma clareira circular, e ficava perto de uma dezena de lojas com fachadas de tijolo bastante dilapidadas. Algumas das lojas haviam sido fechadas, outras apresentavam placas oferecendo descontos, como se em breve fossem se juntar às outras.

Um único assassinato que teria sido cometido pela IA, incluído na acusação de Jessner, também estava sob a jurisdição da Procuradoria dos Estados Unidos no Distrito Sul de Illinois. O julgamento, que começou em setembro de 2003, estava centrado em David Sahakian, o comparsa mais temido de McElhiney, o homem que supostamente mandara esfaquear um preso por chocar-se contra ele durante um jogo de basquete. Ele foi acusado de mandar dois associados matarem um ladrão de banco de 37 anos de idade chamado Terry Walker durante uma guerra racial em 1999 na prisão de Marion. Sahakian, junto com os dois companheiros, se viu diante da possibilidade de pena de morte. O julgamento ofereceu um vislumbre do que aconteceria em Los Angeles, onde Jessner planejava processar quarenta pessoas, incluindo McElhiney e o Barão.

Muito embora o julgamento em Benton envolvesse apenas um membro da IA e dois colaboradores, os agentes cercaram todo o edifício. Pela primeira vez na história do tribunal, barricadas de cimento foram colocadas ao redor da área externa Para entrar, tive que passar por dois detectores de metal.

Quase uma dúzia de agentes, vestidos com ternos e sapatos pretos, conduziu os réus, cujos pulsos e tornozelos foram acorrentados, para o tribunal. Sahakian usava calça cinza e camisa de manga curta cinza. Tudo nele era grande: as mãos, a barriga, a testa longa e inclinada. Embora nas fotografias antigas ele tivesse uma barba desgrenhada — que teria inspirado seu apelido, "a Besta" —, ele agora usava apenas cavanhaque, o que fazia seu rosto parecer ainda maior.

Sua esposa estava na galeria, e ele piscou para ela quando se sentou. Ela me disse que eles se conheceram 25 anos antes, e que 23 desses anos tinham sido atrás das grades. Pequena, com cabelos loiros e uma minissaia azul que expunha pernas bem torneadas, ela exalava um forte cheiro de perfume. Ela sentou bem atrás dele, tomando notas durante todo o julgamento. Em determinado momento, ela me disse: "Eles continuam dizendo que ele é chefe da Irmandade Ariana e que ele mandava em todo mundo. Mas eu não acredito nisso. Ele não consegue nem mandar em *mim*".

Durante o depoimento de um patologista, a acusação projetou em uma tela grande a fotografia do corpo de Walker. Estava estendido sobre uma mesa de metal. Havia manchas de sangue em seu peito, os olhos estavam abertos, e a boca parecia ter sido congelada no meio de uma frase. O patologista descreveu cada ferimento à faca. Em seguida, apontou para um buraco no coração — é o que o teria matado, disse ele.

Nenhum dos réus olhou para a tela, e, além dos agentes e da mulher de Sahakian, a galeria estava vazia. Ninguém da família da vítima estava lá. Jessner me dissera que a maioria dessas vítimas já havia sido marginalizada pela sociedade e, quando elas foram mortas, pouca gente, se tanto, se importou. "Eu sinto certa obrigação de defender aqueles que não têm ninguém para defendê--los", ele disse.

Depois de uma pausa no julgamento, o réu que teria segurado a vítima durante o ataque se recusou a sair de uma sala de detenção. O juiz ordenou que os agentes o levassem à força para fora. Sahakian ficou em pé de um pulo e disse que aquilo não era necessário. "Se eu voltar para lá", disse ele em uma voz de comando, "ele vai sair." Por fim, um agente foi até a sala de detenção e acompanhou o réu à sala do tribunal. Ele andou com uma evidente lentidão e olhou para o promotor. "Está olhando o quê, porra?", gritou.

Seis agentes rapidamente o cercaram. Ao sentar, ele bateu a cadeira na virilha de um dos agentes. A ordem acabou sendo restaurada e, quando um preso que tinha ajudado a esfaquear vários presos negros depôs como testemunha do governo, Sahakian esfregou os dedos ao longo do braço da cadeira. Cada vez que a testemunha fazia acusações contra Sahakian, ele parecia segurar a cadeira com mais força. Os nós de seus dedos ficaram brancos. Por fim, ele olhou para mim na galeria e disse: "Não acredite em uma palavra do que ele está dizendo. Ele não passa de um rato de merda".

"Não use essa linguagem, querido", disse a esposa.

"Metaforicamente falando, é claro", disse ele.

Vários presos que tinham dito às autoridades que estavam dispostos a depor também falaram que estavam com medo de fazê-lo. Um deles disse que, desde que se voltara contra a IA, sua família tinha sido ameaçada. Outro, que fornecera prova, estava em sua cela, apertando as contas do rosário. Ele disse: "Eu vou rezar bastante para não ser furado setenta e cinco vezes".

Jessner estava sentado atrás de sua mesa no quartel-general de Los Angeles, preparando moções. Enquanto aguardava um veredicto no julgamento de Benton, ele precisava se preparar não apenas para um julgamento, mas potencialmente para cinco ou seis — já que nem todos os quarenta réus poderiam ser mantidos com segurança em um tribunal. Segurança já era um desafio; a maioria dos presos, incluindo o Barão e McElhiney, estava sendo mantida em celas individuais no Centro de Detenção de West Valley, nos arredores de Los Angeles. Drogas e navalhas tinham sido encontradas com alguns acusados.

Temendo que a quadrilha pudesse voltar-se contra os próprios membros, Jessner tinha instalado alguns membros da IA em outras prisões. Em uma carta, o Barão tinha dito a outro membro da gangue: "É necessário que a gente entre em ação e realize uma avaliação criteriosa do caráter pessoal e do nível de compromisso de cada irmão, já que possuímos hoje uma banda podre que é, de fato, potencialmente, um câncer!". Ele acrescentou que "varrê-los da face da Terra era uma prioridade absoluta!".

Jessner disse que sabia que a gangue tentava manter o controle de suas operações, mas estava otimista quanto aos julgamentos futuros. "Eu não posso dizer com certeza se outra gangue irá tomar o lugar da Irmandade, ou se os novos líderes substituirão os antigos", disse ele. "Mas sei que, se formos bem-sucedidos, isso representará uma mensagem de que a Irmandade Ariana não poderá mais matar impunemente."

Jessner se levantou e começou a ir em direção à sala do tribunal, para participar de uma audiência preliminar. Vestia um terno cor de carvão, que parecia muito grande para ele. Perguntei-lhe se, como alguns temiam, ele havia sido "colocado no chapéu" — marcado para assassinato.

Ele empalideceu. "Não sei", disse. Mais tarde acrescentou: "É um chapéu muito grande".

A Procuradoria dos Estados Unidos tinha arranjado segurança extra para ele, incluindo uma vaga de estacionamento segura nas proximidades. Um de seus colegas se recusara a trabalhar no caso depois que sua mulher se opôs. "Eu me preocupo", admitiu Jessner. "Não dá para não se preocupar."

Fez uma pausa e olhou para mim. Ele não se sentiria bem se parasse, disse. "Eu acho errado que alguém roube uma loja de conveniência e seja condenado à morte. Eu acho errado que nossas prisões sejam divididas entre predadores e presas." Enquanto se dirigia à sala do tribunal, acrescentou: "Não acredito que isso seja o que nosso sistema entende por justiça".

fevereiro de 2004

O processo contra a Irmandade Ariana gerou quase trinta condenações. Os dois líderes mais temidos e poderosos da gangue, Barry Mills e T. D. Bingham, foram considerados culpados de assassinato, conspiração e extorsão. O júri, no entanto, chegou a um impasse a respeito de condená-los à pena de morte, e eles foram condenados à prisão perpétua sem condicional. David Sahakian, cujo julgamento inicial em Benton teve um júri que não conseguiu chegar a um consenso sobre a ordem para assassinar Terry Walker, foi rejulgado mais tarde e considerado culpado. Ele foi condenado a vinte anos. Depois de não conseguir obter a pena de morte contra outros líderes da gangue, a promotoria retirou as acusações contra Michael McElhiney; ele não deverá ser liberado da prisão até 2035, quando terá 78 anos de idade.

Crimetown, Estados Unidos

A cidade que se apaixonou pela Máfia

Havia certa meticulosidade nos assassinatos em Youngstown, Ohio. Em geral aconteciam tarde da noite, quando não havia testemunhas e apenas as luzes das fornalhas de aço ainda ardiam. Todo mundo desconfiava de quem eram os assassinos — eles moravam na vizinhança, não raro logo ali no fim da rua —, mas ninguém nunca pôde provar nada. Às vezes os métodos deles eram simples: uma bala na parte de trás da cabeça ou uma bomba amarrada sob o capô de um carro. Ou às vezes, como na ocasião em que pegaram John Magda, eles optavam por algo mais dramático, acalmando a vítima com uma arma de choque e envolvendo-lhe a cabeça com fita adesiva até que ela não pudesse mais respirar.

E houve aqueles que simplesmente desapareceram. A polícia encontrou seus carros na beira da estrada, vazios, ou comida ainda quente nas mesas de jantar onde estavam comendo. As vítimas tinham, no sentido mais clássico, sido "apagadas". O único sinal dos assassinos era um toque artístico: uma dúzia de rosas brancas de haste longa que as vítimas em geral recebiam antes de desaparecer.

Assim, quando Lenny Strollo ordenou o assassinato naquela

noite de verão em 1996, não havia razão para acreditar que seria diferente. Strollo era o "don" da Máfia no condado de Mahoning — uma faixa de terra em um vale no nordeste do estado de Ohio que engloba Youngstown e cidades menores como Canfield e Campbell, e que é o lar de mais de 250 mil pessoas. De sua fazenda em Canfield, onde cuidava de seu jardim, Strollo comandava uma rede criminosa que incluía extorsão, jogo ilegal e lavagem de dinheiro. Ele também supervisionava muitos dos assassinatos na região. Apenas algumas semanas antes, Strollo teve seu principal rival na Máfia morto a tiros em plena luz do dia. Dessa vez, a escolha de alvo de Strollo foi mais descarada: o recém-escolhido promotor público do condado, Paul Gains.

Não era comum a Máfia "destituir" funcionários públicos, mas o promotor, que tinha 45 anos de idade, resistira aos subornos e contribuições de campanha habituais. Além do mais, Strollo ouvira falar que Gains pretendia contratar como seu investigador-chefe o homem mais odiado pelo "don", um agente do FBI chamado Bob Kroner, que passou duas décadas perseguindo o crime organizado na região.

Como de costume, Strollo empregava pessoas em diversos níveis, de modo que nada pudesse ser rastreado até ele. Primeiro, ele deu a ordem a Bernie, o Judeu, com quem contava para a força bruta. Bernie, por sua vez, contratou Jeffrey Riddle, um traficante de drogas negro que virou assassino e que se gabava de que se tornaria "o primeiro negão a fazer parte da família". Riddle, então, trouxe sua própria equipe de dois homens: Mark Batcho, um criminoso meticuloso, que controlava um dos mais sofisticados grupos de assaltantes do país, e Antwan "Man Mo" Harris, traficante de crack e assassino que ainda morava com a mãe.

Naquela véspera de Natal, como Batcho e Harris relataram mais tarde, os três homens empacotaram tudo de que precisavam: intercomunicadores, máscaras de esqui, luvas, um rádio sintonizado na faixa da polícia, um revólver calibre 38 e um saco de cocaína para plantar no local, a fim de fazer tudo parecer um assassinato relacionado a drogas. Após o anoitecer, os homens foram para a casa do procurador, em um subúrbio de Youngstown. Gains ainda não tinha chegado — sua casa estava escura por dentro — e Batcho saiu do carro e esperou atrás de um poste perto da garagem. Ele tinha um carregador extra para o revólver que lhe permitia atirar mais rápido. Em seguida, testou a voz ativando o intercomunicador, mas não houve resposta. Ele tentou de novo — nada. Incrédulo, correu de volta para o carro e disse que não poderia matar qualquer um sem "comunicação".

Os três homens dirigiram até um estacionamento próximo, onde programaram seus telefones celulares para que pudessem ligar uns para os outros com o toque de um botão. Quando voltaram para a casa de Gains, notaram que havia um carro na garagem e que as luzes da casa estavam acesas. "O.k.", disse Riddle. "Sai e faz o que você tem que fazer."

Batcho saiu do carro, levando a arma e o saco de cocaína. Ele se aproximou da casa furtivamente, o coração acelerado. A porta da garagem estava aberta, e ele disse: "Ei, moço", mas ninguém atendeu, e ele continuou andando. A porta que conduzia para dentro da casa também estava entreaberta, e ele decidiu entrar. Enquanto percorria um corredor, conseguiu ouvir Gains falando ao telefone na cozinha, a poucos metros de distância. Batcho hesitou, como se contemplasse o que estava prestes a fazer. Então correu para a frente, entrando de repente na cozinha, apontando a arma para o promotor. Ele puxou o gatilho, em seguida disparou novamente. Gains desabou no chão, o sangue escorrendo de seu antebraço e flanco. Batcho se aproximou, e Gains ergueu as mãos para se defender. Batcho apontou perto do coração de Gains e puxou o gatilho, mas a arma emperrou.

Batcho correu para fora da casa, tropeçando na escuridão.

Ele caiu e, enquanto se levantava, apertou a tecla no telefone celular, gritando: "*Já era! Vem me pegar*". Ele viu o carro se aproximando do fim da rua e disparou em direção a ele. Quando o carro desacelerou, ele pulou no banco de trás, agachando-se.

"Você o matou?", Riddle perguntou.

"Acho que sim", disse Batcho, inseguro.

"Você não sabe?", Riddle disse.

"A arma emperrou."

Harris olhou para ele friamente. "Por que você não foi numa gaveta, pegou uma faca de carne e o esfaqueou até morrer?", perguntou.

Riddle disse que eles tinham de voltar e terminar o serviço, mas naquele exato momento o rádio da polícia estalou com a notícia do tiroteio. Riddle pisou fundo no acelerador e foi embora, correndo por ruas menos movimentadas. Temendo que a polícia pudesse pará-los, Harris jogou a arma pela janela. Os homens perceberam que o carregador adicional estava faltando, e começaram a gritar uns com os outros. Em seguida, do rádio veio a notícia de que Gains ainda estava vivo.

Aquela foi uma tentativa de assassinato de notável incompetência. A polícia encontrou o carregador adicional do lado de fora da casa de Gains, junto com uma pegada limpa. Em poucos dias, um esboço do atirador apareceu no jornal local, o *Vindicator*. No entanto, a cena do crime era tão bagunçada que os investigadores concluíram que os homens de Strollo não poderiam estar por trás daquilo. Gains disse a amigos que, se a Máfia tivesse feito aquilo, ele estaria morto. Batcho, que tinha começado a usar disfarces, reapareceu aos poucos de seu esconderijo. Mais uma vez, parecia que os assassinos escapariam da punição.

Então, meses depois, na primavera de 1997, o procurador recebeu um telefonema em sua casa. "Você é Paul Gains?", perguntou uma mulher.

"Sim", disse ele. "Quem está falando?"

"Eu sei quem atirou em você", disse ela.

Quando a mulher revelou detalhes sobre o crime que poucos poderiam saber, Gains convocou Kroner e outros agentes do FBI, que estavam no meio de uma operação de três anos contra o crime organizado no vale Mahoning. No dia seguinte Kroner e seus homens visitaram a mulher, que era ex-namorada de um colaborador dos assassinos. "Eu sei tudo", disse ela. "Eu sei de outras pessoas em quem eles atiraram."

As informações dela levariam as autoridades aos três assassinos e ajudariam a solucionar um assassinato realizado pela Máfia pela primeira vez na história do condado. Enquanto isso, Kroner e o FBI tinham começado a desmantelar o que se acreditava ser o condado mais corrupto dos Estados Unidos — um lugar onde a Máfia tinha dominado com impunidade por quase cem anos e onde ainda controlava praticamente todos os elementos da sociedade. A influência do "don" se estendia a um chefe de polícia, um promotor que estava deixando o cargo, o xerife, o engenheiro municipal, policiais, o secretário municipal de assuntos jurídicos, advogados de defesa, políticos, juízes e um ex-assistente da Procuradoria dos Estados Unidos. Em julho de 2000, a sondagem do FBI produziu mais de setenta condenações. Agora Kroner e seus colegas estavam fechando o cerco sobre o político mais poderoso da região, que conseguiram gravar conspirando com a Máfia quase vinte anos antes, mas que havia escapado deles desde então: o congressista americano James Traficant.

O vale Mahoning é hoje uma das áreas mais economicamente deprimidas dos Estados Unidos, mas foi um boom econômico que primeiro deu origem à Máfia local. Durante a primeira metade do século XX, o vale estava no centro da emergente indústria do aço. Fábricas funcionavam 24 horas por dia, escurecendo o céu. Milhares de imigrantes — poloneses, gregos, italianos e eslovacos — se deslocaram para a área, acreditando ter encontrado o vale do Ruhr da América; enquanto isso, vigaristas pensavam que tinham descoberto a sua própria Little Chicago. As ruas estavam cheias de espeluncas que ficavam abertas de madrugada, onde metalúrgicos bebiam e jogavam *barbut*, um jogo de dados turco, e onde *"capos"*, vestidos de branco e com chapéu de abas largas e armados com estiletes, controlavam as apostas em loterias, ou *"bugs"*, como os locais as chamavam. Como Chicago, Buffalo e Detroit, Youngstown tinha todos os elementos necessários para que a Máfia florescesse: uma enorme população imigrante acostumada a autoridades arbitrárias e violentas, uma economia próspera e políticos e polícia locais complacentes.

No entanto, Youngstown ainda era muito pequena para ter sua própria família da Máfia, e em 1950, à medida que os golpes e a extorsão se transformavam em indústria multimilionária, as famílias mafiosas de Pittsburgh e Cleveland passaram a lutar pelo controle da região. Carros e lojas foram bombardeados — advertências para quem se aliou com o lado errado. Uma estação de rádio local publicou anúncios de serviço público com um estrondo ensurdecedor e o slogan "Parem a bomba!". Em 1963, o *Saturday Evening Post* relatou que "agentes locais confraternizavam abertamente com os criminosos. Prisões de estelionatários são raras, as condenações ainda mais raras, e sentenças duras eram algo quase inédito". O jornal apelidou a área de "Crimetown, Estados Unidos".

Em 1977, a guerra da Máfia havia se tornado ainda mais violenta. De um lado estava a facção de Joey Naples e Lenny Strollo, que era controlada pela Máfia de Pittsburgh; do outro, estavam os irmãos Carabbia — conhecidos como Charlie, o Caranguejo, e Orlie, o Caranguejo —, que estavam alinhados com Cleveland.

353

"Dava a impressão de que a gente ia levantar toda manhã, entrar no carro e ouvir que alguém tinha sido assassinado", disse-me Bob Kroner, o agente do FBI.

Primeiro, havia Spider e Peeps — dois meliantes menores abatidos com poucas semanas de diferença um do outro. Então foi um dos motoristas de Naples, morto a tiros quando trocava um pneu em sua garagem, e um comparsa de Peeps, morto a tiros do lado de fora do seu apartamento. Em seguida John Magda, que foi descoberto, com a cabeça enrolada em fita, em um lixão em Struthers, e, em seguida, um agenciador de apostas menor que se recusou a morrer com facilidade — ele foi bombardeado e, mais tarde, lançado pela janela de sua sala quando assistia à tevê com a esposa. Depois, foi a vez de Joey DeRose, morto por acidente quando foi confundido com o filho, Joey DeRose Jr., um assassino dos Carabbia e, finalmente, alguns meses mais tarde, o filho, também. "Ah, meu Deus, eles pegaram o Joey", a namorada dele gritou quando a polícia lhe disse que tinha encontrado o carro que ele dirigia pegando fogo em uma estrada rural entre Cleveland e Akron.

Em 1976, Kroner chegou a Youngstown e entrou em seu submundo violento. Ele era um ex-professor de matemática do ensino médio que trocou seus livros por um distintivo em 1971 e que podia ser visto pela cidade, em seu terno e gravata bem passados, rastreando notórios assassinos e batendo forte nas portas do All--American Club e outros pontos de reunião da Máfia. Embora viesse de uma família de policiais, que incluía seu pai, Kroner não parecia um: ele era muito alto e magro, quase delicado, e faltava-lhe o jeito tranquilo do policial que jogava dados à sombra do Palácio da Justiça. Ele usava mocassins em uma cidade onde a maioria das pessoas usava botas, e falava com certa formalidade.

Seu antecessor no FBI, de acordo com depoimento da própria agência e de informantes, teria se associado a gângsteres, e mais tarde foi nomeado chefe de polícia de Youngstown a mando da

Máfia. Mas Kroner era hostil em relação aos "dons" locais. Irritadiço e tímido, passava horas sozinho em seu pequeno escritório, fumando e ouvindo conversas interceptadas entre as diferentes facções. Como um cartógrafo preenchendo os espaços em branco no mapa, ele fez pequenos diagramas de cada família, aos quais acrescentava mais detalhes assim que recebia uma dica de um informante. Fez tudo que podia para derrubar as iniciativas da Máfia: grampeou os telefones de seus membros, seguiu seus Cadillacs impecáveis, intimou os amigos dos criminosos. Em pouco tempo, Strollo e seus companheiros lhe deram o epíteto final: "filho da puta".

Em dezembro de 1980, Charlie, o Caranguejo, o chefe da facção de Cleveland, desapareceu sem deixar rastros e, logo depois, Kroner revistou o apartamento de um dos assassinos mais famosos da cidade. O apartamento estava cheio de bugigangas, e Kroner e seu parceiro passaram por todos os quartos com muito cuidado. Em um armário, Kroner notou uma embalagem de pão e abriu-a. Dentro, escondida no meio do pão amanhecido, estava uma fita de áudio. Quando ele a tocou, ouviu vozes masculinas dizendo: "Ele é um filho da puta assustado" e "Ou você joga a porra do nosso jogo ou vai ser colocado dentro da porra de um caixão". Kroner tinha certeza de que duas das vozes pertenciam a Charlie e a seu irmão, Orlie, o Caranguejo. Havia também outra voz, que Kroner pensava ter reconhecido da televisão e do rádio. Então, de repente, tudo ficou claro para ele: era James Traficant, um ex-astro do futebol americano universitário, que fora recentemente eleito xerife de Youngstown.

Mais tarde Kroner e seu parceiro, agindo com base em uma informação sigilosa, abriram à força um cofre da irmã de Carabbia, onde encontraram uma fita igual e um bilhete manuscrito que dizia: "Se eu morrer, estas fitas vão para o FBI em Washington.

Sinto que tenho mais pessoas atrás de mim por causa dessas fitas e... rezo e peço a Deus para guiar e proteger minha família".

De volta a sua sede, Kroner e seus colegas ouviram uma confusão de vozes na fita discutindo sobre quais funcionários públicos eles achavam que tinham sido pagos pela rival, a Máfia de Pittsburgh.

"Você acredita que eles mandam em todas aquelas pessoas, porra?", disse Orlie.

"Eu sei que eles mandam nele", Traficant disse, referindo-se a um proeminente político.

"Ah, não tem dúvida de que ele é pau-mandado", disse Charlie.

Traficant fez uma pausa, como se estivesse pensando em outros nomes. "Eu não sei se são todos eles", ele disse afinal. "Mas sei que é uma porrada deles."

Com seu rival em Pittsburgh controlando muitos dos políticos do vale, a facção de Cleveland sabia que precisava ter, ela própria, alguns representantes poderosos. E as fitas, aparentemente feitas por Charlie, o Caranguejo, em duas reuniões durante a campanha do xerife em 1980, pareciam mostrá-los comprando Traficant. "Eu sou um babaca leal", informou Traficant aos irmãos Carabbia, "e minha lealdade está aqui, e agora nós temos que estabelecer o negócio que eles controlaram por todos esses anos e passar esse negócio para vocês, e é nisso que está sua preocupação. É por isso que vocês me financiaram, e eu entendo isso."

O arranjo parecia ser de um tipo antiquado: Traficant reconheceu ter recebido mais de 100 mil dólares da facção de Cleveland para sua campanha; em troca, ele indicou que poderia usar o escritório do xerife para proteger os negócios ilegais dos Carabbia ao mesmo tempo que anulava seus rivais.

Charlie contou a Traficant: "Seu tio Tony foi meu *goombah,* meu chegado [...] e nós sentimos que você é como um irmão para nós. Não queremos que você cometa nenhum erro, porra!". Traficant garantiu aos seus benfeitores que era digno de confiança, e que se algum de seus auxiliares os traísse, "ele iria aparecer boiando no rio Mahoning".

Mas, de acordo com as fitas, Traficant não estava preocupado principalmente com seus auxiliares; ele temia a Máfia de Pittsburgh. Como Charlie sabia, Traficant tinha aceitado dinheiro de Pittsburgh também — cerca de 60 mil dólares. (A primeira parcela viera com a mensagem "Eu quero que você seja meu amigo".) O jovem candidato a xerife agora estava fazendo jogo duplo com a família de Pittsburgh: ele tinha acabado de dar pelo menos uma parte do dinheiro para Charlie, o Caranguejo, para provar sua lealdade, e ele sabia que, quando a família de Pittsburgh descobrisse, iria retaliar. "Olha, eu não quero morrer em seis meses, Charlie", disse Traficant.

Kroner e seus colegas conseguiram ouvir Traficant traçando um plano para se proteger da Máfia de Pittsburgh e dos funcionários que ela controlava. "Vamos olhar para a situação da seguinte forma, certo?", disse. "Eles podem chegar até os juízes e conseguir o que precisam fazer [...] O que eles não têm é o xerife, e... eu estou um passo à frente." No dia em que foi empossado, Traficant disse que pegaria uma parte do dinheiro que a família de Pittsburgh lhe dera e o usaria como prova para prendê-los por suborno. Além do mais, Traficant ensaiou o que ele e os Caranguejos diriam se suas relações secretas viessem a ser descobertas pelas autoridades: "Eu estava tão puto com aquele governo desonesto, eu vim até vocês e perguntei se vocês me ajudariam a quebrá-lo, e vocês disseram: 'Foda-se... vamos fazer isso'. O.k.? É isso o que vocês vão dizer no tribunal".

"Orlie também?", perguntou Charlie. "O coração dele não é muito bom..."

"Olha... Eu não estou contando a porra de um sonho para vocês", disse Traficant. "Se eles vão se meter comigo, eu vou ferrar com eles." Traficant estava empolgado com a audácia de seu plano. "Quando a gente pensa nessa ideia", refletiu ele, "se eu realmente fizer isso..."

"Você pode concorrer para governador", disse Charlie.

Todos eles caíram na gargalhada.

Depois de examinarem as fitas, Kroner e seus superiores chamaram Traficant até a sede. Kroner nunca havia encontrado o xerife antes, e observou quando ele se instalou na cadeira à sua frente. Traficant, que tinha 41 anos de idade e havia trabalhado em fábricas, era uma figura imponente, com ombros largos e um topete postiço castanho e vistoso preso no alto da cabeça. Kroner contou a Traficant que o tinha visto jogar como *quarterback* da Universidade de Pittsburgh. (Um olheiro da NFL disse certa vez que Traficant, "no ponto mais crítico de um jogo", iria "manter a bola consigo e correr", derrubando qualquer um no seu caminho.)

O que aconteceu em seguida na reunião do FBI com Traficant ainda é assunto de discussão. Segundo o depoimento de Kroner e outros agentes sob juramento diante do tribunal, Kroner perguntou ao xerife se ele estava conduzindo uma investigação sobre o crime organizado no vale. Traficant disse que não estava. Kroner em seguida lhe perguntou se ele conhecia Charlie, o Caranguejo, ou Orlie, o Caranguejo. Traficant disse que só tinha ouvido falar neles.

"Você nunca se encontrou com eles?", perguntou Kroner.

"Não", respondeu Traficant.

"Você nunca recebeu dinheiro deles?"

"Não", disse ele novamente.

Então Kroner pôs a fita para tocar.

TRAFICANT: "Eles deram sessenta mil dólares."

ORLIE, O CARANGUEJO: "Deram sessenta. Quanto foi que nós demos?"

TRAFICANT: "O.k., cento e três."

Após alguns segundos, Traficant afundou na cadeira. "Não quero ouvir mais nada", disse ele, de acordo com Kroner. "Já ouvi o suficiente."

Na versão dos acontecimentos do FBI, Traficant reconheceu que tinha recebido o dinheiro, e concordou em cooperar em troca de proteção. Na frente de duas testemunhas, ele assinou uma confissão que dizia: "No período em que fiz campanha para xerife do condado de Mahoning, Ohio, eu aceitei dinheiro [...] com o entendimento de que certas atividades ilegais seriam autorizadas no condado de Mahoning após a minha eleição e que, como xerife, eu não iria interferir nessas atividades". Mas algumas semanas depois, diz o FBI, quando Traficant percebeu que teria que renunciar ao cargo de xerife e que a razão de sua demissão se tornaria pública, ele se retratou da confissão. "Faça o que você tem que fazer", disse ele a Kroner, "e eu vou fazer o que eu tenho que fazer." Ou, como Traficant disse mais tarde a um repórter de televisão local: "Todas essas pessoas que tentam me enfiar na cadeia deveriam é se foder".

Kroner e o FBI prenderam Traficant por supostamente receber 163 mil dólares em suborno da Máfia. A acusação dizia que ele, "de modo consciente e intencional, associou-se, conspirou, aliou-se e concordou" com vigaristas para cometer crimes contra os Estados Unidos. Ele poderia pegar até 23 anos de prisão. Para o espanto de todos, Traficant decidiu representar a si mesmo no tribunal, mesmo não sendo advogado e mesmo com o juiz o avisando de que "ninguém no seu perfeito juízo" faria uma coisa dessas.

No dia do julgamento, na primavera de 1983, Traficant entrou no tribunal vestindo camisa de mangas curtas e calça folgada. Ele disse ao júri o que tinha jurado dizer nas fitas dos Carabbia: que estava conduzindo "o golpe menos convencional já realizado na história da política em Ohio". Em um papel que, segundo disse, merecia um "Oscar", ele afirmou ao júri e à galeria, que estavam extasiados, que agira o tempo todo como um agente disfarçado, tentando convencer os irmãos Carabbia de que estava ao lado deles, com o objetivo de usá-los para dar cabo da mais poderosa facção de Pittsburgh. "O que eu fiz, e o que me propus a fazer com muito cuidado", disse ele, "foi elaborar um plano pelo qual iria extinguir e interromper a influência política e o controle da Máfia no condado de Mahoning."

Ele admitiu receber dinheiro da Máfia, mas disse que só o fez porque queria evitar que o adversário na campanha o recebesse. Embora concordasse ter assinado "uma declaração" na frente do FBI, ele disse que era diferente da "confissão" apresentada como prova. Ele insistiu que mentiu ao FBI sobre o golpe, porque não podia confiar em seus agentes, e que, se Kroner e o FBI não tivessem intervindo, ele teria limpado o município mais corrupto do país. "O que eu quero dizer a respeito dessa questão é o seguinte", disse ele, "eu entrei na Máfia." E acrescentou: "Eu fodi a Máfia".

Quando Kroner se apresentou para depor, atestando que tinha visto Traficant assinar a confissão, o xerife se pôs de pé e gritou: "Isso é uma puta de uma mentira!". Durante o interrogatório, ele provocou seu adversário no FBI, dizendo: "Ah, sei", e "Não, Bob". Traficant referia-se a si mesmo como "meu cliente" e perguntava aos repórteres: "Como estou me saindo?". Em uma região envolta em corrupção e cautelosa em relação às autoridades federais, ele se tornou, até o final de sua defesa, um emblema do vale, um herói popular. Festas foram realizadas em sua homenagem, e os moradores usavam camisetas com frases alusivas à sua luta jurídica. Não importava que o IRS, o serviço de receita do governo federal, mais tarde descobrisse que Traficant tinha aceitado suborno e sonegado impostos, em um julgamento civil no qual ele recorreu à Quinta Emenda. Ou que o dinheiro que segundo ele seria prova do golpe nunca apareceu. Ou que um de seus auxiliares afirmou em seu depoimento que Traficant repetidamente lhe pediu para atirar em Traficant, a fim de fazer parecer que tinha havido uma tentativa de atentado pela Máfia para atrasar o julgamento. ("Ele queria que eu o ferisse, mas que não o mutilasse", disse o auxiliar.)

Traficant entendia sua comunidade melhor do que ninguém. O júri levou quatro dias para decidir absolvê-lo de todas as acusações. Charlie, o Caranguejo, estava errado sobre uma coisa: Traficant não se tornaria governador, ele se tornaria um dos congressistas dos Estados Unidos.

Quando Traficant chegou a Washington, em 1985, a economia no vale Mahoning já estava se desintegrando. A demanda mundial por aço havia despencado, deixando a área em uma recessão quase permanente. Siderúrgicas encerraram suas atividades; lojas de departamentos foram fechadas com tábuas. Até o final da década, a população em Youngstown tinha caído em mais de 28 mil, enquanto o céu, cor de chumbo durante meio século, se tornou quase azul.

Traficant, que seria reeleito várias vezes para o Congresso por margens esmagadoras, protestou contra os fechamentos. Quando uma das últimas siderúrgicas da região entrou em falência, no final da década de 1980, Traficant falava como Charlie, o Caranguejo. "Acho que a fase de diálogo acabou", ele alertou, acrescentando que, se o proprietário arrancava uma instalação industrial local, então alguém deveria "agarrá-lo pelo pescoço e esticá-lo um par de centímetros".

Ainda que a prosperidade tenha trazido a Máfia para o vale, a depressão agora consolidava seu domínio. As categorias profissionais que tanto fizeram para romper com a cultura da Máfia em Chicago, Buffalo e Nova York nas décadas de 1970 e 80 praticamente deixaram de existir em Youngstown. Grande parte da classe média do vale ou foi embora, ou deixou de ser classe média. E assim Youngstown experimentou uma versão do que os sociólogos têm descrito em relação aos centros decadentes. A cidade perdeu sua espinha dorsal cívica — seus médicos, advogados e contadores. Os poucos líderes cívicos que permaneceram foram marginalizados ou intimidados. As hierarquias de status, sucesso e valores morais se inverteram. O resultado foi uma geração de Batchos, que adoraram os "dons" da mesma maneira que outras crianças adoravam Mickey Mantle ou Joe DiMaggio. (Batcho tinha a tatuagem de um chefe da Máfia em seu braço esquerdo e dizia às pessoas com orgulho que ele "levaria um tiro por ele".)

Enquanto isso, Lenny Strollo e seus parceiros, precisando de jogadores para seus cassinos com pouco dinheiro, começaram a arranjar diversão para os traficantes de drogas e os criminosos locais, os únicos com dinheiro para gastar. A Máfia, que em outros tempos havia competido com a sociedade civil do vale, agora praticamente a tinha substituído. Já em 1997, na pequena cidade de Campbell, Strollo controlava pelo menos 90% das nomeações para o departamento de polícia. Ele estabeleceu o concurso para o serviço civil de forma que pudesse escolher o chefe de polícia e quase todos os patrulheiros. O secretário municipal de assuntos jurídicos levava a lista de candidatos à promoção para a casa de Strollo, e o "don" iria analisá-la, fazendo suas escolhas. Um advogado familiarizado com a cidade me disse que Strollo poderia "determinar quais assassinos seriam presos e quais ficariam livres".

Em 1996, três assassinos da Máfia, incluindo Mo Man Harris, estavam a caminho para matar seu mais recente alvo quando a polícia de Campbell os parou por excesso de velocidade, de acordo com as pessoas no carro. No veículo, os policiais encontraram um fuzil AK-47, um revólver Magnum .357, e uma pistola nove milímetros. Um dos assassinos usou seu telefone celular para ligar para Jeff Riddle, que correu para o local e disse à polícia que os homens estavam executando uma missão para Bernie, o Judeu. Os policiais deixaram que fossem embora.

Nos raros casos em que a polícia prendia um mafioso de renome, Strollo e seus associados subornavam os juízes. Uma vez, um juiz se recusou a adulterar um caso de agressão, e por isso Strollo enviou Batcho com um walkie-talkie e um silenciador para ferir o advogado de defesa, Gary Van Brocklin, a fim de forçar um problema no julgamento. Batcho recordou mais tarde: "Eu perguntei: 'Você é o advogado Gary Van Brocklin?'. E ele disse: 'Sim, sou eu'. [...] E eu atirei bem no joelho dele". Andy Arena, que era o chefe de Kroner no FBI, me disse: "Eu não sei como um advogado de defesa honesto conseguiria ganhar a vida nesta cidade".

A influência de Strollo também se estendia ao representante do vale no Congresso. O principal assessor de Traficant no distrito, Charles O'Nesti, serviu como "pagador de subornos" entre Strollo e os funcionários públicos municipais corruptos, como O'Nesti mais tarde admitiu. (Traficant havia contratado O'Nesti em 1984, apesar de suas afirmações nas famosas fitas de que O'Nesti era um amigo da Máfia que ele iria prender como parte de seu suposto golpe para promover a limpeza do vale.) Enquanto trabalhava para Traficant, O'Nesti se reuniria com Strollo na sua fazenda ou tramaria com ele ao telefone. Os dois chegaram a tramar o roubo de um trecho do calçamento da cidade que ainda estava sendo assentado.

A operação do FBI que buscou desvendar essa teia de corrupção começou em 1994. Na época, Kroner era casado e tinha duas filhas e havia parado de fumar por meio da hipnose, o que expandiu seu físico esguio em vários quilos. Certa manhã, quando estava reunido com outros agentes em seu apertado escritório local, ele se desesperou. Recentemente havia testemunhado a desintegração de um dos seus poucos triunfos: catorze meses depois de ter garantido uma condenação contra Strollo por jogo, seu inimigo tinha ressurgido da prisão e reafirmado seu poder. Mesmo quando os prendemos, pensou Kroner, eles acabam voltando.

Então Kroner e seus colegas optaram por uma nova abordagem. Em vez de atacar a Máfia a partir do topo, como tinham feito no passado, eles começariam por baixo, com os corretores de loteria ilegal e os organizadores dos jogos de *barbut*. A investigação se baseou na teoria das formigas-de-cupim — caso não se eliminem todas, elas se multiplicam de novo. Kroner diz: "Nós estabelecemos desde o início que não íamos parar até chegar ao ninho deles, e se isso significasse ter que trabalhar com pessoas contra quem tínhamos muitas provas, era o que iríamos fazer".

Uma das primeiras pessoas que convenceram a cooperar foi um agenciador de apostas local chamado Michael Sabella, cujas roupas sempre cheiravam a peixe. Depois de ser questionado pelos federais a respeito de outra questão, ele concordou em usar um microfone escondido no corpo para circular pelos covis de jogo do condado. Por fim, ele forneceu provas suficientes para que os investigadores pudessem conseguir a instalação de escutas telefônicas em vários membros de baixo escalão na hierarquia do crescente empreendimento de Strollo, o que, por sua vez, lhes forneceu provas suficientes para grampear mais telefones, e assim por diante. Como o número de conversas interceptadas cresceu em milhares, Kroner e seus colegas John Stoll e Gordon Klau passaram dias e noites examinando as transcrições. "Nós realmente deixamos nossas famílias nervosas", Kroner disse uma vez a um repórter. "Foi um período difícil."

Mesmo assim, mais de um ano depois eles ainda não tinham penetrado no círculo interno do Strollo. Na esperança de "sacudir a árvore", segundo disse Kroner, os agentes invadiram várias espeluncas de jogatina. Mais tarde, eles haviam estabelecido ligações suficientes com Strollo para que um juiz lhes concedesse autoridade para instalar aparelhos de escuta na cozinha do "don" e grampear seus telefones. Kroner e seus colegas logo começaram a captar trechos de conversas incriminatórias. Eles ouviram o que parecia ser um plano para ameaçar um padre e o que algum "babaca tinha feito antes [...] e foi morto por isso".

Em determinado momento, Kroner recebeu uma dica de um informante de que Strollo estava planejando matar um de seus rivais, Ernie Biondillo. Sentindo-se na obrigação moral de alertar Biondillo, Kroner pegou o telefone e ligou para ele. "Aqui é Bob Kroner", disse ele. "Você sabe quem eu sou?"

"Sim, eu sei quem você é."

"Muito bem, eu preciso sentar e conversar a sós com você."

Eles se encontraram naquela noite em um estacionamento escuro. Biondillo estava em seu Cadillac e parou ao lado do carro de Kroner. Os homens falaram através de suas janelas abertas. Kroner esperava que o aviso encorajasse Biondillo a cooperar com a investigação. Mas Biondillo só ficava dizendo: "*Quem diabos quer me matar?*".

Kroner olhou para ele com cautela. "Eu não posso te dizer isso. Não estou aqui para começar uma guerra."

Sem conseguir obter uma resposta, Biondillo partiu em seu Cadillac. Meses depois, ele estava andando em seu carro e virou em uma rua deserta, quando dois veículos o fecharam. Dois homens armados usando máscaras de borracha abriram fogo, matando-o.

Embora Kroner tivesse certeza de que o assassinato fora ordenado por Strollo, o FBI ainda não tinha provas para prendê-lo. Mas, no verão de 1996, as autoridades começaram a fechar o cerco, e Strollo, percebendo isso, tornou-se cada vez mais paranoico. Ao telefone, ele falava quase exclusivamente em código. Uma vez, Strollo teve a premonição de que um confidente de longa data estava "grampeado", embora ele não estivesse. Outra vez, Strollo se convenceu de que um avião que sobrevoava a área estava vigiando um de seus agenciadores de jogo. Quando alguém tentou acalmá-lo, ele retrucou, ríspido: "É da minha vida que você está falando... Eu tenho que lutar para sobreviver".

Strollo estava obcecado por seu arqui-inimigo, Kroner. Ao telefone, ele dizia: "Bob, você pode me ouvir? Pode me ouvir?". Strollo enviou um de seus homens para descobrir se o pai de Kroner aceitaria dinheiro para controlar o filho renegado, mas a informação que voltou era que o pai também era honesto. Sabendo que seus telefones foram grampeados, Strollo tentou plantar evidências sugerindo que Kroner, de alguma forma, recebia propinas. Ele disse a colegas que Kroner havia recebido suborno de Joey Little e estava traficando drogas pelo vale.

Um dia, Strollo pareceu ameaçador em relação a Kroner e outros agentes do FBI. "Eu não sei o que vou ter que fazer com esses caras", disse ele. Pouco tempo depois, sem o conhecimento do FBI, Strollo ordenou o assassinato de Gains. O assassinato frustrado — e o telefonema da "mulher desprezada", como Kroner se referia à ex-namorada de um associado da Máfia que contatou Gains — deu início à investigação do FBI. Em 1997, Bernie, o Judeu, Riddle e Harris foram todos acusados de tentativa de homicídio. Quando Batcho estava andando perto de sua casa, um carro sem identificação parou atrás dele e dois homens saltaram. "Você é Mark Batcho?", perguntou um deles.

"Não, eu não sou Mark Batcho. Eu não o conheço."

Apesar de suas negativas, Batcho foi levado em custódia, onde se tornou o que ele chamou de "forma mais baixa da vida" — um delator da Máfia. Kroner e seus homens finalmente tinham se infiltrado no "ninho" da Máfia. Em uma manhã fria, pouco antes do Natal de 1997, agentes do FBI se espalharam pelo vale, prendendo mais de 28 associados da Máfia. Kroner apareceu na porta de Strollo com um mandado de prisão. Quando estava sendo algemado, Strollo disse a Kroner: "Você está feliz agora, Bob?".

No final, quase todos os subordinados de Strollo se declararam culpados e apresentaram provas uns contra os outros, com a exceção de Bernie, o Judeu, e Riddle, os dois homens que haviam adotado o código antigo da Sicília, mesmo que nunca pudessem ser oficialmente integrados à Máfia. "Os únicos que tiveram coragem foram um *schwartz* [preto] e um *sheeny* [judeu]", disse um dos advogados envolvidos no caso.

Pouco antes de ir a julgamento, Bernie insistiu que Strollo nunca iria entregá-los e quebrar seu juramento de silêncio. Mas no exato momento em que Bernie dizia isso, Strollo fazia um acordo com a promotoria. Strollo disse a Kroner: "Você ganhou".

"Eu provavelmente serei acusado" nos próximos meses, disse Traficant ao canal C-SPAN, olhando para a câmera. Era março de 2000, quase duas décadas depois de ele ter sido preso pela primeira vez por Kroner e pelo FBI. O congressista, que agora se candidatava a seu nono mandato na Câmara dos Deputados, usava casaco e gravata pretos, seu topete sobressaindo até mais do que o habitual, e as costeletas longas lhe davam a aparência de um motociclista envelhecido. Em seus dezesseis anos no Congresso, Traficant tinha conquistado a reputação de populista excêntrico. Ele aparecia muitas vezes no plenário da Câmara usando ternos de poliéster, falando sobre a situação da classe trabalhadora e protestando contra a Receita Federal; encerrava seus discursos com uma frase que se tornou sua marca: "Preparar teletransporte, senhor presidente". Em uma cidade política que parece sem memória, ele se tornou conhecido simplesmente como "o honrado cavalheiro de Ohio".

Agora, era como se estivesse muitos dias sem dormir. "Falcões estão circulando, urubus estão circulando, tubarões circulando... tentando matar a eleição de Traficant", ele gaguejou. Fez uma pausa, o rosto avermelhado. "Deixe-me dizer uma coisa: há vinte anos — mais ou menos — eu fui o único americano na história dos Estados Unidos a derrotar o Departamento de Justiça... eu virei alvo deles desde esse momento." Apontando o dedo para a câmera, ele continuou: "Eles são o meu alvo. É melhor que não cometam um só maldito erro... Eu estou furioso e... vou lutar como um cão raivoso diante de um furacão, e... se eu vencê-los agora você estará vendo um dos homens mais ricos dos Estados Unidos, porque vou processar todos os ativos deles separadamente".

Ainda mais estranhas que suas advertências para o Departamento de Justiça e o FBI — e seu aviso de que iria atirar em qualquer visitante inesperado que aparecesse em sua casa tarde da noite — foram as ameaças de Traficant a seu próprio partido. Ele advertiu que, se os líderes democratas não o apoiassem, ele iria mudar de partido. E, como compensação adicional por sua lealdade, Traficant exigiu uma lista de favores para seu distrito: "Eu quero um parque tecnológico aprovado pelo presidente dos Estados Unidos — e espero para este ano ainda — e quero dotações suplementares". Na televisão nacional, ele parecia estar intimidando não só os membros do Congresso, mas também a presidência dos Estados Unidos.

Suas ameaças vieram depois que as autoridades já haviam condenado várias pessoas ligadas a ele. Entre elas estavam O'Nesti, seu assessor e pagador de subornos de Strollo; um advogado que teve a licença cassada, ex-assessor de Traficant, e que estava envolvido no esquema para assassinar o procurador Paul Gains; e dois ex-auxiliares de xerife que haviam servido no mandato de Traficant como xerife e que foram condenados por aceitar suborno da Máfia. De acordo com relatos publicados pela primeira vez nos jornais *Vindicator* e no *Plain Dealer*, de Cleveland, os investigadores estavam avaliando, entre outras coisas, se o deputado havia recebido contribuições ilegais — incluindo o uso de um Corvette — de associados no vale. As autoridades foram levadas a dois irmãos, Robert T. e Anthony R. Bucci, donos de uma empresa de pavimentação no bairro de Traficant, que teriam entregado materiais e realizado obras de construção na fazenda de trinta hectares do congressista. Os dois irmãos pareciam emaranhados na rede de corrupção da cidade. Em uma das escutas do FBI, O'Nesti podia ser ouvido conspirando com Strollo para direcionar um contrato de milhões de dólares para a empresa dos irmãos Bucci. Desde então, Robert Bucci fugiu do país depois de supostamente transferir milhões de dólares para uma conta nas ilhas Cayman.

No decurso da investigação, Traficant tinha reafirmado firmemente sua inocência, e o vale foi se preparando para um segundo julgamento épico. "Eis o que estou dizendo agora", ele insistiu no c-span, "estou dizendo isto para o Departamento de Justiça... Se vocês estão prestes a me acusar, então façam isso em junho para que eu possa ser julgado durante o recesso de agosto. Eu não quero perder nenhum voto."

Não muito tempo depois, viajei para Youngstown, em busca de mais informações sobre o processo contra o deputado e o controle da Máfia na região. Embora fosse o meio do dia, o centro da cidade se encontrava estranhamente vazio. Fileiras de lojas estavam fechadas com tábuas, e as fachadas decoradas dos edifícios estavam decadentes. Enfim, vi uma luz em uma loja de roupas, onde um velho dobrava ternos italianos. Quando entrei e lhe perguntei sobre o congressista, ele disse: "Ninguém vai se livrar de Traficant. Traficant é esperto demais". Lembrou com carinho os "capangas", incluindo Strollo, que comprava dele ternos feitos sob medida. "Eles não usavam ternos vermelhos ou rosa, como acontece agora", disse ele. Quando eu o pressionei sobre a corrupção local, ele deu de ombros. "Quem se importa? Se você está trabalhando e ganhando a vida e ninguém o está incomodando, por que você vai se meter?"

Naquela noite, no restaurante do meu hotel, diversos moradores de Youngstown, na casa dos setenta ou oitenta anos, estavam sentados em torno de uma mesa falando sobre o congressista. "Traficant mostra resultados", um dos homens disse. "Isso é o que conta."

"É mesmo!", disse outro.

Um homem frágil, com cabelo branco, disse: "Quando eu tinha oito anos, entregava jornais no centro da cidade, e sempre passava por um bar clandestino nas tardes de domingo. Bem, um dia o dono disse: 'Eu quero que você conheça alguém'. Então entrei e era Al Capone". Fez uma pausa e em seguida repetiu: "Al Capone".

Outro homem na mesa, que havia permanecido em silêncio, de repente disse: "Vocês estão vendo isso? Isso é típico de Youngstown. Aqui está um homem educado, um advogado, e Traficant é como se fosse um deus, e ele ainda está delirando sobre o encontro com Al Capone".

Mais tarde, Mark Shutes, antropólogo da Youngstown State University que estudou a região, me disse: "Temos aprendido entre nós, e ensinado a nossos filhos, que o mundo é assim. [...] Nesta comunidade não há o entendimento de que bandidos são pessoas que têm imposto sua vontade sobre ela. Os valores deles são nossos valores".

Nas últimas primárias democratas para o Congresso, Traficant enfrentou dois adversários que protestaram contra seus supostos laços com a Máfia e notou que em breve seria indiciado. Ainda assim, Traficant venceu as primárias com mais votos do que seus dois principais concorrentes juntos. Traficant parecia invulnerável; alguns congressistas republicanos tinham começado até mesmo a defendê-lo, ao que parece esperando que ele cumprisse a ameaça de mudar de partido. "Não estão fazendo jus a Jimmy Traficant", disse o deputado Steve Latourette, republicano de Ohio, ao jornal *Plain Dealer*, de Cleveland. "Não há um homem melhor, não existe melhor membro do Congresso, não há um ser humano melhor do que ele."

Encorajado pelo apoio popular, Traficant tentou fazer o que sempre fez: incitar a comunidade contra os forasteiros que ele afirmava estarem tentando denegrir o nome do vale. Ele chamava desafiadoramente seu ex-assessor condenado, O'Nesti, de "bom amigo" e defendeu um xerife local condenado por extorsão, argumentando que ele deveria ser transferido para uma prisão nas proximidades de Youngstown para estar perto da mãe doente. Sobre os agentes do FBI, Traficant disse: "Estes filhos de mães solteiras não vão me intimidar, e eles não vão me fazer de bobo".

Embora se recusasse a falar comigo ("Vá se foder", disse ele) ou com outros repórteres ("Eu só vou fazer uma declaração oficial quando estiver realmente morto", observou ele), Traficant e sua equipe lançaram uma avalanche de comunicados de imprensa atacando os que o perseguiam. "PROJETO DE LEI DE TRAFICANT CRIARIA NOVA AGÊNCIA PARA INVESTIGAR DEPARTAMENTO DE JUSTIÇA", dizia um dos comunicados. Outro afirmava: "TRAFICANT QUER QUE O PRESIDENTE INVESTIGUE OS AGENTES FEDERAIS EM YOUNGSTOWN". No plenário da Câmara, onde seu discurso era protegido contra ações por calúnia, ele foi ainda mais ousado. "Senhor presidente, tenho provas de que certos agentes do FBI em Youngstown, Ohio, violaram a lei RICO* e [...] roubaram grandes somas em dinheiro", afirmou. "E o que é pior, senhor presidente,

---

* Sigla de Racketeer Influenced and Corrupt Organizations Act [Lei de Combate a Organizações Corruptas e Influenciadas pelo Crime Organizado], lei norte-americana que aumenta as penas de atos associados a organizações criminosas, especialmente extorsão. (N. T.)

eles 'sugeriram' a um dos seus informantes que ele deveria cometer assassinato. Senhor presidente, *assassinato*."

Antes de deixar Youngstown, parei no escritório do FBI em Boardman, Ohio, onde Kroner e seu chefe, Andy Arena, tentavam se defender das alegações de Traficant. Eles tiveram o cuidado de não dizer nada sobre a investigação pendente sobre o deputado, mas ficou claro que estavam sob cerco. Em programas de rádio, os partidários de Traficant acusavam Kroner, chamando-o de ladrão, vigarista, bandido, verme, mentiroso e traficante. "A coisa que mais me deprimiu", disse-me Kroner, "foi quando um dia me tornei o assunto na conversa de rádio e estavam discutindo minha integridade." Ele cruzou os braços. "O que eu tenho a fazer é bloquear essas coisas na minha cabeça." Em vez de herói, ele havia se tornado quase um pária. "Tudo está de cabeça para baixo aqui", disse Arena.

Sentado com seu paletó bem passado, mocassins, e com seu medalhão comemorativo de vinte anos no FBI montado de forma proeminente em um grosso anel de ouro, Kroner parecia estar um pouco na defensiva. "Toda vez que acusamos um funcionário público, a mídia o apresenta como outra desgraça para a comunidade", disse ele. "Eu preferiria que eles o retratassem para a comunidade como mais um passo em nossa limpeza. Temos que olhar para o que está sendo feito aqui como uma coisa positiva."

Depois de um tempo, Kroner se ofereceu para me mostrar todo o vale. Com o sol se pondo, fomos no carro dele, passando por antigas siderúrgicas, pela Greek Coffee House, House of Dolls e outras espeluncas de jogatina e pelo lugar onde Bernie, o Judeu, se reunia com sua equipe de pistoleiros e pelo lugar onde Ernie Biondillo foi morto a mando de Strollo. "Somos parte desta comunidade como todo mundo", Kroner disse. "Sofremos dos mesmos problemas se vivemos em uma cidade corrupta." Ele parou por um momento, talvez porque não conseguisse pensar em nada para acrescentar, ou talvez porque percebesse que, depois de uma vida de luta contra a Máfia, havia pouco mais que ele pudesse fazer. Por fim disse: "Enquanto eles continuarem a escolher corruptos para colocar nos cargos públicos, nada vai mudar".

julho de 2000

Em novembro de 2000, Traficant foi eleito para um nono mandato no Congresso. Seis meses depois, foi indiciado em dez acusações de extorsão, suborno, sonegação fiscal e obstrução da justiça. Entre as acusações estava a de que prestava favores políticos para os irmãos Bucci em troca de serviços de construção gratuitos em sua fazenda, e que teria ajudado outros em troca de milhares de dólares em propinas. Traficant também foi acusado de pedir a um assessor que mentisse para um júri federal e destruísse provas incriminatórias. (O assessor disse às autoridades que Traficant estava presente quando ele incendiou envelopes que continham pagamentos em dinheiro ao deputado.)

O julgamento começou em um tribunal federal de Cleveland, em fevereiro de 2002, e, como tinha feito quase duas décadas antes, Traficant decidiu representar a si mesmo. Ele acusou a promotoria de ter "testículos de formiga", e em um momento saiu furioso da sala do tribunal. No entanto, dessa vez um júri o declarou culpado de todas as acusações.

Dizendo que ele era "um poço de logros, corrupção e ganância", o juiz condenou Traficant a oito anos de prisão. Além disso, ordenou que ele pagasse mais de 150 mil dólares em multas e quase 20 mil dólares em impostos não recolhidos, e devolvesse 96 mil dólares em lucros ilegais.

Sob o olhar de Kroner, Traficant foi levado algemado. Kroner logo se aposentou do FBI. No dia 24 de julho de 2002, a Câmara decidiu, por 420 votos contra 1, expulsar Traficant — tornando-o apenas o segundo congressista desde a Guerra Civil a ser expulso da instituição. Enquanto estava na prisão, Traficant foi posto na solitária por tentar fomentar uma revolta. Em setembro de 2009, depois de cumprir sete anos, ele foi solto em liberdade condicional. Foi recebido em Youngstown por mais de mil simpatizantes, muitos deles usando camisetas que diziam "Welcome Home Jimbo". Traficant anunciou que havia 50% de chances de ele se candidatar ao Congresso novamente.

Um crime verdadeiro

O mistério de um assassinato pós-moderno

No extremo sudoeste da Polônia, longe de qualquer vila ou cidade, o rio Oder se curva acentuadamente, criando uma pequena baía. As margens estão cobertas por capim selvagem, pinheiros e carvalhos imponentes. As únicas pessoas que viajam regularmente para a área são pescadores — a baía fervilha com lúcios e vários tipos de percas. Em um dia frio de dezembro de 2000, três amigos estavam fazendo arremessos por lá quando um deles percebeu algo flutuando perto da margem. No início, pensou que fosse um tronco, mas quando se aproximou viu o que parecia ser cabelo. O pescador gritou para um dos amigos, que cutucou o objeto com sua vara de pesca. Era um cadáver.

Os pescadores chamaram a polícia, que cuidadosamente removeu da água o cadáver de um homem. Havia uma corda em torno do pescoço, e as mãos estavam amarradas nas costas. Parte da corda, que parecia ter sido cortada com uma faca, tinha ligado as mãos ao pescoço, prendendo o homem curvado para trás, em posição aflitiva — o menor movimento faria a corda apertar ainda mais. Não havia dúvida de que o homem tinha sido assassinado. Seu corpo estava vestido apenas com camiseta e cueca e apresentava marcas de tortura. Um patologista determinou que a vítima quase não tinha alimentos no intestino, o que indicava ter passado fome por vários dias antes de ser morta. Inicialmente, a polícia pensou que o homem fora estrangulado e depois jogado no rio, mas um exame de fluidos nos pulmões revelou sinais de afogamento, o que significava que ele provavelmente ainda estava vivo quando foi jogado na água.

A vítima — alto, com longos cabelos escuros e olhos azuis — parecia corresponder à descrição de um empresário de 35 anos de idade chamado Dariusz Janiszewski, que tinha morado na cidade de Wrocław, a noventa quilômetros de distância, e que fora dado como desaparecido por sua mulher quase quatro semanas antes; ele fora visto pela última vez em 13 de novembro, saindo da pequena empresa de publicidade que possuía, no centro de Wrocław. Quando a polícia convocou a esposa de Janiszewski para identificar o corpo, ela estava muito perturbada para olhar, e assim a mãe de Janiszewski o fez em seu lugar. Ela reconheceu imediatamente a cabeleira do filho e uma marca de nascença no peito.

A polícia iniciou uma grande investigação. Mergulhadores entraram no rio gelado, em busca de provas. Especialistas forenses investigaram minuciosamente a floresta. Dezenas de pessoas ligadas a ele foram interrogadas, e os registros de negócios de Janiszewski foram examinados. Nada digno de atenção foi encontrado. Embora Janiszewski e a esposa, que tinham se casado oito anos antes, tivessem passado por um breve período de dificuldades no casamento, haviam se reconciliado e estavam prestes a adotar uma criança. Ele não tinha dívidas evidentes ou inimigos, e nenhum antecedente criminal. Testemunhas o descreveram como um homem gentil, um guitarrista amador que compunha músicas para sua banda de rock. "Ele não era o tipo de pessoa que poderia provocar brigas", disse a esposa. "Ele não faria mal a ninguém."

Depois de seis meses, a investigação foi abandonada, devido à "impossibilidade de encontrar o autor ou autores", nas palavras do promotor em seu relatório. A família Janiszewski pendurou uma cruz em um carvalho perto de onde o corpo foi encontrado — um dos poucos lembretes do que a imprensa polonesa apelidou de "crime perfeito".

Uma tarde, no outono de 2003, Jacek Wróblewski, um detetive de 38 anos da polícia de Wrocław, destrancou o cofre de seu escritório, onde guardava seus arquivos, e retirou uma pasta marcada "Janiszewski". Estava ficando tarde, e a maioria do pessoal do departamento de polícia em breve iria para casa, as grossas portas de madeira se fechando, uma após a outra, no comprido corredor de pedra do edifício semelhante a uma fortaleza, que os alemães tinham construído no início do século XX, quando Wrocław ainda fazia parte da Alemanha. (O edifício tem túneis subterrâneos que levam à prisão e ao tribunal, do outro lado da rua.) Wróblewski, que preferia trabalhar tarde da noite, mantinha ao lado da mesa um bule de café e um frigobar; aquilo era tudo o que podia espremer para dentro da sala que tinha as dimensões de uma cela, decorada com mapas da Polônia que cobriam as paredes e calendários com imagens de mulheres com pouca roupa, que ele retirava quando recebia visitas oficiais.

O caso Janiszewski tinha três anos, e fora entregue à unidade de Wróblewski pela polícia local que conduzira a investigação inicial. Aquele assassinato era o mais importante dos casos não resolvidos, e Wróblewski se sentiu atraído por ele. Era um homem alto e desajeitado, com um rosto rosado e carnudo e uma barriga começando a aumentar. Usava calças normais e camisa para trabalhar, em vez de uniforme, e havia uma simplicidade em sua aparência que ele usava a seu favor: as pessoas confiavam nele porque achavam que não tinham razão para temê-lo. Mesmo seus superiores brincavam dizendo que os casos dele de alguma maneira se resolveriam sozinhos. "Jacek" é "Jack" em inglês, e *wróbel* é "*sparrow*", que significa "pardal" em inglês, e assim seus colegas o chamavam de Jack Sparrow — o nome da personagem de Johnny Depp em *Piratas do Caribe*. Wróblewski gostava de dizer em resposta: "Estou mais para águia".

Depois que se formou no ensino médio, em 1984, Wróblewski começou a procurar seu "propósito de vida", segundo ele diz, trabalhando em diversas atividades, como funcionário municipal, serralheiro, soldado, mecânico de aeronaves e, em desafio ao governo comunista, organizador de sindicato aliado ao Solidariedade. Em 1994, cinco anos após o colapso do regime comunista, ele se juntou à força policial recém-remodelada. Os salários para os policiais na Polônia eram, e continuam sendo, desanimadores — um novato ganha poucos mil dólares por ano — e Wróblewski tinha uma esposa e dois filhos para sustentar. Ainda assim, ele finalmente havia encontrado uma posição que lhe convinha. Homem com uma inflexível visão católica sobre o bem e o mal, ele adorava perseguir criminosos, e depois de prender seu primeiro assassino, ele pendurou um par de chifres de bode na parede de seu escritório, para simbolizar a captura de sua presa. Durante suas poucas horas livres, estudava psicologia em uma universidade local: queria entender a mente criminosa.

Wróblewski tinha ouvido falar do assassinato de Janiszewski, mas não estava familiarizado com os detalhes, e sentou-se à mesa para analisar o arquivo. Ele sabia que, em casos de crimes não resolvidos, a chave para sua solução muitas vezes é uma pista ignorada e que está enterrada no arquivo original. Estudou o relatório do patologista e as fotografias da cena do crime. O nível de brutalidade, pensou Wróblewski, sugeria que o autor, ou autores, tinha uma profunda mágoa ou descontentamento em relação a Janiszewski. Além disso, a ausência quase total de roupas sobre o corpo torturado de Janiszewski indicava que elas tinham sido tiradas em uma tentativa de humilhá-lo. (Não havia indícios de abuso sexual.) De acordo com a esposa de Janiszewski, o marido sempre carregava cartões de crédito, mas eles não tinham sido usados após o crime — outra indicação de que não se tratava de simples roubo.

Wróblewski leu as várias declarações que tinham sido dadas à polícia local. A mais reveladora foi a da mãe de Janiszewski, que havia trabalhado como contadora na empresa de publicidade dele. No dia em que o filho desapareceu, afirmou ela, um homem tinha ligado para o escritório por volta das nove e meia da manhã, procurando por ele. A pessoa que ligou fez um pedido urgente. "Você pode fazer três placas, bem grandes, e a terceira do tamanho de um outdoor?", perguntou. Quando ela quis saber mais detalhes, ele disse: "Eu não vou falar com você sobre isso", exigindo novamente falar com o filho. Ela explicou que ele não estava no escritório, mas lhe deu o número do celular de Janiszewski. O homem desligou. Ele não se identificara, e a mãe de Janiszewski não havia reconhecido sua voz, embora pensasse que ele parecia "profissional". Durante a conversa, ela tinha ouvido barulho no fundo, um ruído contínuo. Mais tarde, quando o filho apareceu no escritório, ela lhe perguntou se o cliente havia telefonado, e Janiszewski respondeu que eles tinham combinado de se encontrar naquela tarde. De acordo com a recepcionista do prédio, que foi a última pessoa conhecida a ver Janiszewski vivo, ele saiu do escritório por volta das quatro horas. E deixou seu carro, um Peugeot, no estacionamento, algo que a família disse ser muito incomum: embora muitas vezes se reunisse com clientes fora do escritório, ele habitualmente ia com seu carro.

Os investigadores, após a verificação de registros telefônicos, descobriram que a chamada para o escritório de Janiszewski tinha vindo de uma cabine telefônica na rua — isso explicava o ruído de fundo, pensou Wróblewski. Os registros também indicavam que, menos de um minuto após a chamada terminar, alguém no mesmo telefone público tinha ligado para o celular de Janiszewski. Embora as chamadas fossem suspeitas, Wróblewski não podia ter certeza de que o interlocutor era um criminoso, assim como ainda não podia dizer quantos agressores estavam envolvidos no crime. Janiszewski tinha quase dois metros de altura e pesava cerca de noventa quilos, e para amarrá-lo e se livrar do corpo teria sido necessária a presença de cúmplices. A recepcionista informou que, quando Janiszewski saiu do escritório, ela notara dois homens que pareciam segui-lo, embora não pudesse descrevê-los com detalhes. Quem estava por trás do rapto, pensou Wróblewski, era extremamente organizado e astuto. O mentor — Wróblewski supôs que fosse um homem, com base na voz da pessoa que ligou — deve ter estudado a rotina de negócios de Janiszewski e percebido como atraí-lo para fora de seu escritório e, é bem possível, para dentro de um carro.

Wróblewski se debruçou sobre o material, tentando encontrar algo mais, mas continuou sem chegar a lugar algum. Depois de várias horas, ele trancou a pasta em seu cofre, mas, ao longo dos dias e noites seguintes, tirou-a de lá várias vezes. Em determinado momento, ele percebeu que o telefone celular de Janiszewski nunca fora encontrado. Wróblewski decidiu ver se o telefone poderia ser rastreado e encontrado — uma possibilidade improvável. A Polônia ficava atrás de outros países europeus em relação a desenvolvimento tecnológico, e sua força policial falida estava apenas começando a adotar métodos mais sofisticados de rastreamento de comunicação por celulares e computadores. Mesmo assim, Wróblewski tinha se interessado bastante por essas novas técnicas, e começou uma busca elaborada, com a ajuda do recém-contratado especialista do departamento de telecomunicações. Embora o número de telefone de Janiszewski não tivesse sido usado desde seu desaparecimento, Wróblewski sabia que os telefones celulares muitas vezes apresentam um número de série do fabricante, e seus homens entraram em contato com a esposa de Janiszewski, que forneceu um recibo contendo essas informações. Para o espanto de Wróblewski, ele e seu colega logo encontraram uma semelhança: um telefone celular com o mesmo número de série fora vendido no Allegro, um site de leilão na internet, quatro dias depois de Janiszewski ter desaparecido. O vendedor tinha se registrado como ChrisB[7], que, segundo os investigadores descobriram, era um intelectual polonês de trinta anos de idade chamado Krystian Bala.

Parecia inconcebível que um assassino que havia orquestrado um crime bem planejado tivesse vendido o telefone celular da vítima em um site de leilões na internet. Wróblewski percebeu que Bala poderia ter obtido de alguma outra pessoa, ou comprado em uma casa de penhores, ou até mesmo achado na rua. Bala tinha se mudado para o exterior, e não poderia ser contatado com facilidade, mas quando Wróblewski investigou seu passado, descobriu que ele publicara havia pouco um romance chamado *Amok*. Wróblewski obteve um exemplar, que tinha na capa a imagem surreal de um bode — um antigo símbolo do diabo. Como as obras do romancista francês Michel Houellebecq, o livro é sádico, pornográfico e assustador. A personagem principal, que narra a história, é um intelectual polonês entediado que, quando não está refletindo sobre filosofia, está bebendo e fazendo sexo com mulheres.

Wróblewski, que lia sobretudo livros de história, ficou chocado com o conteúdo do romance, que não era apenas decadente, mas veementemente anticlerical. Notou que o narrador assassina sem motivos uma amante do sexo feminino ("O que foi que me deu? Que diabos eu fiz?") e esconde o ato tão bem que nunca é pego. Wróblewski foi atingido, em particular, pelo método do assassino: "Eu apertei o laço ao redor do pescoço dela". Em seguida, Wróblewski percebeu outra coisa: o nome do assassino é Chris, a versão em inglês do primeiro nome do autor. Também era o nome que Krystian Bala tinha postado no site de leilões na internet. Wróblewski começou a ler o livro com mais atenção — um policial calejado se transformando em detetive literário.

Quatro anos antes, na primavera de 1999, Krystian Bala estava sentado em um café em Wrocław, usando um terno de três peças. Ele ia ser filmado para um documentário chamado *Young money*, sobre a nova geração de empresários do sistema capitalista polonês, que estava repentinamente se desenvolvendo. Bala, na época com 26 anos, fora escolhido para o documentário por ter aberto uma empresa de limpeza industrial que usava modernas máquinas americanas. Embora bem vestido para a ocasião, Bala parecia mais um poeta taciturno do que um empresário. Tinha olhos escuros reflexivos e cabelos castanhos espessos e crespos. Magro e de aparência sensível, era tão bonito que os amigos o apelidaram de Amour. Fumava um cigarro atrás do outro e falava como um professor de filosofia, que fora sua área de formação, e na qual ainda esperava atuar. "Eu não me sinto um homem de negócios", Bala disse mais tarde ao entrevistador, acrescentando que sempre "sonhou com uma carreira acadêmica".

Ele tinha sido o equivalente ao orador da turma no ensino médio e, como estudante de graduação da Universidade de Wrocław, que frequentou de 1992 a 1997, foi considerado um dos alunos mais brilhantes de filosofia. Na noite anterior a um exame, enquanto os outros alunos estudavam desesperadamente, muitas vezes ele ficava fora bebendo e farreando, só para aparecer na manhã seguinte, desgrenhado e de ressaca, e tirar as notas mais altas. "Uma vez, eu saí com ele e quase morri na hora de fazer a prova", lembra seu amigo íntimo e ex-colega de classe Lotar Rasiński, que agora ensina filosofia em outra universidade em Wrocław. Beata Sierocka, que foi uma das professoras de filosofia de Bala, diz que ele tinha um apetite voraz para o aprendizado e uma "mente curiosa e rebelde".

Bala, que com frequência ficava com os pais em Chojnów, cidade provinciana perto de Wrocław, começou a trazer pilhas de livros de filosofia para casa, empilhando-os nos corredores e enchendo o porão. Já fazia muito tempo que os departamentos de filosofia da Polônia estavam dominados pelo marxismo, que, como o liberalismo, tem suas raízes na noção iluminista da razão e na busca de verdades universais. Mas Bala foi atraído pelos argumentos radicais de Ludwig Wittgenstein, que defendia que a linguagem, como um jogo de xadrez, é essencialmente uma atividade social. Bala muitas vezes se referia a Wittgenstein como "meu mestre". Ele também aproveitou a famosa afirmação de Friedrich Nietzsche de que "não há fatos, apenas interpretações" e que "as verdades são ilusões cuja origem está esquecida".

Para Bala, tais ideias subversivas fizeram sentido especialmente depois do colapso do império soviético, no qual linguagem e fatos foram amplamente manipulados para criar uma falsa sensação de história. "O fim do comunismo marcou a morte de uma das grandes metanarrativas", Bala me disse mais tarde, parafraseando o pós-modernista Jean-François Lyotard. Bala certa vez escreveu em um e-mail para um amigo: "Leia Wittgenstein e Nietzsche! Vinte vezes cada um!".

O pai de Bala, Stanislaw, que era um trabalhador da construção civil e motorista de táxi ("Eu sou um homem simples e sem instrução", diz ele), estava orgulhoso das realizações acadêmicas do filho. Ainda assim, ocasionalmente queria jogar fora os livros de Krystian e forçá-lo a "plantar comigo no jardim". Stanislaw às vezes trabalhava na França, e durante o verão Krystian costumava acompanhá-lo para ganhar dinheiro extra para seus estudos. "Ele trazia malas cheias de livros", Stanislaw recorda. "Trabalhava o dia todo e estudava durante a noite. Eu costumava brincar que ele sabia mais sobre a França pelos livros do que por ver o país."

Àquela altura, Bala estava fascinado pelos pós-modernistas franceses, como Jacques Derrida e Michel Foucault. Ele se interessava particularmente pela noção de Derrida de que não é a linguagem que é demasiado instável para identificar qualquer verdade absoluta; a identidade humana, em si, é o produto maleável da linguagem. Bala escreveu uma tese sobre Richard Rorty, o filósofo norte-americano que, como todos sabem, declarou: "O pretexto de convencer seus pares é a própria face da verdade em si".

Bala havia interpretado esses pensadores idiossincraticamente, puxando tópicos aqui e ali, e muitas vezes torcendo e distorcendo-os, até trançá-los em sua própria filosofia radical. Para se divertir, começou a elaborar mitos sobre si mesmo — uma aventura em Paris, um romance com um colega de escola — e tentou convencer os amigos de que eram verdadeiros. "Ele contava essas histórias exageradas sobre si mesmo", diz Rasiński. "Se ele contasse a uma pessoa, e essa pessoa, então, contasse a alguém, que contasse a outra pessoa, aquilo se tornava verdadeiro. Existia na linguagem." Rasiński acrescenta: "Krystian tinha até mesmo um termo para isso. Ele chamava de 'mitocriatividade'". Não tardou que os amigos tivessem dificuldade para distinguir seu caráter real do que ele tinha inventado. Em um e-mail para um amigo, Bala disse: "Se algum dia eu escrever uma autobiografia, ela será cheia de mitos!".

Bala se considerava um *enfant terrible* que buscava o que Foucault chamou de "experiência-limite": ele queria forçar os limites da linguagem e da existência humana, para se libertar do que considerava serem as "verdades" hipócritas e opressoras da sociedade ocidental, incluindo os tabus sobre sexo e drogas. O próprio Foucault era atraído pelo sadomasoquismo homossexual. Bala devorou as obras de Georges Bataille, que jurava "opor-se brutalmente a todos os sistemas" e certa vez considerou a possibilidade de realizar sacrifícios humanos; de William Burroughs, que jurou usar a linguagem para "apagar a palavra"; e do marquês de Sade, que perguntou: "Ah, homem! Cabe a você dizer o que é bom ou o que é mal?". Bala se gabava de suas visitas a bordéis quando estava bêbado e de sua submissão às tentações da carne. Ele contou a amigos que odiava "convenções" e que era "capaz de qualquer coisa", e insistia: "Eu não vou viver muito, mas vou viver intensamente!".

Algumas pessoas achavam tais declarações infantis, até mesmo ridículas; outras ficavam fascinadas com elas. "Havia histórias de que nenhuma mulher conseguia resistir a ele", lembrou um amigo. Os mais próximos consideravam suas histórias apenas conversas divertidas. Sierocka, sua antiga professora, diz que Bala, na realidade, sempre foi "gentil, enérgico, trabalhador e regrado". Seu amigo Rasiński diz: "Krystian gostava da ideia de ser esse super-homem nietzschiano, mas quem o conhecia bem percebia que, assim como acontecia com seus jogos de linguagem, ele estava apenas brincando".

Em 1995, desmentindo sua postura libertina, Bala casou-se com sua namorada de colégio, Stanisława — ou Stasia, como ele a chamava. Stasia, que tinha abandonado a escola e trabalhava como secretária, demonstrava ter pouco interesse por linguagem ou filosofia. A mãe de Bala se opôs ao casamento, acreditando que Stasia não era adequada para o filho. "Pensei que ele devia pelo menos esperar até terminar os estudos", diz ela. Mas Bala insistiu que ele queria cuidar de Stasia, a quem sempre amara, e em 1997, o filho deles, Kacper, nasceu. Naquele ano, Bala se formou na universidade com as notas mais altas possíveis, e já matriculado no programa de doutorado em filosofia. Embora recebesse uma bolsa acadêmica integral, ele lutava para sustentar a família, e em pouco tempo deixou a universidade para abrir seu negócio de limpeza. No documentário sobre a nova geração de empresários da Polônia, Bala diz: "A realidade apareceu e me deu um chute na bunda". Com um ar de resignação, ele continua: "Antigamente eu planejava pintar grafites nas paredes. Agora, estou tentando lavá-los".

Ele não foi um bom homem de negócios. Sempre que o dinheiro entrava, dizem os colegas, em vez de investir em sua empresa, ele o gastava. Em 2000, ele pediu falência. Seu casamento também desmoronou. "O problema básico eram as mulheres", sua esposa disse mais tarde. "Eu sabia que ele estava tendo um caso." Depois que Stasia o deixou, ele pareceu desesperado e foi embora da Polônia, viajando para os Estados Unidos e depois para a Ásia, onde ensinou inglês e mergulho.

Ele começou a trabalhar intensamente em *Amok*, que reúne todas as suas obsessões filosóficas. A história espelha *Crime e castigo*, em que Raskólnikov, convencido de que é um ser superior que pode aplicar sua própria forma de justiça, mata um agiota desprezível. "Esse crime ínfimo não seria atenuado por milhares de boas ações?", pergunta Raskólnikov.* Se Raskólnikov é um monstro Frankenstein da modernidade, então Chris, o protagonista de *Amok*, é um monstro da pós-modernidade. Em sua opinião, não só não existe um ser sagrado ("Deus, se você existisse, você veria como é o esperma misturado com sangue") como também não existe a verdade ("A verdade está sendo deslocada pela narrativa"). Uma personagem admite que ele não sabe qual de

---

* A tradução dos trechos de *Crime e castigo* é de Paulo Bezerra, São Paulo: Editora 34, 2001. (N. T.)

suas personalidades construídas é real, e Chris diz: "Eu sou um bom mentiroso, porque eu mesmo acredito nas mentiras".

Liberto de qualquer sentido de verdade — moral, científica, histórica, biográfica, jurídica —, Chris embarca em uma confusão terrível. Depois que sua esposa o pega fazendo sexo com a melhor amiga e o abandona (Chris diz que, pelo menos, ele a "despojou de suas ilusões"), ele dorme com uma mulher após a outra, o sexo variando entre entorpecente e sadomasoquista. Invertendo a convenção, ele cobiça mulheres feias, insistindo que elas são "mais reais, mais palpáveis, mais vivas". Bebe demais. Vomita vulgaridades, determinado, como diz uma personagem, a pulverizar a linguagem, para "ferrá-la como ninguém jamais ferrou". Ele zomba dos filósofos tradicionais e blasfema contra a Igreja Católica. Em uma cena, fica bêbado com um amigo e rouba de uma igreja uma estátua de santo Antão — o santo egípcio que morava recluso no deserto, lutando contra as tentações do diabo, e que fascinou Foucault. (Foucault, ao descrever como santo Antão se voltou para a Bíblia a fim de afastar o diabo, apenas para encontrar uma descrição sangrenta de judeus massacrando seus inimigos, escreve que "o mal não está incorporado em indivíduos", mas "incorporado em palavras", e que mesmo um livro de salvação pode abrir "as portas para o inferno".)

Por fim, Chris, repudiando o que é considerado a verdade moral básica, mata sua namorada Maria. "Eu apertei a corda no pescoço, segurando-a com uma das mãos", diz ele. "Com a outra mão, esfaqueei-a embaixo do seio esquerdo. [...] Tudo estava coberto de sangue." Ele então ejacula sobre ela. Em um eco perverso da proposição de Wittgenstein de que algumas ações desafiam a linguagem, diz Chris sobre o assassinato: "Não houve nenhum barulho, nenhuma palavra, nenhum movimento. Silêncio total".

Em *Crime e castigo*, Raskólnikov confessa seus pecados e é punido por eles, enquanto se redime por meio do amor de uma mulher chamada Sônia, que ajuda a guiá-lo de volta a uma ordem pré-cristã moderna. Mas Chris nunca retira o que ele chama de suas "luvas brancas de silêncio", e jamais é punido. ("Assassinato não deixa manchas", declara ele.) E sua esposa — que, não por coincidência, também se chama Sônia, nunca retorna para ele.

O estilo e a estrutura de *Amok*, derivados de muitos romances pós-modernos, reforçam a ideia de que a verdade é ilusória — o que é um romance, de qualquer maneira, senão uma mentira, uma mitocriação? O narrador de Bala com frequência se dirige ao leitor, lembrando-lhe que ele está sendo seduzido por uma obra de ficção. "Eu estou começando minha história", diz Chris. "Devo evitar causar-lhe tédio." Em outro típico floreado, Chris revela que está lendo um livro sobre a violenta rebelião de um jovem autor com uma "consciência pesada" — em outras palavras, a mesma história de *Amok*.

Por todo o livro, Bala brinca com as palavras, a fim de enfatizar seu caráter escorregadio. O título de um dos capítulos, "Screwdriver", refere-se simultaneamente à ferramenta (chave de fenda), ao coquetel de vodca com suco de laranja e ao comportamento sexual de Chris. Mesmo quando Chris mata Maria, tudo parece um jogo de linguagem. "Puxei a faca e uma corda de debaixo da cama, como se eu estivesse prestes a começar um conto de fadas infantil", diz Chris. "Então passei a desenrolar a meada da corda e, para torná-la mais interessante, comecei a fazer um laço. Levei 2 milhões de anos."

Bala terminou o livro no final de 2002. Tinha dado a Chris uma biografia semelhante à sua, obscurecendo a fronteira entre autor e narrador. Ele até postou seções do livro em um blog chamado *Amok* e, durante as discussões com os leitores, escreveu comentários sob o nome de Chris, como se fosse a personagem. Depois que o livro saiu, em 2003, um entrevistador lhe perguntou: "Alguns autores escrevem apenas para libertar seu... Mr. Hyde, o lado negro de seu psiquismo, você concorda?". Bala brincou ao dar a resposta: "Eu sei aonde você quer chegar, mas não vou comentar. Pode ser que Krystian Bala seja uma criação de Chris... e não o contrário".

Poucas livrarias na Polônia venderam *Amok*, em parte por causa do conteúdo chocante do romance, e as que tinham o livro o colocaram em prateleiras mais altas, fora do alcance das crianças. (O livro não foi traduzido para o inglês.) Na internet, alguns resenhistas elogiaram *Amok*. "Nunca tivemos esse tipo de livro na literatura polonesa", um deles escreveu, acrescentando que era "realista de uma forma paralisante, totalmente vulgar, cheio de imagens paranoicas e delirantes". Outro chamou o livro de uma "obra-prima da ilusão". A maioria dos leitores, no entanto, considerou o livro, segundo as palavras de um grande jornal polonês, "sem o menor mérito literário". Até mesmo um dos amigos de Bala rejeitou a obra, chamando-a de "lixo". Quando Sierocka, a professora de filosofia, abriu o livro, ficou chocada por sua linguagem crua, que era a antítese do estilo simples e inteligente das monografias que Bala escrevera na universidade. "Sinceramente, achei o livro difícil de ler", diz ela. Uma ex-namorada de Bala, mais tarde, disse: "Fiquei chocada com o livro, porque ele nunca usou essas palavras. Ele nunca agiu de maneira obscena ou vulgar comigo. Nossa vida sexual era normal".

Muitos dos amigos de Bala estavam certos de que ele queria fazer em sua ficção o que nunca fez na vida: quebrar todos os tabus. Na entrevista que concedeu após a publicação de *Amok*, ele disse: "Eu escrevi o livro sem me importar com nenhuma convenção [...] Um leitor simplista vai achar interessante apenas algumas cenas violentas, com uma descrição gráfica de pessoas fazendo sexo. Mas se alguém olhar de verdade verá que essas cenas têm a intenção de despertar o leitor e [...] mostrar como este mundo é fodido, pobre e hipócrita".

Pela própria estimativa de Bala, *Amok* vendeu apenas uns 2 mil exemplares. Mas ele estava confiante de que o livro acabaria por encontrar seu lugar entre as grandes obras da literatura. "Estou convencido de que um dia meu livro vai ser apreciado", disse. "A história ensina que algumas obras de arte têm que esperar muito tempo antes de ser reconhecidas."

Em pelo menos um aspecto o livro teve sucesso. Chris era tão autenticamente assustador que era difícil não acreditar que fosse o produto de uma mente perturbada de fato, e que ele e o autor eram, de fato, indistinguíveis. No site de Bala, os leitores o descreviam e à sua obra usando termos como "grotesco", "sexista" e "psicopata". Durante uma conversa na internet, em junho de 2003, uma amiga disse a Bala que seu livro não dava ao leitor uma boa impressão dele. Quando Bala lhe garantiu que o livro era ficção, ela insistiu que as reflexões de Chris tinham que ser "seus pensamentos". Bala se irritou. Só um tolo, disse ele, acreditaria nisso.

O detetive Wróblewski sublinhou várias passagens enquanto lia *Amok*. À primeira vista, alguns detalhes do assassinato de Maria lembravam a morte de Janiszewski. Em especial, a vítima no romance é uma mulher, e amiga de longa data do assassino. Além disso, apesar de Mary ter um laço no pescoço, ela foi esfaqueada com uma faca japonesa, e Janiszewski, não. Um detalhe no livro, no entanto, arrepiou Wróblewski: após o assassinato, Chris diz: "Eu vendo a faca japonesa em um leilão na internet". A semelhança com a venda do telefone celular de Janiszewski na internet — um detalhe que a polícia nunca divulgou para o público — parecia extraordinária demais para ser uma coincidência.

Em certo trecho de *Amok*, Chris dá a entender que ele também matou um homem. Quando uma de suas namoradas duvida de suas intermináveis mitocriações, ele diz: "Em qual história você não acreditou — que minha estação de rádio foi à falência, ou que eu matei um homem que se comportou de forma inadequada em relação a mim há dez anos?". Ele acrescenta sobre o assassinato: "Todo mundo acha que é uma fábula. Talvez seja melhor assim. Foda-se. Às vezes eu mesmo não acredito".

Wróblewski nunca tinha lido sobre o pós-modernismo ou jogos de linguagem. Para ele, os fatos eram tão concretos quanto balas. Ou você matou, ou não matou alguém. O trabalho dele era juntar uma cadeia lógica de provas que revelassem a verdade irrefutável. Mas Wróblewski também acreditava que, a fim de capturar um assassino, era preciso entender as forças sociais e psicológicas que o formaram. E assim, se Bala tivesse assassinado Janiszewski ou participado do crime — algo de que Wróblewski agora tinha total desconfiança — então Wróblewski, o empirista, teria de se tornar um pós-modernista.

Para surpresa dos membros de sua equipe de detetives, Wróblewski fez cópias do romance e as entregou para todos. Todo mundo recebeu um capítulo para "interpretar": para tentar encontrar qualquer pista, qualquer mensagem codificada, quaisquer paralelos com a realidade. Pelo fato de Bala estar morando fora do país, Wróblewski advertiu seus colegas a não fazer nada que pudesse alarmar o autor. Wróblewski sabia que, se Bala não voltasse voluntariamente para casa para ver a família, como fazia de tempos em tempos, seria quase impossível para a polícia polonesa prendê-lo. Pelo menos por enquanto, a polícia tinha que evitar interrogar a família e os amigos de Bala. Em vez disso, Wróblewski e sua equipe examinaram minuciosamente registros públicos e interrogaram associados de Bala mais distantes, construindo um perfil do suspeito, que, então, compararam com o perfil de Chris no romance. Wróblewski mantinha uma espécie de placar não oficial: tanto Bala quanto sua criação literária eram consumidos pela filosofia, tinham sido abandonados pelas esposas, tinham uma empresa que foi à falência, viajaram ao redor do mundo e bebiam demais. Wróblewski descobriu que Bala fora detido pela polícia, e quando obteve o relatório oficial, era como se já o tivesse lido. Como o amigo de Bala, Paweł, que foi detido com ele, mais tarde testemunhou em tribunal, "Krystian veio até minha casa à noite e tinha uma garrafa consigo. Começamos a beber. Na verdade, bebemos até o amanhecer", continuou Paweł. "O álcool acabou, por isso fomos a um armazém para comprar outra garrafa. Quando estávamos retornando do armazém, passamos por uma igreja, e foi aí que tivemos uma ideia muito estúpida."

"Que ideia vocês tiveram?", perguntou-lhe o juiz.

"Nós fomos para a igreja e vimos a imagem de santo Antão, e nós a pegamos."

"Para quê?", perguntou o juiz.

"Bem, nós queríamos uma terceira pessoa para beber com a gente. Krystian disse mais tarde que estávamos loucos."

No romance, quando a polícia pega Chris e seu amigo bebendo ao lado da estátua de santo Antão, Chris diz: "Fomos ameaçados com prisão! Eu fiquei sem palavras. [...] Eu não me sinto um criminoso, mas me tornei um. Eu tinha feito coisas muito piores na vida, e nunca sofrera nenhuma consequência".

Wróblewski começou a descrever *Amok* como "roteiro" para um crime, mas algumas autoridades alegaram que ele estava empurrando a investigação para uma direção bastante suspeita. A polícia pediu a uma psicóloga criminal para analisar o caráter de Chris, a fim de tentar compreender Bala. A psicóloga escreveu no seu relatório:

> A personagem de Chris é um homem egocêntrico com grandes ambições intelectuais. Ele se percebe como um intelectual com sua própria filosofia, com base em sua formação e alto QI. Seu modo de agir mostra características de comportamento psicopata. Ele

está testando os limites para ver se pode realmente realizar suas [...] fantasias sádicas. Trata as pessoas com desrespeito, considera--as intelectualmente inferiores, usa a manipulação para atender suas próprias necessidades, e está determinado a saciar seus desejos sexuais de uma forma hedonista. Se essa personagem fosse real — uma verdadeira pessoa viva —, sua personalidade poderia ter sido moldada por uma percepção extremamente irrealista de seu próprio valor. Também poderia ser [...] consequência de feridas psicológicas e suas inseguranças como homem [...] relações patológicas com os pais ou tendências homossexuais inaceitáveis.

A psicóloga reconheceu as ligações entre Bala e Chris, como o divórcio e os interesses filosóficos, mas advertiu que essas sobreposições eram "comuns em romancistas". E avisou: "Basear a análise do autor em sua personagem ficcional seria uma violação grosseira".

Wróblewski sabia que os detalhes em um romance não se qualificam como evidências — eles tinham que ser corroborados de forma independente. Até agora, porém, ele contava apenas com uma evidência concreta ligando Bala à vítima: o telefone celular. Em fevereiro de 2002, o programa de televisão polonês *997*, que, da mesma forma que *America's Most Wanted* [Os mais procurados dos Estados Unidos], solicita a ajuda do público na solução de crimes (997 é o número do telefone de emergência na Polônia), exibiu um segmento dedicado ao assassinato de Janiszewski. Depois, o programa postou em seu site as últimas notícias sobre o andamento das investigações e pediu dicas. Wróblewski e seus homens analisaram cuidadosamente as respostas. Ao longo dos anos, centenas de pessoas tinham visitado o site, de lugares tão distantes quanto o Japão, a Coreia do Sul e os Estados Unidos. No entanto, a polícia não conseguiu nenhuma pista proveitosa.

Quando Wróblewski e o especialista em telecomunicações

conferiram se Bala tinha comprado ou vendido algum outro item na internet enquanto estava conectado como ChrisB[7], fizeram uma descoberta curiosa. No dia 17 de outubro de 2000, um mês antes de Janiszewski ser sequestrado, Bala tinha clicado no site de leilões Allegro em busca de informações sobre um manual da polícia chamado "Enforcamento acidental, suicida ou criminal". "Enforcar uma pessoa madura, consciente, saudável e fisicamente apta é algo muito difícil, até mesmo para várias pessoas", afirmava o manual, e descrevia várias maneiras pelas quais um laço podia ser feito. Bala não comprou o livro no Allegro, e não ficou claro se ele o obteve em outro lugar, mas o fato de estar procurando informação desse tipo foi, pelo menos para Wróblewski, um sinal de premeditação. Ainda assim, Wróblewski sabia que, se quisesse acusar Bala de assassinato, precisaria de mais do que o indício circunstancial que havia reunido: precisaria de uma confissão.

Bala permaneceu no exterior, sustentando-se por meio da publicação de artigos em revistas de viagem, e ensinando inglês e mergulho. Em janeiro de 2005, quando visitava a Micronésia, ele enviou um e-mail para um amigo dizendo: "Estou escrevendo esta mensagem do paraíso".

Finalmente, naquele outono, Wróblewski descobriu que Bala estava voltando para casa.

"Às duas e meia da tarde, mais ou menos, depois de sair de uma farmácia na rua Legnicka, em Chojnów, fui atacado por três homens", Bala escreveu mais tarde em uma declaração, descrevendo o que lhe aconteceu no dia 5 de setembro de 2005, pouco depois de ter voltado à sua cidade natal. "Um deles torceu meus braços nas costas; outro apertou minha garganta para que eu não pudesse falar, e mal conseguia respirar. Enquanto isso, o terceiro me algemou."

Bala disse que seus atacantes eram altos e musculosos, com cabelos cortados bem curtos, como *skinheads*. Sem contar a Bala quem eram ou o que queriam, eles o forçaram a entrar em um veículo verde-escuro e colocaram um saco de plástico preto em sua cabeça. "Eu não conseguia ver nada", diz Bala. "Mandaram-me deitar de bruços no chão."

Bala disse que os agressores continuaram a espancá-lo gritando: "Seu veado do caralho! Seu filho da puta!". Ele implorou que eles o soltassem e não o machucassem. Então ouviu um dos homens dizer em um telefone celular: "Fala, chefe! A gente pegou o bosta! Sim, ele ainda está vivo. Então, e agora? No ponto de encontro?". O homem continuou: "E o dinheiro? A gente pega hoje?".

Bala disse que, pelo fato de ter morado no exterior e ser conhecido como escritor, pensou que os homens teriam concluído que ele era rico e estavam atrás de um resgate. "Tentei explicar para eles que eu não tinha dinheiro", afirmou Bala. Quanto mais ele falava, porém, mais brutalmente eles o atacavam.

Por fim, o carro parou, ao que parece em uma área de floresta. "Nós podemos cavar um buraco para este merda aqui e enterrá-lo", um dos homens disse. Bala lutava para respirar dentro do saco plástico. "Pensei que aquele seria o último momento da minha vida, mas de repente eles voltaram para o carro e começaram a dirigir novamente", disse ele.

Depois de muito tempo, o carro parou de novo, e os homens o arrancaram para fora, levando-o para dentro de um edifício. "Eu não ouvi uma porta, mas, pelo fato de não haver vento ou sol, supus que tínhamos entrado", disse Bala. Os homens ameaçaram matá-lo se ele não cooperasse, então o levaram para uma pequena sala no andar de cima, onde tiraram suas roupas, não lhe deram nenhum alimento, espancaram-no e começaram a interrogá-lo. Só então, disse Bala, ele percebeu que estava sob a custódia da polícia e fora levado para interrogatório por um homem chamado Jack Sparrow.

"Nada disso aconteceu", Wróblewski me disse mais tarde. "Nós usamos os procedimentos-padrão e cumprimos a lei à risca."

De acordo com Wróblewski e outros policiais, eles prenderam Bala perto da farmácia sem violência e o levaram para a sede da polícia em Wrocław. Wróblewski e Bala sentaram-se frente a frente no apertado escritório do detetive; uma lâmpada suspensa sobre a cabeça deles emitia um brilho fraco, e Bala pôde ver na parede os chifres de bode que se assemelhavam estranhamente à imagem na capa de seu livro. Bala pareceu gentil e erudito, mas Wróblewski lembrou como, em *Amok*, Chris diz: "É mais fácil para as pessoas imaginarem que Cristo pode transformar urina em cerveja do que imaginarem que alguém como eu pode enviar para o inferno algum babaca esmagado em um monte de carne moída".

De início Wróblewski contornou o assunto do assassinato, tentando extrair informações casuais sobre o negócio de Bala e seus relacionamentos, escondendo o que a polícia já sabia sobre o crime — uma das principais vantagens de quem interroga. Quando Wróblewski o questionou sobre o assassinato, Bala pareceu confuso. "Eu não conhecia Dariusz Janiszewski", disse ele. "Não sei nada sobre o assassinato."

Wróblewski o pressionou sobre os detalhes curiosos em *Amok*. Bala mais tarde me contou: "Foi uma loucura. Ele tratou o livro como se fosse realmente a minha autobiografia. Ele deve ter lido o livro uma centena de vezes. Sabia tudo de cor". Quando Wróblewski mencionou vários "fatos" no romance, como o roubo da estátua de santo Antão, Bala reconheceu que ele tinha extraído alguns elementos de sua vida. Como Bala afirmou para mim: "Claro, eu sou culpado disso. Mostre-me um autor que *não* faz isso".

396

Wróblewski, então, jogou seu trunfo: o telefone celular. Como Bala o conseguiu? Bala disse que não conseguia se lembrar — tinha sido cinco anos antes. Então disse que devia ter comprado o telefone em uma casa de penhores, como fizera várias vezes no passado. Ele concordou em fazer um teste do polígrafo.

Wróblewski ajudou a preparar as perguntas para o examinador, que perguntou:

> Pouco antes de Dariusz Janiszewski perder a vida, você sabia que isso iria acontecer?
>
> Foi você quem o matou?
>
> Você sabe quem realmente o matou?
>
> Você conhecia Janiszewski?
>
> Você estava no lugar onde Janiszewski foi mantido refém?

Bala respondeu "não" a cada pergunta. De vez em quando, parecia diminuir a velocidade de sua respiração, à maneira de um mergulhador. O examinador se perguntou se ele estaria tentando manipular o teste. Em algumas questões, o examinador desconfiou que Bala estava mentindo, mas, no geral, os resultados foram inconclusivos.

Na Polônia, depois de um suspeito ser detido por 48 horas, o promotor do caso precisa apresentar suas provas perante um juiz e acusar o suspeito; caso contrário, a polícia deve liberá-lo. Os argumentos contra Bala permaneciam fracos. Tudo o que Wróblewski e a polícia tinham era o telefone celular, que Bala poderia ter obtido, conforme alegou, em uma casa de penhores; os resultados incompletos de um polígrafo, um teste notoriamente não confiável; um livro sobre enforcamento que Bala pode até nem ter comprado; e pistas possivelmente incorporadas em um romance. Wróblewski não tinha um motivo ou uma confissão. Como resultado, as autoridades acusaram Bala apenas de vender propriedade roubada — o telefone de Janiszewski — e pelo pagamento de um suborno em um assunto de negócios não relacionado ao caso, que Wróblewski tinha descoberto durante o curso de sua investigação. Wróblewski sabia que nenhuma daquelas acusações implicava nenhuma pena de prisão, e, a não ser pelo fato de ter que permanecer no país e entregar seu passaporte, Bala era um homem livre. "Eu tinha passado dois anos tentando construir um caso, e estava assistindo a tudo desmoronar", lembrou Wróblewski.

Mais tarde, ao folhear o passaporte de Bala, Wróblewski notou carimbos do Japão, da Coreia do Sul e dos Estados Unidos. Lembrou-se de que o site do programa *997* tinha registrado visitas de todos esses países ao site — um fato que deixara os investigadores perplexos. Por que alguém a uma distância tão grande se interessaria por um assassinato ocorrido na Polônia? Wróblewski comparou os períodos em que Bala esteve em cada país com as datas das visitas à página. As datas eram as mesmas.

Enquanto isso, o caso de Bala estava se tornando famoso. Enquanto Wróblewski continuava a investigá-lo por homicídio, Bala entrou com uma queixa formal junto às autoridades, alegando que tinha sido sequestrado e torturado. Quando Bala disse ao amigo Rasiński que estava sendo perseguido por sua arte, Rasiński ficou incrédulo. "Imaginei que ele estivesse testando alguma ideia maluca para seu próximo romance", lembra ele. Logo depois, Wróblewski interrogou Rasiński sobre o amigo. "Foi quando percebi que Krystian estava dizendo a verdade", diz Rasiński.

Rasiński ficou chocado quando Wróblewski começou a questioná-lo sobre *Amok*. "Eu disse a ele que reconhecia alguns detalhes da vida real, mas que, para mim, o livro era uma obra de ficção", diz Rasiński. "Aquilo era uma loucura. Você não pode processar um homem com base no romance que ele escreveu."

Beata Sierocka, ex-professora de Bala, que também foi chamada para interrogatório, disse que se sentiu sendo interrogada por "teóricos da literatura".

À medida que aumentava a indignação com a investigação, uma das namoradas de Bala, Denise Rinehart, criou um comitê de defesa em seu nome. Rinehart, diretora de teatro americana, conheceu Bala quando estudava na Polônia, em 2001, e depois viajaram juntos para os Estados Unidos e para a Coreia do Sul. Rinehart solicitou apoio pela internet, escrevendo: "Krystian é o autor de um livro de ficção filosófica chamado *Amok*. Muito de sua linguagem e conteúdo é forte e há várias metáforas que podem ser consideradas contra a Igreja Católica e a tradição polonesa. Durante seu interrogatório brutal, eles fizeram referência várias vezes a seu livro, citando-o como prova de sua culpa".

Chamando o caso de "Sprawa Absurd" — o Assunto Absurdo —, o comitê entrou em contato com organizações de direitos humanos e com o clube de escritores PEN Internacional. Em pouco tempo, o Ministério da Justiça polonês foi inundado com cartas em nome de Bala vindas de todo o mundo. Uma delas dizia: "O sr. Bala merece seus direitos nos termos do artigo 19 da Declaração Universal dos Direitos Humanos, que garante o direito à liberdade de expressão [...] Pedimos que vocês garantam que haverá uma investigação imediata e completa sobre seu sequestro e prisão e que todos os responsáveis sejam levados à Justiça".

Bala enviava comunicados furiosos, em inglês ruim, para o comitê de defesa, que os publicava em um boletim informativo. Em boletim de 13 de setembro de 2005, Bala avisou que estava sendo "espionado" e disse: "Eu quero que vocês saibam que vou lutar até o fim". No dia seguinte, ele disse o seguinte sobre Wróblewski e a polícia:

> Eles arruinaram minha vida familiar. Nunca mais vamos falar alto em casa novamente. Nunca mais usaremos a internet de maneira

livre de novo. Nunca mais vamos dar um telefonema sem pensar em quem está ouvindo. Minha mãe toma remédios para manter a calma. Senão ela ficaria louca, por causa dessa acusação absurda. Meu velho pai fuma cinquenta cigarros por dia, e eu fumo três maços. Nós todos dormimos três a quatro horas por dia e estamos com medo de sair de casa. Todo latido do nosso pequeno cão nos alarma e não sabemos o que ou quem esperar. É um terror! Um terror silencioso!

As autoridades polonesas, entretanto, tinham lançado uma investigação interna sobre as alegações de maus-tratos de Bala. No início de 2006, após meses de sondagem, os investigadores declararam que não haviam encontrado indícios concretos. Nesse caso, eles insistiram, a história era, de fato, uma mitocriação.

"Eu infectei você", avisa Chris ao leitor no início de *Amok*. "Você não conseguirá se livrar de mim." Wróblewski continuava assombrado por um enigma no romance, que, acreditava ele, era fundamental para resolver o caso. Uma personagem pergunta a Chris: "Quem era o homem de um olho entre os cegos?". A frase deriva de Erasmo (1469-1536), o teólogo e erudito holandês, que disse: "Em terra de cego, quem tem um olho é rei". Quem em *Amok*, Wróblewski se perguntava, era o homem de um olho só? E quem eram os cegos? Na última linha do romance, Chris de repente afirma que resolveu o enigma, explicando: "É aquele que foi morto por ciúme cego". Mas a frase, com sua estranha falta de contexto, fazia pouco sentido.

Uma hipótese baseada em *Amok* era a de que Bala havia assassinado Janiszewski após o início de uma relação homossexual com ele. No romance, depois que o amigo mais próximo de Chris confessa ser gay, Chris diz que parte dele queria "estrangulá-lo com uma corda" e "abrir um buraco em um rio congelado e jogá-lo lá dentro". Ainda assim, a teoria parecia duvidosa. Wróblewski tinha investigado exaustivamente o histórico de Janiszewski e não havia nenhuma indicação de que ele fosse gay.

Outra teoria era a de que o assassinato era o auge da filosofia distorcida de Bala — a de que ele era uma versão pós-moderna de Nathan Leopold e Loeb Richard, os dois estudantes brilhantes de Chicago que, nos anos 1920, estavam tão fascinados pelas ideias de Nietzsche que mataram um menino de catorze anos de idade para ver se conseguiam executar o assassinato perfeito e tornar-se super-homens. No julgamento deles, no qual receberam penas de prisão perpétua, Clarence Darrow, o famoso advogado de defesa que os representou, disse sobre Leopold: "Eis aqui um rapaz de dezesseis ou dezessete anos tornando-se obcecado por essas doutrinas. Não era um pouco de filosofia superficial para ele; era sua vida". Darrow, tentando salvar os rapazes da pena de morte, concluiu: "Existe alguma culpa envolvida pelo fato de alguém ter tomado a filosofia de Nietzsche a sério e moldado sua vida com base nela? [...] É justo enforcar um rapaz de dezenove anos de idade devido à filosofia que lhe ensinaram na universidade?".

Em *Amok*, Chris claramente aspira a ser um *Übermensch* pós-moderno, falando de sua "vontade de potência" e insistindo que qualquer um que é "incapaz de matar não deveria ficar vivo". No entanto, esses sentimentos não explicam de todo o assassinato do homem desconhecido no romance, que, diz Chris, tinha "se comportado de maneira inadequada" em relação a ele. Chris, aludindo ao que acontecera entre eles, diz, provocador: "Talvez ele não tenha feito nada de significativo, mas o Diabo mora nos detalhes". Se a filosofia de Bala tinha justificado, em sua mente, uma ruptura de restrições morais, incluindo a proibição de assassinato, essas passagens sugeriam que havia ainda outro motivo, uma profunda ligação pessoal com a vítima — algo que a brutalidade do crime também indicara. Com Bala impossibilitado de deixar a Polônia, Wróblewski e sua equipe começaram a interrogar a família e os amigos mais próximos do suspeito.

Muitos desses interrogados viam Bala positivamente — "um homem brilhante, interessante", disse sobre ele uma de suas ex-namoradas. Bala tinha acabado de receber uma referência de um ex-empregador em uma escola de ensino de inglês na Polônia, que o descreveu como "inteligente", "curioso" e de "fácil convívio", e elogiou o "senso de humor" dele. A referência concluía da seguinte forma: "Sem reservas, recomendo Krystian Bala para qualquer cargo de professor de crianças".

No entanto, enquanto Wróblewski e seus homens se aprofundavam na busca pelo "Diabo nos detalhes", um quadro mais sombrio da vida de Bala começou a surgir. Os anos 1999 e 2000, período durante o qual seu negócio e seu casamento entraram em colapso — e no qual Janiszewski foi assassinado —, tinham sido especialmente problemáticos. Um amigo lembrou que certa vez Bala "começou a comportar-se de modo vulgar e queria tirar a roupa e mostrar sua masculinidade". A babá da família o descreveu como cada vez mais bêbado e fora de controle. Disse que com frequência ele repreendia a esposa, Stasia, gritando com ela e dizendo que "ela dormia com todo mundo e o traía".

De acordo com várias pessoas, depois que Bala e a esposa se separaram, em 2000, ele continuou possessivo em relação a ela. Um amigo, que chamou Bala de um "tipo autoritário", disse sobre ele: "Ele não parava de controlar Stasia, e verificava seu telefone". Em uma festa de Ano-Novo, em 2000, poucas semanas depois que o corpo de Janiszewski foi encontrado, Bala pensou que um garçom estava dando em cima da esposa e, como afirmou uma testemunha, "ficou enlouquecido". Bala gritou que iria cuidar do garçom e que já tinha "lidado com gente como ele". Na época, Stasia e seus amigos não haviam se importado muito com o desabafo bêbado dele. Mesmo assim, foram necessárias cinco pessoas para conter Bala; uma delas disse à polícia: "Ele estava *amok* [possesso de fúria]".

Enquanto Wróblewski e seus homens tentavam estabelecer um motivo, outros membros do esquadrão intensificaram seus esforços para rastrear os dois telefonemas suspeitos feitos para o escritório de Janiszewski e para seu celular no dia em que desapareceu. O telefone público a partir do qual ambas as chamadas foram feitas era operado por cartão. Cada cartão tinha um número único que era registrado na empresa telefônica sempre que usado. Não muito tempo depois de Bala ter sido solto, o especialista em telecomunicações que trabalhava no caso de Janiszewski conseguiu determinar o número do cartão de quem fez a ligação. Assim que a polícia tivesse a informação, os funcionários podiam identificar todos os números de telefone discados com aquele mesmo cartão. Ao longo de um período de três meses, 32 chamadas foram feitas. Havia chamadas para os pais de Bala, para sua namorada, para os amigos e para um parceiro de negócios. "A verdade estava se tornando cada vez mais clara", disse Wróblewski.

Wróblewski e sua equipe logo descobriram outra conexão entre a vítima e o suspeito. Małgorzata Drożdżal, uma amiga de Stasia, disse à polícia que, no verão de 2000, ela fora com Stasia a uma boate chamada Crazy Horse, em Wrocław. Enquanto dançava, Drożdżal viu Stasia conversando com um homem de cabelos longos e olhos azul-claros. Ela o reconheceu da cidade. Seu nome era Dariusz Janiszewski.

Wróblewski tinha uma última pessoa para interrogar: Stasia. Mas ela se recusou decididamente a cooperar. Talvez ela estivesse com medo do ex-marido. Talvez ela acreditasse na afirmação de Bala de que estava sendo perseguido pela polícia. Ou talvez ela temesse a ideia de um dia ter de dizer ao filho que havia traído seu pai.

Wróblewski e seus homens abordaram Stasia novamente,

dessa vez lhe mostrando partes de *Amok*, publicado depois que ela e Bala tinham se separado, e que ela nunca olhara de perto. De acordo com as autoridades polonesas, Stasia examinou as passagens envolvendo a esposa de Chris, Sonya, e ficou tão perturbada com as semelhanças da personagem que por fim concordou em falar.

Ela confirmou que conhecera Janiszewski no Crazy Horse. "Eu tinha pedido batatas fritas e perguntei a um homem ao lado do bar se as batatas fritas estavam prontas", lembrou Stasia. "Aquele homem era Dariusz." Eles passaram a noite inteira conversando, disse, e ela deu a Janiszewski seu número de telefone. Mais tarde, eles tiveram um encontro e foram para um motel. Mas, antes que algo acontecesse, ela disse, Janiszewski admitiu que era casado, e ela foi embora. "Uma vez que sei o que é ser uma esposa traída pelo marido, eu não queria fazer isso com outra mulher", disse Stasia. As dificuldades no casamento de Janiszewski logo terminaram, e ele e Stasia nunca voltaram a sair juntos.

Semanas após seu encontro com Janiszewski, disse Stasia, Bala apareceu na casa dela completamente embriagado, exigindo que ela confessasse que estava tendo um caso com Janiszewski. Ele arrombou a porta da frente e a golpeou. Gritou que havia contratado um detetive particular e sabia de tudo. "Ele também mencionou que havia visitado o escritório de Dariusz, e descreveu-o para mim", lembrou Stasia. "Então ele disse que sabia para qual hotel nós fomos e em qual quarto ficamos."

Mais tarde, quando soube que Janiszewski havia desaparecido, Stasia disse, ela perguntou a Bala se ele tinha algo a ver com aquilo, e ele disse que não. Ela não levou o assunto adiante, acreditando que Bala, apesar de todo o seu comportamento agressivo, era incapaz de assassinar.

Pela primeira vez, Wróblewski pensou ter compreendido a última linha de *Amok*: "É aquele que foi morto por ciúme cego".

* * *

Espectadores invadiram a sala do tribunal em Wrocław no dia 22 de fevereiro de 2007, o primeiro dia do julgamento de Bala. Havia filósofos, que discutiam uns com os outros sobre as consequências do pós-modernismo; jovens advogados que queriam aprender as novas técnicas de investigação do departamento de polícia; e repórteres, que registraram todos os detalhes. "Matar não impressiona no século XXI, mas supostamente matar e depois escrever sobre isso em um romance é notícia de primeira página", declarava um artigo de primeira página no *Angora*, semanário com sede em Łódź.

A juíza Lydia Hojenska sentou-se à frente do tribunal, sob um emblema da águia branca polonesa. De acordo com a legislação polonesa, o juiz presidente, mais outro juiz e três cidadãos atuavam como júri. A defesa e a acusação sentavam-se diante de duas mesas de madeira sem adornos; ao lado dos promotores estavam a viúva de Janiszewski e os pais dele, a mãe segurando uma foto do filho. O público se reunia na parte de trás da sala, e na última fileira estava uma mulher corpulenta e nervosa, com o cabelo vermelho curto, que dava a impressão de ter a própria vida em jogo. Era a mãe de Bala, Teresa; o pai dele estava perturbado demais para participar.

A atenção de todos, ao que parece, estava dirigida para uma jaula semelhante às de um zoológico, perto do centro da sala do tribunal. Tinha quase três metros de altura e seis metros de comprimento, com grossas barras de metal. Em pé no meio dela, vestindo um terno e olhando tranquilamente através das lentes de seus óculos, estava Krystian Bala. Ele podia pegar até 25 anos de prisão.

Um julgamento se baseia na ideia de que a verdade é alcançável. No entanto, também é, como notou a escritora Janet Malcolm, uma luta entre "duas narrativas concorrentes", e "a história que melhor pode suportar o desgaste do regime de provas é a história que ganha". Naquele caso, a narrativa da promotoria fazia lembrar a de *Amok*: Bala, assim como seu alter ego Chris, era um hedonista depravado, que, sem nenhum sentimento de remorso, tinha assassinado alguém em um ataque de ciúme. A promotoria apresentou arquivos do computador de Bala, que Wróblewski e a polícia tinham apreendido durante uma batida na casa de seus pais. Em um arquivo, que teve de ser acessado com a senha "amok", Bala catalogou, com detalhes explícitos, encontros sexuais com mais de setenta mulheres. A lista incluía sua esposa, Stasia; uma prima divorciada, que era "mais velha" e "roliça"; a mãe de um amigo, descrita como "velha, mas sacana"; e uma prostituta "russa com um carro velho". A acusação também apresentou e-mails em que Bala parecia inequivocamente Chris, usando as mesmas palavras vulgares ou enigmáticas, como "sucos de alegria" e "Madame Melancolia". Em um e-mail irritado para Stasia, Bala escreveu: "A vida não é só trepar, querida" — que repetia a exclamação de Chris: "Foder não é o fim do mundo, Mary". Um psicólogo declarou que "todo autor coloca uma parte de sua personalidade em sua criação artística", e que Chris e o réu partilhavam características "sádicas".

Durante todo o tempo, Bala ficou sentado na jaula, tomando notas sobre o processo ou olhando com curiosidade para a multidão. Às vezes, ele parecia questionar a premissa de que a verdade pode ser discernida. Nos termos da lei polonesa, o réu pode fazer perguntas diretamente às testemunhas, e, ansioso, Bala o fez, suas indagações profissionais com frequência formuladas de forma a revelar a instabilidade derridiana do que essas testemunhas diziam. Quando uma ex-namorada testemunhou que Bala, certa vez, saiu bêbado em sua varanda e agiu como se estivesse à beira de cometer suicídio, ele lhe perguntou se as palavras dela podiam ter múltiplas interpretações. "Podemos apenas dizer que esta é uma questão de semântica — um mau uso da palavra 'suicídio'?", perguntou ele.

Mas, à medida que o julgamento avançava e as provas contra ele se acumulavam, o pós-modernista parecia cada vez mais um empirista, um homem procurando desesperadamente mostrar lacunas na cadeia de provas da promotoria. Bala observou que ninguém o tinha visto sequestrar Janiszewski, ou matá-lo, ou se livrar do corpo. "Eu gostaria de dizer que não conheci Dariusz, e não há uma única testemunha que possa confirmar que isso aconteceu", disse Bala. Ele reclamou que a acusação estava pegando incidentes aleatórios em sua vida pessoal e tecendo-os para formar uma história que já não parecia a realidade. Os promotores estavam construindo uma mitocriação — ou, como o advogado de defesa de Bala afirmou para mim, "a trama de um romance". Segundo a defesa, a polícia e a mídia tinham sido seduzidas pela história fascinante, e não pela verdade. (Histórias sobre o caso haviam aparecido em manchetes como "VERDADE MAIS ESTRANHA QUE A FICÇÃO" e "ASSASSINATO, ESCREVEU ELE".)

Bala havia muito concordava com a ideia pós-moderna da "morte do autor" — um autor não tem mais acesso ao significado de sua obra literária do que qualquer outra pessoa. No entanto, quando a promotoria apresentou ao júri detalhes potencialmente incriminatórios tirados de *Amok*, Bala reclamou que seu romance estava sendo mal interpretado. Ele insistiu que o assassinato de Maria não passava de um símbolo da "destruição da filosofia", e fez uma última tentativa de afirmar o controle autoral. Mais tarde afirmou para mim: "Eu sou o autor, caralho! Eu sei o que eu quis dizer".

No início de setembro, o caso foi a júri. Bala não prestou depoimento, mas em uma declaração ele disse: "Acredito que o tribunal irá tomar a decisão certa e absolver-me de todas as acusações". Wróblewski, que fora promovido a inspetor, apareceu no tribunal, esperando ouvir o veredicto. "Mesmo quando tem certeza dos fatos, você se pergunta se as outras pessoas vão vê-los da mesma forma que você", ele me disse.

Por fim, os juízes e os jurados voltaram para a sala do tribunal. A mãe de Bala esperava ansiosamente. Ela nunca tinha lido *Amok*, que contém uma cena de Chris fantasiando estuprar a mãe. "Eu comecei a ler o livro, mas era muito difícil", ela me disse. "Se outra pessoa tivesse escrito o livro, talvez eu tivesse lido, mas eu sou a mãe dele." O pai de Bala apareceu no tribunal pela primeira vez. Ele havia lido o romance, e, embora tivesse dificuldade para entender alguns trechos, pensou que era uma obra importante da literatura. "Você pode lê-lo dez, vinte vezes, e a cada vez descobrir algo novo", disse. Em seu exemplar, Bala havia escrito uma dedicatória para os pais: "Obrigado pelo [...] perdão de todos os meus pecados".

Quando a juíza Hojenska leu o veredicto, Bala tinha o corpo perfeitamente ereto e imóvel. Então veio a palavra inconfundível: "Culpado".

A prisão de blocos de concreto cinzentos em Wrocław parece uma relíquia da era soviética. Depois de ter inserido meu passe de visitante por uma pequena abertura na parede, uma voz incorpórea me ordenou que fosse para a frente do edifício, onde um portão de aparência sólida se abriu e um guarda apareceu, piscando sob a luz do sol. O guarda fez um gesto mandando-me entrar e a porta se fechou atrás de nós. Depois de ser revistado, fui levado através de várias câmaras abafadas e interligadas e para dentro de uma pequena sala para visitantes com mesas e cadeiras de madeira sujas. As condições nas prisões polonesas são tristemente célebres. Devido à superlotação, até sete pessoas são muitas vezes mantidas em uma única cela. Em 2004, os detentos da prisão em Wrocław fizeram uma greve de fome de três dias para protestar contra a superlotação, a comida ruim e a assistência médica insuficiente. A violência também é um problema: apenas alguns dias antes de eu chegar, disseram-me, um visitante tinha sido morto a facadas por um detento.

No canto da sala de visitantes, estava um homem magro e bonito, com óculos de aros de metal e um avental azul-escuro sobre uma camiseta que dizia "University of Wisconsin". Segurava um livro e parecia um estudante americano no exterior, e precisei de um momento para perceber que estava olhando para Krystian Bala. "Estou contente por ter vindo", disse ele quando apertou minha mão, levando-me para uma das mesas. "Essa coisa toda é uma farsa, como algo saído de Kafka." Ele falava inglês de maneira clara, mas com um sotaque pesado, de modo que seu "s" tinha o som de "z".

Sentando-se, ele se inclinou sobre a mesa, e pude ver que seu rosto estava cansado, tinha marcas ao redor dos olhos, e o cabelo encaracolado estava desarrumado na frente, como se tivesse ansiosamente passado os dedos por ele. "Estou sendo condenado a vinte e cinco anos de prisão por ter escrito um livro, um livro!", disse. "É ridículo. É uma bosta. Desculpa a minha linguagem, mas isso é o que é. Olha, eu escrevi um romance, um romance louco. O livro é vulgar? Sim. É obsceno? Sim. É libidinoso? Sim. É ofensivo? Sim. Eu pretendia que fosse. Foi uma obra de provocação." Fez uma pausa, procurando um exemplo, e depois acrescentou: "Eu escrevi, por exemplo, que seria mais fácil Cristo sair do ventre de uma mulher do que eu...". Ele parou, se recompondo. "Quero dizer, o narrador trepar com ela. Veja, isso *deve* ser ofensivo." Ele continuou: "O que está acontecendo comigo é o mesmo que aconteceu com Salman Rushdie".

Enquanto falava, ele colocou o livro que estava carregando em cima da mesa. Era um exemplar surrado de *Amok*. Quando perguntei a Bala sobre as provas contra ele, como o celular e o cartão de telefone, ele pareceu evasivo e, às vezes, conspiratório. "O cartão telefônico não é meu", disse ele. "Alguém está tentando armar para mim. Eu não sei ainda quem é, mas alguém está querendo me destruir." A mão dele tocou a minha. "Você não vê o que eles estão fazendo? Eles estão construindo esta realidade e me forçando a viver dentro dela."

Ele disse que tinha apresentado um recurso, que citava inconsistências lógicas e factuais no julgamento. Por exemplo, um médico-legista disse que Janiszewski havia se afogado, enquanto outro insistia que ele tinha morrido por estrangulamento. A própria juíza admitira que não sabia se Bala tinha cometido o crime sozinho ou com um cúmplice.

Quando lhe perguntei sobre *Amok*, Bala ficou animado e deu respostas diretas e detalhadas. "A tese do livro não é a minha tese pessoal", disse ele. "Eu não sou um antifeminista. Eu não sou um chauvinista. Eu não sou insensível. Chris, em muitas ocasiões, é o meu anti-herói." Várias vezes ele apontou para o meu bloco e disse: "Anote isto" ou "Isto é importante". Quando me viu tomando notas, comentou, com uma pitada de espanto: "Está vendo como isso é louco? Aqui está você escrevendo uma história sobre uma história que eu inventei sobre um assassinato que nunca aconteceu". Em praticamente todas as páginas de seu exemplar de *Amok*, ele havia sublinhado passagens e rabiscado anotações nas margens. Mais tarde, ele me mostrou vários pedaços de papel em que tinha desenhado diagramas elaborados revelando suas influências literárias. Ficou claro que, na prisão, ele havia se tornado ainda mais consumido pelo livro. "Às vezes eu leio páginas em voz alta para os meus companheiros de cela", contou ele.

Uma questão que nunca foi respondida no julgamento ainda pairava sobre o caso: por que alguém iria cometer um assassinato e depois escrever sobre ele em um romance que ajudaria a levá-lo preso? Em *Crime e castigo*, Raskólnikov especula que mesmo o criminoso mais esperto comete erros, porque "no momento do crime passa por um certo abatimento da vontade e da razão que, ao contrário disso, são substituídas por uma fenomenal imprudência infantil, e justo no momento em que a razão e a precaução são mais indispensáveis". No entanto, *Amok* havia sido publicado três anos depois do assassinato. Se Bala era culpado de assassinato, a causa não foi um "abatimento da vontade e da razão", mas sim um excesso de ambas.

Alguns observadores se perguntaram se Bala queria ser pego, ou, no mínimo, desabafar. Em *Amok*, Chris fala de ter uma "consciência culpada" e de seu desejo de retirar as "luvas brancas de silêncio". Embora Bala sustentasse a sua inocência, era possível ler o romance como uma espécie de confissão. Wróblewski e as autoridades, que acreditavam ser o maior desejo de Bala atingir a imortalidade literária, viam seu crime e sua escrita como inseparáveis. No julgamento, a viúva de Janiszewski implorou que a imprensa parasse de compor a imagem de Bala como artista e não como assassino. Desde sua prisão, *Amok* se tornou uma sensação na Polônia, esgotando em praticamente todas as livrarias.

"Vai sair uma nova edição, que virá com um posfácio sobre o julgamento e todos os acontecimentos", disse-me Bala, entusiasmado. "Outros países estão interessados em publicá-lo também." Folheando as páginas de seu próprio exemplar, ele acrescentou: "Nunca houve um livro como este".

À medida que falava, ele parecia muito menos interessado na ideia do "crime perfeito" do que estava na "história perfeita", que, em sua definição, ia além dos limites da estética, da realidade e da moralidade traçados por seus antecessores literários. "Sabe, estou trabalhando em uma continuação de *Amok*", disse ele, com os olhos brilhando. "Chama-se 'De Liryk'." Ele repetiu as palavras várias vezes. "É um trocadilho. Que significa 'lírico', como em uma história, ou 'delírio'."

Ele explicou que tinha começado o novo livro antes de ser preso, mas que a polícia apreendera seu computador, que continha sua única cópia. (Ele estava tentando obter os arquivos de volta.) As autoridades me disseram que tinham encontrado no computador indícios de que Bala estava coletando informações sobre o novo namorado de Stasia, Harry. "Solteiro, 34 anos, sua mãe morreu quando ele tinha oito anos", Bala havia escrito. "Ao que parece trabalha na companhia ferroviária, provavelmente como maquinista, mas não tenho certeza." Wróblewski e as autoridades suspeitavam que Harry poderia ser o próximo alvo de Bala. Depois de ter descoberto que Harry visitou uma sala de bate-papo na internet, Bala postou uma mensagem no site, sob nome falso, dizendo: "Desculpe incomodá-los, mas estou procurando o Harry. Alguém o conhece de Chojnów?".

Bala me disse que esperava completar seu segundo romance após o tribunal de apelações apresentar sua decisão. Na verdade, semanas depois de nossa conversa, o tribunal, para a incredulidade de muitos, anulou o veredicto original. Embora o comitê de apelações tivesse encontrado uma "conexão inquestionável" entre Bala e o assassinato, eles concluíram que ainda havia lacunas na "cadeia lógica de provas", como o testemunho conflitante dos médicos-legistas, que precisava ser resolvido. O comitê se recusou a libertar Bala da prisão, mas ordenou um novo julgamento.

Bala insistiu que, a despeito do que acontecesse, terminaria "De Liryk". Ele olhou para os guardas, como se tivesse medo de que pudessem ouvi-lo, então se inclinou e sussurrou: "Esse livro vai ser ainda mais chocante".

fevereiro de 2008

Em dezembro de 2008, Bala recebeu um novo julgamento. Mais uma vez, foi considerado culpado. Ele está cumprindo uma sentença de 25 anos.

Dando ao "diabo" o que lhe é devido

O corretor de imóveis que era do esquadrão da morte

Ninguém se lembra de quem o viu primeiro no bairro, mas Emile Maceus estava quase certo de que Emmanuel "Toto" Constant — o homem que todos chamavam de "o diabo" — agora estava de pé em sua varanda da frente. O homem tinha 1,90 metro, talvez mais; usava paletó e gravata, e seu cabelo afro estava bem penteado. Ele viera, disse, para mostrar a casa de Maceus a um cliente, um imóvel de três quartos em Queens Village, Nova York. Era corretor de imóveis, disse, e tinha visto a placa cor-de-rosa com os dizeres "Vende-se" no gramado da frente.

Maceus olhou para ele. O rosto do homem era mais atarracado do que Maceus se lembrava do Haiti, durante o regime militar do início da década de 1990. Naquela época ele era esquelético, com uma aparência fantasmagórica, às vezes aparecendo com uma Uzi ou com uma Magnum .357 escondidas sob a camisa. Para ajudar a manter a junta militar no controle, ele aterrorizou a população com seu esquadrão paramilitar — um notório grupamento de civis armados, que, junto com os militares haitianos, torturou, estuprou e assassinou milhares de pessoas. "Podemos dar uma olhada?", perguntou o homem.

Maceus não estava convencido do que devia fazer. Talvez não fosse Constant. Ele era maior do que Maceus lembrava, mais cordial, e antes que Maceus percebesse, o homem estava andando por sua casa, enfiando a cabeça em cada quarto, olhando para o assoalho e os banheiros, tomando nota do pé-direito da cozinha e fazendo comentários em crioulo. Na sala, o homem passou por um pôster na parede de Jean-Bertrand Aristide — que fora e seria o presidente do Haiti, e arqui-inimigo dos paramilitares —, mas não olhou duas vezes para ele. Talvez ele fosse apenas um corretor de imóveis afinal, apenas outro imigrante haitiano tentando sobreviver em Nova York.

Mas, quando o corretor estava de saída, Maceus ficou pensando: e se ele for Toto Constant? Maceus sabia que, em 1994, depois de os Estados Unidos terem derrubado o regime militar, Constant, um fugitivo da justiça haitiana, tivera sua entrada naquele país inexplicavelmente aceita. Maceus ouvira falar que, depois de preso e encaminhado para deportação, em 1996 Constant fora libertado de modo obscuro depois de um acordo secreto com o governo americano — muito embora o governo haitiano houvesse solicitado sua extradição e as autoridades dos Estados Unidos tivessem encontrado fotos de vítimas de seu grupo, os corpos mutilados, coladas como troféus às paredes de seu quartel-general em Port-au-Prince. Quando o homem estava abrindo a porta da frente, a curiosidade venceu Maceus. Ele perguntou em crioulo: "Qual é seu sobrenome?".

O homem hesitou. "Constant."

Era Toto Constant. Por um instante, os dois haitianos ficaram ali parados, olhando um para o outro. Então Constant e seu cliente saíram em disparada em um carro. Maceus entrou em casa e encontrou a esposa. Ela estava tremendo. "Como você pôde trazer esse diabo na minha casa?", ela gritou. "*Como pôde?*"

A notícia do encontro, no verão de 2000, espalhou-se pela crescente comunidade haitiana da cidade, de Flatbush a Laurelton, de Cambria Heights ao Brooklyn, como teria acontecido no Haiti — por *teledjòl*, de boca em boca. Constant tinha se aventurado pela comunidade várias vezes desde que o governo dos Estados Unidos o tinha libertado, mas nunca com tal audácia — vendendo casas para as mesmas pessoas que ele mandara para o exílio. Quando chegou a Queens pela primeira vez, ele parecia surgir apenas de vez em quando. Ele fora visto, alguém disse, em uma discoteca, vestido de preto, dançando no dia do barão Samedi, o senhor da morte vodu que guarda os portões dos cemitérios vestido com fraque e cartola. Ele foi visto em um açougue e em uma locadora Blockbuster. A rádio comunitária haitiana e os jornais locais relataram os avistamentos — "O CEIFADOR DO HAITI FAZENDO FESTA NOS ESTADOS UNIDOS", anunciava uma manchete, mas ele sempre conseguia desaparecer antes que alguém pudesse localizá-lo. Finalmente, em 1997, os rumores levaram a uma rua tranquila em Laurelton, perto do centro da comunidade haitiana, onde havia anos exilados alimentavam a esperança de se livrar do peso de sua história — uma história de intermináveis golpes de Estado e contragolpes — e onde Constant podia ser visto sentado na varanda da casa de estuque branco que ele dividia com a tia e a mãe. "A simples ideia de Toto Constant vivendo livre em Nova York, o bastião da diáspora haitiana, é um insulto a todo o povo haitiano", disse a seus ouvintes Ricot Dupuy, o gerente da Radio Soleil d'Haiti, em Flatbush.

Não demorou muito para que os moradores da rua cobrissem árvores e postes de luz com fotos de supostas vítimas de Constant, suas mãos e pés amarrados com cordões brancos ou seus membros cortados por facões. Vizinhos enfiaram uma das mais horripilantes imagens — a foto de um menino deitado em uma poça de sangue — debaixo da porta de Constant. No entanto, alguns dias depois, Constant estava de volta em sua varanda. Moradores do local passavam por lá e cuspiam em seus arbustos; apedrejaram-lhe a porta. Então, depois da aparição de Constant na casa de Maceus, uma multidão enfurecida cercou sua casa, gritando "Assassino!". Alguém avistou uma figura no fim da rua — um aliado de Constant que era bem conhecido, "um espião", como gritou um manifestante —, e a multidão foi atrás dele. Quando ele desapareceu e ainda não havia sinal de Constant, a multidão marchou para o escritório da imobiliária, a seis quilômetros de distância, onde ameaçou tirar o proprietário haitiano dos negócios a menos que ele despedisse seu novo empregado.

Em novembro de 2000, os haitianos haviam criado "Vigílias de Toto" permanentes — redes de informação que acompanhavam o paradeiro de Constant. Por volta dessa época, Ray Laforest, um dos vigilantes de Toto, concordou em me mostrar onde "o diabo" poderia ser encontrado. Ele me disse para encontrá-lo perto do escritório da imobiliária, onde Constant tinha sido visto fumando no intervalo para almoço. Laforest era um homem grande, com barba e óculos escuros. Carregava consigo vários cartazes, e quando lhe perguntei o que eram, ele abriu um deles, revelando uma antiga fotografia em preto e branco de Constant. Um bigode enrolado em torno dos cantos da boca do renomado líder do esquadrão da morte, e vários dentes tortos aparecendo entre os lábios. Em letras garrafais, o cartaz dizia: "PROCURADO: EMMANUEL 'TOTO' CONSTANT POR CRIMES CONTRA O POVO HAITIANO".

Laforest me disse que Constant tinha desaparecido desde o protesto. "Ele se escondeu novamente", disse ele. Depois que Laforest pregou um dos cartazes em um poste de luz, nós entramos em seu carro e ele dirigiu pelo bairro, passando por uma série de elegantes casas em estilo Tudor, até chegarmos à casa onde Constant fora visto pela última vez. "Por que você está parando?", perguntei.

"Estou paralisado", disse ele. "Se o visse agora, eu mesmo o amarraria." Ele me contou que os homens de Constant e outros paramilitares tinham arrastado um de seus amigos de uma igreja e atirado nele em plena luz do dia, e que antes seu próprio irmão havia sido torturado pelos militares haitianos. Esperamos por vários minutos, estacionados atrás de um arbusto. "*Bay kou bliye, pote mak sonje*", disse Laforest.

"O que quer dizer isso?", perguntei.

"É um antigo provérbio crioulo", ele disse. "Aqueles que dão os golpes esquecem, aqueles que têm as cicatrizes se lembram."

DEIXANDO TOTO FALAR POR SI MESMO

Eu procurava Constant desde que ouvira dizer que um homem que enfrentava acusações no Haiti por crimes contra a humanidade estava vivendo entre o próprio povo contra quem os crimes teriam sido cometidos. Ao contrário de Caim, que foi expulso de sua comunidade, Constant havia se tornado um exilado em uma comunidade de exilados, banido entre aqueles a quem havia banido. Embora tivesse fugido da justiça, não poderia escapar de seu passado. Tinha que enfrentá-lo quase todos os dias — no olhar de um vizinho ou em um cartaz na rua.

O mais importante é que pela primeira vez ele enfrentava a perspectiva da justiça de verdade. No outono de 2000, o governo haitiano o levou a julgamento *in absentia* pelo assassinato de ao menos seis pessoas na cidade de Raboteau em 1994. Dezenas de outros também estavam em julgamento. Foi um caso histórico — a primeira grande tentativa efetuada pelo governo haitiano de julgar alguém pelos crimes brutais cometidos pelo regime militar e para testar seu sistema judicial, que fora corrupto por tanto tempo que era quase inexistente. E houve uma crescente pressão sobre o governo dos Estados Unidos, no próprio país e no exterior, para extraditar Constant.

Quando consegui contato com o advogado dele, J. D. Larosiliere, ele me disse que as coisas estavam em seu momento mais crítico. Um haitiano-americano de peito largo que fala uma combinação de inglês formal e gírias de rua e tem uma queda por ternos de bom corte, Larosiliere me disse que muitas vezes o chamaram de "a versão haitiana de Johnnie Cochran".* Negando que sequer tivesse havido um massacre em Raboteau, ele disse que, se Constant fosse enviado de volta para o Haiti, provavelmente seria assassinado. Devido ao desespero da situação, Larosiliere concordou em deixar Constant, que muitos pensavam ter desaparecido, encontrar-se comigo.

Assim, dias depois, numa tarde, fui ao escritório de Larosiliere, em Newark, Nova Jersey. Quando cheguei, Larosiliere estava em uma reunião a portas fechadas, e enquanto esperava lá fora no hall de entrada eu podia ouvir o som do crioulo perfurado por rajadas ocasionais de inglês. De repente, a porta do escritório se abriu e um homem alto, vestindo um terno trespassado, saiu às pressas. Levei um momento para reconhecer Constant — ele parecia pelo menos uns quinze quilos mais gordo que nas fotos que eu tinha visto dele, tiradas durante o regime militar. Ainda conservava o bigode, mas, em seu rosto mais pesado, já não parecia tão ameaçador. Usava uma gola olímpica sob o paletó e um brinco de ouro na orelha esquerda. "Ei, como você está?", disse ele, falando com um ligeiro sotaque.

Para minha surpresa, ele parecia um americano médio. Sen-

---

* Advogado norte-americano famoso por liderar a equipe de defesa no polêmico julgamento de O. J. Simpson. (N. T.)

tamo-nos em uma pequena sala de conferências repletas de livros. Fez uma pausa, balançando para trás em sua cadeira. Por fim ele disse: "É hora de Toto falar por si mesmo".

Foi a primeira de mais de uma dúzia de entrevistas. À medida que me contava sua história ao longo dos meses seguintes, ele falou muitas vezes por horas a fio. Mostrou-me um enorme volume de anotações e papéis particulares, sua correspondência e diários. Durante esse tempo, eu também entrevistei suas supostas vítimas, além de militantes de direitos humanos, observadores das Nações Unidas, as autoridades haitianas e antigos e atuais funcionários norte-americanos na Casa Branca, no Departamento de Estado, no Serviço de Imigração e Naturalização, e da comunidade de inteligência, muitos dos quais nunca antes tinham falado publicamente sobre Constant. Tive também acesso a relatórios de inteligência, alguns dos quais tinham sido considerados antes confidenciais, e a telegramas do Departamento de Estado. Com essas e outras fontes, consegui reunir não só a história de Emmanuel "Toto" Constant, mas também grande parte da história sobre como o governo dos Estados Unidos o ajudou secretamente e depois o protegeu da justiça.

VODU PARAMILITAR

Em outubro de 1993, o *USS Harlan County*, carregado com o pessoal militar, foi enviado em direção à capital do Haiti, Port-au-Prince. O presidente Bill Clinton havia enviado o navio e sua tripulação como o primeiro contingente importante de uma missão de paz internacional para restaurar ao poder o primeiro presidente democraticamente eleito do Haiti, Jean-Bertrand Aristide. Aristide era um ex-padre político, orador apaixonado, magro mas forte, de olhos esbugalhados, que ascendera ao poder no final de

1990 com uma mistura de socialismo e teologia da libertação. Os oprimidos do Haiti, o que significa quase todo mundo, o chamavam de Titid e o reverenciavam; os militares e a elite econômica o insultavam como um radical instável. Ele foi deposto por um golpe menos de um ano após assumir o cargo e acabou fugindo para os Estados Unidos. Desde então, os militares, junto com bandos errantes de paramilitares, tinham assassinado dezenas de pessoas. O derramamento de sangue havia mobilizado a comunidade internacional, e a chegada do navio foi saudada como um momento decisivo no esforço para restabelecer alguma aparência de segurança pública e a democracia na ilha.

Em 11 de outubro, quando o *Harlan County* se aproximava do porto, funcionários da onu e dos Estados Unidos, liderados pela encarregada de negócios, Vicki Huddleston, e acompanhados por um grande grupo de jornalistas, apareceram para receber formalmente o navio e suas tropas. A comitiva esperou na entrada do porto que um guarda abrisse o portão, mas nada aconteceu. Cenas filmadas mostram Huddleston sentada na parte de trás de seu carro com o chefe local da cia. Falando com outro funcionário da embaixada, ela diz em seu walkie-talkie: "Diga para o capitão [do porto] que estou aqui para falar com ele".

"Afirmativo, senhora. Nós já dissemos isso várias vezes para ele, e não estamos chegando a lugar nenhum."

"Bem, diga-lhe que estou aqui no portão e estou esperando que as autoridades o abram."

"Ele não quer falar agora... Ele fugiu."

"Abram o portão."

"Estamos tendo algum problema com funcionários hostis. Talvez tenhamos uma situação difícil aqui."

Naquele momento, um bando de homens armados, sob a direção do então pouco conhecido líder paramilitar Toto Constant, de 36 anos, invadiu a área. Os homens, que já haviam bloqueado a doca onde o *Harlan County* deveria atracar, rodearam o carro de Huddleston, batendo no capô e gritando em inglês: "Mata os brancos! Mata os brancos!". Havia apenas cerca de cem no total, muitos deles barrigudos e armados com nada além de forcados. Mas a demonstração de força, apenas alguns dias depois de os soldados dos Estados Unidos terem sido mortos na Somália, se mostrou apavorante. Constant apresentou uma bela performance para as câmeras da imprensa: suas tropas maltrapilhas tocando tambores de pele e berrando "Somália" como se fosse um grito de guerra. Eles beberam e se embriagaram durante a noite, virando os faróis de seus veículos em direção ao mar aberto, onde o *Harlan County* ainda estava esperando. Por fim, o presidente Clinton ordenou que o navio fosse embora. Foi uma das retiradas mais humilhantes na história naval dos Estados Unidos, e surpreendente mesmo para os que a forçaram. "Meu povo continuava querendo fugir", Constant disse mais tarde aos jornalistas. "Mas eu corri o risco e incitei-os a ficar. Então os norte-americanos foram embora! Ficamos espantados."

Aquele dia foi a estreia para Constant e sua Frente Revolucionária para o Avanço e Progresso do Haiti, mais conhecida como FRAPH, que em crioulo evoca a palavra "*frapper*", que significa "bater". (Constant disse que o nome veio até ele em um sonho.) Organizada por Constant vários meses antes, a FRAPH foi descrita por seu líder como uma organização política popular — "um evento misterioso" — que se ergueria das massas e substituiria os remanescentes do movimento populista de Aristide. A literatura do partido, que Constant compôs em uma velha máquina de escrever manual e distribuiu à imprensa, explicava que "a FRAPH é um movimento popular de unidade, em que todos os setores sociais estão firmemente entrelaçados para gerar perfeita harmonia".

Mas a maioria dos milhares de seguidores da FRAPH foi recrutada dos bandos armados que atuavam a mando dos militares e dos ex-membros dos agora extintos Tonton Macoutes, a infame organização paramilitar que levava o nome de um bicho-papão que raptava crianças no folclore haitiano. Em comícios, os membros da FRAPH batiam o punho direito contra a palma da mão esquerda em suas saudações em massa. E, embora a literatura da FRAPH falasse em unidade, Constant declarou publicamente: "Se Aristide voltasse, ele morreria. Aristide e seus partidários são os inimigos deste país".

Apesar dessas advertências, Constant tentou cultivar a imagem do único cavalheiro em um bando de criminosos. No lançamento oficial da FRAPH, enquanto seus homens armados o ladeavam, ele soltou um punhado de pombas. Em vez de usar um chapéu mole e óculos de sol, ou calças de camuflagem, como outros grupos paramilitares, muitas vezes ele aparecia de terno azul e gravata e carregava uma bengala de bambu, em que se apoiava enquanto andava. Ele fora criado no seio da pequena aristocracia do Haiti, e tinha estudado em universidades canadenses e trabalhado por pouco tempo em Nova York como diplomata haitiano. Falava inglês com um ligeiro sotaque, e traduzia para a imprensa em espanhol e francês. "Nunca se esqueça de que eu venho do *establishment*", ele gostava de dizer. "Eu não sou um sujeito qualquer por aí. Eu sou *Constant.*"

Ainda assim, havia algo de assustador nele. Seus olhos, fundos, eram vidrados e nervosos. Agentes americanos e repórteres diziam que ele usava cocaína (Constant sempre negou isso), e era conhecido por ficar acordado a noite toda, dirigindo loucamente pelas ruas, seus guarda-costas pendurados na parte de trás do carro com suas metralhadoras. Em público, costumava aparecer com um homem chamado Jojo, um ex-Macoute feroz que afirmava que sua esposa grávida tinha sido assassinada por partidários de Aristide e que era considerado um assassino implacável. "Ele não tem medo de nada", Constant ainda comenta sobre Jojo, em tom respeitoso.

Com Jojo como parceiro, Constant começou a montar escritórios da FRAPH em cada cidade e vilarejo. Membros recebiam cartões de identificação especiais e metralhadoras. Como os antigos Macoutes, eles atuavam em parte como chefes locais, em parte como espiões, em parte como extorsionários, em parte como milícia e em parte como quadros políticos. Mas, em seu núcleo, eram uma extensão do poder dos militares, um "multiplicador de força" brutal, segundo um relatório da inteligência dos Estados Unidos, o que possibilitava ao regime a negação que um governo prudente sempre procura ao usar assassinatos. "A vontade da FRAPH é uma ordem", Constant declarou logo após o ataque ao porto. "Quando pedimos algo, o país inteiro tem que aceitar isso."

"ESCALPAMENTO FACIAL"

Mais e mais grupos de homens armados começaram a vaguear à noite, à procura de partidários de Aristide. Acreditava-se que fossem a FRAPH, a polícia ou os militares, ou uma combinação dos três, mas eles geralmente tinham o cuidado de se disfarçar com capuzes ou roupas femininas (uma marca dos velhos Macoutes). Eles levavam barras de ferros, M16s, Uzis, pistolas, facões, machados e "pós de vodu", considerados mortíferos por muitos. Arrombavam as casas e prendiam seus inimigos políticos. "Eu percebi que estava entre animais", disse um partidário de Aristide, que foi feito prisioneiro por um desses grupos armados, aos monitores de direitos humanos.

No começo eles brincaram comigo, sacando as armas e dizendo que eu iria morrer. Então me levaram para uma câmara de tortura onde havia uma cama pequena. [...] Eles começaram, um após o outro, a me bater nas nádegas com seus cassetetes. Naquele momento, eu pensei que iria morrer. Desmaiei. Quando voltei a mim, eu estava em uma cela com outro homem. Havia rios de sangue no chão. Uma parte era do meu.

Em 1994, após uma extensa investigação, a Missão Internacional Civil da OEA-ONU relatou: "O cenário é sempre essencialmente o mesmo. Homens armados, muitas vezes gente do Exército ou da FRAPH, invadem a casa de um ativista político que eles pretendem capturar". Se ele não estivesse lá, os invasores atacavam sua mulher, irmã ou filha. "Um sujeito me pegou pelas mãos e me levou para a varanda da frente", uma mulher disse à Human Rights Watch. "Ele disse para eu me deitar. Falou: 'Se você não fizer isso, vou rachar sua cabeça'. [...] Ele abaixou a calça até os joelhos, levantou minha camisola, puxou minha calcinha para baixo e me estuprou."

Corpos sem rosto começaram a aparecer nas ruas. Os agressores haviam desenvolvido um tipo de arte conhecida como "escalpamento facial", um ritual sangrento no qual o rosto de uma pessoa era descascado de orelha a orelha com um facão. Era uma forma de torturar as pessoas, mesmo após a morte, porque muitos acreditavam que tal mutilação impediria um enterro adequado — prendendo o espírito eternamente no purgatório.

À medida que os corpos começavam a se amontoar, Constant se exibia. Ele costumava sentar em uma cadeira de vime no quintal da casa que tinha sido de seu pai, uma mansão *art déco*, com uma piscina e fontes, e falava com a imprensa. Ao contrário de outros líderes paramilitares, que propositadamente permaneciam nas sombras, Constant adorava atenção. Ele deixava os repórteres dormirem em seu jardim. Cortou as sebes para dar mais espaço para eles e distribuiu camisetas estampadas com a sigla

FRAPH. "Em certo momento, eu era a pessoa mais entrevistada do mundo", lembra ele. "Era incrível." Constant gostava de fazer o papel de estadista. Ele advertiu os Estados Unidos a não intervir e ameaçou fechar o país em protesto contra o embargo mundial posto em prática após o golpe. Ele pediu a dissolução do Parlamento do Haiti, repetindo Jojo, que já havia avisado que, se ele não se dissolvesse, a FRAPH conclamaria o povo a "amarrar os deputados". Segundo Constant, "um líder tem que saber como jogar com o Exército, o poder e as pessoas".

Da mesma forma que cultivava a imprensa, Constant também cortejava os *houngans* do Haiti, ou sacerdotes vodus, uma poderosa força psicológica. Ele se retratava como uma encarnação dos mais ferozes espíritos. Realizava cerimônias públicas na frente dos mercados ou em templos, onde seus homens espalhavam pequenos crânios. Em uma cerimônia típica, ele se deitaria no chão, cercado de crânios e fogo. Então, quando se levantava em meio às chamas, a multidão entoava em crioulo: "Toto para presidente! Sem Toto, o Haiti não pode viver!". Embora ainda carregasse uma Magnum .357, ele insistia que não precisava mais dela. "Eu tenho o poder do vodu comigo", disse.

O MENINO DO GENERAL CONSTANT

No Haiti, quase todos os líderes têm uma história oculta, um armário de família geralmente cheio de ossos de inimigos. Constant herdou os segredos, e até certo ponto o poder, de seu pai. Gerard Emmanuel Constant tinha sido o chefe do Exército do ditador do Haiti, François "Papa Doc" Duvalier, durante os anos 1960. Soldado leal, certa vez se levantou da cama no meio da noite para executar, junto com outros oficiais, mais de uma dúzia de seus amigos a mando do ditador.

O golpe militar de 1991, que derrubou Aristide, foi liderado pelos discípulos do general Constant, e houve especulações de que ele assumiria um papel proeminente no novo regime. Mas, logo depois do golpe, o general, que tinha 72 anos de idade, entrou em coma e morreu. Todos os líderes militares e antigos partidários de Duvalier apareceram no enterro. "Foi um verdadeiro fenômeno", diz Constant. "Eu estava herdando toda a proteção, o poder e as pessoas ligados a meu pai. Foi uma transferência simbólica." Em seus documentos particulares, Constant foi mais longe: "Minha proeminência, alguns podem argumentar, é o destino. [...] Ser o primogênito do general Gerard Emmanuel Constant é um apelo às armas para Emmanuel Gerard Constant, ou seja, eu mesmo".

Não demorou muito para que as pessoas passassem a temer o jovem Constant ainda mais do que tinham temido seu pai. Em meados de 1994, milhares de haitianos tinham sido mortos ou desaparecido, e embora ninguém soubesse ao certo quantos haviam sido mortos pela própria FRAPH (a maioria dos observadores de direitos humanos até então tinha sido expulsa do país), o grupo era unanimemente considerado o mais brutal de todos os grupos paramilitares de direita. Testemunhas, muitas delas encontradas boiando em balsas, enquanto tentavam fugir para os Estados Unidos, disseram às autoridades internacionais que os homens de Constant, em um esforço para acabar com a oposição, foram aniquilando a população. Até mesmo integrantes da FRAPH começaram a fugir por desgosto. "Quando eles matam e estupram pessoas, nós [os novos membros] somos obrigados a sentar e assistir", disse um ex-recruta às autoridades dos Estados Unidos, de acordo com um documento liberado. Mais tarde, como parte de sua iniciação, disse esse mesmo homem, os recrutas eram forçados a participar das agressões.

Embora Constant continuasse a negar as alegações, em 1994 a ONU tinha concluído que sua organização era "o único movimento político [no Haiti] cujos membros estavam ligados a assassinatos e estupros". Na primavera de 1994, um telegrama secreto do escritório do adido militar americano em Port-au-Prince advertia: "Em todo o país, a FRAPH está se transformando em uma espécie de Máfia". Seus membros eram "loucos armados", afirmava o telegrama, ansiosos para "usar a violência contra todos que se opuserem a ela".

De acordo com testemunhas, quando um membro da FRAPH apareceu morto em Cité Soleil, uma favela em Port-au-Prince, em dezembro de 1993, os homens de Constant apareceram em poucas horas. Portando metralhadoras e facões, eles incendiaram milhares de casas por vingança, matando mais de uma dezena de pessoas. As organizações de direitos humanos Human Rights Watch e NCHR descreveram como "eles entravam no bairro, procuravam pessoas específicas e atiravam nelas à queima-roupa, encharcavam os precários barracos de um quarto com gasolina e ateavam fogo". Os bombeiros eram repelidos por homens armados, que "fechavam as portas com pregos, aprisionando as pessoas em suas casas".

Constant, que algumas testemunhas afirmaram estar no local, negou o envolvimento da FRAPH. "Se eu realmente fosse reagir, não haveria mais Cité", disse ele mais tarde. Mas, no outono de 1994, ele já não era apenas o cabeça da FRAPH; havia se tornado, aos olhos da maioria dos haitianos, a incorporação do regime: o próprio barão Samedi, o senhor da morte vodu.

UMA FUGA MISTERIOSA

Em julho de 1992, Brian Latell, o principal analista da CIA para a América Latina, visitou o Haiti para reunir informações, enquanto os estrategistas políticos de Washington tentavam avaliar o regime militar naquele país. Depois, em relatório mais tarde obtido pela imprensa, ele escreveu: "Eu não quero minimizar o papel dos militares em intimidar e, ocasionalmente, aterrorizar adversários reais e suspeitos, mas minhas experiências confirmam a perspectiva da comunidade [de inteligência] de que não existe violência letal sistemática ou frequente voltada contra civis".

Subestimando a matança (Latell chamava o chefe da junta, o tenente-general Raoul Cedras, de "um líder militar consciencioso"), o relatório entrava em conflito com aqueles provenientes de organizações de direitos humanos, da imprensa e até mesmo do Departamento de Estado. Mas, junto com relatórios subsequentes da CIA, o texto teve profundo impacto na política externa dos Estados Unidos e sobre a decisão de se lançar ou não uma invasão militar para reconduzir o exilado Aristide ao poder. Embora o presidente Bill Clinton estivesse pressionando nessa direção, muitos na CIA, e também elementos do Pentágono, temiam que Aristide fosse um populista perigoso. Na verdade, Aristide era uma figura problemática. (Ele já havia sugerido colocar pneus em chamas ao redor do pescoço de seus inimigos.) Mas um relatório crucial da CIA, divulgado no Capitólio logo após o incidente com o *Harlan County*, parecia exagerar sua instabilidade, alegando que ele era tão desequilibrado psicologicamente que já tivera de ser hospitalizado. Mais tarde se comprovou que a acusação era falsa, mas naquele momento ela alimentou a oposição a uma invasão e contribuiu para a continuidade da hesitação em Washington. "Havia facções no processo que não queriam se envolver no Haiti e puderam usar esses relatórios da inteligência para reforçar sua posição", diz um ex-funcionário do governo Clinton.

No entanto, a evidência de violência letal "sistemática ou frequente voltada contra os civis" era esmagadora. E em setembro de 1994, três anos após o golpe e quase um ano depois da retirada do *Harlan County*, o presidente Clinton finalmente ordenou uma invasão total para pôr fim ao que chamou de "reinado de terror".

"Agora sabemos que houve [...] mais de 3 mil assassinatos políticos", disse ele. Preparando-se para a batalha, Constant mudou o nome da FRAPH para Frente Armada Revolucionária do Povo do Haiti e armazenou armas e pós "secretos" que, ele declarou, seriam capazes de "contaminar a água para que os soldados americanos morressem". Ele alegou que um desses pós tinha sido terra que envolvera os ossos de vítimas da aids. Aparecendo com calças de camuflagem e camiseta preta, uma metralhadora ao lado, ele já não mostrava nenhum sinal do diplomata. "Cada homem da FRAPH", disse Constant, "deve abater um soldado americano."

Mas, antes de a guerra eclodir, a junta, confrontada pela força dos Estados Unidos, concordou em deixar o poder. Milhares de soldados dos Estados Unidos não tiveram dificuldade em tomar a ilha. Mesmo assim, a FRAPH foi autorizada a permanecer como uma força ativa. Quando se perguntou aos soldados americanos o motivo disso, eles disseram ter sido informados por seus oficiais superiores que a FRAPH era um partido de oposição legítimo, como os republicanos e os democratas. Insistindo em dizer que não eram uma força de polícia local, os soldados americanos não interfeririam enquanto os membros da FRAPH surravam civis que tinham enchido as ruas à espera de libertação. Foi só depois que grupos aleatórios de membros da FRAPH mataram uma multidão de haitianos e atiraram em um fotógrafo americano, ferindo-o, e que foi interceptada uma conversa de rádio em que Constant e seus homens ameaçavam "pegar as armas" e "começar uma guerra total contra os estrangeiros", que as forças americanas inverteram sua posição. No dia 3 de outubro, eles invadiram a sede da FRAPH. Uma multidão eufórica se reuniu em frente, aplaudindo-os. No interior, em meio a pilhas de porretes com pregos, coquetéis Molotov e fotos-troféus de cadáveres mutilados, os soldados cercaram mais de duas dezenas de membros da FRAPH. Amarraram suas mãos e os amordaçaram, enquanto a multidão gritava: "Mata eles! Mata eles!". Assim que os soldados partiram com seus prisioneiros da FRAPH, a multidão correu para dentro do quartel-general, destruindo tudo.

De volta à mansão do pai, Constant ouvia um rádio da polícia, esperando os soldados para prendê-lo. Sua esposa e quatro filhos já tinham fugido. Em determinado momento, ele gritou para um jornalista: "Todos que estão dizendo que a situação está ruim [...] pela graça de Deus, eles vão acabar no chão!". Mas, embora outros membros da FRAPH tivessem sido presos, Constant permaneceu livre. O porta-voz da embaixada dos Estados Unidos, Stanley Schrager, cujo assassinato Constant tinha ordenado apenas dois dias antes, até mesmo organizou uma entrevista coletiva para ele do lado de fora do palácio presidencial. As imagens dos noticiários mostram Constant em pé sob o sol escaldante, suando, de paletó e gravata. "A única solução para o Haiti agora é a realidade do retorno de Aristide", disse ele. "Larguem suas pedras, coloquem de lado seus pneus, chega de violência." Enquanto ele falava, centenas de haitianos investiam contra uma barreira de soldados americanos, gritando: "Assassino!", "Cachorro!", "Desgraçado!".

"Se eu me encontrar em desacordo com o presidente Aristide", Constant continuou, a voz agora entrecortada, "comprometo-me a trabalhar como um opositor leal no quadro de uma democracia legal."

"Algema ele!", as pessoas gritavam na multidão. "Amarra ele! Corta as bolas dele!"

Quando a barreira de tropas cedeu, os soldados dos Estados Unidos apressaram-se a colocar Constant em um carro, enquanto centenas de haitianos perseguiam o veículo, cuspindo e batendo nas janelas. Na época, as autoridades dos Estados Unidos insistiram para os jornalistas que o discurso deveria promover a "conciliação", mas um alto funcionário me disse mais tarde que tinha sido um desastre: "Lá estávamos nós protegendo-o dos haitianos quando devíamos estar protegendo os haitianos dele".

Em poucos meses, Constant foi intimado a comparecer perante um magistrado do Haiti que investigava as acusações de tortura e tentativa de homicídio contra ele. No dia da audiência, pessoas que se diziam vítimas dele aguardavam Constant do lado de fora do tribunal. Ele nunca apareceu. Mais tarde, ele me contou que, na véspera do Natal de 1994, com uma mala pequena e todo o dinheiro que conseguiu colocar nos bolsos, ele tinha atravessado a fronteira para a República Dominicana a pé, ido até o aeroporto, e usando um visto de turista válido, que tinha obtido antes do golpe, pegou um avião para Porto Rico. De lá, voou para os Estados Unidos sem incidentes, indo parar, dias mais tarde, nas ruas da cidade de Nova York.

Ele conseguiu transmitir uma mensagem por rádio para seus seguidores em casa. "Quanto a vocês, membros da FRAPH", disse ele, "cerrem fileiras, permaneçam mobilizados." Ele continuou: "Povo da FRAPH, onde está você? A FRAPH é você. A FRAPH sou eu". O governo do Haiti exigiu que os Estados Unidos fizessem alguma coisa. Finalmente, em março de 1995, o secretário de Estado Warren Christopher escreveu uma carta à procuradora-geral, Janet Reno, dizendo: "Nada além da remoção do sr. Constant dos Estados Unidos pode proteger nossos interesses de política externa no Haiti".

Dois meses depois, dizendo que Constant tinha sido autorizado a entrar no país devido a um "erro burocrático", agentes do INS, o Serviço de Imigração e Naturalização dos Estados Unidos, o cercaram em Queens quando tinha saído para comprar um maço de cigarros. Ele foi levado para o Centro de Detenção do condado de Wicomico, na costa de Maryland; em setembro, um juiz ordenou sua deportação para o Haiti. Enquanto esperava pelo resultado de seu recurso, ele escreveu cartas aos líderes mundiais, incluindo Nelson Mandela. ("Eu nunca conseguiria chegar a seus pés, mas aqui estou eu, escrevendo para um dos poucos homens em todo o mundo que podem entender minha situação, em uma prisão do homem branco.") Ele deixou a barba crescer, e leu Malcolm X e Che Guevara. "Sou [...] um preso político", escreveu numa carta a Warren Christopher. Em determinado momento, passou a ser vigiado como possível suicida.

Então, em dezembro de 1995, quando o INS estava perto de deportá-lo, Constant decidiu jogar a única carta que lhe restava. Ele ameaçou divulgar detalhes das operações secretas dos Estados Unidos no Haiti, que ele disse ter descoberto enquanto trabalhava secretamente para a CIA.

O RECRUTA PERFEITO

A história que Constant conta começa por volta do Natal de 1991. Foi logo após o golpe, e ele estava trabalhando no quartel-general militar do Haiti quando o coronel Pat Collins, o adido militar na embaixada dos Estados Unidos, telefonou e convidou-o para almoçar. "Vamos nos encontrar no Holiday Inn", disse Collins.

Collins, que estava trabalhando para a Agência de Inteligência de Defesa dos Estados Unidos na época, como confirmou um porta-voz governamental, não pôde ser contatado para comentar o assunto. Mas um colega diz que ele era conhecido por aparecer muitas vezes na sede militar do Haiti. Constant diz que Collins estava lá na noite do golpe. E Lynn Garrison, um canadense que serviu como estrategista e assessor da junta, me disse que Collins estava presente nos dias que se seguiram, trocando ideias com o novo regime.

No Holiday Inn, Constant afirma, ele e Collins sentaram-se

ao lado de uma janela com vista para a piscina. Muitas pessoas, disse Collins, ficaram impressionadas com a experiência de Constant e sugeriram que ele talvez pudesse desempenhar um papel importante no vácuo de poder deixado pela derrubada de Aristide.

Constant foi uma escolha tentadora para recrutamento pela inteligência dos Estados Unidos. Ele falava inglês de maneira impecável, conhecia bem os militares, e, na condição de um dos principais conselheiros do novo regime, ocupava um posto ao lado do líder da junta, Raoul Cedras. Desde o golpe, Constant ministrava um curso sobre os perigos da teologia da libertação de Aristide no centro de treinamento do Serviço de Inteligência Nacional (SIN). O serviço, segundo o *New York Times*, tinha sido criado, financiado, treinado e equipado pela CIA, a partir de 1986, para combater o tráfico de drogas, mas rapidamente se tornara um instrumento de terror (e até mesmo, segundo alguns funcionários americanos, uma fonte de drogas).

Constant afirma que Collins lhe disse, nessa primeira reunião, que queria que ele conhecesse alguém na casa de Collins. "Eu não vou sozinho", Constant se lembra de ter dito, brincando apenas em parte. "Vou com uma testemunha." Constant conta que ele e um colega dirigiram até a residência de Collins naquela noite. Embora as ruas estivessem às escuras, devido à escassez de combustível, a casa de Collins estava completamente iluminada. Constant diz que subiu até uma pequena antecâmara ao lado do quarto principal, onde um homem com cabelo escuro estava esperando. Ele usava camisa de mangas curtas, e Constant observou seus músculos. "Eu sou Donald Terry", disse o homem.

Constant afirma que, enquanto estavam sentados bebendo coquetéis, Terry começou a bombardeá-lo com perguntas sobre a estabilidade do regime militar, e estendeu um livreto — "uma lista" — contendo os nomes e os currículos de oficiais das forças armadas haitianas. Ele e Collins perguntaram a Constant quem eram os mais eficazes.

Poucos dias depois, Constant afirma, Terry solicitou um novo encontro, dessa vez sozinho, no Hotel Kinam. "Por que você não se junta à equipe?", Terry perguntou.

"Que equipe é essa?"

"Um grupo de pessoas que trabalha para o bem do Haiti."

Foi então, Constant diz, que Terry divulgou que era um agente da CIA.

O governo dos Estados Unidos não comenta nenhuma questão relativa a Donald Terry, e o próprio Terry não pôde ser encontrado. Mas a CIA tinha se envolvido profundamente com os militares do Haiti e a política do país durante décadas. Constant lembra que, na década de 1960, seu pai serviu como conselheiro informal a um agente que costumava visitá-lo para conversas em sua varanda. Segundo a imprensa, a agência, após o início do SIN, planejara financiar vários candidatos políticos nas eleições presidenciais de 1987, até que o Comitê de Inteligência do Senado vetou o plano.

Constant afirma que, por fim, ele concordou em servir como canal entre o regime militar do Haiti e a inteligência dos Estados Unidos. Diz que então recebeu o codinome Gamal, em referência ao ex-líder nacionalista do Egito, Gamal Abdel Nasser, a quem admirava, e um rádio transmissor/receptor, com o qual fazia contatos regulares.

É impossível confirmar todos os detalhes no relato de Constant. Um porta-voz da CIA declarou que "não era nossa política" confirmar ou negar as relações com quaisquer indivíduos. Mas há pouca dúvida de que Constant foi um informante pago. Depois que Allan Nairn relatou pela primeira vez a conexão de Constant com a comunidade de inteligência, no *The Nation* em outubro de 1994, vários funcionários reconheceram isso aos jornalistas, e muitos confirmaram o fato para mim. O que se mantém como um mistério é a natureza da relação: qual era a verdadeira importância de Constant? As autoridades dos Estados Unidos têm reiterado a afirmação de que ele não passava de um informante dispensável. Mas entrevistas com várias pessoas ligadas à comunidade de inteligência, aliadas à versão dos acontecimentos pelo próprio Constant, sugerem que desde o início ele era uma generosa fonte de informações e, mais tarde, de acordo com alguns, um agente habilitado. Após o golpe, ele ajudou a executar uma operação pouco conhecida chamada Bureau de Informação e Coordenação (BIC), que coletava vários tipos de dados: o número de mortes e prisões no Haiti, o número de adeptos da teologia da libertação, e assim por diante. Constant afirma que a coleta de dados era para fins de desenvolvimento econômico, mas era evidente que tinha outra finalidade: inteligência militar.

De acordo com Constant, e com um não haitiano ligado à comunidade de inteligência, Constant e outro membro do BIC foram os primeiros a entrar em um dos aposentos privados de Aristide, onde encontraram um tesouro em documentos secretos. Alguns foram parar nas mãos dos oficiais da inteligência norte-americana, que por sua vez forneceram a documentação para os relatos controversos alegando que Aristide estava mentalmente desequilibrado, contribuindo para as vozes contra ele nos Estados Unidos.

Um ex-oficial de alto escalão da CIA justificou o uso de um informante tão potencialmente problemático quanto Constant da seguinte maneira:

> A gente não pode ajudar esses bandidos a fazer coisas, mas precisa lhes dar dinheiro para descobrir o que está acontecendo em grupos assim. E, se você vai recrutar um grupo terrorista como a FRAPH, não vai obter nenhum equivalente funcional [...] [de] um

democrata ocidental [...] Para descobrir o que está acontecendo, você rapidamente vai acabar na mesma posição do FBI com a Máfia — recrutando, dando dinheiro e até mesmo concedendo liberdade para pessoas de nível inferior na hierarquia, às vezes até mesmo para algumas de nível mais alto.

Outro ex-alto funcionário de inteligência do governo foi mais franco: "Olha, nós poderíamos ter ido até as freiras [no Haiti] e pedido a elas [para nos dar informações]. Mas sinto muito — as freiras são pessoas legais, mas o que elas sabem sobre terrorismo não é nada". Esse mesmo funcionário observou que Constant era "um de uma série de pessoas com quem tínhamos relação, todas com conhecimento sobre o governo". Ele disse acreditar que Constant ficava em algum lugar "no espectro dessa relação, entre alguém que falava com você de vez em quando, para dizer-lhe coisas que ele queria que você soubesse e alguém que era completamente subordinado, assalariado, que fornecia informações até em detrimento da sua causa".

Constant afirma que, quando criou oficialmente a FRAPH, em 1993, ele tinha um outro agente, John Kambourian, que andava de carro com ele pelas montanhas de Petionville, trocando informações. Quando consegui falar com Kambourian por telefone e lhe perguntei sobre Constant, ele me disse para falar com o departamento de Relações Públicas do Departamento de Estado e desligou. Ainda não está claro qual foi a extensão do envolvimento de agentes de inteligência norte-americanos, se é que houve algum, na formação e evolução da FRAPH. Um porta-voz da CIA declarou oficialmente que a "CIA não teve nenhum papel na criação, financiamento ou orientação para a organização da FRAPH".

Mas Lynn Garrison recorda que, quando Constant estava tentando começar uma polícia secreta, mesmo antes da FRAPH,

Collins disse a Garrison sem rodeios: "Vamos deixar rolar e ver onde isso vai dar". Um funcionário do governo dos Estados Unidos envolvido com o Haiti durante o regime militar foi ainda mais longe, dizendo que era de conhecimento comum nos círculos de inteligência que Collins estava comprometido com a FRAPH antes que esta se tornasse uma organização oficial (quando Collins já havia deixado o país). "Se ele não fundou a FRAPH, pelo menos era muito, muito próximo dela", disse-me esse funcionário. Tentando explicar por que a CIA ou a Agência de Inteligência de Defesa (DIA) poderia formar tal aliança, esse funcionário acrescentou: "As pessoas estão sempre procurando um equilíbrio, e naquele momento Aristide não estava no poder. Não estou procurando uma desculpa, mas eles não sabiam muito bem o que a FRAPH iria se tornar".

Apesar da existência, na época, de documentos internos do Departamento de Estado retratando os membros da organização como bandidos e assassinos, Constant afirma que os agentes com quem lidava nunca lhe perguntaram sobre os supostos estupros e assassinatos realizados pela FRAPH. Além do mais, diz ele, a CIA e a DIA o encorajaram a ajudar a sabotar o retorno de Aristide e até mesmo sabiam de antemão sobre suas manifestações contra o *Harlan County*, o que ajudou a atrasar a invasão por quase um ano. Um porta-voz da CIA negou que a agência tenha empurrado seus próprios objetivos de política externa ao Haiti, mas Lawrence Pezzullo, o enviado dos Estados Unidos para o Haiti na época, junto com outras autoridades norte-americanas, acusou publicamente a CIA de exagerar a ameaça do *Harlan County*, arruinando, assim, o retorno de Aristide e, em essência, buscando implementar sua própria agenda. Constant me disse: "Se sou culpado por todas essas coisas, eles também são".

O ROMPIMENTO

O relacionamento de Toto Constant com a inteligência dos Estados Unidos, de acordo com vários funcionários da CIA e de acordo com Constant, continuou inalterado até a primavera de 1994. Foi então, diz Constant, que Kambourian ligou e disse que eles tinham que se encontrar. Ele disse a Constant para levar o rádio. Constant se lembra de Kambourian dizendo: "Sinto muito, mas não podemos mais vê-lo".

"Por quê?", perguntou Constant.

Kambourian disse que, na sequência do incidente com o *Harlan County* e devido à retórica de Constant contra o presidente, Washington queria cortar os laços.

Autoridades dos Estados Unidos dizem que os contatos da inteligência com Constant foram mais ou menos cortados naquele momento. A cooperação entre a FRAPH e os militares dos Estados Unidos também foi refreada e, em outubro de 1994, as forças americanas invadiram a sede da FRAPH. Temendo por sua vida, Constant foi se encontrar com o tenente-general Henry Shelton, que estava no comando da ocupação. "Eu disse de saída para Shelton: 'Sou filho de um general, e herdei sua honra e dignidade, e é por isso que estou aqui para perguntar quais são as regras de confronto, porque eu não as entendo'", lembra Constant.

De acordo com a transcrição de uma história oral que o general Shelton gravou durante a invasão, Shelton não tinha o menor desejo de se reunir com Constant. Mas Shelton e o general de divisão David Meade decidiram ver se conseguiriam levá-lo a fornecer uma lista completa dos membros da FRAPH e a localização de seus esconderijos de armas, para aceitar publicamente o retorno de Aristide, e transformar a FRAPH em um partido político pacífico.

"Estávamos usando um pouco de guerra psicológica com Constant", revelou Shelton, em sua história oral.

> Enviei Meade, em primeiro lugar. Meade iria até lá e diria [para Constant] que ele estava se preparando para encontrar o chefão [...] Eu dei a Meade cerca de vinte ou trinta minutos para definir as condições, e então cheguei e meu segurança, um SEAL, entrou na sala, revistando tudo e chutando as portas para garantir que o lugar era seguro antes de eu chegar, como eles sempre fazem. Mas Constant viu tudo isso, e era como ver uma reunião com o Poderoso Chefão sendo armada [...] e assim ele ficou muito nervoso naquele momento, e seus olhos se arregalaram muito.

Foi então, Shelton disse, que Meade saiu e ele entrou.

> [Constant] imediatamente se levantou, sorriu e estendeu a mão, no instante em que eu apenas disse para mim mesmo: "Lembre-se de duas coisas — força e morte eles entendem". Então eu olhei para ele e disse: "Sente-se!", e ele imediatamente se sentou, e o sorriso desapareceu de seu rosto [...] e eu lhe disse: "Entendo que você concordou com todas as condições que estabelecemos para você a fim de que não tenhamos que caçar você e o pessoal de sua organização". E ele disse: "Ah, sim, sim, não tenho problemas com nada disso". E então começou: "Mas o Haiti é...". E começou a falar de seu papel na história do Haiti e como a FRAPH é importante. Deixei que ele falasse por uns dez segundos, e então eu o interrompi e lhe disse muito secamente que não estava interessado em ouvir nada daquilo agora.

No dia seguinte, Constant fez o discurso aceitando o retorno de Aristide e lançando-se como o novo líder da oposição democrática. De acordo com um oficial de alto escalão dos Estados Unidos, em linhas gerais, o discurso foi redigido pelo antigo contato de Constant na CIA, Kambourian, e entregue à embaixada dos Estados Unidos, que, por sua vez, o ditou para Constant, que, aparentemente, o aceitou sem sua bravata habitual. "Ele poderia ter sido preso", o funcionário me disse, "mas avaliou-se que se pudéssemos tirar dele o que quiséssemos, tudo bem deixá-lo sair livre."

O general Shelton pode não ter querido muita coisa com Constant, mas outros elementos do governo dos Estados Unidos parecem ter feito mais do que apenas manter um olho nele. Autoridades da imigração me disseram que era "impossível de acreditar", como disse uma delas, e "totalmente falso", como disse outra, que Constant pudesse ter entrado nos Estados Unidos naquela época com um visto válido ou sem a ajuda de alguém do governo norte-americano ou com documentos falsos. "Todo mundo sabia que ele era um assassino", diz um antigo funcionário do INS. "O retrato dele estava em toda parte." Constant me disse que alertou determinados funcionários dos Estados Unidos antes de ir embora, e "é possível que eles tenham feito alguma coisa". A fonte no alto escalão da comunidade de inteligência, apesar de não comentar diretamente sobre o caso de Constant, disse:

Na extremidade do espectro, o diretor da CIA pode usar de cinquenta a cem pessoas na categoria mais alta de espião. São pessoas a quem devemos muito, porque arriscaram a vida fazendo coisas de grande valor para nossa nação, então [se] você quer sair, nós vamos tirar você, você quer entrar, nós vamos fazer você entrar, arrumamos uma casa para você, qualquer coisa [...] Mais abaixo, você pode fazer de tudo, desde uma pequena ajuda para ultrapassar certos obstáculos até o fornecimento de vistos.

COMO TOTO SAIU LIVRE

Sentado no Centro de Detenção do condado de Wicomico, na iminência de ser deportado com o total apoio do Departamento de Estado e do INS, Constant usou a potencial exposição de suas antigas conexões para se salvar. Ameaçando divulgar os detalhes de sua relação com a CIA, ele entrou com uma ação de 50 milhões de dólares contra Warren Christopher e Janet Reno por prisão indevida. "Agentes da CIA colaboraram com o autor da ação", seu advogado sustentou no processo. Para enfatizar sua advertência, Constant apareceu no programa *60 Minutes* em dezembro de 1995 em seu macacão da prisão. "Eu me sinto como aquela mulher linda que todo mundo quer levar para a cama à noite, mas não durante o dia", disse ele a Ed Bradley. "Eu quero que todos saibam que estamos namorando."

Foi nesse momento que Benedict Ferro, que foi diretor distrital do INS em Baltimore na época da prisão de Constant, começou a ver coisas que nunca tinha visto — coisas que eram, como ele diz agora, "fora de série". Ferro havia trabalhado para o INS por mais de trinta anos, e estava acostumado a atuar em casos que envolviam questões delicadas do governo. Depois que Constant fez suas ameaças, diz Ferro, funcionários de alto escalão em todo o governo começaram a se envolver, muito embora as autoridades já tivessem pública e particularmente indicado que Constant seria devolvido.

A página de rosto de um memorando do Departamento de Justiça do dia 24 de maio de 1996, intitulado "Opções Emmanuel Constant", indica que as pessoas consultadas no processo incluíam Samuel Berger, o vice-conselheiro nacional de Segurança; Strobe Talbott, o secretário de Estado adjunto; Jamie Gorelick, o procurador-geral adjunto; e David Cohen, o diretor adjunto de

442

operações da CIA. "Olha, eles saíram da toca quando Constant começou a cantar", diz Ferro.

Foi então — "na última hora", como lembra Ferro — que funcionários do governo receberam informações sobre um complô para assassinar Constant quando ele fosse devolvido ao Haiti. Muitos no INS sustentaram que, mesmo que fosse verdade, o relatório significava apenas que Constant devia permanecer em uma prisão dos Estados Unidos até uma data posterior. "Temos os cubanos do êxodo de Mariel que permanecem na prisão", diz Ferro. "Temos pessoas do Oriente Médio que estão na cadeia e que não podem ser enviadas de volta. Não se trata de um processo novo." Mas, de acordo com vários funcionários envolvidos nas deliberações, a informação influenciou as instâncias decisórias. "Eu não queria enviar alguém, mesmo um assassino como Constant, para sua execução sumária", disse-me uma pessoa envolvida no caso. Quando perguntei a um alto funcionário quem tinha descoberto a trama contra a vida de Constant e elaborou o relatório confidencial, ele respondeu simplesmente: "Fontes de inteligência confiáveis dos Estados Unidos".

Ferro e vários de seus colegas do INS fizeram uma última tentativa de fazer valer seus pontos de vista, insistindo que não poderiam, em sã consciência, enviar um suspeito de terrorismo para uma comunidade onde ele poderia ferir cidadãos americanos ou onde, da mesma forma, os cidadãos americanos poderiam feri-lo. Mas isso não fez diferença. A decisão final foi tomada depois de sete dias, e altos funcionários do Departamento de Justiça, do Departamento de Estado e do Conselho de Segurança Nacional participaram.

O próprio Ferro deu a Constant a boa notícia.

"Eles me chamaram na prisão e disseram que eu podia pegar minhas coisas e ir embora", diz hoje Constant, ainda surpreso.

"Eu basicamente segui o roteiro", diz Ferro. "Acreditava-se

que esse cara tinha assassinado todas aquelas pessoas, e nós o soltamos em nossa sociedade. Era ultrajante."

Uma cópia do acordo judicial que estabeleceu os termos para a libertação de Constant, que eu obtive do próprio Constant, revela certas condições: Constant deveria morar na casa de sua mãe, em Queens, e permanecer nos limites do município, exceto para as visitas ao escritório do INS em Manhattan; ele deveria entrar em contato com o Serviço de Imigração e Naturalização todas as terças-feiras, e não deveria falar, entre outras coisas, sobre a política do Haiti ou os detalhes do acordo legal. "Eu gosto de exposição", diz ele, "então essa é a pior coisa que poderiam fazer para mim, essa ordem de silêncio." (Como agora fica claro, Constant tem uma visão ampla das restrições.) O status jurídico formal de Constant é o seguinte: ele está sob uma ordem de deportação pendente cuja execução foi retida por sugestão do Departamento de Estado.

Quando perguntei a Warren Christopher sobre o acordo com Constant, ele disse que não conseguia lembrar os detalhes do que tinha acontecido e tentaria me ligar de volta. Mais tarde, seu assistente ligou e disse que ele ainda não tinha "lembrança suficiente sobre o assunto que você discutiu para comentar". O advogado de Constant, J. D. Larosiliere, que continuou a citar a ameaça à vida do seu cliente, diz: "Eu sabia que ele não ia ser deportado, mas precisava de um gancho no sistema jurídico para permitir que eles tivessem uma saída. Negação plausível. A questão se resume a isso. Negação plausível".

UMA AUTOBIOGRAFIA CONTANDO TUDO

Um dia, depois da nossa primeira reunião no escritório de Larosiliere, Constant me convidou para ir à sua casa em Laurelton, onde ele vivia, como dizia, "como um refém". Parte de uma longa fila de casas quase idênticas em estilo Tudor, a dele estava em péssimo estado: a fachada, outrora branca, fora manchada pelo tempo, os degraus da frente precisavam ser pintados, e a janela dupla com vista para o alpendre estava com o vidro trincado. Haitianos tinham me dito, entre outras coisas, que Constant guardava os ossos de suas vítimas no quarto, praticava rituais de vodu tarde da noite, armazenava armas da CIA no porão e atirava em invasores.

Quando hesitei na varanda, a porta da frente abriu de repente e Constant apareceu, segurando um cigarro. "Entra", disse ele. Segui-o até a sala de visitas, que tinha cheiro de mofo e era mal iluminada; as paredes eram cobertas com arte haitiana, e os sofás e as cadeiras estavam envoltos em plástico. Constant sentou perto de mim numa cadeira de balanço, movendo-se para a frente e para trás enquanto fumava. Durante nosso primeiro encontro, eu o tinha pressionado para que falasse sobre assassinatos e estupros da FRAPH. Ele disse que não havia provas que o incriminassem e que não poderia ser responsável por todos os integrantes de uma organização tão grande. "Se alguém no dia da eleição matasse outra pessoa na rua de Nova York, e descobrissem que ele tinha acabado de votar nos democratas, eles não iriam dizer que Clinton era o responsável", disse ele. E insistiu: "Minha consciência está limpa".

Quando comecei a fazer-lhe mais perguntas, ele tirou um gravador do bolso e disse que estava trabalhando em um livro sobre sua vida. "Eu assisti a uma aula sobre como publicar o próprio livro, e uma das coisas que o cara me disse é que, se você vai falar sobre seu passado, então grave a si mesmo", disse ele. Eu pensei que ele queria ter certeza de que eu o citaria corretamente, mas um momento depois ele me mostrou uma proposta do livro: "Esta proposta apresenta uma nova e 'quente' versão 'contando tudo' sobre Emmanuel 'TOTO' Constant, codinome 'GAMAL', e a FRAPH [...] A análise de mercado sugere que com pelo menos 2 milhões de haitianos nos Estados Unidos e pelo menos 50 mil outras pessoas nos Estados Unidos que têm interesse no Haiti [...] este livro poderia facilmente vender mais de 1 milhão de cópias". O livro foi provisoriamente intitulado "Ecos de silêncio". Ele tinha elaborado um boneco de capa que dizia:

> Emmanuel "Toto" Constant, notório líder da FRAPH [...] e suposto assassino, estuprador e terrorista, quebra o jugo do silêncio. Falando com sinceridade, ele expõe o homem real por trás das imagens de vilão. Interessante, provocador, informativo e sensível, *Ecos do silêncio* retrata imparcialmente a complexidade da vida no Haiti, onde nada é simples. Isso pode levar a concluir: o frenesi político no Haiti, tão viciante e perigoso como qualquer narcótico, mantém as massas vivas mental e emocionalmente, mesmo quando mata.

Essa foi a última tentativa de Constant para ganhar a vida. Desde sua libertação da prisão, ele tentou se estabelecer de muitas maneiras. Tomou aulas de informática. Vendeu carros usados. Mas, cada vez que encontrava um emprego, os outros imigrantes haitianos na comunidade se revoltavam e conseguiam que ele fosse despedido. "O pior momento foi quando eles foram para a frente da imobiliária... porque eu realmente tinha uma boa situação", disse ele.

Desde aquele dia, ele havia se tornado o que chamou de um "consultor de investimentos", o que parecia significar vender e alugar propriedades da maneira mais secreta possível. Sempre que eu estava com ele, seu celular tocava com um cliente em potencial. Uma vez, eu o ouvi levantar e abaixar a voz como um leiloeiro: "Olá, *Oui, Oui*... Eu vi o apartamento... Eles estavam pedindo mil e cem dólares, e eu vou baixar o preço para *mil*... Tudo está incluído... Certo?... É Cambria Heights, um bairro muito bonito, muito tranquilo, muito, muito seguro... Estou dando um duro danado por você".

A esposa de Constant tinha se mudado para o Canadá com os quatro filhos temendo por sua segurança. "Minha esposa está me deixando", ele me disse em um ponto. "Estamos tendo discussões sobre as crianças. Eu queria que eles viessem da maneira que costumavam fazer, e ela não quer. Então, estamos tendo uma discussão, mas vai dar tudo certo."

Depois de um tempo, seu telefone tocou, e perguntei se eu poderia olhar o lugar. "Sem problema", disse ele.

Fui para o andar de cima, passando por várias paredes rachadas e portas fechadas. O quarto de Constant era no terceiro andar. Era pequeno e cheio de vídeos e revistas de moda masculina. Ao lado de sua cama havia um retrato emoldurado dele em sua aparição no programa *60 Minutes*. Em um canto havia um pequeno santuário. Velas e estatuetas de santos católicos, que muitas vezes têm uma função no vodu, foram dispostas em um círculo bem-feito.

Quando me abaixei para inspecioná-las, Constant me chamou pelo nome. Uma das estátuas era o santo padroeiro da justiça; em sua base estava inscrito: "Seja sempre atento a esse grande favor e nunca deixarei de honrar-te como meu especial e poderoso patrono".

Constant chamou meu nome novamente, e eu corri lá para baixo. "Vamos sair", disse ele, vestindo uma jaqueta de couro.

Enquanto caminhávamos através de Laurelton, o som alto da *compas*, música de dança do Haiti, vinha das mercearias. Passamos por vários homens fumando no frio, conversando em crioulo. "Eu preciso de um pouco de carne", disse Constant, indo em direção a um açougue.

A loja estava lotada, e nós mal cabíamos lá dentro. Um pequeno círculo de haitianos estava jogando cartas na parte de trás. Quando Constant se apertou contra o balcão, percebi que todos olhavam para ele. "Eu preciso de um pouco de bode", disse ele, quebrando o silêncio repentino. Apontou para algumas enormes pernas traseiras penduradas num gancho de carne. Ele olhou para trás, onde várias pessoas pareciam estar dizendo alguma coisa sobre ele, mas parecia não se incomodar. O açougueiro começou a cortar o osso e a cartilagem de uma perna de cabra. Seu braço grosso se movia para baixo, cortando com golpes precisos. "Todo mundo aqui sabe quem eu sou", disse Constant na saída. "Todo mundo. Todos eles leram sobre mim ou viram minha fotografia."

Ele disparou para o outro lado da rua em direção a uma barbearia. Uma placa escrita "Fechado" estava pendurada na porta, mas pudemos ver o barbeiro lá dentro, e Constant bateu na janela, suplicando-lhe para atender mais um cliente. "Há outra barbearia no fim da rua", ele me disse, "mas se eu fosse lá eles cortariam a minha..." Sua voz sumiu quando ele passou os dedos na garganta e soltou um riso estranho.

UM TRIBUNAL NO HAITI

O julgamento foi a mais de mil quilômetros de distância de Nova York. Em 29 de setembro de 2000, um tribunal do Haiti começou a tentar julgar Constant da acusação de assassinato, tentativa de homicídio e de ser cúmplice de assassinato e tortura — na verdade, acusando-o do massacre de Raboteau. Eu fui até lá com J. D. Larosiliere algumas semanas mais tarde, quando o julgamento estava chegando ao clímax. Vinte e duas pessoas — na maioria soldados e paramilitares da FRAPH — estavam sendo julgadas pessoalmente. Constant e líderes da junta estavam sendo julgados à revelia.

Embora a invasão dos Estados Unidos tivesse impedido o derramamento de sangue, o país ficou em ruínas. Oitenta por cento das pessoas estavam desempregadas, e dois terços, desnutridas. Gangues assolavam as ruas. Aviões associados ao tráfico de drogas decolavam e pousavam com impunidade. Acreditava-se que até mesmo o novo sistema democrático estava repleto de fraudes. Aristide, depois de ter posto um protegido no poder, era mais uma vez candidato à presidência, em meio a denúncias de que estaria abarrotando o parlamento com seus partidários. Banditismo político e assassinato, dessa vez da direita e da esquerda, estavam voltando a ocorrer. "Agora todo mundo sabe que eu estava certo", Constant me disse mais tarde. "Todo mundo já viu o que aconteceu com Aristide."

O julgamento em si foi o momento político que gerou a violência. A embaixada dos Estados Unidos aconselhou os americanos a manter distância da área por medo de "manifestações de grande escala, queimas de pneus, apedrejamentos e coisas piores". Quando nosso avião pousou, Larosiliere me disse ter sido avisado sobre potenciais tentativas de assassinato. "Se eles me atacarem, isso só vai me ajudar a provar meu argumento", disse ele. "Se eu não estou seguro, como pode o meu cliente estar seguro?"

No aeroporto, encontramos um homem musculoso, com óculos espelhados e porte militar, que serviria como "adido" de Larosiliere. "Não dá para depender da polícia para ter segurança", contou-me o adido. "Então você precisa estar armado para se proteger." O adido abriu nosso caminho através de uma multidão de taxistas, carregadores, mendigos e batedores de carteira. Senti o cheiro de carne, suor e comida, e, enquanto corríamos para o carro, tentei desviar dos braços estendidos que pretendiam carregar minhas coisas. "Bem-vindo ao Haiti", disse Larosiliere.

A cidade de Gonaives, onde o tribunal estava situado, fica a apenas 120 quilômetros de Port-au-Prince, mas, pelo fato de quase todas as estradas no Haiti não serem asfaltadas, precisamos da metade de um dia para chegar lá. O tribunal ficava no centro da cidade, cercado por carretas — uma barricada improvisada para evitar a entrada da multidão. Entramos num edifício baixo, onde guardas armados nos revistaram à procura de armas; o adido me disse que tinha deixado sua arma para trás, mas ficou o tempo todo perto de Larosiliere. Passamos por uma sala e depois outra e, finalmente, para minha surpresa, entramos em um pátio aberto, onde o julgamento estava sendo realizado sob um dossel branco esvoaçante. O juiz sentou junto a uma mesa, vestindo uma túnica preta e um chapéu alto, com uma faixa branca. Ele tinha um sino no lugar do martelo. Os 22 acusados estavam sentados ali perto, atrás de um cordão de guardas armados. Larosiliere juntou-se aos outros advogados de defesa, e o adido e eu achamos um lugar na parte de trás, junto às dezenas de observadores e supostas vítimas.

Eu tinha acabado de sentar quando um advogado de acusação começou a gritar com Larosiliere, apontando a mão no ar e exigindo que Larosiliere dissesse ao tribunal quem ele era e por que estava lá. O adido, que se encontrava ao meu lado, estava em pé antes de Larosiliere responder. Murmúrios percorreram a multidão: "*Toto Constant! Toto Constant!*". As pessoas olhavam ao redor, como se Constant pudesse estar sob o dossel. O advogado começou a vociferar novamente contra Larosiliere; o adido agora estava ao lado de Larosiliere, os braços cruzados sobre o peito.

A maioria das supostas vítimas já havia testemunhado que, no dia 22 de abril de 1994, soldados e membros da FRAPH tinham atacado a aldeia de Raboteau, conhecida pelo apoio incondicional a Aristide. Elas descreveram como foram expulsas da própria casa, obrigadas a entrar em esgotos a céu aberto, roubadas e torturadas. Em ataques anteriores, os moradores tinham fugido para o mar, onde seus barcos de pesca estavam amarrados. Mas quando o fizeram dessa vez, eles disseram, os agressores estavam à espera deles em barcos e abriram fogo. "Eu subi no meu barco", disse um dos moradores, Henri-Claude Elisme, depondo sob juramento. "Eu vi Claude Jean [...] cair sob balas dos soldados." Abdel Saint Louis, um marinheiro de 32 anos de idade, disse: "Eu fugi [...] em um barco. [...] Então vi Youfou, integrante da FRAPH, conduzindo um grupo de soldados. Eles dispararam na minha direção. Chamei por ajuda. Eles me prenderam, me bateram e me obrigaram a guiar o barco. Vendo outras pessoas em um barco, os soldados dispararam na direção delas e acertaram duas meninas: Rosiane e Deborah".

Quando o ataque terminou, segundo as testemunhas de acusação, dezenas de pessoas estavam feridas e pelo menos seis estavam mortas; a promotoria estimou que o número real era muito maior. A maioria dos corpos teria sido enterrada em covas rasas ao longo do mar e levada embora. "Quando desci para a praia, vi o barco [do meu irmão] coberto de sangue", testemunhou Celony Seraphin. "Eu só o encontrei em 28 de abril [...] amarrado com Charité Cadet; ambos haviam sido assassinados. Não fui autorizado a remover o corpo. [...] Exijo justiça para meu irmão."

Os testemunhos de vez em quando provocavam gritos furiosos dos espectadores, e o juiz tocava o sino, tentando impor silêncio ao pátio. Naquela tarde, Karen Burns, antropóloga forense dos Estados Unidos, prestou juramento para depor. Ela estava acompanhada de um especialista canadense em DNA. Seria a primeira vez que provas forenses e genéticas seriam introduzidas em um tribunal do Haiti, e o pátio ficou em silêncio. Burns ficou no centro do tribunal, cercada pelos restos mortais de três pessoas, escavados na beira do mar em Raboteau, em 1995. Enquanto ela falava, espectadores e jurados esticaram o pescoço para olhar para os ossos. Burns levantou e disse: "Bem, aqui fica a pélvis". Abaixou aquele e pegou outro osso. "Este indivíduo foi encontrado com uma corda amarrada no pescoço, e esta é a corda que foi recuperada." Quando ela levantou a corda, houve muitos suspiros.

Larosiliere — que, assim como seu cliente, afirma que o massacre foi inventado como propaganda para desacreditar a FRAPH e o regime militar — não se mostrou impressionado. "Eu vivo para depoimentos como este", ele me disse naquela noite, bebendo um copo de rum, quando nos sentamos com o adido no restaurante do hotel. "Ela fez um estudo científico em um local sem integridade. Todo mundo andou em torno e por cima dele. Ora, bolas! Você sabe que eu posso ir aos cemitérios, pegar esqueletos de alguém e mostrar para todo mundo."

Enchendo o copo novamente, Larosiliere disse que, se tivesse havido de fato algum envolvimento militar organizado, nenhuma prova teria sido deixada na praia. "Os corpos seriam colocados em um caminhão, e eles seriam jogados na rue Nationale..."

"É isso aí", concordou o adido.

"... ou na estrada..."

"À noite", acrescentou o adido.

"... e despejados na..."

"The Source Puante", disse o adido.

"Valas sulfúricas", explicou Larosiliere. "O melhor lugar, porque o enxofre come o corpo."

Enquanto ele falava, vários observadores internacionais de direitos humanos sentaram ao nosso lado, e logo um deles começou a discutir com Larosiliere sobre Constant. Larosiliere disse: "Se por um instante, senhor, eu acreditasse que o Haiti poderia realizar um julgamento de verdade para meu cliente, eu seria o primeiro a colocá-lo no avião".

Mais tarde, Brian Concannon, advogado de direitos humanos americano que passou a maior parte dos últimos cinco anos no Haiti liderando o julgamento, me disse que o julgamento foi extremamente justo por qualquer padrão. De fato, disse, havia se tornado uma espécie de protótipo para o sistema judicial no Haiti. Apesar dos temores de Constant de que poderia ser morto, o mais importante talvez seja que nenhum réu até então fora prejudicado na prisão ou em um tribunal. "Os réus receberam o benefício de todos os seus direitos sob a lei haitiana e sob tratados internacionais de que o Haiti é signatário", disse Concannon. "Eles podiam apresentar testemunhas, álibis e provas de defesa."

Quanto a Constant, disse Concannon, o argumento se baseou no mesmo precedente legal usado para julgar os líderes nazistas após a Segunda Guerra Mundial e, mais recentemente, os criminosos de guerra na Iugoslávia e em Ruanda. "Constant instituiu uma organização que foi planejada especificamente para [realizar] — e de fato realizou — violações maciças de direitos humanos", disse ele. "Ele estava no comando de uma organização criminosa e é responsável pelos crimes dessa organização."

No segundo dia de nossa visita, Larosiliere decidiu encenar um protesto. No meio dos trabalhos, ele se levantou e ficou em pé no tribunal, o corpo rígido. O julgamento foi interrompido, e todos olharam para ele. Em seguida, ele marchou para fora, o adido poucos metros atrás dele. Houve um coro de murmúrios irritados. Um advogado de acusação denunciou a medida como apenas um ardil, um sinal de que o advogado de Constant pretendia, desde o início, não usar o tribunal para justiça, mas apenas para desacreditá-lo. ("Minha compreensão de uma defesa adequada de assassinato é que você gasta mais do que algumas horas no julgamento", Concannon me disse. "Trabalhamos nesse caso em tempo integral durante quatro anos e meio.")

Depois que Larosiliere saiu, fiquei sentado lá por um tempo, olhando para as dezenas de supostas vítimas sentadas nos bancos de trás. Muitos haviam comprado terno para o julgamento. As mulheres jovens, algumas das quais tinham sido baleadas, usavam vestido branco que, de alguma forma, continuava imaculado no calor poeirento; elas se sentavam com as costas perfeitamente retas. Em várias ocasiões, essas pessoas tinham caminhado quilômetros até a capital a fim de pressionar seu governo por justiça. Escreveram músicas sobre o que tinha acontecido. E estavam sentadas lá agora, quando a chuva começou a cair e um funcionário recolheu os ossos espalhados sobre a mesa, e no momento em que boatos enchiam o país dizendo que outra tentativa de golpe fora frustrada na capital.

Quando por fim me levantei para sair, um jovem que tinha me visto chegar com o advogado de Constant me parou. Antes que eu pudesse dizer qualquer coisa, ele cuspiu no meu sapato e se afastou.

O VEREDICTO

"Eles tentaram me convencer a sair para me bater", Constant me disse assim que voltei. Ele estava comendo um pedaço de bolo de chocolate em uma lanchonete de Queens. As tensões na comunidade haviam se intensificado desde o início do julgamento. Larosiliere o instruíra a sair de casa durante essas manifestações, para evitar confrontos. Mas Constant sempre se manteve por perto. "Eu tenho que proteger minha mãe e minha tia para o caso de um deles ficar louco", ele me disse.

Ricot Dupuy, da Radio Soleil d'Haiti, me disse francamente: "Há grupos de haitianos que cogitaram fazer justiça com as próprias mãos e matá-lo".

Constant afirma que ele tem um pequeno círculo de simpatizantes que ficam de vigia para ele. "Eu posso te dizer, quando eles vêm na frente de minha casa, cinquenta por cento das pessoas lá fora são meu povo", disse ele. "Eles passam por perto, caso haja qualquer problema."

Embora seja difícil saber o número exato, Constant mantém alguma influência sobre um pequeno grupo de ex-membros da FRAPH, Tonton Macoutes, soldados e duvalieristas que também vivem no exílio. Os manifestantes dizem que, pelo menos uma vez, um carro apareceu lá fora para monitorá-los. "Eles apareceram tirando fotos de nós, e nós tiramos fotos deles", disse-me Ray Laforest.

"Eu não quero jogar um jogo mortal", disse Constant sobre Laforest, "mas tenho coisas sobre ele, e..." Ele não deu continuidade ao pensamento.

Um dia, eu estava sentado com Constant na casa dele, lendo um capítulo de seu livro, quando o telefone tocou. Depois que atendeu a chamada e desligou, ele disse: "Você está aqui presenciando uma parte da História. O veredicto saiu. Fui condenado à prisão perpétua e trabalhos forçados, e eles estão tomando todas as minhas propriedades no Haiti".

Ele se deixou cair em sua cadeira de balanço, acendendo um cigarro e olhando ao redor da sala. O júri tinha deliberado durante quatro horas e considerara culpados dezesseis dos 22 réus sob custódia, doze deles por assassinato premeditado ou por serem cúmplices de assassinato. Aqueles que tinham sido julgados à revelia foram condenados não só por assassinato, mas também a pagar às vítimas milhões de dólares em danos. "Eu odeio perder minhas coisas lá em casa", disse Constant, "porque, em algum momento, minha mãe terá que voltar para lá."

Ele acendeu outro cigarro e tragou profundamente. "É melhor eu ligar para o J. D.", disse, referindo-se a Larosiliere. Pegou o celular, tentando se concentrar. "Eles têm um veredicto contra mim", disse ele no telefone, deixando uma mensagem para seu advogado. "Eu preciso falar com ele. O.k.? Eles me sentenciaram à perpétua e a trabalho forçado!"

Poucos minutos depois, o telefone tocou, e Constant o atendeu rapidamente. Mas era um repórter lhe pedindo um comentário. Ele conseguiu dizer algumas palavras e desligou. O telefone tocou novamente. Era Larosiliere. "O que você acha que vai acontecer aqui?", Constant perguntou nervosamente. "O.k. Sim... O.k."

Ele me entregou o telefone. Eu pude ouvir a voz de Larosiliere estalando através do receptor antes de colocá-lo em meu ouvido. "Eu tenho uma palavra a dizer sobre tudo isso: besteira!" Larosiliere disse que o governo haitiano agora tentaria extraditar Constant, alegando que um tribunal legítimo o condenara com a bênção de observadores internacionais. Mas, ele disse, eles ainda tinham que mostrar que o veredicto foi justo e provar em um tribunal dos Estados Unidos que Constant merece ser enviado de volta.

Constant me ligou alguns dias depois. Sua voz estava agitada. "Há todos esses boatos por aí de que eles estão prestes a me prender", disse ele. "Eles estão vindo me buscar." Ele disse que tinha que se apresentar ao INS no dia seguinte, como fazia toda terça-feira, mas estava com medo de que as autoridades pudessem estar planejando agarrá-lo naquele momento. "Você pode me encontrar lá?"

No momento em que cheguei ao escritório do INS em Manhattan na manhã seguinte, ele já estava parado na entrada. Fazia frio, e seu casaco estava enrolado em volta dele. Ele me disse que sua mãe, que estava na Flórida, tinha ligado para lhe dizer que outros exilados haitianos haviam sido presos. Eu podia ver círculos sob seus olhos. Andando de um lado para outro, ele disse que tinha ficado na casa de um amigo na noite anterior, para o caso de as autoridades aparecerem na casa dele para prendê-lo.

Segui-o até o elevador e até um escritório no 12º andar. Constant tentou se apresentar na recepção, onde havia um cartaz da Estátua da Liberdade pendurado, mas um funcionário do INS disse que eles ainda não estavam prontos para atendê-lo. Ele se sentou e começou a refletir sobre as razões de ter sido mantido por tanto tempo em liberdade: "Um amigo meu me disse um dia — ele trabalha para a inteligência aqui —, ele disse que há alguém, em algum lugar, que está acompanhando tudo sobre mim".

Poucos minutos depois, uma funcionária gritou seu nome, e Constant ficou em pé de um salto. Ele se aproximou da mesa com seu formulário do INS e se apresentou. A funcionária pegou a folha de papel e entrou em uma sala dos fundos, onde consultou alguém. Então ela voltou e, do nada, Constant estava sorrindo, levando-me até o elevador, ligando para a mãe para dizer que estava tudo certo com ele, e correndo na rua para comprar um terno novo em comemoração a sua liberdade.

Na semana seguinte, duas dezenas de Vigias de Toto se reuniram em frente ao INS carregando cartazes que mostravam supostas vítimas da FRAPH: um menino assassinado com uma camisa puxada sobre a cabeça, dois homens deitados em uma poça de sangue. "Estamos aqui para exigir que Toto Constant seja enviado de volta para o Haiti", Kim Ives, um articulista do jornal *Haïti Progrès*, baseado no Brooklyn, gritou através de um megafone. "Se você se opõe a criminosos de guerra e a líderes de esquadrões da morte vivendo como seus vizinhos em Nova York, por favor junte-se a nós." Havia a sensação de que aquela era a última chance de convencer o governo dos Estados Unidos a deportar Constant — que se aquilo não acontecesse agora, após a condenação, nunca mais aconteceria. A especialista da ONU sobre o Haiti, Adama Dieng, que serviu como observadora imparcial no julgamento, já havia chamado o veredicto de "um marco na luta contra a impunidade".

Fora do escritório do INS, várias pessoas da multidão estavam curvadas, tentando acender velas no vento gelado. "Como eles podem não mandá-lo de volta?", perguntou-me um haitiano. "Ele foi considerado culpado por um tribunal haitiano. Por que a CIA o protege?" De repente, surgiu um canto alto e unificado da multidão: "Toto Constant, a verdade você não pode ocultar! De genocídio nós vamos te acusar".

AU REVOIR?

Em uma de nossas últimas reuniões, em 2001, depois da posse de Jean-Bertrand Aristide e George W. Bush nos respectivos cargos, Constant ligou e disse que precisava me ver. Sua condição jurídica permanecia inalterada. Ele tinha conversado com seus "conselheiros", e precisava me dizer algo. O terreno político havia mudado em ambos os países, disse ele. A resistência a Aristide era cada vez maior, mesmo em Queens. Bombas haviam explodido recentemente em Port-au-Prince, e o regime tinha culpado Constant. Ele negou qualquer participação, mas disse que os haitianos de todas as partes estavam chamando, esperando que ele agisse, que desse um passo.

No restaurante haitiano onde nos encontramos, ele me disse que as pessoas "andavam publicando artigos, e eles dizem: 'Olhem para esse homem que foi condenado por assassinato no Haiti e está ficando cada vez mais forte a cada dia'". Ele bebericou de um copo de rum. "Muita gente no Haiti está me observando. Não ouviram nada de mim. Eles não sabem o que vai acontecer, mas todo mundo tem os olhos voltados para mim, e as pessoas estão me enviando seus números de telefone lá do Haiti. O pessoal daqui tenta me encontrar. Os líderes políticos estão tentando me alcançar. Há uma percepção de que se [...] Aristide está em ação, eu sou o único que pode interferir. Não posso deixar que isso suba à minha cabeça. Tenho que ter muito cuidado, analisar a situação e fazê-la funcionar para mim."

À medida que as pessoas entravam no restaurante, Constant olhava por cima do ombro para vê-las. Ele esperou que dois haitianos se sentassem, e então se virou para mim e disse que tinha de fazer algo dramático ou ele seria um refém em Queens para o resto da vida. "Se eu levantar e der uma entrevista coletiva, e mesmo que eu não diga nada, mas só ataque Aristide, isso vai dar força para a oposição por lá, isso vai dar força aos ex-militares, isso vai dar força aos ex-membros da FRAPH, isso vai dar força a todos que não têm coragem porque não viam quem iria assumir a liderança."

Ele suportara recentemente uma nova onda de ameaças de morte, disse. Alguém tinha conseguido o número de seu celular e avisou: "Eu vou pegar você, não importa o que faça".

Perguntei se ele tinha medo do que poderia acontecer se ele descaradamente quebrasse a ordem de silêncio e convocasse uma entrevista coletiva. Ele disse que não tinha certeza do que iria acontecer, mas era seu destino. "Eu fui preparado desde jovem para uma missão, e é por isso que fiquei vivo", disse. Ele olhou por cima do ombro de novo, e então se inclinou para mim. "Ou eu vou ser o presidente do Haiti", disse ele, "ou eu vou ser morto."

junho de 2001

Em julho de 2006, Constant encontrou um destino mais mundano e inesperado: ele foi preso em Nova York por fraudar os credores de mais de 1 milhão de dólares em um elaborado golpe imobiliário. Dessa vez, nenhum dos contatos de Constant poderia protegê-lo da lei. Julgado em Nova York, ele foi considerado culpa-

do e sentenciado a até 37 anos de prisão. O procurador-geral, Andrew Cuomo, disse: "Constant deixará de ser uma ameaça à nossa sociedade".

Nota do autor

Nove destas histórias foram publicadas pela primeira vez na revista *The New Yorker*. Três foram publicadas em outros lugares: "Dando ao 'diabo' o que lhe é devido", na *The Atlantic*; "Para onde ele foi?", na *New York Times Magazine*; e "Crimetown, Estados Unidos", na *The New Republic*. Alguns textos foram atualizados e revistos.

Agradecimentos

Como sempre, estou em débito com David Remnick e a *New Yorker*, onde nove das doze histórias foram publicadas pela primeira vez. Sem o compromisso ardoroso de Remnick com o jornalismo narrativo, seu perspicaz discernimento editorial e seu apoio inabalável, estes textos não teriam sido possíveis. Em todos os momentos, beneficiei-me não só da sua ajuda, mas também da dos outros extraordinários editores da revista. Daniel Zalewski, cujas impressões são invisíveis em quase todos estes textos, melhorou infinitamente o meu trabalho, e fez de mim um jornalista melhor. Também tenho a sorte de estar perto de Dorothy Wickenden, Finder Henry, Susan Morrison, Pam McCarthy, Elizabeth Pearson-Griffiths, Ann Goldstein, Mary Norris, Carol Anderson, Virginia Cannon e Amy Davidson. O departamento de checagem da *New Yorker*, liderado por Peter Canby, é uma bênção secreta para um escritor.

Agradeço também à *Times Magazine* de Nova York, à *New Republic* e à *Atlantic*. Muitos editores com quem trabalhei exerceram uma influência profunda e duradoura sobre mim: Peter

Beinart, Jonathan Chait, Jonathan Cohn, Albert Eisele, Joel Lovell, Adam Moss, Cullen Murphy, Christopher Orr, Martin Tolchin e Jason Zengerle. Talvez ninguém tenha tido um impacto mais profundo em mim como escritor do que o falecido Michael Kelly, de quem eu sinto falta todos os dias como mentor e amigo.

Meus agentes Kathy Robbins e David Halpern continuam a ser meus melhores e mais dedicados aliados, sempre conseguindo me orientar na direção certa. O mesmo vale para o insubstituível Matthew Snyder, na CAA. Também sou grato a Katie Hut, King Ian e o resto do Robbins Office, bem como a Susan Lee, que me ajudou com a pesquisa e checagem de informações.

Foi Bill Thomas, da Knopf Doubleday, quem primeiro leu estas histórias em formas diferentes e pensou que funcionariam reunidas. Sua visão editorial e edição imaculada tornaram este livro uma realidade. Sonny Mehta defendeu este projeto e ajudou a realizá-lo. E toda a equipe da Knopf Doubleday mais uma vez provou ser o maior patrimônio de um autor. Em particular, quero agradecer a Bette Alexander, Maria Carella, Janet Cooke, Melissa Danaczko, Todd Doughty, John Fontana, Suzanne Herz, Rebecca Holland, Coralie Hunter, James Kimball, Lauren Lavelle, Beth Koehler, Lynn Kovach, Beth Meister, John Pitts, Anh Schluep, Steve Shodin, Suzanne Smith e Anke Steinecke.

Minha maior dívida é com meus filhos, Zachary e Ella, e com minha esposa, Kyra, que não é apenas uma das melhores jornalistas no ramo, mas também a mais sábia e a mais decente. Não há palavras que possam expressar-lhes minha gratidão e amor.

ESTA OBRA FOI COMPOSTA EM MINION PELO ESTÚDIO O.L.M./ FLAVIO PERALTA
E IMPRESSA EM OFSETE PELA RR DONNELLEY SOBRE PAPEL PÓLEN SOFT DA
SUZANO PAPEL E CELULOSE PARA A EDITORA SCHWARCZ EM ABRIL DE 2012